乒乓球教练员岗位培训教材

国家体育总局科教司　审定

施之皓　佘竞妍　主编

人民体育出版社

图书在版编目（CIP）数据

乒乓球教练员岗位培训教材/国家体育总局科教司审定. --北京：人民体育出版社，2021（2023.11重印）
ISBN 978-7-5009-5351-7

Ⅰ. ①乒… Ⅱ. ①国… Ⅲ. ①乒乓球运动－教练员－岗位培训－教材 Ⅳ. ①G846.2

中国版本图书馆CIP数据核字（2018）第065110号

*

人民体育出版社出版发行
三河紫恒印装有限公司印刷
新华书店经销

*

787×1092　16开本　31印张　751千字
2021年4月第1版　2023年11月第2次印刷

*

ISBN 978-7-5009-5351-7
定价：100.00元

社址：北京市东城区体育馆路8号（天坛公园东门）
电话：67151482（发行部）　邮编：100061
传真：67151483　邮购：67118491
网址：www.psphpress.com
（购买本社图书，如遇有缺损页可与邮购部联系）

编委会

目 录
CONTENTS

初级部分

中级部分

高级部分

初级部分

第一章
乒乓球教练员基本条件与职业道德

教学目的

1. 了解教练员的职责、任务、工作的基本特点。
2. 明确教练员需要具备的素质和能力。
3. 熟悉教练员权威、人格力量和职业的基本内容。
4. 掌握树立权威和提高自身修养的途径与方法。

教学安排

总时数 6 学时。其中讲授 3 学时，讨论、实践、作业 3 学时。

做一个什么样的教练员，怎样做一个合格的教练员既是一个重要的实践问题，又是一个重要的理论问题。教练员既要提高运动员的竞技能力和运动成绩，又要促进运动员个性、人格和素质的全面发展。要胜任指导青少年儿童竞技活动的多种角色任务，教练员必须具备多方面的素质与技能。本章阐明教练员职业活动与人类社会发展的关系及教练员职业活动的特殊性，教练员人才素质结构及职业技能，并揭示一位合格的教练员应该具有普遍性的、最重要的思想政治素质、道德素质、科学文化素质、能力素质、心理素质等各个方面的素质。

第一节 乒乓球教练员的素质与能力

随着人类文明的进步，尤其是随着科技的发展，竞技运动将会在人类社会越来越受重视，因为只有在竞技运动中，人类才会重温自己所具有的那种原始的野性和身体能力。人类在竞技运动中表现出的能力并非纯粹原始的蛮力，而是通过运动技术的创新、规则的使用，彰显出人类文明的光辉，所以人类竞技能力开发要符合科学的原理，同时这种能力的表现也要遵循一定的道德原则。在这个意义上，教练员的工作也就具有了社会意义与价值。教练员工作的社会价值对教练员的素质与能力提出了很高的要求。

一、教练员的职责与任务

在绝大多数情况下，运动训练都是在教练员的组织和指导下进行的，教练员在运动训练中起着主导作用，是运动训练过程的设计者、组织者，运动员的教育者和指导者。

（一）训练过程的组织领导

运动训练过程各个环节的工作，都是在教练员的组织与领导下进行的。在现代运动训练过程中要严密掌握训练进程，通过各种方式与手段，收集反映运动员在训练中心理、生理变化的各种信息，及时把握运动员状态变化，决定是否要对训练计划进行必要的调节和修订。

（二）运动员的管理教育（塑造运动员的身体与灵魂）

教练员必须从人的全面发展的角度，在重视运动员竞技能力发展的同时，也不要忽视运动员伦理道德的发展，使运动员在身体能力超常发展的同时，不成为文化、道德的低能儿。

努力开发运动员的身体潜力固然是教练员在运动训练中的一个主要任务，但绝不是唯一的任务。在理解教练员的角色、地位和任务时，也不能把教练员的作用局限于运动场上，仅仅是促使运动员竞技水平不断提高。要认识到，儿童、少年、青年运动员正处在成长时期，他们是社会的未来，所以在认识教练员的角色地位的任务时，也要着眼于社会的未来。从现代教育观念来看，衡量教练员工作质量，要看运动员创造的成绩，也要看运动员道德品质的发展状况。

运动员多为青少年，都是成长变化中的人，这就造成了教练员工作的特殊性和复杂性。教练员既要塑造运动员的体格，还要塑造他们的灵魂。

（三）运动员的朋友

教练员与运动员之间最重要的联系在于教练员要能使运动员完全信任自己。这就要求教练员具有高水平的理论修养和丰富的实践经验。有些教练员虽然工作很勤奋，可是由于理论知识贫乏，工作中缺少自信，甚至出现关键性的训练错误，最后导致运动员丧失对教练员的信心与信任。当然，仅仅向运动员传授理论知识并不能得到运动员完全的信任，最重要的是要让运动员确实感到在教练员的训练下进步了，这时，运动员不仅会喜欢自己的教练员，还会加倍努力地进行训练。运动员的进步不仅是比赛和训练成绩的提高，还包括运动员的理论水平和人格修养方面的提高。总之，如果教练员不能赢得运动员的信任，他们之间无形的纽带也就断裂了。

二、教练员职业的基本特点

教练员的整个职业活动都是围绕运动员的发展进行的，要营造一种特殊的人的发展环境及活动，因此，教练员职业具有特殊性。

（一）教练员职业活动具有复杂性

1. 工作对象复杂

教练员工作的对象是运动员，是具有一定自觉意识的有感情、理智、个性、年龄特征各异的青少年。因此，运动训练特别讲究个体针对性，要采取不同的方法区别对待。

教练员工作的复杂性，还表现为影响运动员竞技能力的发展和成长因素的多样性，运动员的天赋及身体条件的差别、家庭与社会环境的不同，都对运动员的训练与思想观念产生不同的影响。

2. 工作内容复杂

教练员培养运动员的工作具有极其复杂的内容，教练员要使运动员得到全面发展，否则，不仅无益，反而有害于个人、国家和社会。因此，教练员培养运动员既要发展运动员的身体，又要发展运动员的智力、道德。

运动员经常在大众面前出现，因而会对社会产生比较深远的影响。这就要求教练员对自己的工作结果负责。教练员的工作没有场所、时间限制，运动场内外只要有运动员活动的地方，教练员就有责任在那里出现并对运动员进行管理教育。

3. 工作过程复杂

教练员工作过程是一个运用智力的过程。在运动训练中，信息传递和转换是教练员影响运动员的主要手段，而向运动员传递信息，是以知识为基础的，因而知识就成为一种要素，在教练员和运动员之间起着中介作用。教练员积累、传递知识，向运动员传达信息的过程是一个非常复杂的脑力劳动过程。教练员工作作为一种劳动，既不同于体力劳动生产物质产品，也不同于其他形式的脑力劳动止于精神产品，教练员的劳动带有转化过程。

运动员既具有主体性，又具有训练的客体性，使教练员的工作复杂艰难，训练并不仅仅取决于教练员自身的努力及能力。

（二）教练员工作具有长周期性

运动人才的成才期较长。任何竞技体育项目人才培养都是有规律性、周期性的，而且一般周期还比较长，难度也非常大。一个运动员从开始参加训练到成为优秀运动员，一般需要8至10年时间，要经历4个阶段，即基础训练阶段、专项提高阶段、最佳竞技阶段和竞技保持阶段。每一个阶段2到3年或4到5年不等。因此，从事教练员工作是非常艰难的，工作量很大，从早上带运动员出操一直到晚上熄灯，整天都要跟运动员在一起跌、打、滚、爬，没有节假日，往往会遇到很多挫折和痛苦。有时候运动员练得挺好，很有希望出成绩，但到大赛之前出点儿伤病，几年的心血便付之东流。要成为一个优秀的教练员，就必须不怕失败、不怕挫折、付出超人的代价才能成功。

（三）教练员工作是一种艺术

教练员要灵活地与不同性格的运动员打交道，因此，对每个运动员要有一把独特的“钥匙”。运动员的个性是多种多样的，训练和比赛时他们的身体状况、心理状态都是不可预料的。教练员经常会遇到运动员突发的情绪：欢笑、失望、狂喜、眼泪、苦恼，以及顽皮、懒散和粗鲁无礼。在运动训练和比赛中，运动员独特的心理世界，表现出人的全部强烈感情——喜悦或悲哀，要求教练员迅速地做出反应，这在很大程度上决定着教练员工作的成败。如果教练员对运动员漠不关心、冷淡甚至野蛮残酷，就永远不会成为优秀的专家。有些教练员在不成功的训练或比赛之后，把恼怒发泄到运动员身上。例如，有一位教练员在比赛后恶狠狠地向正在哭泣的姑娘喊：“你真是个笨蛋！不知羞耻，在大家面前败坏我的威信！你给我滚开……”。这样对待运动员，会导致教练员与运动员相互间的关系从冷淡、彼此漠不关心变为敌视，以致关系完全破裂。所以，教练员要具备教育者的才能，应是心地善良和有修养的“传道、受业、解惑”者，这样才能培养出有道德的优秀运动员。

三、优秀教练员的素质和能力结构

教练员是运动训练的直接组织者。要运用科技提高运动员的训练水平，首先就要有一支高水平的教练员队伍。要造就一支高水平的教练员队伍，进行教育培训是当前的主要趋势。通过教育培训的途径来培养教练员，弄清教练员的素质和能力结构又是造就一支高水平教练员队伍的前提条件。

（一）教练员的素质结构

1. 思想素质

教练员的思想素质主要表现为以下六个方面：

第一，学习并学会运用马克思主义的立场、观点和方法去观察处理问题。马克思主义的立场是为人民服务的立场，马克思主义的观点和方法，就是辩证唯物主义和历史唯物主义的观点和方法，也就是要求教练员坚持实事求是，一切从训练实际出发，按科学规律开展运动训练和竞赛。只有这样，才能把训练和竞赛工作搞好。

第二，必须有为祖国体育事业献身的决心，具备强烈的事业心、责任心和执着追求的精神，不怕失败、不怕挫折。

第三，要爱护、关心运动员的健康成长。

第四，要有不断创新的开拓精神。

第五，要有宽广的胸怀。竞技运动不仅是教练员个人的事业，也是很多人的事业。要依靠领导、科研人员的参与才能搞好工作。教练员要努力求知、虚心求教。

第六，要严于律己。教练员担负培养教育运动员的光荣任务，处处成为运动员的榜样，所以要严于律己，以身作则。

2. 文化知识素质

在科学训练时代，文化知识素质是构成现代教练员业务能力的重要部分。现代教练员要有较高的科学文化和运动训练的专门知识技能，主要包括以下两点：

第一，要有扎实的文化基础。一定的文化知识，是进一步学习马克思主义理论、科学技术和运动训练理论知识的基础。

第二，要具有配套的专业知识结构。教练员的配套知识结构，是指根据教练员工作的职能范围、特点，所要求具备的较高的文化知识水平和相应专业知识的合理组合，使教练员具有综合业务能力。现代运动训练竞赛的发展要求教练员必须掌握基础理论知识和专项理论知识。基础理论知识包括运动生理学、运动解剖学、运动生物力学、运动心理学、运动生物化学和教育学等。专项理论知识包括运动训练理论、专项技战术理论、裁判法及竞赛规则等。

3. 身体素质

身体素养主要涉及教练员的健康状况和年龄方面的要求。教练员应当年富力强，身体健康，精力充沛，智力旺盛。

身体健康状况包括以下两个方面的含义。

第一，体力：体魄健壮，精力充沛。

第二，脑力：记忆良好，思维敏捷。

这两个方面对于做好教练员工作具有重要的保证作用。运动训练和竞赛工作既繁重又复杂，而且压力很大。因此，健康的身体、智力素质是教练员个人素质中不可缺少的重要组成部分。

（二）教练员的能力结构

1. 探索创新能力

在竞技场上，要获得优异的运动成绩，一是靠苦练，二是靠训练创新。现在流行的间歇训练法、循环训练法、模式训练法等都是创新的产物。竞技运动看似是运动员在运动场上的拼搏，实质上是双方教练员的斗智。对于成功的教练员来说，其成长和发展的过程就是一个不断创新的过程。创新能力是教练员的品质、智慧、才干和心理的集中体现，是教练员的核心能力之一。具有创新意识的教练员往往胆识过人、想象力丰富。在信息时代，科学技术发展突飞猛进，运动场上的竞争越来越激烈。教练员如果缺乏创新意识，不主动开拓进取，就会在激烈的竞争中败下阵来。教练员的创新能力表现在以下四个方面：

①对新鲜事物很敏感，训练竞赛中能够及时地发现问题；

②善于听取各种不同意见、观念、看法，并形成独创的见解；

③思路开阔，富有想象力，提出大胆而新颖的推测和设想，提出新方案、新方法；

④善于教育、激励运动员，发挥新影响力。

2. 学习能力

信息时代，新知识日新月异、层出不穷，知识的传播、运用正在以空前的速度扩展。信息时代的核心内容是科学技术，在高水平运动中，科学技术的运用在很大程度上可以决定运动员竞技能力发展的高度。教练员作为应用科学技术于训练实践的主体，必须了解当代科学技术发展的最新成果，把科学技术的应用作为训练创新的重要内容。学习是接受教育，掌握科技、文化知识的必经途径，教练员应该成为新知识的永远追求者，要有强烈的学习愿望，主动学习新知识，了解科技发展最新动态，不断更新训练和管理观念。

3. 收集、管理和利用信息的能力

教练员培养运动员离不开信息，不能闭门训练，要追踪最新的体育科学发展动向及训练方法；教练员带领运动员参加比赛也离不开信息，要切实掌握对手的状态信息、对手的变化信息，根据对手的情况，确定自己比赛的技战术安排。收集、管理和利用所需要的信息，把握机会，是教练员的重要任务。信息的占有、利用经常决定着训练的质量和比赛的结果。例如，在 2004 年雅典奥运会上，中国女子举重队赛前认为稳拿金牌的 48 公斤级比赛，就是因为没有及时收集分析土耳其选手的信息，在强大的对手面前一时没有应对的良策而痛失金牌。因此，教练员要有高度的敏感性，要善于收集有关训练和对手的细小的信息，并加以充分利用。

4. 决策能力

决策能力是决定教练员在训练与比赛中采取哪一种最有效的方法、方案或计划的决断能力，就是选择最佳方案的决策能力，决策就是方案选优。不过这个选择不是简单地在是非之间挑选，而往往是在一种方案不一定全优于其他方案的情况下进行。科学决策必须建立在对多种方案对比选优的基础上，这就要求教练员具有方案对比选优的能力，需要有风险决策的精神。训练与比赛是复杂多变的，教练员在比赛中遇到的多数是不确定型、风险型的决策，这就要求教练员在正确地分析、判断基础上，当机立断地进行决策。优柔寡断的教练员，很难在激烈而又瞬息万变的竞赛中行使好职责。

5. 计划能力

要实现训练目标，需要周密计划，要找出带动竞技能力提高的重点环节，又要顾及每一个环节。这样才能既有条理、有重点，又顾及全面。

6. 组织指挥能力

组织指挥能力，是为了获得理想的训练与竞赛效果，对运动员实行有效管理和控制的能力。教练员采取有效的控制手段，使运动员按照教练员的意图，根据预先确定的目标、方法进行训练与比赛，最后取得预期的结果。教练员的组织指挥能力，主要表现在训练与比赛技术、战术指挥方面。

7. 沟通联系，协调关系的能力

协调能力主要是指妥善处理与领导、同事和运动员之间的人际关系的能力，工作中教练员需要同各种各样的人进行交往，这些人的身份、地位、交往需求、心理状况不尽相同。教练员能否与他们友好相处、互相配合、协调一致，是否与领导相互沟通，与同事、运动员相互信任，劲往一处使，直接关系到运动员培养工作的成败。领导最希望下级圆满完成自己交办的工作任务。同事最希望相互之间建立起一种携手并进的融洽关系，在亲密无间的友好气氛中进行良性竞争。运动员最希望获得的是教练员的表扬与信任，希望教练员能在困难时刻给予有力支持，受到挫折时给予热情鼓励，以及取得成绩后的及时奖励。教练员要根据这些规律，处理、协调好各方面的关系，消除工作阻力，调动更多的动力。

8. 适时反应的应变能力

应变能力，是一种根据不断发展变化的主客观条件，随时调整训练、比赛方法和策略的能力，是复杂的训练与竞赛活动对教练员的素质提出的起码的要求。具有应变能力，就要注意收集运动员及对手的信息，不因循守旧，能够从平时的训练和激烈的竞赛中及时发现新情况，认真分析，大胆提出新设想、新方案。

教练员尤其要在比赛中根据场上双方的力量发展变化，审时度势地做出机智果断的应变。一个优秀教练员的应变能力往往就表现在对一些预想不到的意外情况的果断处理上。应对竞技场上的复杂形势，需要有机智的应变能力。要在科学判断的基础上，在判定原有的方案无法达到预定目标时果断地叫停，进行调整，临场做出新的最佳决策。当判定再坚持一下就会取得胜利时，要能够鼓励运动员顶住压力，努力拼搏，坚持下去，争取胜利。

第二节　乒乓球教练员权威与人格力量

教练员指导运动员训练，应该能对运动员产生有效的影响和作用，因此，权威构成教练员工作的基础。

一、乒乓球教练员的权威

（一）权威的含义与结构

1. 权威的含义

权威也就是威信，它是指处于一定社会群体中的人因兼备德才能绩而广泛受到众人信赖和尊敬，是普遍存在的一种社会心理现象。教练员威信就是教练员在运动员心目中所享有的威望和信誉。它包含两层意思：一是“威”，即权威，是一种对人们心灵由外而内的穿透力和自上而下的统摄力。二是“信”，即信用、信任、信奉，含有“平易近人”“可亲可敬”的亲和力及凝聚力的成分，实质上是一种让人由衷地感到钦佩、令人“心悦诚服”的力量。

2. 权威形成的条件

教练员权威的这种双重含义决定了它的形成必须具备两大条件：

第一，教练员必须“出类拔萃”，堪称“为人师表”。

教练员要有过人的才智、能力和优秀的品德。无论是专业技能和组织才能的出神入化、教学训练技术与手段的熟练高超，还是专业知识的渊博和一专多能，乃至品性的高尚、外形的优美，教练员在运动员面前都必须显示出超群出众、超凡脱俗的优点。即使不能做到全能，至少在某些方面一定要高人一筹。

第二，教练员与运动员之间要互相尊重和沟通，达到相互理解和信任。

与前一条件相比，这完全是一种人性化的过程。要知道，运动员无论怎么崇拜教练员，他们更看重的还是自己，唯有让运动员感受到一种做人的尊严，看到自我成功的希望，教练员作为引路人才能在他们心目中占有一席之地。在尊重的基础上进行心灵的沟通，双方才能达到理解和信任。教练员以信取信，以心换心，以爱心温暖滋润运动员的心灵，运动员才会觉得教练员不仅可敬，而且可亲。

（二）权威的标准与类型

1. 权威的标准

权威是一个抽象的概念，从字面上来理解它是强大的权力而产生的威风、威势，权威有以下标准：

①权力：指权威、命令的执行，总有某种力量支撑，这就是权力。权力是产生权威的必要条件。

②合理：只有权力，并不一定能使别人信赖。要使别人服从，主要以合理的规则。

③吸引力：合理的规则还要合情，即要考虑人的感情因素。有时合理不一定合情，对人就产生不了吸引力。

上述三个方面，都是构成权威的必要条件，在某个方面的偏重，就会产生不同的权威类型。

2. 权威的类型

①行政的权威：由法规、规则赋予的行政职务上的权威，在一个职位执行的权力。

②学术权威（知识权威）：指由真才实学建立起来的权威，这种由知识、才干树立起来的权威也有崇高的地位，但也不可滥用。

③道德修养权威：这是由长期道德的自我修养产生的权威。主要由人的品质、人格表现出来，权威也通过对周围人的吸引力树立。它不是法定的，但能引起人的感情向心力而诚服。

④英雄崇拜的权威：由突出的业务成绩而产生，成为人们学习、仿效的对象。

这些权威之间往往是交叉包容的。例如，教练员在某种场合是运动员的“领导”，有领导者的权威问题，就是行政的权威；在另一些场合又是一个“长者”，像父母长辈对待孩子一样，有“长者权威”的问题；而在别的场合，又或许是运动员的朋友，需要讲“诚”，讲“信”，讲互相尊重，有在运动员朋友面前的权威问题。可见，教练员权威实际上已把一些别的权威包容在自己的体系之内，成为一种最为复杂的复合型权威。这是由教练员的“育人”特性所决定的。

（三）树立教练员权威的基本条件

教练员的资历、职位、管理能力、创新精神、民主思想及人格魅力（如诙谐的幽默感、坚韧不拔的毅力）等对其权威的获得均有一定的影响。作为教练员，一定要树立权威，其权威要通过权力、合理及人格吸引力而产生。

1. 尊师重教的社会风气是教练员权威形成的前提条件

尊师重教的社会风气决定了社会对教练职业的态度，会影响运动员接受教练员训练管理的态度。早在两千多年前，我们的祖先就明确了“师严，然后道尊；道尊，然后民知敬学”的道理。因此，要从整体上提高教练员的社会地位，使教练职业成为全社会尊敬的职业，树立教练员在运动员心目中的崇高权威，其基础和前提就是要形成尊师重教的社会风气。只有尊师才能重教，只有重教才能尊师。

2. 高尚的思想品德、渊博的知识、精湛的专业技能和高超的教育教学艺术是教练员获得权威的基本条件

一个优秀的教练员，必须有高尚的情操和崇高的理想，必须为人正直、敢于维护正义，必须有远大的抱负和强烈的事业心，必须热爱教练员工作，对本职工作有强烈的责任感、义务感和光荣感，对工作有无私奉献的精神，必须有渊博的专业知识、精湛的运动技能和丰富的工作经验，必须有高超的教学训练艺术和教育机智。这样的教练员会被运动员视为人生的楷模、智慧的化身、力量的源泉、成功的基石，也必然在运动员的心目中享有崇高的权威。

3. 教练员的作风、习惯、仪表是教练员获得权威的必要条件

教练员的穿着、语言、举止、情态是教练员精神面貌的体现，教练员只有仪态端庄、衣着整洁、举止稳重、谈吐文雅，才能引起运动员的普遍好感和敬重；教练员的作风和习惯是其在工作和生活中表现出来的行为方式，如果一个教练员不能严格要求自己，生活散漫，行为古怪，对工作敷衍塞责，对运动员简单粗暴，这必然有损其形象，也不可能在运动员的心目中树立起权威。

4. 关心爱护运动员、与运动员平等相待是教练员获得权威的情感条件

教练员的权威是在与运动员的交往中形成的，如果教练员处处为运动员着想，能主动关心、爱护和体谅运动员，关心他们的学习、生活、成长和事业发展，能满足运动员的合理需要，并在生活和训练中与运动员形成亦师亦友的平等地位，师生的情感就会融洽，运动员就会产生亲师、信师的心理（而不是敬而远之），教练员的权威就能快速而稳定地在运动员中建立起来，而且，这种权威会随着师生交往的增多而增强。

（四）教练员权威形成的心理机制

从心理学上分析，教练员权威的形成过程大致包含三个层面。

1. 认识层面

指教练员与运动员之间的信息传导过程，是运动员对教练员由表及里、由此及彼的认识过程。主要包括运动员对教练员的观察、了解以及由此形成表象和概念的过程。认识层面是其他两个层面的基础。

2. 价值评判层面

这是运动员依据所感知的信息，把教练员的形象和行为与运动员自己的价值评判标准（朦胧的理想、清晰或不太清晰的追求目标、是非标准等）做对照的过程。如果相符，则教练员的权威就会树立和提高。

3. 情绪感受层面

在运动员认识一个教练员的过程中，教练员对运动员的态度如何，无疑是运动员最为敏感的。是诚，是爱，是尊重，是关心，抑或相反？这一切通过教练员的一言一行、一种神态、一个眼神流露出来，它自然逃不过运动员的眼睛，而将被运动员敏锐地捕捉和感受到，并引发相应的情感。这种情感必将左右运动员对教练员的价值评判过程，并影响教练员在运动员心目中的威望和信誉。

将上述三个层面整合起来，可以认为：教练员权威的形成机理就在于教练员的内在素质及其行为恰好符合和满足了运动员的心理需要，满足程度越高，教练员在运动员心中的权威度就越高。

（五）教练员权威的效用

实践证明，教练员的权威越高，训练、教学和教育的效果就越好。教练员的权威对教学训练成效及教育效果产生着巨大而积极的影响。具体表现在以下四个方面。

第一，教练员的权威使得运动员对教练员训练指导及教学安排的正确性深信不疑。

第二，基于权威而产生的信赖感和信服感使得教练员在教学训练及日常生活中的各项要求可以较容易地转化为运动员的自觉自愿的行动。

第三，权威使得教练员的批评和表扬能有效地唤起运动员深层次的情感反应，而不仅仅是影响运动员的表面行为。

第四，权威使得教练员的一举一动、一言一行都会成为运动员心目中的榜样，对运动员的所思所想和所作所为时刻产生着潜移默化的影响。可见，有权威的教练员的教育教学力量是基于运动员对教练员的热爱、信任和敬重，所以，教练员的权威越高，运动员信服效仿的可能性就越大，其训练成效和教育效果就越显著。要想取得良好的训练成效和教育效果，教练员必须具备一定的权威。

（六）树立教练员权威的方法

1. 教练员对运动员的严格要求是培育和提高教练员权威的基础

不严则无威。严格要求是对人尊重的最重要体现。如果教练员能够从运动员身心发展的现实水平出发谨慎地提出要求，并严格加以督促，运动员就会从中感到尊重和信赖，从而获得积极进步的激发力量。教练员在运动员心目中也便成为其成长中不可缺少的人，从而得到巨大的尊敬和爱戴。

2. 对运动员的公正严明是教练员获得权威的根本保证

教练员的公正严明是“孩子信任教练员的基础”。如果教练员能公正地对待每一个运动员，运动员必然从中感到一种平等尊重和对自身价值的肯定。反之，如果教练员对运动员不能一视同仁，必然会破坏两者间的团结，妨碍教育工作的进行。作为教练员公正的具体表现，是教练员对赏罚的严明处理，如果教练员以事实为依据，赏罚有据，教练员在运动员心目中就是公正的化身，从而得到普遍的尊重。

3. 教练员以身作则是树立教练员权威的道德行为保证

班杜拉的社会学习理论认为，儿童对榜样的模仿和以赏罚方式进行的强化学习，是儿童道德内化与品德形成的重要机制。教练员若具有公正无私、不偏不袒、认真负责、不辞劳苦、待人真诚、忠厚老实、言行一致的品格，肯定会成为运动员心目中的理想教练员。而那些口是心非、言行不一、溜须拍马、心胸狭窄、妒忌心强、以自我为中心、自高自大、私心重的教练员，是运动员所嫌弃的。

一个教练员严于律己、为人师表不仅是教练员崇高思想境界和道德情操的外部表露，更是对运动员无声的命令，对运动员的道德行为产生极大的影响。

4. 对运动员真挚的爱与信赖是培育和提高教练员权威的重要心理保证

教练员对运动员建立十分融洽的情感关系，运动员便会对教练员产生亲近感，愿意接近教练员，运动员对教练员的教育就容易接受。教练员要成为运动员所喜爱的老师，最简单直接的办法是平易近人、多接近运动员、跟运动员交朋友，你了解运动员，运动员也了解你。只有多接近运动员，熟识了解运动员，才能理解运动员，容易取得和运动员在信念、态度、价值观上的共识。这样不仅建立了教练员与运动员的友谊，更重要的是运动员把教练员当作知心人，对教练员产生了亲切感和信赖感。

（七）针对不同年龄阶段的运动员树立权威的要求

教练员威信的形成取决于教练员本身的条件，但是，不同年龄、不同水平的运动员对权威的心理接受特征是不同的。因此，教练员树立权威要根据运动员的特点在行为上有所侧重。

第一，年龄较小的低年级运动员，由于评价教练员表现的能力差，他们与教练员的交往突出地反映在情感方面。他们对教练员的思想品质、知识水平、教学质量、能力等方面不会分析和评价，很少讲教练员思想如何高尚、知识如何渊博，而是对教练员活泼、开朗的性格，说话能表情达意，讲课很有趣味，喜欢运动员，对运动员表示关心、爱护，以及严格的要求等比较关心。教练员在这些方面比较容易获得运动员的爱戴，建立威信。

第二，高中、大学或成人运动员则能对教练员的态度与思想品质、业务水平、教育能力、工作业绩等进行评价。因此，教练员这些方面的表现，就成为运动员决定教练员威信的重要心理依据。

二、教练员人格力量及影响

苏霍姆林斯基曾说过："人只能由人来建树……我们工作的对象是正在形成中的个性最细腻的精神生活领域，即智慧、感情、意志、信念、自我意识，这些领域也只能用同样的东西即智慧、感情、意志、信念、自我意识去施加影响。"对运动员而言，教练员一般都具有天然影响力，如果这种影响力仅仅建立在教练员的身份所赋予的权力基础上，那么，它是极不稳固的。这种影响力会随着运动员对教练员的逐步了解而发生变化、减弱以至丧失。教练员要获得真正可靠的影响力，就要用自己的人格力量去赢得运动员发自内心的尊敬和爱戴。

（一）人格力量来源

教练员与运动员朝夕相处，具有对运动员实施教育的最好机会和优势，而且在朝夕相处中，教练员也肯定会对运动员的性格发展产生影响。根据心理学理论，个体人格的发展，是个体自动向别人（或团体）行为认同的历程。所谓认同，最简单的解释就是模仿学习，个体向他喜欢的楷模人物学习，模仿榜样人物的言行举止，逐渐形成他自己的个性。

教练员对运动员人格力量影响主要来自以下三个方面。

1. 个性特点

有高度的自觉性和独立性，不肯雷同；有旺盛的求知欲；有强烈的好奇心，工作中讲求理性、准确性与严格性；有丰富的想象、敏锐的直觉，喜好抽象思维，对智力活动有广泛的兴趣；富有幽默感。教练员的性格坚毅、果断、公正、热情，他们对运动员的影响力就大。

2. 事业心（工作态度）

运动训练的长期、艰苦，以及见效缓慢等特点，决定了教练员的人格示范作用将对运动员的性格品质形成与发展产生巨大影响。因此，教练员要做到“两要”“两不要”，即要不断加强自身修养，提高训练指导水平，在训练场内外以其崇高的人格魅力感召运动员，不要单靠口头说教；要尊重、热爱、理解运动员，与运动员建立深厚的情感，不要靠暴力与辱骂来维持尊严。只有这样，教练员的人格示范在培养运动员的过程中才能发挥出应有的作用。

3. 文化与科学素养

当今世界体育科学技术发展很快，训练方法不断进步，运动训练的新知识、新技术、新方法频繁出现，新信息、新观念迅速传播。教练员必须善于接受和消化运动训练的新观念、新知识，认真钻研业务，不断提高自身文化和体育科学素质；积极探索新的训练方法技术，活跃教学训练气氛，激发运动员训练兴趣与动机；努力做到学识渊博，业务精良，既具有精深的专业知识，又具有广博的相关知识，还具有坚实的理论功底和较强的业务能力。只有这样，才能在训练中有所创新，才能不断提高运动员的竞技能力，使运动员产生敬重感，自觉自愿地接受指导。

（二）教练员人格力量的作用

1. 行为榜样

一个有高尚人格和处处以身作则的教练员，在运动员心目中定会有崇高的威信。他的一言一行自然会成为运动员的楷模，教练员严谨的作风、认真的态度、严格的要求、严于律己的精神，给运动员树立了榜样，做出了表率，在教练员的影响和指导下，集体的凝聚力自然会形成，产生一种向心力。

2. 激励运动员训练动机

像人类社会的各种活动一样，运动员从事艰苦的运动训练需要不断强化动机。运动员训练动机包括内部动机和外部动机，强化运动员训练动机的过程就是激励。教练员的激励尤其重要，具有优秀人格品质的教练员，不仅以身作则，为运动员做出敬业的榜样，而且通过他的言行举止，通过他对人生价值、行为准则的理解和阐发，能够激发运动员更加积极地投入训练。

3. 形成运动队的正确舆论和良好纪律

一个运动队要有正确的舆论氛围，首先运动员要有正确的是非观，这就需要教练员的正确引导和培养。教练员在运动员面前应当既严肃又开朗、既庄重又亲切、既热情又理智，爱憎分明、是非明确、疾恶如仇、庄严自持、内外如一。这样在运动队中就会懂得什么是正确的舆论，运动员会逐步形成哪些应该做、哪些是不应该做的是非观。

第三节　乒乓球教练员的职业道德

一般来说，完成某些职业的任务，要求人们不仅具有一般道德心理品质和行为，而且要求具有与特定的职业工作所对应的道德心理品质和行为。

任何一种职业或者专业活动都有其与众不同的情况、困难与矛盾。它们必须在这种活动本身的过程中得到解决和克服，从而形成其特定的道德。道德在教育事业中具有非常重要的作用，因为道德在教育中本身履行着教育的职能，教练员在很大程度上塑造着青少年儿童的精神世界，塑造着他们的道德面貌。

一、道德、职业道德的含义及意义

（一）道德的依据

说到道德，我们并不陌生，在社会生活与工作中，很多事人们都知道是不道德的，但是仍然有很多人去做，可见，很多不道德的行为是有意识的，是知道不道德而为之的。道德反映在人的言行中不仅是一种知识，还涉及其他的东西，仅仅知道什么是不道德并不能保证人们不去做不道德的事。什么是道德，人们如何做到有道德呢？道德还与人性有关，它具有两个人性的要素，即正义和同情心。

1. 正义

所谓正义，最通俗的意思就是把自己放置在别人的位置上，体验自己对别人所做的事，并认定自己的所作所为是可以接受的。自己的行为就包含正义，这也就是平时所说的“设身处地”。正义所包含的思想是，每个人生来都是平等的，谁也不比谁更高贵或低贱，而且只有自己才能了解自己的感觉，正义感就是把一件事放在自己身上试试，自己评判是否合理。

正义规定，人们有追求自己欲望的权利，在追求名誉、财富和地位的竞争中，为了超过对手，人们大可以尽其所能，全力以赴，但是，不允许做出不光明正大的行为。正义要求人们在追逐自己利益的过程中保持对他人的尊重，避免伤害他人。

2. 同情心

所谓同情心是指自己从别人的角度体验别的情况。人们仅仅保证不伤害他人的利益是不够的。同情心则要求人们表达对别人的爱，以及对自我欲望的克制。具有同情心的行为是克制自我利益支配的行为，如一个人看到别人处于不利的境地，受到抢劫、落水等，甘愿冒生命危险挺身而出进行救助的行为就是同情的体现。同情心要求人们哪怕是间接地影响他人幸福的时候能够克制自己的欲望。人类社会有了同情心，就会变得丰富多彩、有序、和谐。

（二）职业道德的含义与作用

1. 职业道德的含义

所谓职业道德就是从事一定职业的人所应该遵循的行为规范和道德品质，是一般道德在职业领域的具体体现。

2. 职业道德的作用

（1）保证社会公共利益的满足

竞技体育的发展，运动成绩在近百年来的增长，也与教练员职业化有重要关系。可以说，职业道德是个人的欲望、需求与社会公共利益这一对矛盾关系的产物，通过职业道德可以保证社会公共利益的满足。

（2）实现特殊的职业目标

任何一种职业活动得以存在，都是因为有特殊的职业活动内容与目标，不能由其他的职业活动所代替，必须在特定的活动过程中实现，这样就形成了各种职业特定的行为规范。教练员工作从根本上说是一种教育，道德在教育事业中具有十分重要的作用，因为道德本身就具有教育的职能，是实现青少年儿童人格和道德健全发展的重要媒介。

二、竞技体育中的职业道德规范

（一）竞技体育的基本道德原则

公平竞赛是竞技体育最基本的道德原则，是所有体育活动中固有的非选择性因素。这些道德规范适合于各级水平的体育活动，并为各级竞赛提供了在现代社会中人们对抗多方面破坏公平竞赛和运动职业道德压力的道德依据。

公平竞赛的含义不仅包括遵守竞赛规则、增进友谊、尊重他人和以正确的精神风貌参加竞技，还包括抵制和消除弄虚作假、使用违禁药物、投机取巧、粗俗动作和语言、机会不平等、过度商业化和腐败等，公平竞赛是观念和行为的统一。

（二）教练员个人利益和训练竞赛过程的其他参加者的利益表现

第一，教练员个人利益表现在务求以耗费较少的力量和时间来获得最好的结果，力求改善训练条件，摆脱不必要的负担，选择自己满意的和更好地适合于自己个性的工作形式和措施。

第二，集体利益表现在为争取教练员职业的高度社会声望和地位，争取为竞技运动创造有利条件，争取创造出能够更合理地发挥训练作用的方法并掌握这些方法。

第三，社会利益在于培养实现社会需要的运动员。

这些利益之间并不总是协调一致的，有时候是矛盾冲突的。教练员的个人利益会与整个社会利益发生矛盾。举国体制的核心是集中全国最优秀的人才，国内练兵一致对外。一个优秀的运动员技术出现问题，只要是教练员就应该及时地指出来，发挥集体的聪明才智，群策群力。这也是一个教练员的职业道德。

（三）教练员职业道德的基本内容

第一，教练员必须尊重运动员的基本人权，即平等权。

第二，教练员必须尊重运动员的人格和承认每个运动员的能力，这包括尊重运动员发展的权利，使他们不遭受身体的折磨。

第三，教练员必须保证训练环境的安全与合理，考虑到运动员的年龄、发育程度和技术水平。这对年龄较小或训练水平较低的运动员尤为重要。

第四，教练员必须承认和遵守竞赛规则。这不只是停留在字面上，而是要在训练和比赛中体现其精神实质，从而保证所有运动员比赛的公正性。

第五，教练员必须对裁判员和技术官员表示出应有的尊重。接受和配合裁判，保证在现有规则基础上比赛的公正进行。

第六，教练员要对运动员的赛场表现和行为负责。同时还要鼓励每个运动员的独立性，使运动员对自己所做的决定、行为和表现负责。

第七，教练员必须切实和积极地发挥主导作用，防止使用任何违禁的药品提高成绩的行为。教练员的主导作用还包括教育运动员，让他们认识违禁物质和手段的危害。

第八，教练员必须承认所有的教练员都具有同等的权利。观察、推荐和批评别人的运动员应该由局外人处理，或倾听公众的意见。

第九，如果运动员已经师从于其他教练员，原教练员不应该干涉。

第十，教练员应该具有公认的教练资格。通过参加各类资格培训课程的学习和实际教练经验的积累来提高自身知识水平。教练员还担负着传播他们所获得的知识和实践经验的责任。

第十一，教练员必须注重教练形象。仪表和举止要时刻反映出个人行为的最高标准。

第十二，教练员不应吸烟，特别是不应在工作期间吸烟，不应在工作之前饮酒。

第十三，教练员应该有合作精神，包括公开地与其他教练员进行合作，拥有运动专家和运动医务人员的专门技能。

（四）教练员工作的特点与职业道德

教练员劳动的特点决定了教练员职业道德的特殊重要性，职业道德与各行各业的劳动特点紧密相连。

1. 教练员工作是培养人的工作，要求教练员有较高的道德意识水平

教练员不管自己所处的社会地位如何，总是应该凭自己的职业良心，尽可能对运动员进行一定的教育。

中国乒乓球队的教练员把培养运动员做人放在首位。蔡振华认为："要培育世界冠军，首先就要培养他们的爱心，培养他们做人。"教练员运用各种形式对年轻的运动员进行教育，专门组织运动员到天安门广场观看升旗仪式，参观中华人民共和国50周年成就展，到革命根据地西柏坡参观，接受革命传统教育，还专门组织运动员到贫困山区访贫问苦，让运动员了解中国的国情，以培养运动员的情操与爱国主义精神。

我国90%以上的运动员是自少儿时期开始从事专业训练的，训练时间长、强度大，再加上体育行政部门和教练员过分重视运动成绩的提高，忽视了运动员综合素质的培养，文化知识比较少，文化综合素质不高，从而使其与同龄人相比处于明显劣势，除专项运动外并无一技之长。因此，教练员在做好训练工作的同时，也必须关心运动员的文化课学习。

2. 教练员在道德行为上是运动员的模范

教练员的道德不仅关系到教练员自身品格的完善，而且具有强烈的示范性，是作用于运动员的重要教育手段，特别是少儿运动员，模仿性强，可塑性大，社会、家庭对他们影响很大，教练员的影响则往往更经常、更强烈。在日常训练和生活中会遇到很多的问题，能不能正确对待，能不能做好，都会直接影响到一个教练员的威信。在处理个人利益时，教练员如果能关心运动员，先考虑他们，把个人利益放在最后，就会得到运动员的尊重。

3. 教练员道德影响很深、很远、很广

教练员的道德影响不仅深刻地作用于运动员的心灵，改造运动员的品质，而且通

过运动员的所作所为作用于家庭和社会。受到良好道德教育的运动员，将以他们的行动回报社会。

三、教练员对待运动员的职业道德规范

（一）教练员对待运动员态度的道德规范

教练员对运动员的态度是体现教练员道德的重要方面。

第一，不仅要把运动员看作自己的工作对象，而且还应当把他们当成自己的子女，全面关心他们的成长。

第二，要把严格要求看作是对运动员的尊重。

第三，经常研究运动员的内心世界，以便正确地了解和解决每个人的问题。

第四，耐心地对待运动员不正确的行为和意见，善于说服教育。

第五，提高控制自己情绪的能力。

尊重运动员这一道德规范，从理论上没有一个教练员公开反对，但在训练实践中违反这个规范的行为却经常发生，有的教练员常用暴力和污辱性的语言，迫使运动员绝对服从。所产生的效果可能是运动员被迫“听话”，但这位教练员却没有想到自己的行为会产生怎样的消极影响和社会效果。

善于控制自己的情绪是教练员道德修养的一个方面。运动员进步的快慢、比赛成绩的好坏、先天条件的优劣和在训练中的各种表现，都会影响教练员的情绪，如小运动员在知识经验和事业、生活的理解方面能力都较低，常常表现出懒惰、无礼、缺乏自我要求，甚至有意气教练等。正因为如此，教练员要善于控制自己的情绪，否则会因反感、抱怨、恼怒而导致向运动员产生报复心理，使运动员产生惧怕心理，结果使运动员采取阳奉阴违和不尊重等方式回敬教练员。这种恶性循环只会消耗双方的时间和精力，疏远关系，甚至产生对立和造成严重的后果。

（二）对运动员严格要求的道德规范

教练员对运动员严格要求体现了对运动员的尊重和爱护，但必须符合下述原则才是正确有效的。

第一，严格要求在客观上是合理的，是由训练的目的和任务所决定的；

第二，严格要求应该是善意的，非惩罚性的；

第三，严格要求要尽可能被运动员所理解；

第四，严格要求应该是现实的，并通过运动员的努力能够达到的；

第五，为实现严格要求而采取的教学和训练方法应是科学正确的。

小结

教练员是运动训练过程的设计者、组织者，是运动员的教育者和指导者。教练员的资历、专业知识、管理能力、创新精神、民主思想及人格魅力等对其权威的获得均有一定的影响。通过运动训练，教练员塑造着青少年儿童的精神世界和道德面貌，要求教练员具有与青少年培养工作相对应的道德心理品质和行为。

■ 思考题

1. 谈谈在运动队中树立教练员权威的作用与方法。
2. 教练员的人格力量对运动员有什么样的影响？
3. 成功的教练员是否具有一些共同的特征？为什么？
4. 从自己的专项角度谈谈教练员的哪些能力具有特殊的重要性？
5. 教练员职业道德的重要意义是什么？
6. 教练员不遵守职业道德会产生什么危害？
7. 教练员职业道德的具体表现有哪些？
8. 谈谈在竞技运动中如何提高教练员的职业道德。

参考文献

[1] 刘雅玲．乒乓球教练员岗位培训教学构想［J］．中国体育教练员，2013（3）：43-44.

[2] 于沈潼，刘国斌．国家乒乓球队教练员运动智能调查研究［J］．运动，2012（5）：18-21.

[3] 于沈潼，刘国斌．国家乒乓球队教练员人才结构的调查研究［J］．运动，2012（9）：22-23.

[4] 潘勤磊，王敏．安徽省乒乓球教练员能力素质评价体系构建［J］．湖北体育科技，2013（2）：113-116，106.

[5] 肖丹丹，严春锦．全国乒乓球教练员发展现状及发展对策的研究——基于对区县级及以上体育机构在编乒乓球教练员的普查［J］．北京体育大学学报，2014（11）：134-138，144.

[6] 刘江山，王红．从北京奥运会谈我国教练员、运动员的职业道德［J］．内江科技，2007（3）：85，91.

[7] 刘国梁，完好，陈驰茵．教练员领导风格对乒乓球运动员绩效的影响［J］．上海体育学院学报，2015（2）：63-67.

[8] 刘梦鑫．乒乓球教练员发展现状及创新途径探究［J］．体育科技文献通报，2017（5）：94-95.

[9] 黄海城，肖丹丹．我国乒乓球教练员人力资源管理运行机制创新研究［J］．运动，2017（7）：24-25.

[10] 温娇．我国乒乓球教练员现状与岗位培训体系的研究［M］．北京：北京体育大学出版社，2011.

[11] 李莉．辽宁省基层乒乓球教练员人才资源开发现状与对策分析［J］．辽宁体育科技，2011（4）：9-11.

[12] 张永奎．教练员职业道德培养研究［J］．体育文化导刊，2013（7）：137-140.

[13] 李克．论教练员的社会角色与职业道德［J］．河南科技学院学报（自然科学版），2006（2）：126-128.

[14] 张林，任建华．浅谈体育教练员的职责、素质与职业道德［J］．中国体育教练员，2000（4）：37-38.

[15] 吴飞，刘国斌．我国高水平乒乓球教练员的知识结构［J］．体育学刊，2007（3）：134-137.

[16] 张保臣，曹竞成．江苏省乒乓球教练员综合能力调查研究［J］．吉林体育学院学报，2007（4）：54-55.

第二章

乒乓球基本理论

教学目的

1. 掌握最常用的术语。
2. 了解击球五要素：弧线、速度、旋转、力量、落点。
3. 实践中运用击球的基本环节和动作结构。
4. 了解如何建立基本动作的动力定型。
5. 了解建立技术打法的相关因素。
6. 掌握运用训练原则和处理的技巧。

教学安排

总时数6学时。其中讲授3学时，讨论、实践、作业3学时。

乒乓球基本理论来源于训练实践，是在长期的乒乓球训练实践中总结出的精华。同时，乒乓球基本理论能够指导教练员的训练实践，掌握乒乓球的基本理论知识有助于逐步认识和运用乒乓球项目的内在规律，指导教学、训练和比赛。乒乓球基本理论的内容可分为常用术语、击球的五要素、击球的基本环节和动作结构、训练观念四个方面。通过乒乓球基本理论的学习，主要目的是掌握最常用的术语；了解击球的弧线、速度、旋转、力量、落点五要素；实践中运用击球的基本环节和动作结构；了解如何建立基本动作的动力定型；了解建立技术打法的相关因素；掌握运用训练原则和处理的技巧。

第一节　常用术语

术语是一种专门用语。乒乓球运动术语是正确说明乒乓球运动的动作、技术、战术、竞赛、裁判、器材等方面的专门用语，它随着乒乓球运动的发展和提高而不断丰富。

一、球台

如图 2-1、图 2-2 所示。

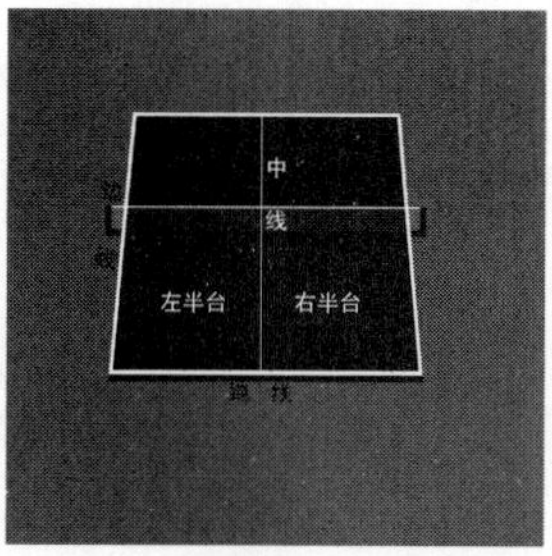

图 2-1

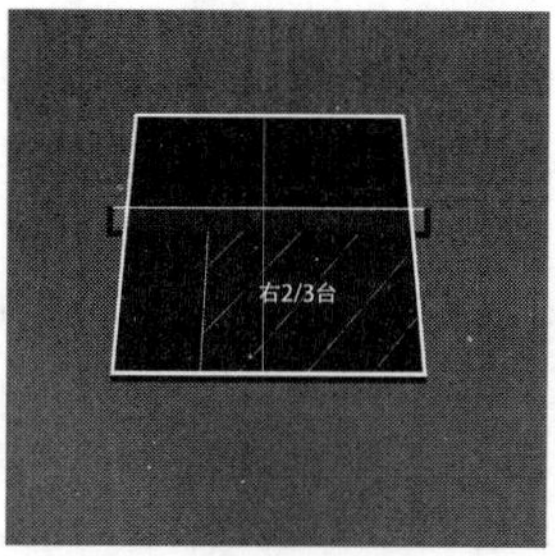

图 2-2

端线：球台两端与球网平行的白线称端线，宽 2 厘米。

边线：球台两侧与球网垂直的白线称边线，宽 2 厘米。

中线：球台中央与边线平行的白线称中线，宽 3 毫米。

左半台和右半台（又称 1/2 台）：通常是指击球范围。其左右方向以击球者本身为参照体。

2/3 台：是指击球范围占球台面积的 2/3。左侧为左 2/3 台，右侧为右 2/3 台。

全台：是指击球范围占整个台面，落点范围不限。

二、站位与击球距离

如图 2-3 所示。

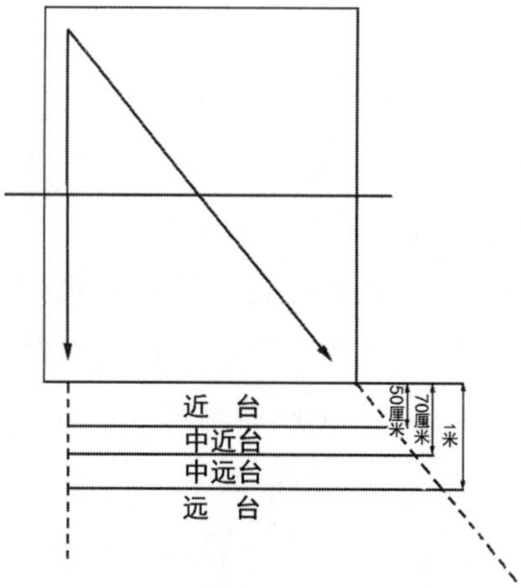

图 2-3

站位：运动员开始击球前的基本位置。是指运动员击球时，其身体与球台端线之间的距离。

近台：指站位在离球台端线 50 厘米以内的范围。

中台：指站位在离球台端线 70 厘米左右的范围。

远台：指站位在离球台端线 100 厘米范围以外。

中近台：介于近台与中台之间的站位，站位离球台端线 50~70 厘米的范围。

中远台：介于中台与远台之间的站位，站位离球台端线 70~100 厘米的范围。

三、击球路线

如图 2-4 所示。

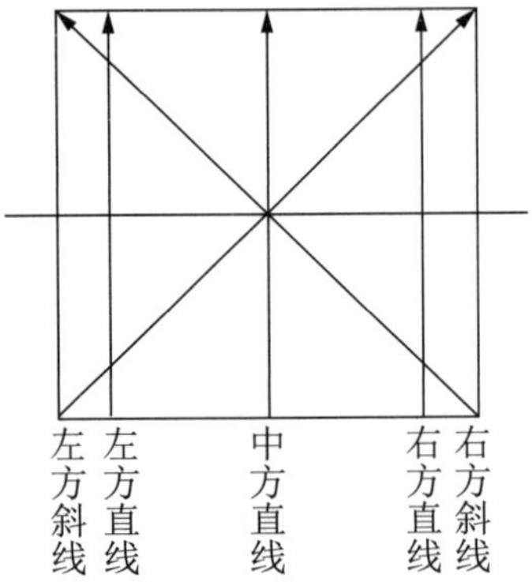

图 2-4

击球路线：是指球运行的水平方向，在球台上空飞行弧线的投影线。与边线平行的是直线，对角线是斜线。

五条基本路线：击球基本路线可分为右方斜线、右方直线、左方斜线、左方直线、中路直线。这三条直线和两条斜线，可演变成九条基本路线。

右方三条：击球线路到对方的左、中、右方。

左方三条：击球线路到对方的右、中、左方。

中间三条：击球线路到对方的中、左、右方。

击球路线有时根据运动员的执拍手命名。如右手执拍者，可以把右方斜线称为正手斜线，左方直线称为反手直线。当右手执拍者在左方侧身用正手击球时，也可将左方斜（直）线称为侧身斜（直）线。中路直线往往以击向对方身体中间部位方向为多，一般称为追身球。

四、击球时间

如图 2-5 所示。

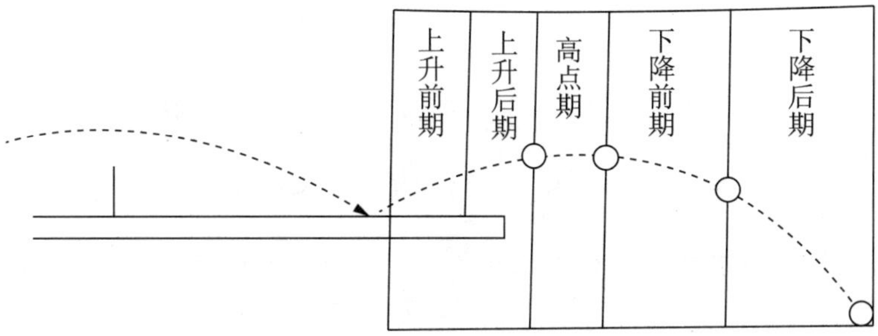

图 2-5

击球时间是指来球落本方台面弹起后，其运行轨迹从着台点上升再下降至触及地面以前的过程。具体可分为上升期、高点期和下降期。

上升期：来球从台面弹起至接近最高点的这段时间。还可细分为上升前期与上升后期。

高点期：来球从台面弹起在最高点附近的这段时间。

下降期：来球从最高点开始下降以后的这段时间。分为下降前期（拉下旋来球，一般在下降前期击球）与下降后期（削接弧圈球，一般在下降后期击球）。

五、击球部位

如图 2-6 所示。

击球时，球拍触球的位置叫击球部位。为了说明的方便，将球用表盘的形式标出 12、1、2、3、4、5、6 七个点。

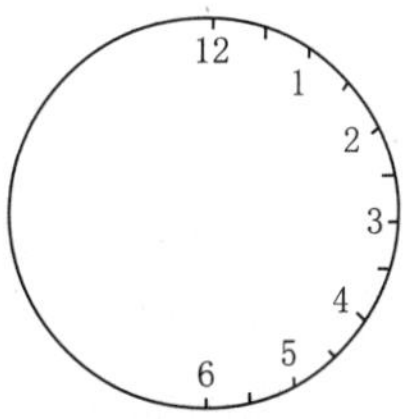

图 2-6

上　部：12 点附近。

中上部：1、2 点附近。

中　部：3 点附近。

中下部：4、5 点附近。

下　部：6 点附近。

六、拍形

拍形包括拍面角度和拍面方向两个方面。

（一）拍面角度

如图 2-7 所示。

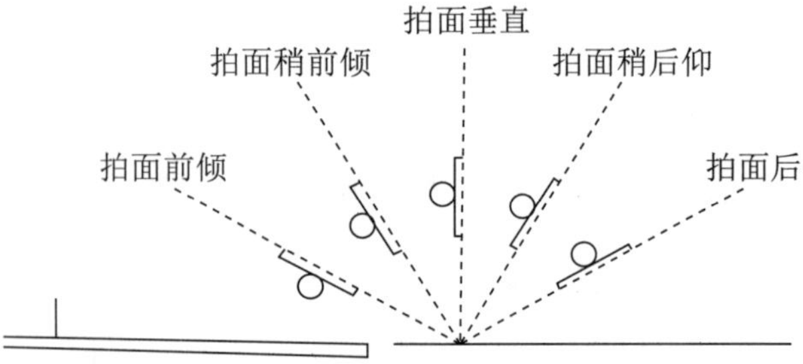

图 2-7

1. 击球时，拍面与台面所形成的角度叫拍面角度

拍面角度小于 90°时，称为前倾。
拍面角度接近 90°时，称为垂直。
拍面角度大于 90°时，称为后仰。

2. 击球时的拍面角度，按其击球部位的不同有以下分类

拍面前倾：击球时拍面触球 1 点时的角度，击球的上中部。
拍面稍前倾：击球时拍面触球接近 2 点时的角度，击球的中上部。
拍面垂直：击球时拍面触球近 3 点时的角度，击球的中部。
拍面稍后仰：击球时拍面触球接近 4 点时的角度，击球的中下部。
拍面后仰：击球时拍面触球接近 5 点时的角度，击球的下中部。

（二）拍面方向

击球时，击球拍面所朝向的方向叫拍面方向。
拍面向上：拍面触球接近 6 点时的角度。
拍面向下：拍面触球接近 12 点时的角度。
拍面向左：击球的右侧部。
拍面向右：击球的左侧部。

七、触拍部位

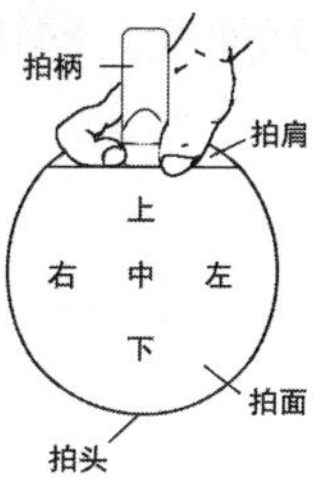

图 2-8

如图 2-8 所示。

触拍部位是指击球瞬间，球体触及球拍上面的位置，球拍的击球拍面可划分为左、右、上、下、中等部位。

八、击球点

所谓击球点，是指击球时球拍与球体相接触的那一点空间位置。

击球点的位置相对击球者身体而确定，包含三个方面内容：指击球时，球处于身体的前后距离位置、球和身体的左右远近距离及球的高低位置。

击球点是和击球者、球台以及击球时间紧密联系在一起的。选择击球点应有利于发力和准确，步法要到位。

九、短球、长球与追身球

如图 2-9 所示。

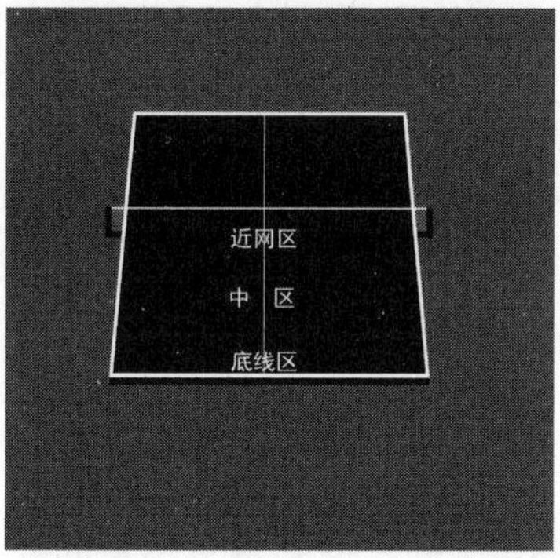

图 2-9

短球又称近网球，指球落在台面的近网区，一般在 40 厘米以内。

长球又称底线球，指球落在台面的底（端）线区，一般距端线 30 厘米以内。

追身球，指将球击到对方身体中间的位置。

十、击球节奏、摆速

击球节奏：击球时由于击球时间快慢、发力大小、摩擦球厚薄等因素而形成在击球速度上的快慢不同，称为节奏。

摆速：一般是指持拍手摆动的快慢。

十一、发力方向与发力方法

发力方向：是指运动员击球时向哪一个方向发力。同一个拍形可以有不同的发力方向。

发力方法：是指击球时，运动员身体各部位的发力顺序和主次关系，特别是上臂、前臂的发力顺序和主次关系。同时还要区分击球时发力是以撞击为主，还是以摩擦为主。

第二节　击球五要素

弧线、速度、力量、旋转、落点称为击球五要素，五要素之间的关系是相互联系、相互促进、相互制约、相互补充的。提高击球质量，实质就是提高单个要素水平和多个要素组合水平的过程。研究五要素对于保持技术水平优势也具有深远意义。

一、击球的弧线

击球弧线是指球离开球拍落到对方台面的飞行轨迹。乒乓球的运行特点是以一定的弧线形式表现出来的。乒乓球比赛时，要求运动员回击各种来球以准确地落到对方台面上，并使球具有一定的速度、力量、旋转和落点的变化。为此，运动员击球时必须制造合适的弧线，才能提高命中率。

（一）击球弧线的组成

乒乓球的击球飞行弧线，是由弧线高度和打出距离两部分组成的。弧线高度是指弧线的最高点与台面所形成的高度，打出距离是指击球点与落点之间的水平距离（图 2-10）。

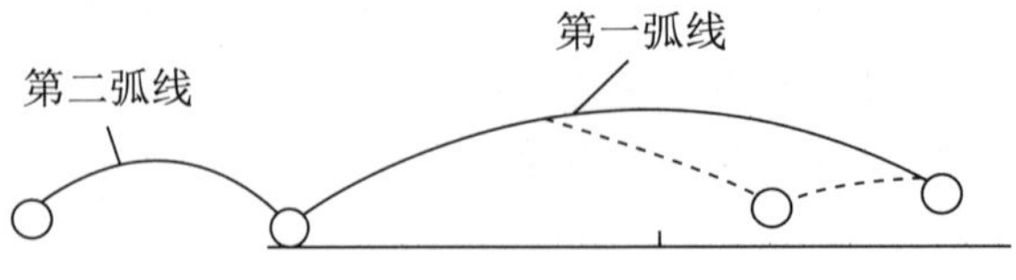

图 2-10

飞行弧线的产生，是乒乓球在飞行过程中，由于地心引力使球逐渐下降和空气的阻力作用造成的。

影响弧线高度的高低和打出距离长短的因素有用力方向、拍面角度变化、发力大小、旋转性能、来球性能等。

（二）还击各种来球对飞行弧线的要求

在乒乓球的练习或比赛中，对击球的飞行弧线有着极为严格的要求。不同情况下还击各种来球，对飞行弧线的要求大致如下。

1. 不同击球点击球（图 2-11）

还击近网高球时，弧线曲度要小，打出距离要短（图 2-11〈1〉）。
还击远网高球时，弧线曲度稍小，打出距离要长（图 2-11〈2〉）。
还击近网低球时，弧线曲度要大，打出距离要短（图 2-11〈3〉）。
还击远网低球时，弧线曲度稍大，打出距离要长（图 2-11〈4〉）。

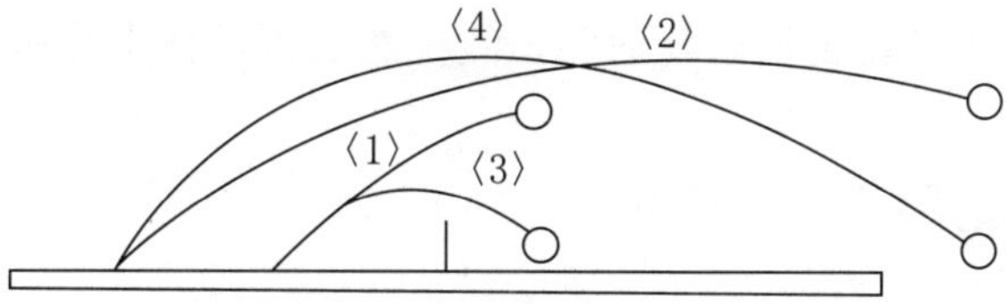

图 2-11

2. 不同击球时间击球（图 2-12）

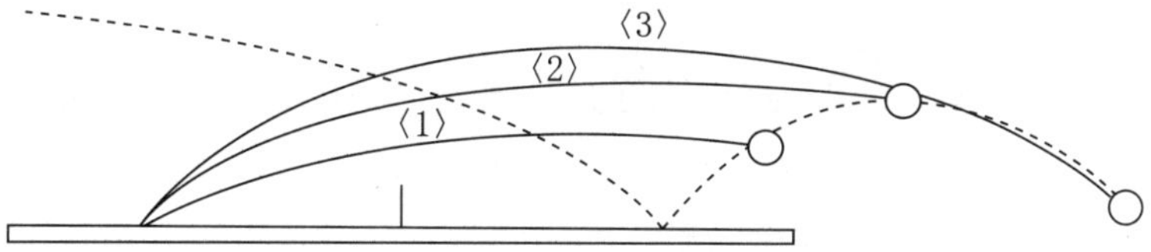

图 2-12

上升期击球时，弧线曲度稍小，打出距离稍短（图 2-12〈1〉）。
高点期击球时，弧线曲度不能过大，打出距离不能过长（图 2-12〈2〉）。
下降期击球时，弧线曲度略大，打出距离略长（图 2-12〈3〉）。

3. 还击不同旋转来球

还击上旋球时，来球旋转越强，越要注意减小弧线曲度，缩短打出距离，避免回球过高或回球出界。

还击下旋球时，来球旋转越强，越要注意增大弧线曲度，加长打出距离，避免回球下网。

还击左（右）侧旋球时，来球旋转越强，越要注意相应地向左（右）调整拍面方向，避免回球从右（左）侧边线出界。

4. 削球对弧线的要求

在削击比网略高或与网同高的球时，要减小回球弧线的曲度，并适当缩短打出的距离。

在削击比网低的球时，要适当增大弧线的曲度，回球的距离可长一些。

在削击强烈上旋球时，要加大下压力，以便压低弧线的曲度和控制打出的距离。

5. 乒乓球是在外力作用下而运动的

根据力的三要素研究击球的发力（包括力量的大小和方向）、击球的时间、击球的拍形（包括拍形角度和拍面方向）以及击球的部位，对于打好乒乓球具有重要的意义。

由于种种因素都直接影响着乒乓球的运行弧线，因此教练员观察运动员基本技术时，往往是先看他击球时能否打出合适的弧线，然后再做技术分析。

二、击球的速度

速度快是乒乓球运动的突出特征之一，快速的进攻能使对手失去击球的最佳时机，造成回球质量降低，处于被动应付状态。因此，进一步提高快攻的速度仍然是现代乒乓球技术发展的趋势之一。

（一）击球速度的分析

根据物理学公式 $v=s/t$（即速度=距离/时间），速度与距离和时间有着密切关系。在时间不变的情况下，物体向前运动所通过的距离越长，其速度就越快，反之则慢。在距离不变的情况下，物体向前运动所需的时间越短，其速度也就越快，反之则慢。

球速的快慢与球体受撞击力的大小成正比，受力越大球速越快。击球速度是由以下两方面因素来决定的。

1. 还击来球所需准备时间

这段时间是从对方来球击中己方台面的瞬间算起，到己方回球时球拍触球的一瞬间为止（图 2-13）。

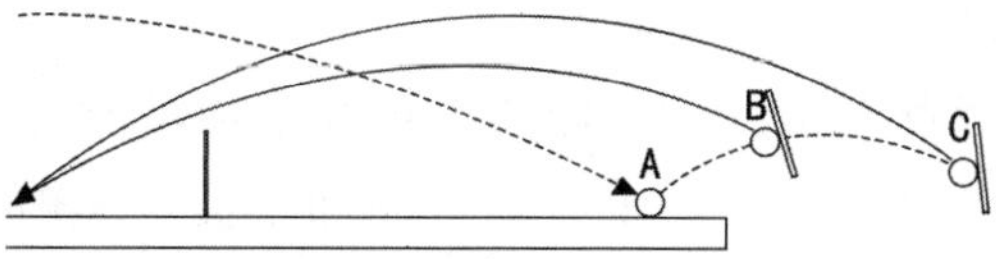

图 2-13

击球所需时间长短，除受对方来球的速度、力量、旋转、落点等因素的影响之外，主要取决于己方击球时间的早晚（图 2-14）。

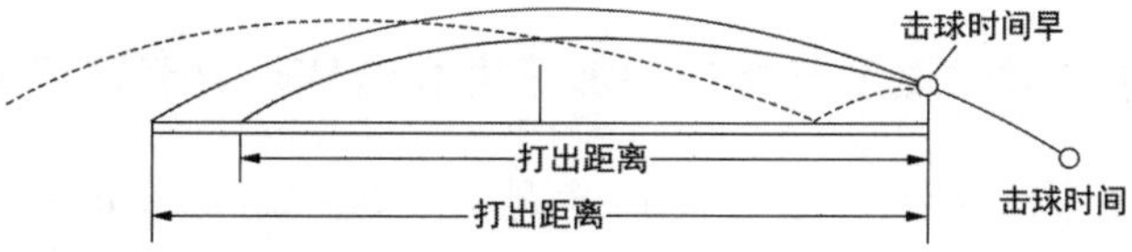

图 2-14

击球时间越早，击球所需的时间越短；反之则长。尽可能提早击球的时间，是缩短击球所需时间的一个重要条件。

2. 击球后球在空中飞行时间

这段时间从球离拍的瞬间起到球落对方台面着台点瞬间止，飞行弧线长，所需时间也长；反之亦短。

（二）提高击球速度的方法

提高速度素质、反应速度、步法移动速度等；尽可能缩短第一弧线的打出距离；加快挥拍速度，充分发挥手臂和手腕的作用，缩短动作半径；增加向前用力成分，压低弧线。

三、击球的力量

在现代乒乓球技术中，增大击球的力量，无论是用于对付强烈上旋的弧圈球或转与不转的削球，都具有重大作用。比赛时，击球的力量大、球速快，较易取得主动，并获得较多的扣杀、拉、冲机会，常可取得很好的效果。

（一）击球力量的分析

1. 力量的大小取决于质量的大小和加速度的快慢

根据力学公式 $F=ma$（即力量=质量×加速度）可以得知：增加物体质量或提高物

体运动的加速度，都可以使力量得到增长。

结合乒乓球运动的特点来说，乒乓球的重量和运动员所持球拍的重量都是相对固定的。击球力量的大小取决于击球时手臂挥拍的加速度。挥拍时的加速度越大，击球的力量也越大。乒乓球的击球力量是通过球拍对于球体的作用力。在球拍和球体的相互作用下，击球力量表现为球的前进速度和旋转强度。对于近台快攻运动员——力量的发挥使球体获得更快的飞行速度。对于弧圈球或削球运动员——力量的发挥加大球体的旋转强度。对于发力扣杀重板球，拉或削出强烈旋转球的运动员——与击球爆发力密切相关。触球时，球拍的瞬间速度越快，击球力量越大；反之则越小。

2. 触球时的球拍瞬时速度与挥拍的加速度和击球距离有密切关系

在挥拍加速度相同的情况下，击球距离越大，球拍触球时的瞬时速度越大；反之则小。在挥拍的击球距离相同的情况下，加速度越大，球拍触球时的瞬时速度越大；反之则小。要加快触球时的球拍瞬时速度，就必须提高挥拍的加速度，具备足够的击球距离（图 2-15）。

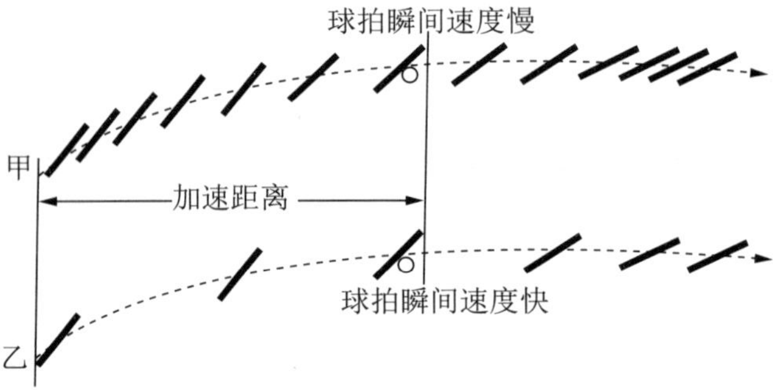

图 2-15

（二）提高击球力量的一般方法

①要提高击球的力量。击球前，必须快速移动步法，调整击球位置，尽可能使身体与击球点保持一定的加速距离，以利于加快击球的挥拍速度，以及充分发挥身体各部分肌肉的力量。

②从生物学的观点看，人体的力量来源于肌肉的收缩，因此在击球前，要充分引拍。充分引拍主要有两个作用：第一，取得足够的击球距离；第二，使手臂、腰各部分肌肉的初长度得到拉长，以利于击球时进行快速收缩。

③击球时要掌握好发力的时机。除注意保持有足够的加速距离外，还要提高击球瞬间的挥拍速度，即加速击球前的挥拍速度。

④击球时要充分发挥全身各部分肌肉的协调用力。配合转体要使用腰力，并使重心前移。要使上臂、前臂、手腕和腰部、腿部等动作在挥拍过程中发挥出来的力量，

集中地用在击球上。

⑤击球后，必须使身体各部分肌肉充分放松，迅速恢复回击下一板球的准备状态，以利于下次击球。

⑥要重视发展力量素质，主要是速度力量，即身体各部位的爆发力。要经常进行各种提高专项快速力量的辅助练习，增强肌肉的爆发力，提高用力的协调性。

四、击球的旋转

旋转是乒乓球运动中一个十分重要的技术因素。现代乒乓球的技术、战术随着科学技术的发展和使用球拍的不断革新，在利用旋转方面更加被人们重视，在比赛中，利用旋转变化争取主动已成为重要的得分手段之一。掌握好复杂的旋转变化规律，对提高击球质量、增加战术种类有重要意义。

（一）产生旋转的原因

1. 平动

击球时，如果力的作用线（F）通过球心（O），那么球只做平动而不产生旋转（图 2-16）。

2. 转动

如果力的作用线偏离球心，与球心保持一定的垂直距离（即力臂 L），作用力便分解为法向（$F_{法}$）和切向（$F_{切}$）分力，前者为撞击力，使球产生平动；后者为摩擦力，主要使球产生旋转（图 2-17）。

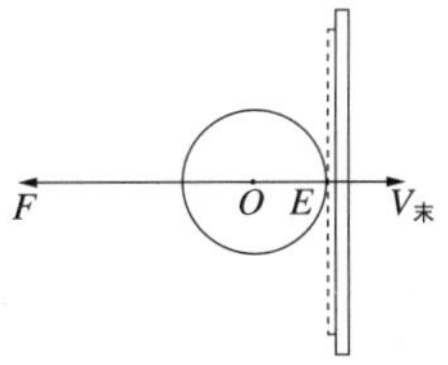

图 2-16

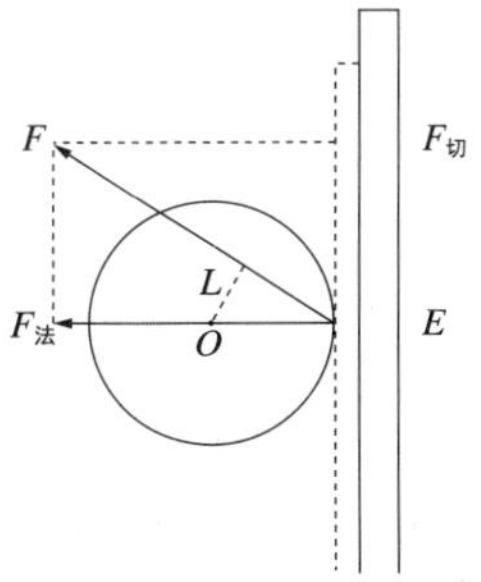

图 2-17

力的作用线不通过球心，是乒乓球产生旋转的基本原因。

（二）乒乓球的基本旋转轴及其旋转种类

乒乓球本是无固定旋转轴的物体，但当球受到球拍击球时切向分力的作用而产生旋转时，就必然会产生一个通过球心的旋转轴，由于乒乓球在飞行时可以向任何方向旋转，因此它的旋转轴是无限多的。为了便于了解乒乓球旋转的一般规律，按三条最基本的旋转轴来加以分析和归类。

1. 左右轴（横轴）

它是通过球心与乒乓球飞行方向相垂直的轴，球绕此轴向后旋转为下旋球，向前旋转为上旋球（图 2–18）。

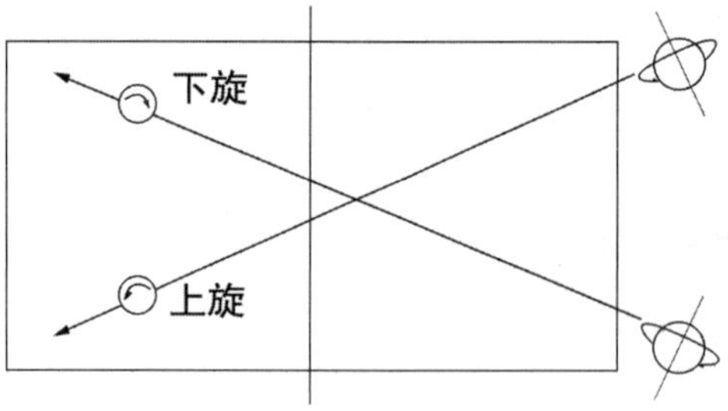

图 2–18

2. 上下轴

它是通过球心与台面相垂直的轴。球绕此轴旋转为侧旋球。根据击球者的方位，击球时，以球拍触球的某一点为基准，球开始向左旋转为左侧旋球；球开始向右旋转为右侧旋球（图 2–19）。

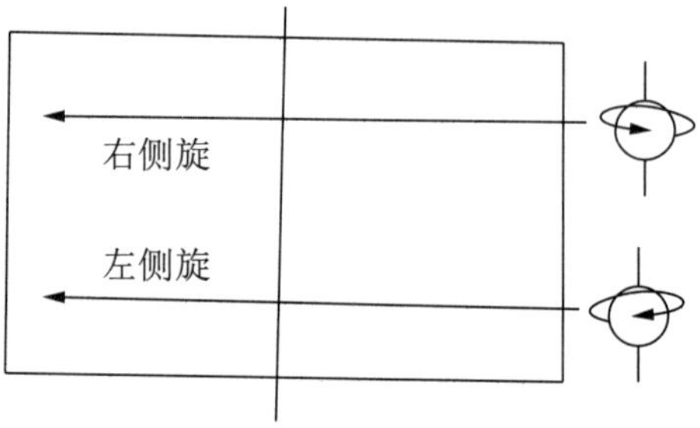

图 2–19

3. 前后轴

它是通过球心与球的飞行方向相平行的轴。球绕此轴按顺时针方向旋转为顺旋球；球绕此轴按逆时针方向旋转为逆旋球（图 2–20）。

在运动实践中，单纯绕基本旋转轴旋转的球是很少的，大多数旋转球的旋转轴与基本旋转轴都有所偏离，随着这种偏离程度的加大，乒乓球的旋转就从一种性质逐渐变化成另一种性质。例如，侧上旋球（图 2–21）和侧下旋球（图 2–22），这类旋转球的旋转轴都是上述三个基本轴的偏斜轴。

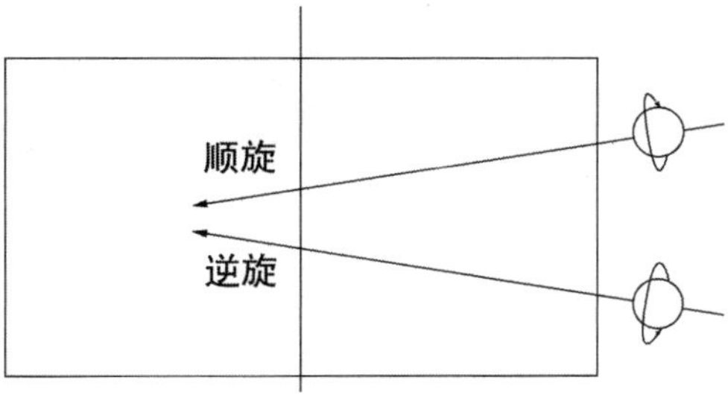

图 2-20

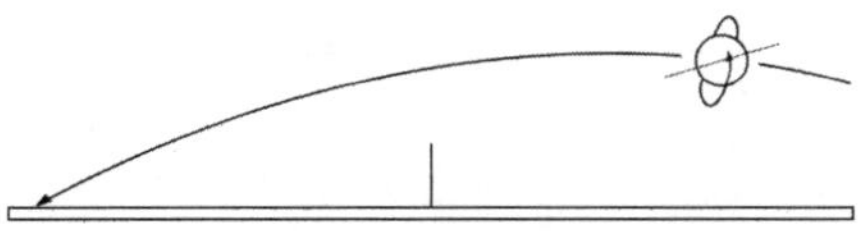

图 2-21

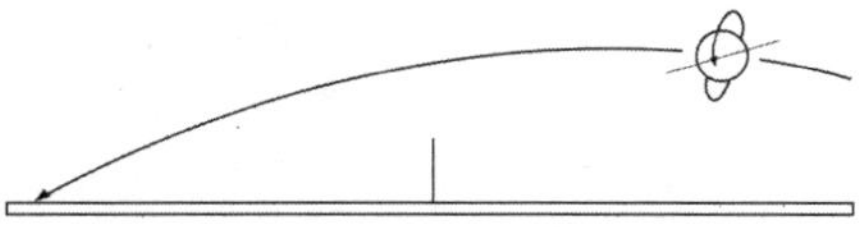

图 2-22

（三）各种旋转球的性质和增加旋转强度的方法

如表 2-1 所示。

表 2-1 各种旋转球反弹特点（参照体：接球者）

旋转种类	弧线特点	落点后反弹特点	平挡触拍后反弹特点	增加旋转方法
上旋	低、短高吊与前冲弧圈球，一个弧线弯度大，一个低而长（图 2-23）	上旋越强，前冲力越大，反弹越低（图 2-25～图 2-27）	向上反弹	作用力要远离球心（图 2-29），加大挥拍和击球的切、削、搓、拉作用力
下旋	比不转的弧线要高、长	下旋越强，前进力越小，有回跳现象	向下反弹	用球拍合适部位击球，有利于增强球的旋转（图 2-30）
左侧（上）旋	向右偏拐（图 2-24）	依照原来的方向顺势继续偏拐	左侧旋向右侧反弹，侧上旋向侧上方反弹	借用来球的旋转，击球时尽可能把力量集中于球体
右侧（下）旋	向左偏拐（图 2-24）	依照原来的方向顺势继续偏拐	右侧旋向左侧反弹，侧下旋向侧下方反弹	改进球拍的性能，增大球拍胶皮的摩擦系数
顺旋	无变化（图 2-28）	向右拐弯	向右侧反弹不明显	
逆旋	无变化（图 2-28）	向左拐弯	向左侧反弹不明显	

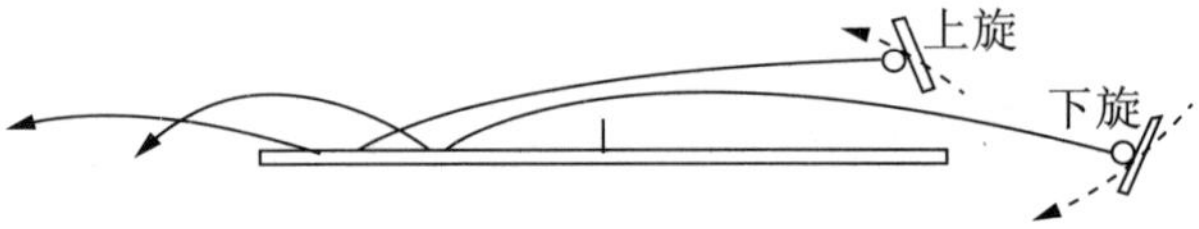

图 2-23

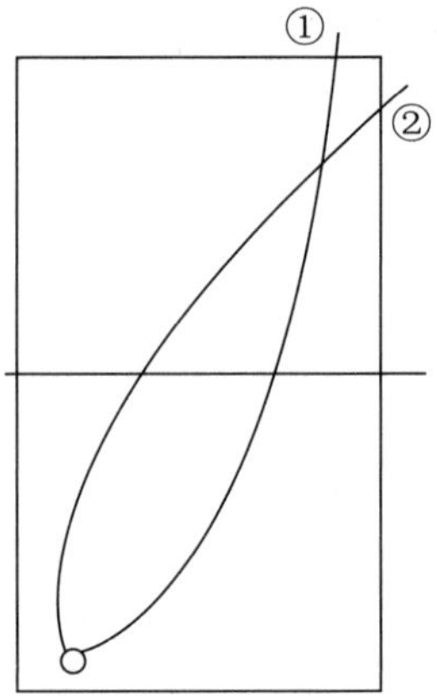

图 2-24

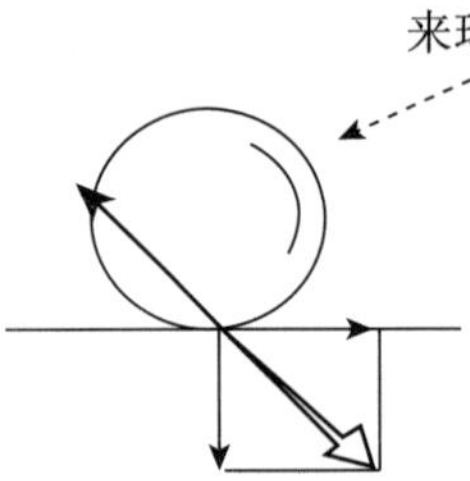

图 2-25

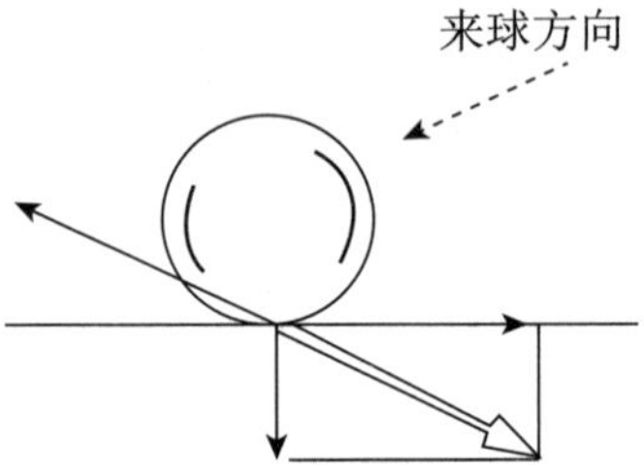

图 2-26

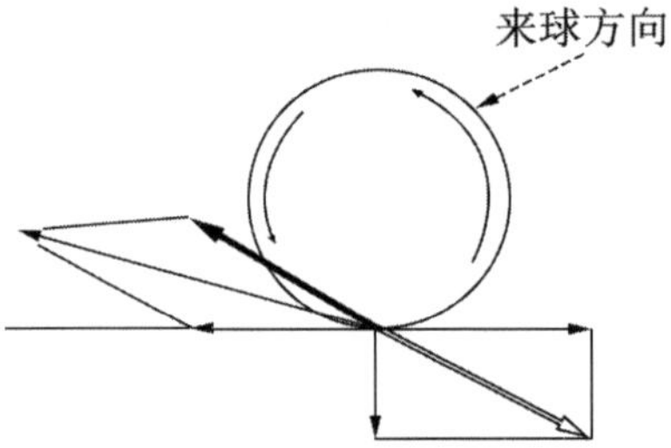

图 2-27

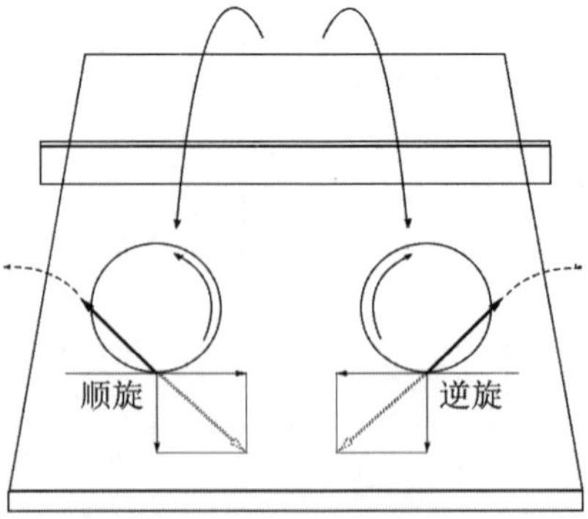

图 2-28

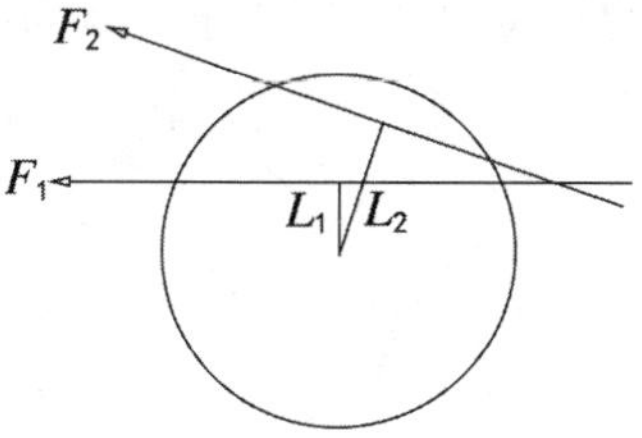

图 2-29

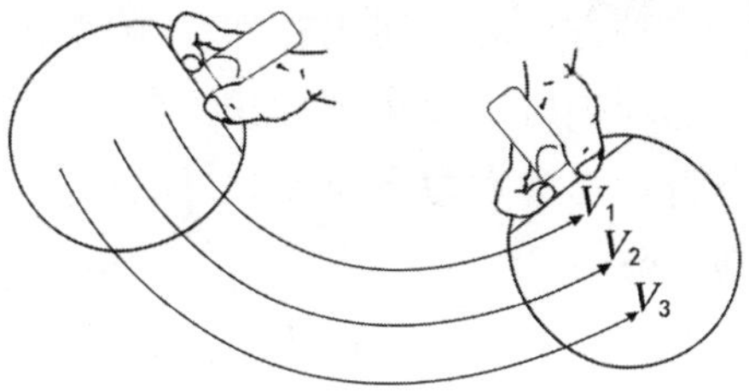

图 2-30

（四）如何对付旋转球

1. 了解乒乓球旋转的规律

正确地判断来球的旋转性质及旋转强度，了解和熟悉各种不同性能球拍的击球特点，是对付旋转球的前提。

2. 可用调整拍面方向和拍面角度的方法来对付旋转球

如用推挡回接对方发至反手位的左侧上旋球时，拍面方向应偏左一些，拍面角度前倾一些。

3. 用力量对付旋转

假若对方削过来的球偏高，可做近似直线的扣杀，由于大力扣杀，击球力量大大超过了来球的力量，从而削弱了对方来球的旋转作用。根据这一原理，在回击低球时，主动发力击球，比较不易“吃”转；反之，越不敢打，越容易“吃”转。

4. 用速度对付旋转

一般可采用如下三种方法：

①提高单位时间的击球次数。板板紧逼，迫使对方在匆忙中回击，从而影响其击球质量，从中取得主动。

②突发性要强。在与对方相持中，突然加快击球速度，可以破坏对方的击球节奏，使其勉强回接。

③挥拍击球的速度要快。根据动量变化等于冲量的力学原理，挥拍击球的加速度越大，其动量也越大，给球的力量也就越大，因而在一定程度上可以减小对方来球的旋转作用。

5. 以转制转，以不转制转

①顺旋转击球

采用这种方法击球，可以借用来球的旋转力，提高回球的旋转速度，如以拉对削或以削对拉。这种方法对于使用黏性较小的球拍的运动员效果更好。因为顺旋转击球时，黏性较小的球拍可以减小球在拍面的滚动作用，可以少“吃”转。同时还可通过加快摆速，调整拍形和发力方向来对付旋转。

②逆旋转击球

如对攻、对拉、对搓等。使用这种方法击球主要靠自己发力，并要注意调整拍形和发力方向。

6. 采用避转法击球

①任何一种旋转球都是越靠近旋转轴的部位，其旋转越弱；越远离旋转轴的部位，其旋转越强。根据这一特点，在必要的情况下，可以改变击球部位，避开强转区击球，以便减少“吃”转，例如，用推侧旋的方法回击弧圈球就可以少“吃”转。

②采用避转法回击旋转球，一般都能改变来球的旋转轴。因为当挥拍方向和来球的旋转方向有一定的夹角时，来球的旋转轴就必然发生变化。

用推侧旋回击弧圈球，以及用攻球回击侧旋球、用侧身滑板突击下旋球等，避开了强转区击球，改变了对方来球的旋转轴，所以可以少“吃”转。

7. 采用借转法击球

在某种情况下，可采用球拍黏性较低的拍面击球（如防弧圈胶皮或胶皮拍）。采用这种拍面回击过去的球，一般都部分地保留了来球原旋转力，有可能使对方自己“吃”自己的转，同时还因来球容易在这种拍面上打滑，也可以减少“吃”转。

8. 用倒板法击球

运用两面不同性能的球拍倒板击球，既可减少“吃”转，又可使其旋转变化。

五、击球的落点

乒乓球的落点是指球的着台点。从击球点到着台点之间所形成的线，叫击球路线。研究乒乓球的落点和击球路线对于提高击球质量和战术效果是十分重要的。所谓“落点刁，球路活”就包含着战术因素。

（一）击球落点的作用

①扩大对方的跑动范围。尽量最大限度地调动对方在前后左右的跑动中击球，如长短球结合、逼大角度、交叉攻击左右大角等，增加对方回球的难度。

②增加对方让位和击球的难度。攻追身球，落点越接近对方身体，对方就越难让开。回击近网球，让对方无法拉弧圈球，不易发力。

③回击对方的弱点和压制对方特长技术的发挥。紧逼对方的技术弱点，既能够有效抑制对方的特长，又有利于充分发挥自己的技术。

④声东击西使对方失误。回球落点与对方所判断的方向及步法移动的方向相反，效果最好。

（二）提高控制落点和变化落点能力的方法

①固定落点的练习。在基本技术练习时，将球台划分为若干区域，要求运动员将球回击到所规定的范围内。

②按规定的击球路线进行变化落点的练习，如一点打多点、多点打一点、逢斜变直、逢直变斜练习等。

③采用多球练习的方法，要求运动员将不同落点、不同旋转性质、不同速度和力量的来球回击到某一区域内，或命中某一目标。

④提高腕关节的灵活性，经常进行变化拍面角度和方向的练习。

第三节 击球的基本环节和动作结构

一、击球的基本环节

在双方相持的过程中，每一次击球所包含的基本因素叫作击球的基本环节。完成一次击球动作，有五个基本环节（表 2-2）。

表 2-2 击球基本环节表

基本环节	要点	注意问题
准备	身体方面的准备，包括站位、身体姿势等 心理方面的准备，盯住对方，时刻准备回击来球	两脚始终处于起动状态，不断调节重心
判断	对方的站位、击球时间、部位、拍面角度和方向、发力方法，特别是拍触球的瞬间 球在空中飞行的弧线、速度、旋转特点和性质	要有预测 判断要准确
移步	根据判断的结果和准备使用的技术，采用合适的步法移动到理想的击球位置	起动要快，一次到位 若来球突然变向，应迅速调节进行第二次移动
击球	根据判断的结果和准备使用的技术，结合采用的战术，用合理的技术将球击回	击球质量的优劣还取决于步法移动得是否到位
还原	击球后，要使身体重心、肌肉、球拍、心理及时还原，保持平衡，以便于随时对下一个来球进行新的判断，利于迅速移动还击下一板球	每击完一次球都要调整身体重心，即使球在伸手可击的位置

五个基本环节的不断循环，直到任何一方出现失误为止，就是比赛中的“一个回合”。在这一回合中，任何一个环节处理不好，都会造成被动和失误。因此，可以说比赛的过程，就是努力保持自己击球的基本环节不被破坏，而力求破坏对方击球基本环节的过程。

二、击球动作结构

单个击球动作结构，其共同规律可以分为选位、引拍、迎球挥拍、球拍触球、随势挥拍、身体协调、放松动作七个依次递进、连续的过程（表 2-3）。

表 2-3　击球动作结构及其要点

击球动作结构	要点
选位	击球位置是否合适，直接影响击球质量 击球位置是根据对方来球的落点和旋转性质及本方所要采取还击方法来确定
引拍	它是挥拍击球前的准备动作 其作用是更好地发力与制造弧线 引拍能否到位是击中来球的先决条件 引拍是否及时是能否找到合适击球点的重要因素之一
迎球挥拍	迎球挥拍是指引拍结束到击中来球这段过程的动作 引拍与迎球是一个连贯动作，挥拍的方向决定回球的旋转性质，挥拍的速度决定击球力量的大小 挥拍动作的正确与否直接影响命中率
球拍触球	它是指球拍与球接触时的瞬间动作 拍面所朝的方向决定击球的路线 拍面角度决定触球的部位 球拍触球是整个击球动作的核心部分，直接决定击球的准确性和质量
随势挥拍	它是指球拍击球后有一段顺势前挥的动作 它有利于在击球结束阶段保证击球动作的准确
身体协调	身体协调是指击球过程中不执拍的手臂、躯干扭转、重心移动等动作与挥拍击球动作的配合关系，它能促使身体各部肌肉协调用力
放松动作	它是指击球的动作完成后，随着挥拍的结束，有一个短暂的放松阶段，它是在连续击球中保持身体平衡的关键，也是保持有节奏地连续击球的重要因素

乒乓球教练员在教任何一个技术动作时，如果能按照以上击球动作结构的共同规律进行讲解和示范，则可以加强教法的系统性。

在训练中，教练员如果能按照这些环节去观察运动员的动作，那么就会较快地发现错误。因此，了解击球动作结构对提高技术动作的分析能力和教学质量有很大帮助。

第四节　乒乓球运动训练观念

乒乓球技术是多种多样的，有直板、横板；有快攻、弧圈、削球及其不同组合的各种打法，如近台快攻、快攻结合弧圈、弧圈结合快攻、削中反攻、攻削结合；有各种不同性能的球拍，如反胶、正胶、生胶、防弧、长胶以及两面不同性能等。各种打法的技术结合特定的球拍性能，会产生各种各样的技术。每一板球在运行中，都会带有一定的速度、力量、旋转、弧线和落点。连续的击球，又使速度、力量、旋转、弧线、落点随每一板击球而不断变化，表现出很强的随机性。

根据巴甫洛夫的有关观点，可以认为，乒乓球运动技能形成的机制是运动条件反射；乒乓球运动技能形成的标志是动力定型。

一、乒乓球运动技术打法的建立

打球本没有固定的打法，某种打法打多了、打熟了就形成了某种打球特点、招式，也可称为打法。世界上什么打法最好？从历史和发展的眼光来看，各种打法都能攀登世界高峰。

乒乓球有其发展的普遍规律，不是你想怎样就怎样，不能有任何的感情色彩。

任何打法，不管是欧洲式打法、日本式打法，还是中国式打法，它的兴衰都不以个人的意志为转移，一个新的先进技术的出现，就可能把另一种先进打法压下去，这叫作“一物降一物”。

乒乓球各种技术打法都是由各种击球技术组合而成的。各类选手在各具特色的打法基础上，归纳出它们之间的共同规律，由特殊到一般，构成了不同的类型打法。

在认识了各种类型打法的共同规律之后，再以这种认识做指导，由一般到特殊，由此分化出各种类型的具体打法。

（一）世界乒坛共产生过五大类 11 种打法

五大类 11 种打法如表 2-4 所示。

表 2-4　乒乓球类型打法统计

类型	打法	队名								
		中国	日本	韩国	匈牙利	瑞典	捷克	波兰	南斯拉夫	英国
快攻类	左推右攻	△	△	△			△			
	两面攻			△						

续表

类型	打法	队名								
		中国	日本	韩国	匈牙利	瑞典	捷克	波兰	南斯拉夫	英国
快攻类	单面攻		△							
削球类	以削为主	△	△	△						
	逼角为主	△			△					△
	转与不转反攻	△	△	△	△				△	△
快弧类	快攻结合弧圈	△				△	△	△	△	△
弧圈类	单面拉	△	△	△					△	
	两面拉	△			△			△	△	△
削攻结合类	削攻结合	△								
	削攻推结合倒拍	△								
五大类	11 种打法	五大类 9 种打法	三大类 5 种打法	三大类 5 种打法	二大类 3 种打法	一大类 1 种打法	二大类 2 种打法	二大类 2 种打法	三大类 4 种打法	三大类 4 种打法

目前，世界上最有代表性的类型打法可以分成三大类型 6 种打法（表 2–5）。

表 2–5 代表性打法类型表

打法类型	技术打法
直拍进攻型打法	1. 直拍正胶快攻打法
	2. 直拍反胶快攻打法
横拍进攻型打法	1. 横拍快攻结合弧圈打法
	2. 横拍弧圈结合快攻打法
削、攻结合型打法	1. 削、攻结合打法
	2. 削转与不转结合抢攻、拉、冲

在横拍和直拍的各种打法中，不同选手有不同的风格特点，故世界超一流选手有“智慧型”“凶狠型” 和 “实力型” 之别。

①区分打法类型的主要根据是技术特点、战术方法以及从属于二者的工具性能。

②区分类型的主要标志是战术特点和战术方法，如速度结合旋转的快攻类、旋转结合速度的弧圈类等。

③区分打法的主要标志是技术特点和技术打法，那些在比赛中使用率和得分率最高

的技术决定着打法的特点，如左推右攻结合直拍横打、正手与反手两面拉弧圈球等。

（二）制胜因素与技术打法

乒乓球制胜因素，是乒乓球竞技的内核。乒乓球制胜因素可总结为“快、转、准、变、狠”五个方面。现代乒乓球运动的发展从特定含义上来讲，就是一个如何提高制胜因素单个水平及它们之间组合水平的过程。

任何一种打法，只要它在现代乒乓球比赛中能将五大制胜因素发挥到最高水平就能生存下去，并可能取得优异的成绩。

乒乓球运动发展的本质特点是受其制胜因素制约的。比赛中，双方运动员的制约与反制约，最终要通过击球的速度、旋转、力量、落点和弧线这五个物理要素来实现。而运动员的技术、战术、运动素质、心理和智能，最终要从击出球的时间和空间特征表现出来。

1. 制胜因素

（1）快

在制胜因素中，快是一个相对的概念，放短球是慢，但在拉长后吊短，则是快，可见这一概念受现场情景的影响，因此通过速度快慢的变化可以影响对手对球性的判断并破坏对手动作的动力定型，使对手在应变中失误。

（2）转

旋转极其强烈的球（尤其是弧圈球），同样具有极大的杀伤力。乒乓球有 6 种基本旋转，即上旋、下旋、左侧旋、右侧旋、顺旋、逆旋，它们相互之间的组合，又可衍生出 26 种旋转。种类繁多，变化更为复杂。

在 26 种旋转变化的基础上，乒乓球的转速最高可达约每秒 180 转，旋转从最不转到最转，可以在这个宽泛的区间内随机变化，往往使人不易适应。

（3）准

任何技术、战术离开了准确都毫无价值。“光快不准”或“光准不快”要战胜对手都是困难的。

乒乓球比赛中双方的任何一项击球技术的使用，都存在“得分”与“失分”的两重性，“失误即失分”“你失误了对方即得分”的直接性，更是体现了乒乓球对抗性强的特点。

任何一项击球技术，都具有动作的合理性、使用的连续性和弧线的稳定性，才能使打法的建立具有主动性和威胁性，做到“准确”而富有战术意义。

（4）狠

只有发挥强大的攻击力，才能压制对方，取得胜利。狠狠打击对方的要害，从而取得主动和结束战斗。

战术上的力量、速度，以及旋转与落点结合而产生的“凶狠”，是当今各种技术打法积极主动的共性。

（5）变

变化是灵魂和精髓，是取胜的无形武器。变化是一种能力的表现，受大脑的支配，靠技术来体现。同时，变化是无形的，又是有形的；是宏观的，又是具体的。主动变化和被动变化，其特征是变化的随机性。

主变、应变、机变通过变化来控制和改变战局。在快、转、准、狠的同时，力求以技术变化调动对方，掌握主动权。

2. 打法指导思想

为什么从中国“乒坛小世界”里培养出来的世界冠军每个人都有鲜明而独特的风格？原因主要是充分注意到了将制胜因素在不同打法的运动员身上进行高效的组合，确定了我国各类技术打法的指导思想。

①直拍正胶快攻打法“快、准、狠、变、转”。

②直拍反胶快攻打法“转、快、凶、变、准”。

③横拍快攻结合弧圈打法“快、转、凶、变、准”。

④横拍弧圈结合快攻打法“转、快、准、狠、变”。

⑤横拍削、攻结合打法“转、稳、低、变、攻”。

制胜因素对比赛的制胜作用，任何打法对其中任何一点都不能忽视，由于打法的不同及运动员个体特征的不同，制胜因素的组合方式也不同，如快攻应坚持以“快”为主，快、转结合；而弧圈球打法则应以“转”为主，转、快结合；削球型打法以“转”为主，转、攻结合。

即使是同一打法的运动员，在这几方面的组合上也有所差异，例如，同样是快攻运动员，庄则栋的“快”、李富荣的“凶”、徐寅生的“变”各有不同，刘国梁、王皓、马琳的直拍横打各具特色。

（三）建立技术打法的相关因素

1. 教练员的主导作用

从发展的、最佳的，以及对各训练环节实施的有效控制角度来看，作为训练组织者的教练员应占主导地位。

2. 运动员的兴趣

巴甫洛夫把兴趣视为增强紧张度，认为“责任感是外在的动力，兴趣是内在的动力”。爱因斯坦认为“兴趣是最好的教师”。

“模仿”是初训时期运动员表露其兴趣的特征。但初训时，运动员年龄小，其选择技术类型打法如果全凭兴趣，则往往带有“实用性”和“肤浅性”，选择也往往带有盲目性。

3. 使确定的打法能最大限度地发挥运动员的潜力

打法的确定不仅要考虑一个或几个要素的功能，还应该考虑众多因素在结构上的排列，也就是说，使众多因素在整体上发挥出最大的综合效应，使运动员建立一种比较适合的个体特征，符合当前世界乒乓球运动发展趋势，是一种比较完整的、理想的技术打法。

4. 适应运动员生理、心理特点

①建立适应运动员生理和心理特点的打法是运动员攀登世界高峰的重要条件。

②体型特征与身体素质。在确定技术打法时，考虑其体型特征和身体素质，这是我国训练实践中得出的一条经验。研究资料表明，削球和弧圈型运动员的活动范围比快攻型运动员大，身高无疑是能否抢占有利击球位置的一个重要因素。

③运动员气质类型。气质是表现人的情感活动的心理特征，它是高级神经活动类型的外部表现。在选材中，无论男女，无论哪种类型的打法，均以选多血质或多血质与其他气质的中间型为宜。

5. 技术种类的掌握程度

考虑运动员掌握主要技术的质量，形成技术组合的框架结构雏形。

6. 教练员的专业知识结构

①洞察世界乒乓球运动的发展现状，预测发展趋势，加上丰富的专业知识结构。

②教练员如果对培养某种打法的运动员有较多的经验，则对确定运动员技术打法会有较大的影响与作用。

（四）技术打法的可变性

1. 一次性选择与两次或多次性选择

技术类型打法的确定，一般有一次性选择与两次或多次性选择的情况。所谓一次性选择，是指初训时确定的打法，一直到退役均无变化。

两次或多次性选择是指训练过程中运动员打法有过一次或多次变动。类型的改变必然会导致打法的改变，而打法的改变不一定改变类型。

2. 改变打法的原因

在一定条件下，运用反馈原理，对最初选择的类型打法加以检验，如发现其总体效应不如选择另外的类型打法，就应果断地加以改变，但首先要强调的是确定打法的科学性。改变打法的原因一般有以下五点。

①在训练过程中，现有类型打法与运动员性格特点发生“冲撞”。

②采用现有的类型打法，攀登世界高峰的希望不大。

③国外运动员对现有类型打法已经适应，已不能构成威胁。

④规则的变化。

⑤影响运动员打法确定的因素很多，打法确定是众多因素相互作用的结果，可把打法确定看成一个系统，而把影响打法确定的众多因素看成系统的要素。

二、教练员培养运动员的训练理念

（一）注重技术风格培养

在技战术训练中，首先要抓准、抓狠、抓好技术风格培养这一重要环节。有的教练员把技术风格说成是运动员技术上的“灵魂”。培养什么样的风格关系到运动员的发展方向和可能达到的水平。

我国乒乓球运动之所以能够长盛不衰，其重要因素之一就是不断地、有效地培养了一批又一批具有独特风格的运动员。

一名缺乏鲜明技术风格的运动员，要攀登世界高峰是十分困难的，尤其在现代乒乓球迅速发展、水平越来越高和各国运动员之间技术水平越来越接近的情况下，技术风格的好坏，往往直接影响着比赛的胜负。

技术风格的内容，要根据运动员的不同特点加以区别，形成各自的技术风格。

在技术全面的基础上，根据个人的技术特点、性格、兴趣、素质和生理机能等不同情况有所侧重，有的以凶狠为主，有的以凶变为主，从而形成多种多样的个人技术风格。

运动员的技术风格一旦形成之后，不能轻易改变，但这不等于故步自封，一成不变，停滞不前。恰恰相反，必须依据世界乒乓球技术的发展而对技术风格进行不断的创新和发展。

（二）强化意识训练

在一个球或一局球中，往往都有主动、相持、被动、防御的存在，它们是可以转化的。高水平比赛，一局球的胜负，从比分上看也只是两三分球，如果在比赛中能坚持几板，或者从相持防御转为主动，多得几分球，胜负的结果将大不一样。

比如进攻打法，其积极主动、凶狠的程度已有很大的突破。我们必须跟上这种趋势，比赛中要敢于搏杀，加大凶狠力度。同时必须苦练相持和防御的能力，以凶对凶，凶中有稳。

意识是技能、认识和理念的升华。意识上不行就不可能生存，而主动就标志着胜利的希望。意识的种类大致分为以下四个方面。

①主动意识。是与指导思想密切相关，又根据技术风格贯穿在每项技术之中，用于实现抢攻、进攻、主动的控制和反控制积极的相持、防御和转攻。

②战术意识。是由打法、技术风格和掌握技战术的程度所决定的，通过组合、综合的技术、战术来充分发挥自己的特长，有效地牵制、调动对方而赢得主动，因而也是复杂、变化和随机的。要力争从扬长避短、以长打长、以短打短、声东击西、以变制静、以静制动的不同运用入手。

③落点意识。以击球效果为前提，通过刁钻、变化、攻其不备，以及高难角度的击球来体现。“高水平的球只要差 1 厘米就会影响到主动和被动”。

④调节意识。是以准确性为前提的，同时也是技能、智能的变化结合，以体现运动员的综合、自控能力。它包含了对力量、速度、旋转、弧线、时间、距离、节奏和击球部位等多方面的调节。

（三）加强步法训练

步法是衔接各项技术、战术的中枢。实现积极主动，要有非常灵活的步法。“站着打球”的年代已经过去，因此步法训练是极其重要的，是必不可少的内容。步法训练要严格要求，虽然练起来苦，易产生畏难情绪，但必须有胆识和勇气。

（四）抓好绝招训练

教练员要重视特长，抓绝招。没有绝招就不可能成为世界冠军。

训练首先要抓特长，正确处理特长训练和技术全面的关系，突出特长，包括掌握高水平的技术（力量重、速度快、旋转强、落点刁）。

用特长技术带动其他技术的提高是一种极好的方法，“没有特长，训练就无从下手。”

在特长训练中要进行技术组合、战术配套，要进行模拟性对抗训练。

通过比赛发现问题后要注意进行有针对性的练习。

训练中要区别对待，大部分时间练特长，部分时间弥补缺点，多安排个人计划，做到既有特长，又有比较全面的技术，这样才能成为全能型运动员。

（五）正确看待比赛

比赛是训练的目的，也是平时训练工作成败的反映。赛练关系实际上是赛与练、练为赛的衔接关系，是运动员各方面能力的总结、完善、提高的过程。

总是埋头苦练，没有比赛的刺激，则会产生盲目性和疲沓的现象，影响训练的质量和进度。

（六）女子打球要男性化

女子项目向男性化发展，不能只限于口头上，应提倡女队凶狠的风格。特别是在意识上，如果四平八稳，缺乏激情高潮，就打不出威风，杀伤力也不强，就没有使人耳目一新的感觉。要求快、准、狠，从小培养见球就打，恨不得一板把对方打死，要强调男性化，要强调主动进攻、敢于冒险。场上作风要学邓亚萍，培养新世纪打法。经过努力，女子技术才能更上一层楼。

（七）注重球性练习

练球性要掌握球的规律，培养观察能力，不是练表面，而是练内涵。通俗地讲，就是练手上功夫，练手腕、手指的功夫。我们现在练得不够完善，不是单练上臂，就是单练前臂，练前臂又不练手腕。要吸取各种类型的长处，既要有实力，又要有胆略，两者完美地结合起来，该出手时就出手。

（八）体会边练边悟的重要性

“悟性”是指受训者对待比赛的认识和态度，既有先天的因素，也有人为努力的结果，它与比赛中的表现有着直接的关系。

“悟性”在比赛中尤显重要。它是意念训练、判断与思考在更高层次上的智能运用。

将比赛看作人与人斗心计、斗智慧的游戏，就能得到真正的刺激和乐趣。那种强烈的求战欲和个人表现欲，情绪兴奋、思维清晰、自我暗示积极、动作和反应敏捷、能够充分或超常发挥自己的技术与战术水平，从而达到最佳的比赛效果，就是悟性高的表现。

如果把比赛看作人与人的斗力过程，只追求力的体现，或者认为比赛是煎熬的过程，从而造成自我暗示单调、动作反应受外界变化而起伏，或充满幻想与具有恐惧感，赛中思想混乱，反应迟钝，不能或不能完全发挥自己的实战水平，这是没有悟出比赛的真谛。

边练边悟，判断与思考贯穿在每一板球和每一个战术之中，这种“边练边悟”，有利于提高技战术质量，具有锻炼理解能力和培养意志的效果。

（九）节奏是一种综合

节奏分为两种：第一，技术变化的节奏。有的人只会打一个节奏，而有的人节奏变化多。第二，战术的节奏。对方打得顺，自己要想办法来调整节奏。改变击球点是改变球速的主要方式之一。落点的变化也可归入节奏的变化。旋转其实是一种制造节奏变化的手段。

如何适应更大范围的节奏。注意前后移动的要求，这样，比赛中既能近台也能中台、远台，以左右移动为主。训练中强化节奏的变化，比如轻重、快慢、近台、中台的调节。

比赛中叫暂停，从某种意义上说，也可以看作是扰乱对手节奏的一种形式。

有时候一些意外也能打乱整场比赛的节奏，这就要看运动员的心理调节能力了。调节能力差的运动员，无法适应这种变化。实际上，节奏是一种综合的概念。

三、教练员掌握训练的原则

（一）自觉性与积极性相结合

教练员应以培养世界冠军、攀登世界高峰为目标。

乒乓球的教学训练是发展乒乓球事业的一项重要工作，应使运动员深刻认识到从事乒乓球运动的目的与意义。长期以来，我国乒乓球在世界乒坛保持着领先地位，为国家争得了许多荣誉，每一名运动员都应有攀登世界高峰的雄心壮志，敢于发挥自己的技术水平，赛出风格，训练中勇于创新，敢于向世界水平挑战。

运用一分为二的观点和抓主要矛盾的方法，分析研究教学训练中出现的各种问题，提高战略思想和战术意识。

（二）直观教学与启发诱导相结合

1. 开发智能

训练的目的是求效益，训练本身则是感觉的积累，因此执教者的思路要清，手段要多，计划要合理，要求要严，抓得要准。教学初期要以启发诱导为主，以调动受训者自身能量的发挥。强行命令和输入式、填鸭式的教学手段是断不可行的。

2. 直观教学

通过直观方式，如动作示范、电影、挂图、幻灯、模型、技术录像，使运动员搞清正确动作的细节；通过助力和阻力，即用外力的帮助和抵抗力的阻碍来增强肌肉的本体感觉，辨别完成动作的时间和空间的正确关系；通过教具，如击球轨迹图、击球器等来做模仿练习。

语言也十分重要，把动作编成口诀，也能起到直观作用。更重要的是，要引导受训者在训练中发挥自我的想象力与创造力。

（三）循序渐进与突出重点相结合

1. 遵循循序渐进原则

一切运动训练知识、技能的获得和身体素质的发展，都有其一定的规律性和顺序性；技术、战术和身体素质的提高也如同其他事物的发展一样，是不会绝对平衡的。运动员的接受能力、技术水平、技能各不相同，必须遵循由浅入深、由低到高、由易到难、由简到繁、由分到合、由主到次逐渐增加运动量的原则。

2. 在于抓住重点

在一定时期内重点是抓准确，而在另一时期是抓速度、抓力量、抓旋转、抓落点变化，才能有的放矢，重点明确，以重点带一般。在不同时期、不同阶段和不同情况下，抓住关键，突出重点，才能牵住“牛鼻子”。

（四）全面发展与建立特长相结合

1. 注重全面发展

运动员如果缺乏全面的技术和高度的技巧，要想战胜对手就很困难。

何谓乒乓球技术全面发展？就是要求运动员既能对付快攻，又能对付弧圈球，还会对付削球；既擅长进攻，又具备一定的防守能力；既擅长防守，又有一定的进攻能力；在技术上没有明显缺点，打法上也没有明显漏洞。处理特长技术和全面技术的关系，要先抓特长，也就是绝招。

2. 精练特长技术

技术上的全面发展并不是提倡对待各种技术、战术齐头并进，样样都会却样样都不精，而是要精练几种特长技术。根据个人打法特点、战术运用特点和工具性能特点，形成自己的特长技术，以作为得分制胜的手段。

在训练中，大部分时间要练特长，部分时间弥补短处。

（五）统一安排与区别对待相结合

乒乓球的技术训练需要有一定的对手共同练习方能完成个人训练计划，在训练时，有主练习的一方，也有辅助与配合的一方。从赛练结合出发，训练内容的安排对主练方和辅练习都要提出要求，例如，主练方以组织进攻为主，但也要进行控制与攻防转换的练习，同时要求辅练方从实战出发，在攻防转换与反控制方面具有质量和变化，使对练有相持、有防御、由被动转主动。因而教练员可以采用统一安排的手段和方法，使运动员双方达到共同提高的目的。但因每个运动员个人打法不同，所以在训练内容上又要有所区别。统一安排和区别对待应该密切结合，并加以灵活运用。统一安排与区别对待都要加强针对性练习。

（六）从难、从严、从实战需要出发，进行大运动量训练

1. “三从一大”训练原则的实质是“练为战”

只有严格训练、严格要求才能练到“内功”“后劲”。设想在一些非常复杂、非常激烈的对抗情况下，只有平时训练难度超过比赛难度，才能提高运动员高度敏锐的反应和随机应变的能力。

从实战需要出发，研究分析乒乓球运动的基本规律，根据各种不同打法的特点和风格，把比赛中带有关键性的技术和具有个人特点的技术加以提炼、提高，使其成为得分制胜的重要手段。

2. 坚持大运动量训练

不断提高运动员的身体负荷能力，不断突破和提高原有训练水平，使变化积累起来，扩大人体机能能力。

教练员在大运动量训练中应遵循下列规律：平衡—不平衡—新的平衡和适应—不适应—新的适应，即

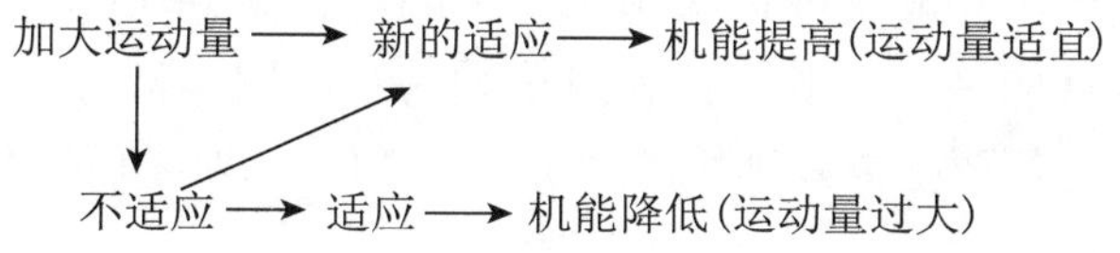

其中关键是“不适应—新的适应”这一阶段，应适当加大运动负荷。

只有争取加大运动量—不适应—新的适应—机能提高，技术进步才快。

（七）全面身体训练与专项身体训练相结合

仅有全面发展的训练而没有专项身体训练，不能促进乒乓球技战术水平的提高；但仅有专项身体训练而没有全面发展的训练，又会破坏身体的均衡发展，容易造成畸形或局部劳损，使技术的提高受到限制与阻碍。

乒乓球特点是要反应快，身手敏捷，在较长时间的比赛中还要有很好的速度耐力与灵敏耐力，因此必须把全面身体训练和专项身体训练结合起来进行。

（八）训练与比赛相结合

1. 注重在比赛中提高水平

乒乓球运动员的各种技术的掌握、身体素质的增强，以及运动成绩的提高，都要通过训练—比赛—再训练—再比赛逐步取得。

教练员组织教学和安排训练，主要是为了提高运动员的技术和战术，但技战术要通过比赛才能得到表现和反映。

2. 练赛结合

训练和比赛，是使运动员不断掌握技术及创造运动成绩的两个基本手段，相辅相成。

从全局来说，训练要服从于比赛任务；但从局部来说，比赛又要服从于训练的需要；最终目的是在比赛中有良好的竞技状态，发挥比赛水平。

四、教练员处理训练的技巧

训练的多个方面有时是矛盾的，如何实现矛盾的统一？乒乓球运动项目技能、技巧性强，打法类型很多，球性复杂多变，技战术应用个体对抗性强而突出，如何在训练安排中既能使训练从比赛的实战需要出发，又能产生新异刺激，不断培养新人新打法、新人新技术，并且能做到特长突出，风格独特、鲜明？训练中各种方法上有时是矛盾的，如何处理？这就要把握好训练的“共性”和“几对矛盾”的“度”。

（一）共性

1. 方向性

要掌握世界乒乓球运动技术发展方向的“脉搏”。

掌握各种类型打法的本质特点及提高打法质量在速度、旋转、力量、不同组合运用中矛盾的主要方面以及技术风格的特征，例如，快攻打法的速度与旋转结合，快速凶狠；弧圈球打法的转、快结合，凶快结合。从训练方向上能反映出技术发展的趋势，方向明确，不走弯路。

2. 变化性

五个物理量的单一变化及组合变化、技术的变化、战术的变化、球拍的变化。

每板击球球性的变化，这种变化在比赛中又衍生出更多的临场变化，十分复杂，就球性变化可排列出1400多万种。训练安排如何去适应这种复杂多变的情况，必须有良好的适应能力。

3. 对抗性

竞技双方通过球拍制造的每板击球都贯穿着控制与反控制、制约与反制约的特征，这种特征体现着最具乒乓球特色的对抗性。

4. 随机性

指各种球的单个出现及组合出现的无序性，无序性的变化莫测。要使培养的运动员成为“比赛型”，而不是“会练不会赛”。

5. 精确性

精确性指特定技巧的形成，已被精细地分化。

对某种刺激的应答。因训练要求不同，所形成的技巧也有不同的结果，其差异程度，有的甚至可以精确到计量的水平。

（二）矛盾

运动员从掌握简单的基本技术到建立打法与突出特长的技战术是一个复杂而又艰巨的精练过程，整个训练涉及很多方面，但必须使训练在多种条件刺激下进行。训练的各个侧面有时是矛盾的，但又是统一的，是辩证的统一。这些矛盾的方面可归纳为以下六对基本矛盾。

1. 特长突出与技术全面的矛盾

特长是撒手锏，是第一位的，是得分率和使用率最高的技术，一定要突出，比如正手和发抢要过硬。

在处理特长与全面的关系中，关键是不宜使两者之间的差距太大。不要形成特长与短处的关系，只宜形成第一、第二的关系。

特长技术是得分的主要手段，而全面技术则是为保证特长技术发挥效果和应付各种球路的支撑性技术。

就特长技术本身而言，也有全面性问题。如正手技术，如果你的特长是攻打中近台的弧圈球，那么你的侧身攻弧圈及正手攻中远台的球也要有相当的功夫，还不能偏废打下旋球的基本功。再如正、反手技术，“不能只是独角龙”。

2. 多球训练与单球训练的矛盾

多球训练有利于加大强度、密度、数量，有利于形成特定的技巧及特长，在训练步法、手感及提高专项身体素质方面有其独到的功效。但多球训练有利也有弊，它只能“一板过”，只有刺激、反应，没有己方进攻后的反馈，等于对打中的“分解动作”而不是完整练习，解决不了攻防转换问题，只能形成一板技术的熟练程度，与比赛常有脱节。比赛更多的是强调反馈，这种反馈带着己方攻球之后的“后作用”，如控制与反控制，较为靠近比赛实际。因此，在喂球方式上要发挥想象力和创造力，提高仿真性。只有将技术、意识、调节三者结合才能成为真正的实战技术，而意识和调节能力需要用单球训练和对抗性比赛的练习获得。

在处理上有“三步曲”。多球训练是第一步，单球训练是第二步，比赛是第三步。过分依赖多球训练和抛弃多球训练的做法都是不可取的。使单球训练与多球训练相结合，使分解训练与完整训练有机结合，在比例安排上，不同阶段可有所侧重，但只宜占训练总量的1/3~1/2。

3. 诱导训练与模拟训练的矛盾

（1）诱导训练

由于兴奋而导致抑制过程的增强，为负诱导；由于抑制而导致兴奋过程的增强，为正诱导。

诱导训练指“强带弱，男帮女”，颇似于周期性项目中的领跑训练。

诱导训练功能在于早期、中期使训练对象缩短基本功训练时间及提高技术质量。成功的例子较多。

（2）模拟训练

模拟训练是“弱陪强，假想敌”。

模拟训练适用于成熟期、高峰期训练。

模拟训练的功能是在重大国际、国内赛事前的一段时间，一般是在2~3个月直至比赛前，使训练对象具备对战特定对手的技能。其关键是“模拟假想敌”的仿真程度。

（3）模拟训练的作用

模拟训练的作用是使不能经常重现的“假想敌”，通过模拟，能在训练中多次出现，以练为战。它有利于使队员适应和掌握战胜“假想敌”的特定技战术；有利于使特定的技战术能力迁移到比赛中去；有利于培养队员良好的比赛心理，“模拟训练后再与实际对手比赛，心里比较踏实”；有利于实现心理定式，使技战术的适应性增强；有利于产生肯定的情感。

4. 正手爆发力训练与两面摆速训练的矛盾

爆发力，在训练中的用语是发力短暂而集中，如爆冲。在乒乓球训练中，提高质量，指的就是提高从力的发动到传送至手的质量，包括蹬地、转腰、转体、肩胛带、上臂、前臂、手腕及手指，而不是单纯运用手臂（短球快攻例外）。

增加速度，即要在撞击的瞬间使球拍的运行处在最快的区段。为此，要讲究击球的预备姿势与击打速度。

爆发力与两面摆速训练，要先解决好爆发力训练，没有爆发力也就没有撒手锏。

5. 步法与手法训练的矛盾

步法是科学训练的基础，矛盾的主要方面是在步法上。

击球的准确性、爆发力、相持能力与连续攻，以及贯彻积极主动、抢先上手、抢先发力的战术意图等，都依赖于步法。以往有些人重视手法多，重视步法少，选材也偏重手法、手感。步法应从小练起，要结合实战要求。

6. 有序训练与无序训练的矛盾

有序训练是指按教练员要求定点定线的基本功训练，通常叫作有规律训练。这种训练符合从简到繁、由易到难的教学训练原则，易于逐渐练好基本功。

无序训练符合比赛要求，刺激的出现没有规律。

在基础训练阶段，如何有效地达到提高实战能力的目的？基础训练阶段的安排规律，只适合于基础阶段。

有序—无序—有序—无序的安排，基本功上升快，比赛能力逐步上升。

无序—有序—无序—有序的安排，早期比赛成绩好，但上等级慢，基本功不扎实。

必须使尖子选手注重“以赛代练”，以做到“适者生存”。无序训练比基础阶段大大地突出，但是，这种无序中又有很强的针对性，而针对性的内容中又包含着许多的有序性。

小结

本章主要阐述了乒乓球运动的基本理论，建立技术打法的相关因素，并从训练学的观点出发，提出了意识、步法、抓特长、女子技术男性化、练球性、判断与思考、节奏等方面的观念，以及教练员掌握训练的原则，在训练中如何处理“几个特性”“几对矛盾”。根据这些观念、思路，指导乒乓球训练工作。

■ 思考题

1. 为什么球旋转越强越容易扩大命中范围？
2. 试述上、下旋，左、右侧旋，顺、逆旋球的弧线特点及落台后的反弹特点。
3. 加大击球力量的途径有哪些？你对“力量是基础”有何评价？
4. 试述乒乓球技术打法建立的过程，并举例说明。

参考文献

[1] 国家体育总局．乒乓球［M］．北京：人民体育出版社，2005.

[2] 国家体育总局《乒乓长盛考》研究课题组．乒乓长盛的训练学探索［M］．北京：北京体育大学出版社，2002.

[3] 吴焕群，张晓蓬．中国乒乓球竞技制胜规律的科学研究与创新实践［M］．北京：人民体育出版社，2009.

[4] 吴焕群．中国乒乓训练原理研究［J］．北京体育大学学报，2004，27（2）：145-154.

[5] 张晓蓬．中国乒乓球队战术训练水平定量诊断方法及实践效用［D］．北京：北京体育大学，2004.

[6] 吴焕群．论乒乓球训练安排的若干特点［J］．天津体育学院学报，1999，14（2）：73-74.

[7] 邱钟惠，庄家富，孙梅英，等．现代乒乓球技术的研究［M］．北京：人民体育出版社，1982.

[8] 邱钟惠，吴焕群，庄家富，等．世界乒乓球技术和打法演进过程及其规律［J］．体育科学，1992，12（3）：24-26.

[9] 苏丕仁．乒乓球教学与训练［M］．北京：人民体育出版社，1995.

[10] 田麦久．运动训练学［M］．北京：人民体育出版社，2000.

第三章

乒乓球运动员的基本功

教学目的

1. 了解基本功概念的内涵。
2. 了解基本功对各类打法的要求。
3. 掌握单个技术基本功训练程序。
4. 了解基本功训练的要点提示。

教学安排

总时数 12 学时。其中讲授 4 学时，讨论、实践、作业 8 学时。

我国乒乓球运动之所以能够在世界乒坛上保持长盛不衰，重视基本训练是一个重要因素。要抓好基本功训练，教练员应先全面、准确地理解基本功的概念和内容，才能抓住要领，在训练中避免片面性。乒乓球基本功，对于青少年运动员的培养来说，是早出人才、出优秀人才的一个重要环节。

第一节　基本功概述

一、全面认识基本功

乒乓球运动员的基本功，是为了达到某一水平所必须具备的相应的基本技能、基本体能和基本素质，是各种不同类型打法乒乓球运动员的技术能力、战术能力、专项身体素质能力及心理素质的综合体现。

长期以来，对于什么是乒乓球运动员的基本功有着各种各样的理解，例如，动作好就是基本功好、基本技术就是基本功、基本技术加战术就是基本功等，这些认识都是不够全面的。

（一）基本功在技能上是指击球的技术质量、变化能力和适应能力

以正手弧圈球为例，单纯拉球动作合理、正确，还不能讲这名运动员正手弧圈球基本功好。讲他弧圈球基本功好，应指他的弧圈球拉得稳、拉得转，有落点、节奏和旋转变换，同时在拉弧圈球时对对方来球的不同速度、落点和旋转变化及其意图都能适应。

（二）体能是基本功的一项重要内容

专项身体素质对提高技能也有很大关系，如果反应灵敏、速度好，球就打得活，打得快；爆发力好，就能攻得狠，拉得转，技术质量高。

（三）运动员的思想作风和心理素质对基本功也有重要影响

在比赛中要发挥出较高水平，除了技能、体能因素外，心理素质具有不可忽视的作用。

二、基本功的意义

（一）扎实全面的基本功是运动员获取优异成绩、攀登技术高峰的必要条件

没有扎实、全面的基本功就缺少在强手如林的世界乒坛上竞争的基础。

（二）扎实全面的基本功能延续运动员的运动寿命

训练实践证明，由于基本功扎实而被称为乒坛“实力派”的李富荣、张燮林、林慧卿等人都参加过5届世界锦标赛，运动寿命长。邓亚萍和被称为乒坛“常青树”的瓦尔德内尔，也是由于他们具有扎实的基本功，在世界乒坛赛场活跃了多年，取得举世瞩目的战绩。

（三）基本功的重要性，犹如建筑高楼大厦的坚固的基础工程

基础工程越细致、扎实，高楼大厦就越坚固耐用。同样，乒乓球运动员的基本功基础细致、扎实，乒乓球运动员的技术水平也越高超，实力也越强劲。这从我国的世界著名乒乓球选手成长的经历中可以得到印证。

世界优秀选手的打法各有绝招，如徐寅生的推挡结合反手攻、李富荣的侧身攻球结合正手扑攻、张燮林的多变削球、邓亚萍的长胶进攻打法、刘国梁的直拍横打、施拉格的独特发球，以及朱世赫的削中反攻都堪称世界一绝。这些绝招是运动员基本功精华的具体反映。优秀选手的这些绝招和独特打法，是乒乓球基本功在各个技术层面

的不同反映，体现了乒乓球基本功实力和技术水平提高的密切关系。

三、基本功的范畴

（一）基本功的内容

1. 基本技能

基本技能指运动员击球时的技术质量、变化能力和适应能力。

①技术质量指击球时的准确性、速度、力量、旋转和落点。

②变化能力指击球时的速度、力量、旋转、节奏、落点主动变化的能力。

③适应能力指击球时对对方的速度、力量、旋转、节奏、落点变化的适应能力。

2. 基本体能

基本体能指一般和专项身体素质，包括反应和判断能力、击球的速度和爆发力、步法移动能力、专项耐久能力等。

3. 基本素质

基本素质指运动员的思想道德作风和心理素质。

4. 意识

意识是技能、认识和理念的升华。意识的种类大致有主动意识、战术意识、落点意识、调节意识四个方面。

5. 盯球功夫

盯球功夫指判断球的能力。

6. 手上功夫

①触球的本体感觉。

②控制球的能力。

③合理的挥拍弧线。

④击球的指、腕、臂、踝、膝关节的配合动作。

7. 脚下功夫

①移动。

②身体重心的转移。

③还原动作等。

乒乓球的基本功涉及范围很广，它的核心指乒乓球运动员必备的特长技术，驾驭这些技术上佳的控球功夫，以及完成这些动作所必须具有的专项的身体素质。

（二）初级阶段基本功的训练

进行正确握拍方法、准备姿势训练的同时，应采用各种手段来熟悉球感，从各个侧面来熟悉乒乓球的特性。如加强“盯球功夫”“手上功夫”“脚下功夫”的训练；从发球、接发球、攻球、推挡、搓球最基本的击球动作开始，对击球的手法、挥拍的节奏、判断的意识，严格地进行规格化训练。

在最短的时间内形成正确的击球动作，完成乒乓球基本功初级阶段的准备工作。然后逐步转入中、高级阶段的乒乓球基本功训练。

乒乓球运动员建立初步技术后，转入各种打法分化训练阶段。

由于各种技术打法的不同特点，乒乓球基本功在初级阶段训练的基础上，逐步形成适合运动员各自特点的不同技术。运动员的基本功不断深化，标志着其技术水平也在同步提高。

第二节　各类打法对基本功训练的要求

乒乓球基本功的内容虽然涉及面较广，但从乒乓球的各种具体打法来看，有其共性的一面，也具有特殊性的一面，训练中必须抓住事物的本质，突出基本功训练的重点，有的放矢。

不同技术打法的基本功训练对技术风格、技能、体能素质也有不同的要求（表3-1）。

表 3-1　各类打法对基本功的要求

打法类型	技术风格	对技能、体能、素质的要求
快攻型	快、准、狠、变、转	对技能的要求 技术质量：重点提高攻球的速度、力量，以准确性为前提 变化能力：以落点、快慢节奏变化为主，旋转变化为辅 适应能力：在适应对方落点、节奏变化的同时，注重加强适应对方旋转变化的能力 对体能的要求 重点提高反应灵敏素质，强化摆速和步法移动能力，提高爆发力和专项耐力对心理素质的要求 培养运动员敢于拼搏，顽强作风和稳定的心理状态 神经类型以灵活性平衡型居多

续表

打法类型	技术风格	对技能、体能、素质的要求
快弧型	快、转、准、狠、变	对技能的要求 技术质量：提高拉球的旋转和力量，准确性及速度相结合 变化能力：以旋转变化为主，配合落点和快慢节奏的变化 适应能力：加强适应对方旋转和速度变化的能力 对体能的要求 加强爆发力和步法移动能力，提高反应判断、摆速和专项耐力对心理素质的要求 培养勇猛顽强、敢于拼搏的作风
削攻型	稳、转、低、攻、变	对技能的要求 技术质量：加强削球的旋转变化和稳健性，注意控制削球弧线的高度 变化能力：以旋转变化为主，能及时进行防守与进攻的转换变化 适应能力：加强对对方旋转、落点及节奏变化的适应能力 对体能的要求 提高反应判断和步法移动能力，以专项移动耐力为辅 对素质的要求 神经类型多为安静型

一、共性和个性的关系

近年来，世界优秀选手的各种打法普遍向凶狠迈进，这对我国这种类型打法的基本功训练提出了更高的要求，既要提高主动进攻的技术质量，又必须具备随机应变的能力。

各种类型既有各有侧重的关键技术、特长技术及辅助技术，也有共性的发球及接发球技术等。

乒乓球基本功中共性和个性的相互作用，是对立统一、相辅相成的，绝不能孤立、静止地将它们截然划分。

二、训练重点有所侧重

从各种打法的不同特点和实战需要出发，对发球技术种类的选择和训练的重点有所不同，如：

①快攻打法的发球，以速度和力量变化的急上旋转为主。

②削球打法以旋转落点变化的侧下旋近网球为主。

③弧圈球打法的发球以旋转、力量、变化的转与不转发球为主。

④快攻打法的抢打、快点技术。

⑤弧圈球打法的抢位、抢冲技术。

⑥削球打法的挡削攻控制落点、高度的技术等。

⑦由于各种打法对乒乓球基本技术有不同侧重的要求，一旦运动员形成了自己特有的技术风格，对乒乓球的基本功的要求也越来越细致。同样从掌握一个基本技术来看，基本功也向广度和深度推进，不断变化和发展。

第三节　单项技术基本功训练程序与方法

一个单项技术的基本功，从掌握动作到运用动作，从点到面，从局部到全面，从熟练到精通，由最初的学习体会动作阶段、熟悉球性、学习手法着手，到扩大技术的运用范围，完全贯穿在技术的全面掌握以及不断深化过程之中。

归纳为掌握动作—巩固提高动作熟练程度—不断深化三个过程。

在抓基本功训练时，要正确处理好质和量的关系。单个技术训练，没有数量就没有质量。对数量的要求就是反复实践和不断深化，质量就是衡量技术不断深化的客观标准，二者是辩证统一的。

以正手攻球技术基本功训练为例，剖析单个技术进行基本功训练的程序与方法。

①简单条件下的正手攻球动作练习：从喂球开始的攻球动作。

②定点单线（加速、加力）—定点复线（加速加力）—定点、定线、定面（点、线、面）结合练习。

③定点—不定点—不定点对不定点（加速加力）—结合技术的全面练习。

正手攻球初练从定点单线开始，从喂球训练入手。打过去的球开始无落点要求，然后逐步缩小区域，从全面打（全台）到半台区域。最后视技术掌握的熟练情况，进入线路练习（即回击到规定的区域内）。从面—线—点的练习过程也正是正手攻球技术基本功不断深化的过程。

从定点、定线到不定点、不定线的过程要求有高度的反应能力和协调性，增加高难度训练，逐步接近实战的困难条件。

正手攻球训练对击球的命中率、速度、力量、准确性都提出更高的要求，基本功质量也越来越高。

在正手攻球技术熟练的基础上，可打出多样的攻球技术（快慢、轻重、又狠又准），从比赛的角度上反映出快、准、狠、变的不同基本功的质量。

一、正手攻球的训练方法

1. 定点攻球

①正手攻（斜、直、中线）—侧身攻（斜、直、中线）。

②正手近台对攻—中台对攻—远台对攻（正手扣杀）。

2. 走动中攻球

①从前到后再到前跑动击球。
②从左到右或从右到左 1/3—2/3—全台跑动攻球（斜、直、中线）。
③从右到左或从左到右 1/3—2/3—全台跑动攻球（斜、直、中线）。

3. 几种正手攻球

①正手接发球（各种旋转球，长短落地球）。
②正手攻打下旋球（发突、拉突、搓突）。
③正手攻台内球。
④正手攻高压球。
⑤正手滑板球。
⑥正手打回头球（近台封堵、远台打回头）。
⑦正手打弧圈球。
⑧正手假动作攻球。
⑨正手结合其他技术的攻球（左推右攻、两面攻、推侧扑等）。

4. 技术质量

①从原地到跑动中攻球。
②增加速度、力量。
③要求攻球的质量。
● 快速（动作的速率）。
● 准确（击球的成功率）。
● 力量（扣杀的威力）。
● 变化（攻球的变化，如轻重、快慢）。
④困难条件下攻球。
● 定点—不定点。
● 不定点—定点。
● 点—线—面。
⑤数量与质量的要求。
● 各种简单条件下的板数、指标。
● 在快速中进行的落点精确性。
● 连续命中率的标准。
● 在各种不同训练条件下的数量和质量标准。

● 从练习条件—接近实战条件—临场比赛中的运用。
● 技术风格的形成。

二、盯球能力训练

1. 盯球能力

①持拍向上弹球或对墙击球。
● 观察球反弹的弧线。
● 击球手上的本体感觉（从最简单对墙弹球过渡到回较快频率或难度的球）。
● 对墙做快速击球或攻、削球动作，进一步提高判断球反弹的规律。
②将球直接发至对方台面上，观察不同旋转球入台时所产生的反弹轨迹。

2. 学会判断对方持拍击球的能力

①看对方挥拍击球刹那的移动方向。
②看对方持拍击球刹那的击球部位。
③看对方持拍击球刹那的挥拍速度。

3. 判断对方击球刹那的变化能力

①看对方的引拍动作以判断进攻或防守、斜线或直线以及出球方向及意图。
②看对方的身体动作以判断是侧身或扑右、迎前或急退。
③看对方的面部表情以判断是防守还是进攻等击球意图。

三、手上功夫的训练

①对墙击球、平挡球，掌握弧线正常运行的击球能力。
②掌握不同关节活动的击球能力（正手攻球能力）。
● 挥拍方向为主的前臂功能技术练习（快抽）。
● 控制球部位和板形调节的手腕功能技术练习（台内球）。
● 挥拍摆速的上臂功能技术练习（扣杀、扣高球）。
● 综合技术练习（拉扣结合、台内外球结合练习等）。
③在各种变化条件下训练手上功夫的灵敏性及适应程度。

四、脚下功夫的练习

①原地移动的单步—较大距离的移动—较快、较大的移动—借助于身体助力配合

的移动—在复杂条件下的移动—手法、步法结合的全面练习的移动。

②盯球功夫、手上功夫、脚下功夫的单个动作的练习—综合动作的练习—全面技术的协调配合。

第四节　基本功训练建议

乒乓球基本功训练，首先应重视技能训练，必须充分兼顾体能对技能的积极促进作用，一定的体能决定着一定的技能。如果爆发力不好，弧圈球就拉不转；如果反应判断能力差，就不可能发挥快攻的速度；如果专项耐力差，就不能保证在连续的比赛中充分发挥水平。

一、从小打好体能基础

正确的体能训练不但能促进技能的提高，而且对于少儿的身体发育也具有积极的意义。

使用40毫米的球，在一定程度上球速减慢，旋转减弱，比赛回合相应增多，对于运动员的体能要求就更高了。因此，必须从小打好体能基础。

在体能训练中，根据少儿生理和心理特点，抓住其身体素质发展的敏感期，及时发展相应素质，这样可以收到事半功倍的效果。

在身体素质训练时应注意手段的选择和运动负荷的控制，根据不同的年龄和对象进行合理安排。

二、处理好技术质量与变化能力、适应能力的关系

（一）技能训练中抓好击球的技术质量

击球的技术质量，体现在击球的准确性和威胁性上。击球如果没有准确性，击过去的球没有速度、旋转和落点的变化，对对方就没有威胁，也就谈不上技术质量。

（二）提高击球的准确性

要注意运动员正确规范的击球手法和积极的步法，以及手法、步法的协调配合。应重视运动员的身体特点，不违背击球原理。

（三）重视步法

移动到位与击球准确紧密相连，必须从少儿抓起，在单项训练中也不应忽视对步

法的要求。

（四）提高击球的威胁性

要研究击球的速度、力量、旋转和落点，加快击球的速度。

一般来说，站位要近台一些，充分发挥前臂、手腕的作用，增加击球的力量，降低球的空中飞行弧线，缩短第一弧线飞行时间，使球“毒”起来。

三、正确理解“快”的含义

在少儿的训练中，有的教练员由于对“快”字的理解较片面，使运动员站位越来越近，动作越来越小，脚步移动越来越少，这样的训练弊端越来越大。应指导运动员站位不要太近，动作幅度要大一些，以充分发挥上臂的作用，使运动员既能在上升期击球，也能在下降期击球。

第一，增加击球的旋转，加大挥拍摩擦的力量，增加球拍触球时的速度。少儿弧圈球训练，应先打好基础，注意摩擦时制造弧线，不能光想着“冲”。

第二，加大击球的力量。少儿训练中加强力量训练是必要的。要加强触球瞬间的挥拍速度，加强腰腿在发力时的配合，注意合理的击球时间和位置。

第三，加强落点意识。教练员在平时训练中要时刻提醒运动员，每一板回球都要有落点意识。

四、培养变化能力

第一，在乒乓球比赛中，双方都在不断地变化，比赛的过程实际上是一个“变化—适应—再变化—再适应”的过程。

第二，在技能训练中，要提高击球的技术质量，要培养运动员掌握变化和适应变化的能力。

第三，变化能力是乒乓球运动中的重要制胜因素。运动员在比赛中，通过主动变化，争取主动。在相持或落后时更应积极主动求变，以扭转不利局面。

第四，提高变化能力，加强变化意识的培养，并在训练中采取有效方法，促使运动员注意速度、落点、旋转、节奏的主动变化。

第五，在比赛中对方为了争取主动，也会以变化来摆脱被动，因此运动员必须具备快速适应对方变化的能力。平时训练应配备多种打法的对手，以提高运动员的适应能力。

第六，对少儿运动员技能的训练应以提高技术质量为主，随着训练水平的提高，逐渐过渡到变化能力的训练。

第七，技术质量在很大程度上影响着变化能力和适应能力。如果一开始就抓好了技术质量的提高，就为变化能力和适应能力的提高打下了良好的基础。

五、突出个人特点，抓好技术风格

第一，在基本功训练中，教练员应根据运动员的不同特点，帮助他们建立符合乒乓球运动发展方向的技术风格，这是教练员训练工作能否成功的重要环节。技术风格是各种不同类型打法的“灵魂”，一个缺乏鲜明技术风格的运动员要攀登世界乒乓球技术高峰是十分困难的。

第二，建立鲜明的技术风格，要以扎实、全面的基本功做基础。少儿运动员可塑性强，教练员的引导和决策显得十分重要。因此，教练员必须因人而异，因材施教。如果技术风格不符合运动员的客观条件，那么它不但难以形成，而且往往会事倍功半。

第三，运动员在基本功全面的基础上，抓好技术风格，在一定程度上就是抓好特长技术，抓得分手段，应当充分体现个性化的特点。

第四，教练员既要在基本功训练中结合运动员的特点，紧紧抓住技术风格，抓住主要得分手段，也要注意全面技术发展，不能有明显的漏洞，否则比赛中一旦被对方抓住，特长就无从发挥。

六、基本功必须从小抓起

没有基本功的提高，高超的技术就只能是“空中楼阁”。技术发展到每个阶段，对基本功都有不同的要求，到了高级水平，还要提高基本功，只不过对基本功的要求不一样罢了。从这个意义上来讲，基本功的提高是没有止境的。

乒乓球基本功的训练必须持之以恒，在训练课中，统筹安排一定比例的基本功训练。训练中要严格要求，内容具体，措施落实，方法合理，规格准确。在内容上逐步由易到难，由浅入深。在动作质量上求精确无误，日练千板赛中一板。

小结

重视基本功是我国乒乓球运动长盛不衰的因素之一，由于打法的不同，各种打法的基本功对技术风格、技能、素质的要求也不同。基本功训练必须持之以恒，在训练程序、内容、数量、质量上都应有明确的要求。

■ 思考题

1. 什么是乒乓球基本功？
2. 为什么乒乓球运动员要练习基本功？

3. 基本功的内容主要包括哪几个方面？
4. 试述“日练千板赛中一板”的含义。

参考文献

[1] 刘建和．乒乓球教学与训练［M］．北京：人民体育出版社，2008.
[2] 唐建军．乒乓球运动教程［M］．北京：北京体育大学出版社，2006.
[3] 梁焯辉，赖天德．关于乒乓球基本功的探讨［J］．体育科学，1982（3）：32-34.

第四章
乒乓球竞赛规则

教学目的

1. 了解国际乒联颁布的最新规则的内容及执行尺度。
2. 掌握组织比赛的操作方法。

教学安排

总学时 6 学时。其中讲授 4 学时，讨论、实践、作业 2 学时。

乒乓球比赛的规则规范了乒乓球比赛的物质条件，确定了乒乓球比赛的胜负机制，体现了乒乓球比赛中机会均等、公平的原则，规定了处理纠纷和申诉的途径与方法，限定了运动员、教练员的行为及赛场、器材和服装的广告。教练员学习掌握规则的目的是能熟悉和理解乒乓球竞赛规则和规程，较好地运用规则所赋予的权利。遵守国际乒联规定的相关工作流程，避免与竞赛官员的冲突。清楚各种判罚的手势和术语，并在比赛中注意规范运动员、教练员的行为，从而充分地发挥运动员的技战术水平。

第一节　了解规则用好权利

一、球拍

①球拍的大小、形状和重量不限，但底板应平整、坚硬。

②用来击球的拍面应用一层颗粒向外的普通颗粒胶覆盖，连同黏合剂，厚度不超过 2 毫米；或用颗粒向内或向外的海绵胶覆盖，连同黏合剂，厚度不超过 4 毫米。

③“海绵胶”即在一层泡沫橡胶上覆盖一层普通颗粒胶，普通颗粒胶的厚度不超过 2 毫米。

④覆盖物应覆盖整个拍面，但不得超过其边缘。裁判长可以允许的误差是±2 毫米。球拍覆盖物上的国际乒联的标志、制造厂商的名字及球拍型号等字样应在粘贴球

拍时让其靠近拍柄，以方便裁判员检查。

⑤靠近拍柄的部分以及手指执握部分可不予以覆盖，也可用任何材料覆盖。

⑥底板、底板中的任何夹层以及用来击球一面的任何覆盖物及黏合层均应为厚度均匀的一个整体。

⑦球拍两面无论是否有覆盖物，必须无光泽，且一面为鲜红色，另一面为黑色。

⑧球拍覆盖物不得经过任何物理的、化学的或其他处理。

⑨由于意外的损坏、磨损或褪色，造成拍面的整体性和颜色上的一致性出现轻微的差异，只要未明显改变拍面的性能，可以允许使用。

⑩在比赛开始时及比赛过程中，运动员需要更换球拍时，必须向对方和裁判员展示他将要使用的球拍，并允许他们检查。

⑪每个运动员都有责任确保用于粘贴球拍覆盖物的黏合剂不含有有毒挥发性溶剂。

⑫运动员有权在赛前自愿进行球拍检测，且不受任何处罚；未能通过赛前检测的球拍将不能在上述比赛中使用；如果球拍未能通过赛后检测，该运动员将会受到处罚。

二、比赛服装

①短袖运动衫（袖子和领子除外）、短裤或短裙的主要颜色应与比赛用球的颜色明显不同。

②服装上不得带有可能产生不悦或诋毁本项运动声誉的设计和字样。

③在运动服前面或侧面的任何标记或装饰物及运动员佩戴的任何物品，如珠宝装饰等，均不应过于显眼或反光，以致影响对方的视线。

④有关比赛服的合法性及可接受性问题，应由裁判长决定。

⑤在世界或奥林匹克的比赛中，团体赛同队运动员或同一协会组成的双打运动员，应穿着同样的服装，但鞋袜和服装广告的数量、尺寸、颜色和设计除外。在其他国际竞赛中，如果基本颜色相同并得到所在协会的批准，同一协会组成的双打运动员，可以穿不同制造商的服装。

⑥比赛的双方运动员应穿着颜色明显不同的运动衫，以使观众能够容易地区分他们。当双方运动员或运动队所穿短袖运动衫类似，且均不愿更换时，应由裁判员抽签决定某一方必须更换。

⑦运动员服装上的广告应受下列限制：

● 制造厂家的正常商标、标记或名称，所占总面积不得超过 24 平方厘米。

● 短袖运动衫的前面、侧面和肩部不得有 6 条以上的广告，总面积不得超过 600 平方厘米，每条广告必须明显分开；而且在短袖运动衫正面的广告不得超过 4 条。

● 短袖运动衫的背后不得有 2 条以上的广告，总面积不得超过 400 平方厘米。

● 短裤或短裙上可有不超过 2 个、总面积不超过 120 平方厘米的广告，只能出现在正面和侧面。

- 运动员号码布上的广告总面积不得超过100平方厘米。
- 比赛服和号码布上不得有烟草制品、含酒精饮料或者有害药品的广告。

三、易出现的争议问题

1. 重发球

①重发球最主要的情况是当某些可能影响到回合结果的情况发生时，终止该回合而不予判分，这种由裁判员终止的回合往往会引起争议。

②发球擦网是最常见的重发球的原因，裁判员应在发球擦网后落在正确的比赛台区或被接发球员或其同伴阻挡后，报“重发球”。有时接发球方认为合法发球擦网，接发球员把球接住或举手要求裁判员判该回合“重发球”。除非裁判员确定发球没有擦网，通常裁判员会改判，但运动员必须明白他（她）没有权利这么做，如果裁判员没有判重发球，运动员应继续比赛；或者裁判员认为发球擦网，判该回合“重发球”，但发球员认为发球没有擦网，而发生争执，此时，运动员必须明白此类的事实问题，决定权在裁判员。

③重发球的另一个常见原因是：认为某些干扰可能影响该回合的结果。例如，外界球入场、足以使运动员大吃一惊的突然喧闹或球在回合中破裂等，这种情况裁判员应立即宣判“重发球”。此外，如果运动员在回合中发现球破裂，且裁判员确认球不是在这个回合之间损坏，应改判上一个回合为重发球。回合中出现的不测事件，不能判“重发球”。例如，运动员在比赛中摔倒，被双打同伴或挡板绊倒等，但如果此类不测事件影响了对方运动员就应判该回合为“重发球”。

④如果接发球员没有做好准备，但发球员已将球发出，应举手示意，同时不能试图接球，以方便裁判员认定，宣判“重发球”。

2. 一分

①裁判员所有的判决都应该依据规则规定的条文，并认定球是否处于比赛状态。

②某些犯规必须通过裁判员报分来中断回合，此时，运动员应当了解被判罚的原因。

③擦边是指球触及了台面侧面的上边缘，即比赛台面。球触及台面的前后轨迹可以帮助裁判员做出正确判断。如果球首先从台面上方越过，则认为还击是合法的，若球是从台面下方上升触及球台，基本为“侧面”。但当球从高于比赛台面的上方且从台外向台内飞行时，判定比较困难，且乒乓球并无鹰眼之类的辅助判定，最终的决定权是副裁判员，如果球触及了靠近他（她）一侧的边线，其他三条线（两条端线和一条

边线）裁判员拥有最终的决定权。

④如果裁判员肯定自己的判定是正确的，一般情况下不会因为仅是运动员认为判定错误而改判。且一旦下一个回合开始，不允许提出任何改判要求。

3. 比赛连续性

①如果队长/指导者和一名/一对运动员对是否要求暂停有不同意见，在团体比赛中，队长和指导者对暂停有最终决定权；在单项比赛中，运动员有最终决定权。

②保持比赛连续性的目的是防止运动员在回合之间反复拍球、发球前长时间停顿、双打时长时间相互讨论、故意接受场外指导等故意拖延比赛时间的行为。

③运动员不得利用任何中断时间来获得额外的休息或打乱对方的节奏。但可以允许运动员在并不延长比赛中断时间的情况下擦汗，例如当球飞离赛区去捡回时。戴眼镜的运动员往往在此问题上有特殊的麻烦，因此可以允许他们在回合之间用短暂的时间擦眼镜。

④运动员不能更换没有损坏的球拍或故意损坏的球拍。更换意外损坏的球拍必须在比赛区域内进行。

⑤比赛中运动员因任何原因不能继续比赛，裁判员必须立即报告裁判长；只有在裁判长认为中断比赛的原因是由于意外引起、中断比赛不会给对方带来不利，并且受伤运动员能够在短时间内恢复才能同意紧急中断比赛。如果运动员因为疾病或身体不适而失去比赛能力的状况早已存在，或在比赛开始时就有理由预见，或由于比赛的进行方式引起过度疲劳，则不允许中断比赛。

⑥在单项比赛中，除非裁判长允许，在局与局之间和暂停的间歇时间，运动员可在裁判员的监督之下留在赛区3米之内的区域。

4. 发球的合法性

①规则中有关发球的规定比较复杂，裁判员常常把注意力集中在容易检查的方面，因此，如何保持判罚发球的一致性就显得至关重要。

②发球员有责任让裁判员或副裁判员看清他（她）的发球是合法的，如果他（她）的发球接近不合法的边缘，就有被判罚的危险。

③如果裁判员和副裁判员在本场比赛中第一次对发球员的发球动作的合法性产生怀疑，可以提出警告而不判分。

④如果裁判员或副裁判员确定发球员的发球动作不合法或一场比赛中第二次对发球员的发球动作产生怀疑，无论原因是否一致都应判接发球员得1分。双打时一对搭档一场比赛只能被警告一次。

⑤裁判员或副裁判员在警告或判罚发球后，应用发球判罚的手势和术语告知原因。常见的判罚原因及手势和术语见本节相关部分。

5. 轮换发球法

①轮换发球法的目的是防止双方运动员或配对消极比赛而导致比赛过分持久的一种规则方法。

②如果一局比赛进行了 10 分钟仍未结束（双方比分之和达到 18 分除外），或者在此之前任何时间双方运动员要求，应实行轮换发球法。

③时限到时，球处于比赛状态，裁判员应暂停比赛，由被暂停回合的发球员发球，继续比赛；球未处于比赛状态，应由前一回合的接发球员发球继续比赛。

④此后，比赛开始时确定的发球接发球顺序不变，但每个运动员都轮发一分球，直至该局结束。

⑤如果接发球方进行了 13 次合法还击（包括接发球），则判发球方失一分。

⑥同正常比赛一样，一局比赛先得 11 分的运动员获胜，10 比 10 平后，先多得 2 分的运动员获胜。

⑦每一局单打比赛开始时，首先发球的运动员和双打比赛首先发球的一方，以及双打比赛首先接发球的运动员均由比赛开始时确定的比赛次序决定，即使发球员和接发球员可能与前一局结束时的运动员相同。

⑧当时限到时，除非双方比分之和已经达到 18 分，否则计时员应大声宣布“时间到”，如果必要的话，裁判员应判重发球，并通知运动员该场比赛的剩余部分将实行轮换发球法，然后根据规则确定正确的发球员和接发球员。

⑨除非裁判长授权，否则当时限到时，裁判员应立即报告裁判长，由裁判长指派该场比赛的计数员，特别是只有一名裁判员执法时。

⑩此后，只要接发球员接球，计数员应大声地报出接发球方的回击数，从接发球开始，从 1 数到 13，报数应在接发球员拍触球的瞬间报出，而不要等到球成为合法还击或已脱离比赛状态时再报。

⑪如果接发球方的 13 板还击成为合法还击，裁判员应立即喊“停”，并判接发球方得一分。

⑫轮换发球法一经实行，将一直执行到该场比赛结束。

四、申诉

①在单项比赛中的双方运动员或在团体比赛中的双方队长之间所达成的协议，均不能改变该场比赛的裁判人员就事实问题所做的决定，不能改变裁判长就解释规则或规程的问题所做的决定，也不能改变竞赛管理委员会对竞赛或比赛管理问题所做的决定。

②对有关裁判人员就事实问题所做的决定不得向裁判长提出申诉；对裁判长就解

释规则或规程的问题所做的决定，不得向管理委员会提出申诉。

③对裁判人员就解释规则或规程的问题所做的决定不服时，可以向裁判长提出申诉，裁判长的决定为最后决定。

④对裁判长就未包括在规则或规程中的有关比赛管理问题所做的决定有不同看法时，可向竞赛管理委员会提出申诉，该委员会做出的决定为最终决定。

⑤在单项比赛中，只能由参赛的运动员就该场比赛中出现的问题提出申诉；在团体比赛中，则只能由参赛队的队长就比赛中出现的问题提出申诉。

第二节　遵守流程避免冲突

一、团体比赛流程

①赛前45分钟：裁判员到检录处（抽签区）领取团体比赛对阵名单及主客队出场次序表。

②赛前40分钟：队长或其代表在检录处（抽签区）会见裁判员，准备抽签。

③赛前30分钟：裁判员组织双方代表或教练员抽主客队（A/B、X/Y）。

④赛前30分钟：队长或其代表填好比赛队员出场顺序（A/B、X/Y），并交给裁判员，裁判员须先确认所填表格的正确性后，再请双方队长查看。

⑤裁判员抽签决定球队座席位置、挑球、检查服装。

⑥副裁判员将确定好的团体比赛次序表提交到裁判长处，以打印计分表。

⑦如果队长或其代表在比赛秩序册给定的比赛时间前30分钟未到达抽签区，他的团队将丧失抽签、挑球及挑选服装颜色的权利。此时，裁判员要请到达一方的代表或队长挑选主客队（A/B、X/Y），再按照秩序册给定的名单顺序为未到达的队填写出场顺序。

⑧赛前20分钟或本场团体比赛的上一场单打或双打比赛开始前，运动员应将在下一场比赛中使用的球拍送到检录处检查。

⑨比赛前10分钟，裁判员、运动员和教练员均应到达候场区，等待入场。

⑩如果一方运动员在秩序册规定的比赛时间没有到达比赛场地，原则上应等待5分钟，再由裁判员报告裁判长，由裁判长处理。

二、单打比赛流程

①赛前30分钟，裁判员在检录处领取单项比赛计分表及球拍检测通知单。

②赛前25分钟，运动员在检录处会见裁判员。

③赛前 20 分钟，进行挑球、检查球拍、检查衣服颜色、指定指导者、挑选场内指导席的位置等事宜。

④如果运动员预定比赛时间的赛前 20 分钟都未出现在检录处，他/她将丧失抽签、挑球及衣服颜色接近时挑选衣服颜色的权利，球拍需要赛后检查。

⑤比赛前 10 分钟，裁判员、运动员和教练员均应到达候场区，等待入场。

⑥如果一方运动员在秩序册规定的比赛时间没有到达比赛场地，原则上应等待 5 分钟，再由裁判员报告裁判长，由裁判长处理。

三、检查服装流程

①赛前 30 分钟（团体）/20 分钟（单打），运动员要在检录处展示其比赛服装。

②每位运动员要带 2 件主体颜色明显不同，且与比赛用球不同的 T 恤衫到检录处。

③比赛中双方运动员必须穿主体颜色明显不同的 T 恤衫（不能是同一颜色但深浅不同），以便观众能够清楚地区分双方运动员。

④如果双方运动员衣服颜色冲突，且均不愿更换，裁判员要在赛前抽签决定哪方运动员必须更换服装，抽签前要确定中签还是未中签的运动员更换。

⑤赛前 20 分钟没有到达检录处展示比赛服装的运动员，一旦衣服颜色发生冲突，则要立即更换。

⑥参加国际比赛从 2014 年 1 月 1 日起，所有运动员都应该穿背面印着运动员名字和协会代码的 T 恤衫。

四、选择比赛用球的流程

①赛前 30 分钟（团体）/20 分钟（单打），运动员要在检录处选择比赛用球。

②裁判员要在检录处对球拍进行检查而不是在比赛场内。

③如果只有一方运动员到场选球，该运动员可以选择 2~3 个比赛用球（由裁判长决定带入场内比赛用球的个数），剩下的球由裁判员随机从指定的比赛用球中挑选。比赛中裁判员需按照运动员挑选的比赛用球顺序依次使用。

④如果没有运动员到场选球，则由裁判员随机从指定的比赛用球中挑选，并在比赛中随机使用。

五、检查球拍的流程

①赛前 20 分钟，运动员要到检录处将球拍交给相关裁判员。团体比赛运动员可以在比赛前 20 分钟或上一场比赛开始前将球拍交到检录处。

②如果本场比赛的球拍没有被抽中在球拍检测室进行球拍检测，裁判员要在检录处对球拍进行检查，而不是在比赛场内。裁判员检查的内容包括：a. 球拍的覆盖物是否包含在适时的国际乒联允许使用覆盖物一览表中，裁判长如有疑问可以在国际乒联网站上查找；b. 球拍厚度；c. 平整度；d. 其他不符合规定的问题。

③如果本场比赛的球拍被抽中在球拍检测室进行球拍检测，裁判员要将球拍送到球拍检测室，在送检之前只需要检查球拍覆盖物的破损度和球拍覆盖物是否覆盖整个底板。裁判员在球拍检测中心检查的内容包括：a. 球拍的覆盖物是否包含在适时的国际乒联允许使用覆盖物一览表中，裁判长如有疑问可以在国际乒联网站上查找；b. 球拍厚度：借助于电子设备进行细致检查；c. 平整度：借助于电子设备进行细致检查；d. 球拍的 VOC 检测。

④检查合格的球拍，应放进信封由裁判员带进比赛场地；检查不合格的球拍应由裁判长保存，运动员使用另一块球拍上场比赛。如果时间允许，裁判员应检查替换的球拍；如果时间不允许，替换的球拍应在赛后检查。

⑤赛前运动员没有送检的球拍、比赛中更换的球拍及赛前检测不合格，更换但没有来得及检测的球拍，在比赛结束后送到球拍检测中心进行检测。

⑥需要进行赛后检测的球拍，裁判员要先检测球拍覆盖物的破损度和球拍覆盖物是否覆盖整个底板。赛后由裁判员将球拍送到球拍检测中心进行检测，球拍检测不合格的运动员将被处罚。赛后 10 分钟，运动员到球拍检测中心取回送检的球拍。

⑦团体比赛时，裁判员应在有赛后球拍检测的单打或双打比赛结束后立即送检球拍，不能等到团体比赛结束后再送检。如果团体比赛的获胜队的队员的球拍需要进行赛后球拍检测，裁判员应让双方运动员在赛场内等待。如果球拍检测不合格，使用不合法球拍的运动员比赛的单打或双打比赛将判对方获胜，可能需要进行下一场单打比赛。

⑧团体比赛中每场单打比赛或双打比赛结束后，如果有运动员的球拍需要在下一场单打或双打比赛中使用，裁判员要收回该球拍（副裁判员要认真完成这项任务）。如果某个运动员拒绝将球拍交给裁判员或已经将球拍拿出赛场，离开裁判员的视线，裁判员要告知运动员按规定将球拍送到检录处进行检测。

六、要求紧急中断的流程

①运动员因意外事件而暂时丧失比赛能力时，可以向裁判员提出要求紧急中断。如果失去比赛能力的状态早已存在，或在比赛开始前就有理由可以预见，或由于比赛的正常紧张状态引起，则不能允许中断比赛。如果失去比赛能力的原因在于运动员当时的身体状况或比赛进行的方式，引起抽筋或过度疲劳，这些也不能成为中断比赛的理由。只有因意外事故，如摔倒受伤而丧失比赛能力，才能允许紧急中断。

②裁判员接到运动员的要求后应该立即开表，记录暂停时间，同时应举手报告裁判长。

③裁判长若认为中断比赛不至于给对方带来不利，可允许中断比赛，但时间要尽量短些，在任何情况下都不得超过 10 分钟。这个 10 分钟的时间限制是每场比赛，如果在同一场单打或双打比赛运动员已经要求过暂停，但时间不足 10 分钟，在本场单打或双打比赛中运动员可以使用剩余的时间再次要求暂停。

④在暂停 8 分钟和 9 分钟，裁判员应分别告知运动员。

⑤10 分钟时间到，运动员应立刻恢复比赛，如果因为受伤严重不能继续比赛，应由裁判长处理。

⑥如果赛区内有人受伤流血，应立即中断比赛，直到他接受了医疗救护并将赛区内所有血迹擦干净后再恢复比赛，可以不受 10 分钟的限制。

第三节　清楚判罚规范行为

一、裁判员常用手势及术语

乒乓球比赛目前裁判员的常用手势只有如下 3 种：“得分”（图 4-1）、“停或重发球”（图 4-2）和“换发球”（图 4-3）。

图 4-1　得分

图 4-2　停或重发球

图 4-3　换发球

有些回合因为某种原因而非正常的中断比赛，此时裁判员需要用正确的术语进行解释，各种情况及其术语如表 4-1 所示。

表 4-1　不同特殊情况下判罚术语一览表

顺序	情况	术语
1	发球不合法	违例
2	运动员身体、穿戴的物品或球拍触及球网	触网
3	比赛台面移动	台面移动
4	不持拍手触及台面	手触台面
5	球被运动员阻挡	阻挡
6	球连续两次触及同一台区	两跳
7	同一运动员有意连续两次击球	连击
8	双打运动员击球次序错误	次序错误
9	双打发球时，球触及错误的半区	错区

二、发球判罚手势及术语

如果裁判员怀疑运动员的发球不合法，应将手高举过头喊“重发球”，之后用下列手势和术语进行警告：如果裁判员认定运动员的发球不合法，他（她）应喊“犯规”，并报新比分，之后用下列手势和术语进行判罚；如果副裁判员怀疑运动员的发球不合法，他（她）应将手高举过头喊“停”，之后用下列手势和术语进行警告；如果副裁判员认定运动员的发球不合法，他（她）应将手高举过头喊“犯规”，之后用下列手势和术语进行判罚，裁判员报新比分。

①如果球在离开发球员不持拍手掌后没有上升至少 16 厘米，裁判员或副裁判员应判罚。

判罚术语：不够高。

手势如图 4-4 所示。

图 4-4　不够高

②如果发球员发球前，球没有静止在发球员的非持拍手张开、静止的手掌上，裁判员或副裁判员应判罚。

判罚术语：手掌没张开。

手势如图 4-5 所示。

图 4-5　手掌没张开

③如果发球员发球前球放在发球员静止的非持拍手的手指上，裁判员或副裁判员应判罚。

判罚术语：球停在手指上。

手势如图 4-6 所示。

图 4-6　球停在手指上

④如果球没有从抛球开始到球被击出始终高于比赛台面，裁判员或副裁判员应判罚。

判罚术语：低于比赛台面。

手势如图 4–7 所示。

图 4–7　低于比赛台面

⑤如果球从抛球前到球被击出，球在发球员端线之内或发球员在端线内击球，裁判员或副裁判员应判罚。

判罚术语：端线内。

手势如图 4–8 所示。

图 4–8　端线内

⑥如果球没有接近垂直的被抛起，裁判员或副裁判员应判罚。

判罚术语：不垂直。

手势如图 4–9（1）和图 4–9（2）所示。

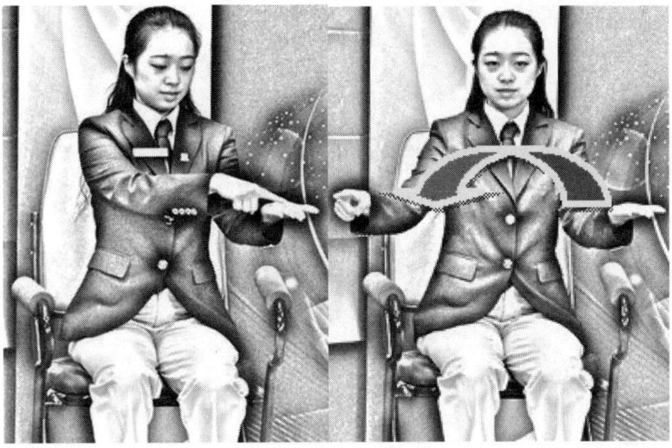

（1）　　　　　　　　　　　（2）

图 4-9　不垂直

⑦发球时，如果由于发球员及其双打同伴或他们穿或戴的物品遮挡，使接发球员看不清球，裁判员或副裁判员应判罚。

判罚术语：什么或谁遮挡（如肩遮挡、肘遮挡、头遮挡、同伴遮挡）。

手势如图 4-10 所示。

图 4-10　遮挡

如果判罚后运动员询问判罚的原因或遮挡的部位，裁判员应用食指指向遮挡部位。例如，由于发球员的肩部遮挡导致接发球员看不清球，裁判员或副裁判员应使用的判罚术语为肩遮挡，同时做如图 4-11 所示的手势。

图 4-11　肩遮挡

三、场外指导

①团体比赛，运动员可接受有权进入比赛区域内任何人的指导。

②单项比赛，一名或一对运动员只能接受一个人的场外指导，而这个指导者的身份应在该场比赛前向裁判员说明；如果一对双打运动员来自不同协会，则可分别授权一名指导者；但应视这两名指导者为一体。如未被授权的人进行指导，裁判员应出示红牌令其远离赛区。

③运动员可以在除了比赛回合中的任何时间接受场外指导，但不能影响比赛的连续性；如果任何合法的指导者在不允许指导的时间内给予场外指导，裁判员应高举黄牌警告指导者，之后再有类似情况发生，指导者将被驱逐出比赛区域。

④运动员在可以接受场外指导的时间内故意推延比赛接受场外指导，裁判员可以对运动员进行行为管理。例如，故意将球踢到教练席附近等。

⑤在一个团体赛中，任何对于指导者的警告都应被视为是对整个指导席就座的教练员和运动员的警告。如任何人再进行非法指导，裁判员将出示红牌，并将其驱除出赛区，不论其是否曾被警告过。

⑥不允许在团体比赛中被驱除出赛区的指导者在团体比赛结束前返回，除非需要他上场比赛，整场团体比赛中不允许任何人代替他做指导者。在单项比赛中，不允许被驱除出赛区的指导者在该场单项比赛结束前返回。

⑦如被驱除出赛区的指导者拒绝离开或在比赛结束前返回，裁判员应中断比赛，立即向裁判长报告。

⑧以上规定只限制对比赛的指导，并不限制运动员或队长就裁判员的决定提出正式申诉，或阻止运动员与所属协会的代表或翻译就某项判决的解释进行商议。

⑨裁判长有权取消已经两次被驱逐出赛区的任何人在本次竞赛剩余时间里的临场资格。

四、不良行为

①运动员和教练员或其他指导者应该克服那些可能不公平地影响对手、冒犯观众或影响本项运动声誉的不良行为，诸如辱骂性语言，故意破坏比赛用球或将球打出赛区，踢球台或挡板和不尊重比赛官员等。

②任何时候，运动员和教练员或其他指导者出现严重冒犯行为，裁判员应该中断比赛，立即报告裁判长，例如，私自更换没有损坏的球拍等。如果冒犯行为不太严重，第一次裁判员可出示黄牌，警告冒犯者，如果再次冒犯将被判罚。

③运动员在受到警告后，在同一场单项比赛或团体比赛中第二次冒犯，裁判员应判对方得 1 分，再犯，判对方得 2 分。每次判罚，应同时出示黄牌和红牌。

④在同一场单项比赛或团体比赛中，运动员在被判罚 3 分后继续有不良行为，裁判员应中断比赛，并立即报告裁判长。

⑤双打配对中的任何一名运动员所受到的警告或判罚，应视作是该对双打运动员的，但未受警告运动员在同一场团体比赛随后的单项比赛中不受影响；双打比赛开始时，配对运动员中任何一名在同一场团体比赛中已经受到的最严重的警告或判罚应视作是该对双打运动员的。

⑥无论是否得到裁判员的报告，裁判长都有权取消有严重不公平或冒犯行为运动员的比赛资格，包括取消一场比赛、一项比赛或整个比赛的比赛资格。当他采取行动时应出示红牌。

⑦如果一名运动员在团体（或单项）比赛中有两场被取消了比赛资格，就自动取消了其参加团体（或单项）比赛的资格。

小结

本章介绍了乒乓球教练员需要熟悉和理解的乒乓球竞赛规则和规程，并让教练员了解如何较好地运用规则所赋予的权利，如何避免与竞赛官员的冲突，清楚各种判罚的手势和术语等相关知识。

■ 思考题

1. 在乒乓球比赛中易出现的争议问题有哪些？教练员如何进行申诉？
2. 在乒乓球比赛中，教练员要求紧急中断的流程是什么？
3. 乒乓球教练员如何避免与竞赛官员的冲突？

参考文献

[1] 中国乒乓球协会．乒乓球国际竞赛官员手册（2014）[M]．北京：人民体育出版社，2015.

［2］中国乒乓球协会．乒乓球竞赛规则（2016）［M］．北京：人民体育出版社，2017.
［3］张瑛秋．乒乓球裁判通级指导［M］．北京：北京体育大学出版社，2008.
［4］唐建军．乒乓球运动教程［M］．北京：北京体育大学出版社，2006.
［5］苏丕仁．现代乒乓球运动教学与训练［M］．北京：人民体育出版社，2003.
［6］程嘉炎．乒乓球竞赛法研究［M］．北京：人民体育出版社，1981.

第五章 乒乓球器材

教学目的

1. 了解乒乓球器材的特性和使用方法。
2. 了解选配球拍的一般知识。

教学安排

总时数 4 学时。其中讲授 2 学时，讨论、实践、作业 2 学时。

国际乒联《乒乓球竞赛规则》（以下均简称为《规则》）中表示："以下器材和装置应被视为每个比赛区域的一部分：球台及球网装置，裁判员桌椅，比分显示器，毛巾盒和球盒，球台号，挡板，地胶，挡板上的队名牌或人名牌。"上述这些器材和装置都是安置在比赛场地内的，还有一些器材是需要裁判员和运动员带入场地内的，比如球和球拍。

随着科技的不断进步和乒乓球技术的不断提升，乒乓球器材也在不断进行演变和改进，如今，器材的种类越来越多，性能越来越个性化，依附于器材而产生的不同打法更是越来越丰富，因此，在教学过程中，教练员需对器材有一定的了解，从而更好地帮助运动员发挥自身优势。

第一节　球、球台及球网

《规则》对球、球台和球网的规定如下：

对球的规定为：直径为 40 毫米球形，重 2.7 克，呈白色或橙色，无光泽，材质为赛璐珞或者塑料。

球台的上层表面（不包括球台垂直侧面）叫作比赛台面，应为与水平面平行的长方形：长 2.74 米，宽 1.525 米，离地面高 76 厘米。

比赛台面可用任何材料制成，需具有一致的弹性，即当标准球从离台面 30 厘米高处自由落下，弹起的高度应约为 23 厘米。

比赛台面应呈均匀的暗色，无光泽。沿每个 2.74 米的比赛台面边缘各有一条 2 厘米宽的白色边线，沿每个 1.525 米的比赛台面边缘各有一条 2 厘米宽的白色端线。

为了移动方便，比赛台面一般分割为 1.37×1.525 米的两个完整的台区，每个台区均由一条 3 毫米宽、与边线平行的中线划分为两个相等的半区，该中线视为右半区的一部分。

球网装置包括球网、悬网线、网柱及将它们固定在球台上的夹钳部分。

球网应悬挂在一根绳子上，绳子两端系在高 15.25 厘米的直立网柱上，保证整个球网的顶端距离比赛台面均为 15.25 厘米，底边尽量贴近比赛台面。网柱外缘离开边线外缘的距离同样为 15.25 厘米。

第二节　球拍

球拍是运动员直接用来击球的乒乓球器材，是所有乒乓球器材中品类最多、结构最为复杂、对运动员最为重要的器材。《规则》对球拍有如下规定：“球拍的大小、形状和重量不限，但底板应平整、坚硬”。

一个完整的球拍，一般包括底板和覆盖物两个部分。

一、球拍底板的种类性能及选用

《规则》对底板的原料要求如下：“底板应平整、坚硬，底板厚度至少应有 85%的天然木料，加强底板的黏合层可用诸如碳纤维、玻璃纤维或压缩纸等纤维材料，每层黏合层不超过底板总厚度的 7.5%或 0.35 毫米，且任何黏合层均应为厚度均匀的一个整体。”

（一）底板的种类、性能及选用

从《规则》中可以看出，底板主要的原材料包括木材和纤维两大类，通过这两大类原材料的组合，可以产生出不同种类的底板。

1. 纯木底板

随着新材料球的普及，纤维底板所占的比重越来越大，但是相比较，纯木底板在启蒙时期的作用还是显而易见的。常见的纯木底板可分为单板、五层板以及七层板三类。单板在业余里偶尔能见到，专业运动员还是多以五层板和七层板为主。

五层板就是由五层木材构成的底板，厚度为 5~6 毫米，板身薄，触球时的形变较大，震动感较为强烈，发力时后劲足，较易找到拉弧圈球的感觉。但由于有些五层板的面材较硬，力量小、动作幅度小、速度快的选手会感觉不太容易打透。代表选手：许昕，朱雨玲。

七层板则是由七层木材构成的底板，厚度为6~7毫米，由于结构层数增加，整体支撑力更加充分，刚性更强，一般快攻或者颗粒倒板型选手比较喜欢使用。对于弧圈球打法的运动员而言，由于七层板本身较厚，再加上胶皮的厚度，对运动员完成动作会有一定的影响。代表选手：木子。

2. 纤维底板

《规则》中已罗列出了较为常见的纤维类型，使用纤维与木材的搭配，是为了增加或弥补底板的某一性能。一般按照纤维层数，可分为单层纤维板和双层纤维板。从底板侧面可清晰地看见纤维层（图5-1）。由于纤维板性能较为全面，更适合新材料球，固现役选手中使用频率非常高。代表选手：张继科，刘诗雯。

图5-1 纤维板的横截面

（二）底板的保护

由于底板的主体构成是木材，所以在使用完毕以后，要尽可能地放在干燥通风的地方，避免暴晒和较大的温度差，勿做高强度挤压或碰撞。

二、球拍覆盖物的种类性能及选用

乒乓器材进化到今天，底板上的覆盖物的构成基本固定，一般都采用面胶（面胶=底皮+颗粒）+海绵的结构（图5-2），统称胶皮，也有人习惯把面胶称为胶皮，统称为套胶。

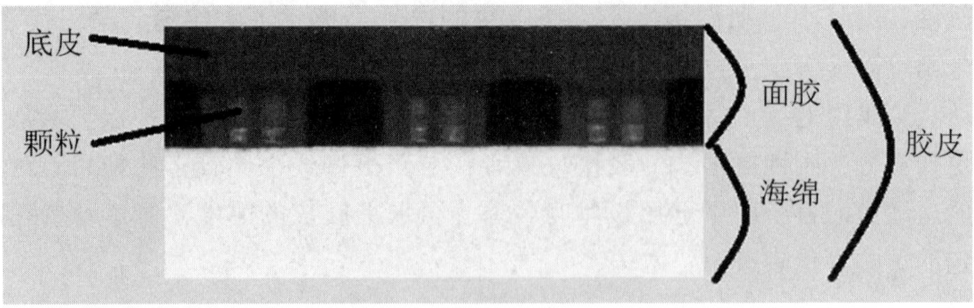

图 5-2 球拍覆盖物构成

（一）面胶的种类、性能及选用

根据不同的依据，可以把面胶分为不同的种类。

1. 根据颜色分类

根据《规则》的要求，球拍两面的面胶必须无光泽，且一面呈鲜红色，另一面呈黑色。那么根据颜色来分类，面胶可分为黑色和红色。球拍面胶两面颜色的分配，完全因个人喜好而定，现役国手两面打法的运动员中，多喜欢用黑色作为自己正手胶皮的颜色。

2. 根据颗粒朝向分类

根据面胶颗粒、底皮与底板的空间关系，可以把面胶分为反胶和颗粒胶。

（1）反胶

反胶即面胶的颗粒面向底板，底皮背向底板。

这种黏合方式，面胶和底板之间必须附有海绵，且《规则》要求："连同黏合剂，厚度不超过 4 毫米"。国际乒联对于这种面胶多以"In"表述。

反胶的性能特点：表面均匀平整，有较好的持球能力，控制性好，摩擦力强，容易制造旋转与弧线。使用反胶有利于更好地掌握乒乓球的撞击与旋转规律，建立规范的动作定型，适用于以弧圈球为主的打法。现役国手中，大多采用两面反胶的搭配，正反手都能够制造出高质量的弧圈球。

由于制造工艺的不同，反胶表面还呈现出黏和涩两种不同的形态：

①黏性反胶顾名思义，表面的黏性较强，究其原因，是由于生产过程中表面有不完全硫化的盖胶层。这种反胶多为国产，早期为国人专供，因为我国选手打球站位较欧洲选手更加近台，引拍幅度较小，注重旋转和线路控制，黏性反胶摩擦力强、弹性不大，适合小球控制，加上弧圈球的二跳下扎强烈，特点鲜明，一直为国手所青睐。较具代表性人物便是新科"大满贯"得主马龙，他正反手两面均使用红双喜狂飙 3 系

列黏性胶皮。

②涩性反胶表面没有软而黏的盖胶层，出球速度快，弹性较大，但制造旋转时需要把球“吃”得更深，撞击和摩擦的感觉有机结合；小球控制容易冒高，弧圈下扎程度不如黏性胶皮，但前冲效果明显。较常见的国手们喜欢用涩性胶皮打反手，借力发力速度快，以弥补发力条件的不足。现役国手张继科、刘诗雯的反手就使用了日本品牌蝴蝶生产的涩性胶皮。

（2）颗粒胶

颗粒胶即面胶的颗粒背向底板，底皮面向底板，这种黏合方式，面胶和底板之间可附海绵，也可不附海绵，《规则》要求：“颗粒胶连同黏合剂，厚度不得超过 2 毫米；且其颗粒必须以每平方厘米不少于 10 颗、不多于 30 颗的平均密度分布整个表面。附海绵胶时，总厚度不得超过 4 毫米。”

根据颗粒大小和长短的不同，现在较为常见的颗粒胶有正胶、生胶以及长胶三种。

①正胶（图 5-3）

性能特点：面胶通常不透明，颗粒粗短，高度一般在 0.8～1 毫米，且顶端常带有花纹，出球速度快，可以制造轻度旋转，击球略带下沉。

使用建议：与反胶配合使用，近台速度快，对使用者迎前意识与进攻胆量要求较高。

典型打法：近台快攻。

代表选手：刘国梁。

图 5-3　正胶特写

②生胶（图 5-4）

性能特点：面胶通常透明，颗粒高度与正胶相仿，但比正胶柔韧，摩擦力不强，对旋转不太敏感，小球容易打滑，发力时击球速度略比正胶慢，但下沉感强。

使用建议：与反胶配合使用，适合有一定水平、追求撞击快感的选手。

典型打法：近台弹击。

代表选手：唐鹏（反手）。

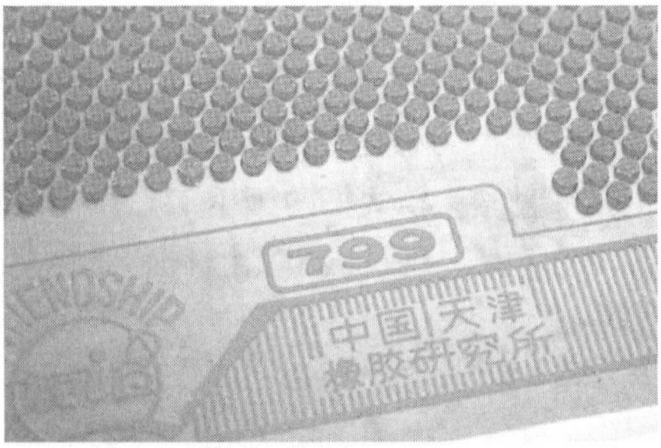

图 5-4　生胶特写

③长胶（图 5-5）

性能特点：颗粒高度在 1.5～1.7 毫米，底皮薄，形变大，弹性小，速度慢，不吃转，很难主动制造旋转，以借力与借转为主，球路飘忽怪异。

使用建议：与反胶配合使用，运用长胶的怪让对手不适应，从而为反胶创造进攻条件，适合手感好或者喜欢怪球的选手。

典型打法：倒板、削球。

代表选手：朱世赫（反手）。

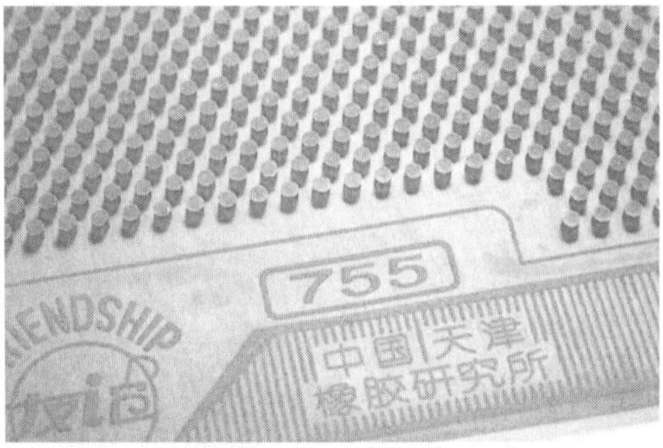

图 5-5　长胶特写

长胶相对比较特殊，现役运动员中还会使用一种特制的“半长胶”，颗粒形态与长胶相仿略短，性能略偏向于生胶。代表选手：福原爱（反手）。

（二）海绵的种类、性能及选用

海绵是一层发泡均匀、表面平整的泡沫橡胶，用于连接面胶和底板，起支撑和传导的作用。

1. 海绵的颜色和形态

比较常见的海绵颜色包括白色、橙色和深蓝色，《规则》并没有对海绵的颜色做出任何规定，所以理论上什么颜色的海绵都是被允许的。

海绵的形态主要有两种：高密海绵和蛋糕海绵（图 5-6）。

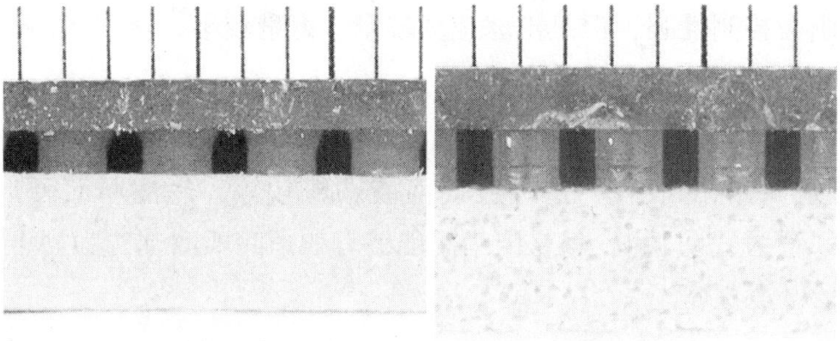

高密海绵局部　　蛋糕海绵局部

图 5-6　海绵特写

这两种不同的形态是由海绵在发泡过程中产生孔径的大小决定的。相比较，高密海绵产生较早，一直占海绵的主导。蛋糕海绵是一个新生儿，是顺应无机胶水的使用派生而来，在 2007 年底左右由日本品牌蝴蝶首先推出问世。

总体来讲，海绵由于生产商不同，形成了以德国、日本和中国为代表的三种不同派系，鉴于科技的发展，这些派系的产品差异在逐渐减小，但相对而言，日系偏重于旋转，德系偏重于速度，中系偏重于控制。

2. 海绵的硬度和厚度

我们经常看到胶皮外包装上会有两个参数，一个是硬度，另一个是厚度。这两个参数针对的都是海绵。

海绵硬度，目前主要有邵氏针式（邵氏 A）硬度和邵氏球式硬度两个标准，也有直接标注文字“硬”“中硬”等。中国红双喜品牌通常使用邵氏 A 硬度，其他品牌大多采用邵氏球式硬度，二者间没有精确的换算关系。邵氏球式硬度的单位划分要比邵氏 A 硬度更精细，主流胶皮为 32°~55°。而邵氏 A 硬度每增加一度，海绵明显硬不少，故参数跨度通常在 33°~41°。

因为正反手力量大小的差异性，且力量越大需要海绵的支撑力越强，所以运动员在选择海绵硬度时，一般采用“正硬反软”的搭配。正手使用的邵氏 A 硬度通常在 38°~41°，而反手是 33°~37°，邵氏球式硬度则大概以 43°为分水岭。

海绵厚度，一般有两种表述方式：一种是运用具体的数值，比如 0.8 毫米、2.0 毫米、2.2 毫米等；另一种是用文字，比如 max、薄、厚、特厚等。按厂家习惯，没有统一要求，只要符合《规则》的相关规定即可。

同款胶皮同等硬度下，海绵越厚触球时形变越大，吃球越深，出球力量越足，但手感不够清晰、通透，如果力量不足不能打透海绵，那么底板的功效就会受到影响。

所以不建议单纯通过增加海绵的厚度来提升出球力量。通常来讲，海绵越厚越适合进攻。

同款胶皮同等厚度下，海绵越软重量略轻，触球时形变越大，吃球越深，手感也较为通透、清晰，控制性强，但是出球速度较慢、力量较小。

（三）防弧胶皮

这是一种较为特殊的胶皮，这种胶皮面胶颗粒较短，底皮厚而硬，海绵结构松，弹力差。之所以称为“防弧”，就是因为它能够有效消除弧圈球的强烈上旋，缓冲作用明显。代表选手：蔡振华。

（四）覆盖物的监测

《规则》规定：“在所有国际乒联冠以世界、奥林匹克和残疾人奥林匹克名称的比赛中，以及国际乒联挑选的一些国际乒联世界巡回赛和青少年巡回赛中，应建立球拍检测中心，也可在洲际和地区的比赛中建立球拍检测中心。”

对于球拍检测中心重点需要检测的项目，《规则》中也提到：“球拍检测中心应按照执行委员会根据器材委员会和裁判员与裁判长委员会的建议所颁布的政策和程序进行球拍检测，确保球拍在包括但不仅限于覆盖物厚度、平整度和是否含有有害挥发性物质等方面符合国际乒联规程的规定。”

一般来讲，在球拍检测中心，我们普遍会利用专门的器材，对球拍的覆盖物厚度、平整度和是否含有有害挥发性物质进行检测。使用器材如图 5-7 所示。

图 5-7　测量平整度器材

球拍检测中心的裁判员会用图 5-7 所示的器材，对覆盖物的平整度进行测量，测量一般进行两次，分别放置在覆盖物两个对角线上，然后记录下最差的数值，数值为 -0. 5 ~ 0. 2，均属合格。

球拍检测中心用来检测覆盖物厚度的器材如图 5-8 所示，裁判员会在拍柄的两侧各取两个点进行测量，数值的绝对值小于 4 即为合格。

图 5-8　测量厚度器材

图 5-9 这个器材比较复杂，由一个感受器和效应器构成，裁判员将感受器放置在覆盖物表面，20 秒后记录下效应器数值。球拍两面均进行检测后，最高数值小于 3ppm，即为合格。

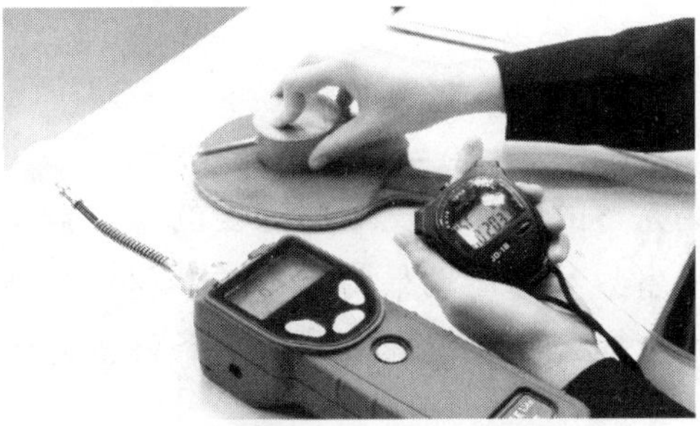

图 5-9　有害挥发性物质测量器材

（五）覆盖物的保护

橡胶和海绵都是比较容易变形的物体，而且容易老化，所以使用完毕后，建议将面胶表面清理干净，覆盖保护膜以隔绝空气及灰尘，避免暴晒，放置于干燥处保存。

第三节　其他器材

完成一场较为正规的乒乓球比赛，场地内还需要有裁判员桌椅、比分显示器、毛巾盒、台号、挡板、地胶、挡板上的队名牌或人名牌等器材。

一、赛场裁判员器材

一般乒乓球比赛，会派主裁判和助理裁判两名裁判员执裁。所需器材包括主裁判椅（较高）；助理裁判椅（正常）；助理裁判桌，桌上放有比分显示器，毛巾盒在裁判桌两侧。

二、挡板

《规则》规定："比赛区域由75厘米高的同一深色的挡板围起，以与相邻的比赛区域或观众隔开。挡板内侧的字样和标记禁止使用白色和橙色，亦不能超过两种颜色。"

三、地胶

《规则》规定："地板的颜色不能太浅或反光强烈或打滑，而且表面不得为砖、陶瓷、水泥或石头；轮椅比赛可用水泥。地板上的字样不可使用白色和橙色，建议略浅于底色。"

小结

本章主要介绍了一场完整的乒乓球比赛所需要的重点器材，着重介绍了球拍的构成和选用，这是运动员从事乒乓球运动最为基本的器材。其他器材的介绍，有利于教练员完善训练和比赛硬件，提升和改善训练及比赛条件，为运动员营造一个高标准的成长环境。

思考题

1. 乒乓球器材主要有哪些？
2. 以树状图的形式表述球拍由哪些部分构成，分别有哪些分类。

第六章
乒乓球基本技术

教学目的

1. 了解乒乓球基本技术的特征。
2. 掌握各项基本技术的动作要领、了解易犯错误及其纠正方法和训练操作方法。

教学安排

总时数12学时。其中讲授10学时，讨论、实践、作业2学时。

乒乓球基本技术是乒乓球的基础，主要包括握拍、基本姿势和站位、发球和接发球技术、攻球技术、弧圈球技术、削球技术、直拍横打技术、搓球技术、步法和结合技术。

第一节　技术概述

一、定义

完成回击来球所使用的方法，是乒乓球运动员竞技能力水平的决定要素。正确合理的技术动作符合乒乓球项目竞赛规则的要求，遵循人体生理学、解剖学、生物力学原理，可使运动员充分发挥个人身体能力、心理能力，表现为技术动作各环节协调一致、击球质量高、衔接快、连续性强。

二、乒乓球技术的基本构成

（一）单项技术

单项技术指回击一次来球所运用的技术动作方法，是乒乓球技术的基本组成部分。分为六个按特定时间和空间顺序组成的环节，即准备、判断、移动、引拍、击球、还原。

（二）结合技术

结合技术是指两个或两个以上的单项技术通过步法结合起来的回击两次或两次以上来球所使用的技术组合方法，是在连续击球过程中进行流畅衔接的保证，是战术训练和运用的重要基础，是技术与战术相结合的重要中间环节。

三、乒乓球技术的分类

第一，根据使用目的可分为控制性技术、进攻性技术、防御性技术、防御转进攻技术。

第二，根据使用区域可分为台内技术、半出台技术、近台技术、中台技术、远台技术。

第三，根据使用阶段可分为发抢段技术、接抢段技术、相持段技术。

第四，根据回击不同性质来球可分为接上旋球技术、接下旋球技术、接侧旋球技术。

四、正确合理的乒乓球技术特征

（一）协调

即身体各系统、部位、器官按照特定的、合理的动作结构顺序协同配合完成技术动作。肌肉在技术动作各环节的适当空间、时间放松和用力。

（二）经济

即运用技术时没有多余的无效动作以降低效率，阻碍使用效果。

（三）稳定

即在连续击球过程中保持技术动作结构一致，不变形。

第二节　握拍法、基本姿势和站位

一、握拍法

（一）概述

乒乓球握拍方法分为横拍握拍法和直拍握拍法两种。两种类型握拍方法有着各自相对固定的模式。每种类型握拍方法中，根据所使用球拍的不同性能、运动员不同技术打法特点及个人偏好又存在一定微调。合理的握拍方法是进行有效技术训练的先决条件，有利于运动员建立正确和深刻的手上击球感觉；有利于对来球进行有效的控制和调节；有利于技术动作整体协调合理，发挥最佳击球质量；有利于不同技术之间进行迅速连贯的衔接转换。教练员在教授握拍法时，要处理好共性与个性的关系，使之既遵循合理握拍的一般规律，又适合运动员个人技战术打法特点。

（二）横拍握拍法

1. 特点

与直握球拍比较，横握球拍方法较简单且固定，正面和反面技术实力相对均衡，两面均可上手进攻，易于转换，对球台照顾范围大，但手腕、手指的灵活性相对差一些。横拍握拍法是现代乒坛主流握拍方法。

2. 握拍方式

拇指、食指和虎口成半封闭状从拍肩侧面插入捏住球拍，虎口与拍肩保持适当距离，中指、无名指和小指自然握住拍柄，手指用力松紧适当，既使球拍保持相对稳定，又不僵硬锁死。击球时以拇指和食指用力和调节为主。虎口与拍肩的相对位置决定握拍特点，分为偏反手型（虎口偏向拇指）、均衡型（虎口正对拍肩）和偏正手型（虎口偏向食指）。

（三）直拍握拍法

1. 特点

手腕较灵活，活动范围大，手指与拍面的直接接触点多，击球时手腕、手指的感觉更为深刻，尤其对台内细小技术的感觉更加细腻。但正反手衔接转换难度相对较大，对拇指、食指及中指协调用力配合能力和板形调节能力要求较高。

2. 握拍方式

以拇指和食指从正面握住拍柄与拍面的结合部。中指头部呈椭圆形状顶住球拍背面，无名指和小拇指顺势搭在球拍背面。根据打法特点调节手指用力方法，快攻型、正手单面拉型、左推右攻型握拍方式相对偏正手，以便发挥正手进攻优势，拇指和食指在正反手转换过程中用力调节较明显。直拍横打型在正反手转换过程中拇指和食指用力基本均衡。正手以拇指、中指用力为主，反手以食指、中指用力为主。

二、基本姿势和站位

（一）基本姿势

两腿自然分开，根据运动员身体形态及个人技战术打法特点选择站位宽度，可与两肩同宽或比两肩略宽，两膝弯曲，身体前倾，重心降低放在前脚掌上，收腹含胸，两肩和手臂放松，腰控制住执拍手臂，手肘自然弯曲放于体前，非执拍手自然置于体侧，两眼注视来球。

（二）站位

依不同打法选择相应站位。从站位离台距离来看，快攻和快攻结合弧圈型打法站位稍接近球台，两面弧圈型打法稍离开球台，削球打法离台较远。从站位相对于台面位置来看，以单面进攻为主打法站位偏反手角度较大，两面进攻打法站位偏反手角度较小，削球打法站位靠近中线。

第三节　发球与接发球

一、发球

（一）发球技术概述

发球技术是发抢段第一板球所使用的技术，是所有技术中唯一不受对手制约，运动员可完全按照自身技战术意图实施的技术。在实战比赛中，运动员根据个人技战术特点，对手技战术薄弱环节，场上战局的变化等综合因素来选择采用何种发球技术。发球质量的好坏直接决定了发抢段后面技战术的使用效果。发球技术要与第三和第五板技术的使用形成配套组合，破坏对手接发球技战术，为自己的主动进攻创造条件。

（二）发球技术的分类

①依发球产生的旋转性质划分，有平击发球、奔球、转与不转发球、左侧上/下旋发球、右侧上/下旋发球。

②依发球技术的使用方式划分，有正手发球、反手发球和下蹲式发球。

③依抛球的高低划分，有高抛发球和低抛发球。

④依发球时站位的不同划分，有侧身位发球、反手位发球、中间位发球和正手位发球。

（三）初级阶段应掌握发球技术的技术动作要点及训练

1. 正手平击发球技术

正手平击发球技术是练习各项发球技术的基础入门技术，目的是使运动员掌握发球基本动作结构，为学习发不同旋转的球打下良好基础。

（1）技术动作要领

准备姿势：站位于正手半台，身体离球台 40~45 厘米，按基本姿势站好，非执拍手按照规则要求持球横向放于身前，执拍手执拍置于非执拍手后，拍形稍前倾。

引拍：非执拍手抛球，同时执拍手在身体重心和腰的带动下向后上方引拍至体侧。

挥拍击球：身体重心和腰带动持拍手使球拍向前下方挥动，在球下落至球网高度左右时于身体侧前方用拍面中部击球中上部。

随挥：击球后随身体转动将球拍顺势挥至身前。

还原：迅速还原至准备姿势。

（2）易犯错误

引拍过程中抛球与引拍节奏把握不准，导致用非正确拍面部位击球或漏球。击球点过高或过低，导致发球弧线较高或直接失误。

（3）纠正方法

在抛球同时进行引拍，幅度相对较小，拍形相对固定。

击球点保持在球网高度左右，身体重心保持平稳，不要有起伏。

（4）训练与教学法

徒手挥拍练习：在教练员的引导下先按动作顺序进行分解动作练习，待运动员对各环节动作要领和步骤熟练后进行完整挥拍练习，在运动员完整挥拍动作基本娴熟和流畅后上台做有球练习。

上台有球练习：以徒手挥拍练习形成的动作条件反射为基础，在练习初期强调在发球前充分做好准备，发球时动作完整流畅，提高击球命中率，不强求发球质量。待发球命中率较高、技术动作正确稳定时提高击球质量，使球弧线较低且长、速度较快、落点相对稳定。先练习发斜线，后练习发直线。

比赛练习法：在台面上设置目标区域或物品，计运动员在规定次数或时间内命中目标的次数。

2. 正手侧身位转与不转发球技术

从纯下旋球的相对旋转来看，转球的旋转强，不转球的旋转很弱或几乎没有旋转。是发球技术中利用旋转的反差来得分或为得分创造条件的技术。

（1）技术动作要领

准备姿势：站成侧身位，非执拍手一侧腿在前，执拍手一侧腿在后，身体面向球台端线，两膝弯曲，身体前倾，重心在非执拍一侧腿上，拍形后仰。

引拍：非执拍手抛球，同时身体重心在腰和腿的带动下向执拍手一侧腿转换，腰带动执拍手向后偏上方引拍，保持拍形后仰，同时手腕外展打开。

挥拍击球：身体重心和腰带动持拍手使球拍向前下方挥动，在球下落至球网高度左右时于靠近身体侧前方击球，当用拍面下半部靠近拍头部分摩擦球的中下部至底部时为转球，当用拍面上半部靠近拍头部分碰球中下部时为不转球。

随挥：击球后身体重心、核心区、手腕、手指制动，减小随挥距离。

还原：迅速还原至准备姿势。

（2）易犯错误

击球前执拍手肌肉僵硬，引拍到触球过程中，拍形不能充分打开，执拍手不是在重心和腰的带动下运行。

发转球时手腕、手指摩擦不够充分，影响发转球质量。

在发不同旋转球时，触球拍面部位区分不开，导致旋转反差不明显。

击球时身体重心压不住弧线，击球点把握不准，缺少核心区，手腕、手指制动。

（3）纠正方法

引拍至触球前保持执拍手放松，在重心和腰的带动下运行。

发转球时加入球拍“兜底”动作，手腕、手指用力充分摩擦球。

区分发转与不转球时在击球拍面部位、击球方式方法上的不同。

使动作轨迹尽量平行于台面，重心稳定无起伏，发球后迅速制动还原。

（4）训练与教学法

徒手挥拍练习：在教练员的引导下先按动作顺序进行分解动作练习，待运动员对各环节动作要领和步骤熟练后进行完整挥拍练习，在运动员完整挥拍动作基本娴熟和流畅后进行有球练习。

摩擦球练习：让运动员对着地面或者其他平面练习，体会击球前放松打开拍面、击球时摩擦用力和击球后制动的感觉，使球产生强烈的下旋而出现“回旋”现象。

不转“碰”球练习：让运动员对地面或者其他平面练习体会发不转球时拍面碰球的感觉，尽量与发转球动作相似，只是接触拍面部位和击球方式有所区别。

上台多球练习：以徒手挥拍练习形成的动作条件反射为基础，在练习初期强调在发球前充分做好准备，发球时做动作完整流畅，先练习发斜线长球，强调体会整体用力的感觉，待发长球命中率较高时，再练习发短球。先分别练习发转和不转球，再将两者结合，发出旋转变化。达到运用相似的动作发出转和不转旋转反差大、弧线较低平、落点变化多的效果。

3. 反手转与不转发球技术

（1）技术动作要领

准备姿势：站于反手位，执拍手一侧腿稍在前，非执拍手一侧腿在后，身体斜侧向面对球台，两膝弯曲，身体前倾，执拍手肩略低于对侧肩，重心置于执拍一侧腿上，拍形后仰。

引拍：非执拍手抛球，同时身体在腰和腿的带动下向后上方转动，执拍手同时向后上方引拍，保持拍形后仰，同时手腕外展打开。

挥拍击球：身体重心和腰带动持拍手使球拍向前下方挥动，在球下落至球网高度左右时于身体前方击球，当用拍面下半部靠近拍头部分摩擦球的中下部至底部时为转球，当用拍面上半部靠近拍头部分碰球中下部时为不转球。

随挥：击球后身体重心、核心区、手腕、手指制动，减小随挥距离。

还原：迅速还原至准备姿势。

易犯错误、纠正方法、训练与教学法基本同正手侧身位转与不转发球技术。

（2）易犯错误

击球前执拍手肌肉僵硬，引拍过程中手腕不能将拍头向侧上方充分打开，执拍手不是在重心和腰的带动下运行。

击球时重心、腰腿和手腕、手指发力不协调一致，不能形成“合力”效应。

发侧上和侧下击球时摩擦方法区分不开，拍头部分摩擦不充分，导致旋转不强且区分度不够。

击球时身体重心压不住弧线，击球点把握不准，缺少核心区、手腕、手指制动。

（3）纠正方法

引拍至触球前保持执拍手放松，在重心和腰的带动下运行。

手腕、手指控制拍形充分打开，为制造旋转创造条件。

区分发侧上与侧下时摩擦球方式方法上的不同，体会击球过程中在腹部形成集中合力的感觉。

击球后重心压在非执拍手一侧腿上，以控制弧线，方便发球后迅速制动还原。

（4）训练与教学法

徒手挥拍练习：在教练员的引导下先按动作顺序进行分解动作练习，待运动员对各环节动作要领和步骤熟练后进行完整挥拍练习，在运动员完整挥拍动作基本娴熟和流畅后进行有球练习。

摩擦球练习：让运动员对着地面或者其他平面练习，体会击球前放松打开拍面、击球时摩擦用力和击球后制动的感觉，区分两种旋转摩擦球方式，使球产生强烈的侧上和侧下旋。

上台多球练习：以徒手挥拍练习形成的动作条件反射为基础，在练习初期强调在发球前充分做好准备，发球时做动作完整流畅，先练习发斜线长球，强调体会整体用力感觉，待发长球命中率较高时，再练习发短球。先分别练习发侧上和侧下旋球，再将两者结合，发出旋转变化，达到运用相似的动作发出侧上和侧下旋反差大、弧线较低平和落点变化多的效果。

4. 反手位侧上、下旋发球技术（右手执拍运动员为右侧旋，左手执拍运动员为左侧旋）

（1）技术动作要领

准备姿势：站位于反手位，执拍手一侧腿在前，非执拍手一侧腿在后，身体侧向面对球台，两膝弯曲，身体前倾，重心置于执拍一侧腿上，拍形后仰。

引拍：非执拍手抛球，同时身体在腰和腿的带动下向后上方转动，执拍手同时向后上方引拍，同时手腕向侧上方外展打开。

挥拍击球：身体重心和腰带动持拍手使球拍向前下方挥动，在球下落至球网高度左右时于身体前方击球，当用拍面靠近拍头偏下半部，摩擦球的右（左）侧下部至侧底部时为侧下旋，当用拍面靠近拍头偏下半部，摩擦球的右（左）侧下部提起至侧上部时为侧上旋。

随挥：击球后身体重心、核心区、手腕、手指制动于腹部，减小随挥距离。

还原：迅速还原至准备姿势。

（2）易犯错误、纠正方法、训练与教学法

基本同正手侧身位侧上、侧下旋发球技术。

二、接发球技术

（一）接发球技术概述

接发球技术是接抢段第二板球所使用的技术，是所有技术中综合应用性最强、对运动员预判能力要求最高、掌握难度最大的技术。在实战比赛中，运动员常综合对手发球特点、个人接抢段技战术风格、场上战局的变化等各方面因素来选择接发球技术的使用。接发球技术要与第四和第六板技术的使用形成“一体化”配套组合，树立接发球积极上手、主动严密控制、抢拉抢冲半出台的先进意识。

（二）接发球技术的分类

第一，根据接发球使用技术的性质划分，分为控制性接发球技术和进攻性接发球技术。控制性技术有：摆短、劈长、晃撇、晃推等技术。进攻性技术有：正反手挑打、反手拧拉、正反手抢拉抢冲弧圈球等。

第二，根据接不同旋转发球划分，有接上/下旋发球技术、接左侧上/下旋发球技术、接右侧上/下旋发球技术。

第三，根据接不同落点发球划分，有接台内球技术、接半出台球技术、接出台长球技术。

（三）初级阶段应掌握接发球技术动作要点及训练

详见各单项技术的技术动作要点及训练。

第四节　攻球技术

一、攻球技术概述

攻球技术是击球时以撞击为主的各项技术的总称，基本用于回击上旋来球。这些技术的特点是动作幅度较小，速度较快，击打比例高。攻球技术是学习弧圈球技术的基础，是运动员基础训练阶段首先要学习掌握的技术。攻球技术动作的正确性和合理性直接决定了运动员未来其他更高级技术所能达到的技术水平。需要教练员予以高度重视。

二、攻球技术的技术动作要点及训练

（一）正手攻球技术

1. 技术动作要领

准备姿势：站位于正手半台，身体离球台约50厘米，按基本姿势站好，执拍手一侧腿稍靠后。

引拍：腰控制执拍手向执拍手一侧腿方向转动，同时身体重心向执拍手侧腿转换，执拍手侧肩略低于对侧肩，肘关节自然打开，约成90°，拍形稍前倾。

挥拍击球：执拍手侧腿蹬地将身体重心向对侧腿转换，同时腰带动手臂向前上方挥动，在击球瞬间前臂收缩用力，执拍手控制拍形稳定，在来球上升后期或高点期在执拍手侧前方用拍面中间偏上部分击球的中上部。横拍以食指用力为主，直拍以拇指和中指用力为主。

随挥：腰带动手臂随挥，将重心转移至非执拍手一侧腿上。

还原：迅速还原至准备姿势。

2. 易犯错误

①仅执拍手手臂做引拍动作，拍形前倾角度过大，拍头部分上翘。

②执拍手手臂僵硬，肘关节夹角固定打不开。

③击球时不能迎击来球，击球时间晚。

④击球只是靠手臂向前推送，回球缺乏弧线调节，稳定性差。

⑤重心交换不充分，动作做得不完整，还原慢，连续性差。

3. 纠正方法

①提早引拍时间，使执拍手放在身前，靠腰的控制引动，肘关节夹角放松打开，拍形保持稍前倾，拍头适当下垂外展。

②挥拍击球时保证击球点在身体的侧前方，使挥拍动作与来球形成“合力”。

③拍触球后，前臂要随重心的转换和腰胯的转动向前上方收缩，击实来球并制造一定的弧线。

④重心交换至非执拍侧腿后，迅速在腰胯的带动下还原进行下一板击球。

4. 训练与教学法

徒手挥拍练习：在教练员的引导下先按动作顺序进行分解练习，待运动员对各环节动作要领和步骤熟练后进行完整挥拍练习，在运动员完整挥拍动作基本娴熟和流畅后进行有球练习。

多球练习：教练员发定点上旋球，练习初期使供球的落点稳定、弧线适中、力量柔和、节奏较慢，让运动员熟练动作，体会击球感觉，掌握打斜线和直线的能力。待运动员动作正确稳定后，加快定点供球速度和节奏，提高连续击球能力。待运动员定点正手攻球基本过关后，进行移动正手攻练习。常用练习手段有：正手/侧身位二分之一台走位攻、正手/侧身位三分之二台走位攻、全台三点走位攻、全台不定点走位攻。

对攻练习：先进行正手位定点斜线对攻，速度、力量适中，弧线稳定，当能连续打到一定板数后，可要求提高击球质量。在掌握斜线对攻练习的基础上再进行直线练习。当定点对攻练习达到一定水平后进行走位攻练习。

（二）直拍反手推挡技术

1. 技术动作要领

准备姿势：站位于反手半台，身体离球台约 50 厘米，按基本姿势站好，双脚基本平行，拇指放松，食指和中指用力压住球拍使拍形稍前倾。

引拍：腰腹控制执拍手，以执拍手肩部为轴，屈肘向后使肘关节靠近胸腹部。保持拍形稍前倾状态，重心稳定并稍偏向执拍手侧腿。

挥拍击球：核心区收紧用力，同时顶肘使球拍向前上方推出，击球时手腕、食指和中指压拍发力。在来球上升后期或高点期在身前用拍面中间偏上部分击球的中上部。

随挥：腰腹控制手臂向前上方推出将动作做完整。

还原：迅速还原至准备姿势。

2. 易犯错误

①拇指不放松，导致执拍手肩部僵硬，拍形后仰。
②只用手臂推送击球，忽略重心和腰腹的作用。
③发力方向不是前上方，导致击球弧线不够，稳定性差。
④击球时食指和中指用不上力。

3. 纠正方法

①拇指放松，引拍时肩和肘收至胸腹部。
②核心区肌肉收紧，重心保持稳定。
③击球时，球拍向前上方留有一定的推送距离，制造弧线。
④击球瞬间，手腕、食指和中指压拍发力。

4. 训练与教学法

徒手挥拍练习：同正手攻球。

多球练习：教练员发定点上旋球，练习初期使供球的落点稳定、弧线适中、力量柔和、节奏较慢，让运动员熟练动作，体会击球感觉，掌握打斜线和直线的能力。待运动员动作正确稳定后，加快定点供球速度和节奏，提高连续击球能力。待运动员定点推挡基本过关后，进行移动中练习。常用练习手段有：反手位两点和反手半台不定点。

对攻练习：先进行反手位定点斜线对攻，速度、力量适中，弧线稳定，当能连续打到一定板数后，可要求提高击球质量。在掌握斜线对攻练习的基础上再进行一对一正手攻的直线练习。当定点对攻练习达到一定水平后进行定点走位推和反手位半台不定点推练习。

（三）横拍反手拨技术

1. 技术动作要领

准备姿势：站位于反手半台，身体离球台约50厘米，按基本姿势站好，双脚基本平行，手腕内收，用拇指和食指捏住球拍，拍肩搭在食指与手掌连接的关节处，拍形稍前倾，两肩内旋放松，使执拍手肘部略抬起，球拍横向置于腹前。

引拍：腰腹控制执拍手，执拍手肩部向身体内转动带动肘部内旋使球拍靠近腹部，保持拍形稍前倾状态，重心稳定并稍偏向执拍手侧腿。

挥拍击球：核心区收紧用力，同时肩部向外转动，带动肘部外旋，带动前臂向执拍手一侧前上方发力，手腕相对固定，击球时手腕、手背和拇指发力。在来球上升后期或高点期在身前用拍面中间偏上部分击球的中上部。

随挥：腰腹控制手臂向执拍手一侧前上方拨出，将动作做完整。

还原：迅速还原至准备姿势。

2. 易犯错误

①肩部肌肉僵硬，肘部离身体过远。

②肩部无内旋动作，肘部贴近身体，拍头上翘。

③击球时，动作向前上方推送，击球点离身体较远。

④击球时手腕过于灵活，出现“甩腕”现象。

⑤击球后随挥动作不完整。

3. 纠正方法

①肩部放松内旋，使肘部自然离开身体，而不是把肘部架起来。

②手腕内收下垂使拍面呈横向稍前倾状态。

③引拍动作充分，击球点离身体较近。

④击球时手腕相对固定，靠肩部向外转动带动肘部外旋，再带动前臂挥动。
⑤击球后随挥动作完整，将拍头往执拍手侧前上方打出。

4. 训练与教学法

基本同直拍反手推挡技术训练与教学法。

（四）正手台内挑打技术

1. 技术动作要领

准备姿势：站位于反手半台，按基本姿势站好。

上步和引拍：非执拍手侧腿向前垫一步，同时执拍手侧腿向斜前方跨出，将重心置于执拍手侧腿上。在此过程中，腰转动带动执拍手，肘关节自然打开，手腕适当外展。拍形根据来球旋转确定，不转球拍形稍立，转球拍形后仰。

挥拍击球：执拍手侧腿蹬地同时腰胯带动手臂在执拍手侧前方击球高点期，根据来球旋转，不转球用拍面中间偏上部分击球的中部，转球用拍面中间偏上部分击球的中下部。不转球直接向前上方挥拍，转球先向上托住球过网后向前上方挥拍。击球动作幅度小，发力集中，以前臂的加速收缩带动手腕、手指用力。

随挥：腰胯带动手臂顺势随挥。

还原：执拍手侧腿往回蹬地，同时非执拍手侧腿往回垫步，迅速还原至准备姿势。

2. 易犯错误

①步法不到位，导致取位不合理，身体重心没能压在执拍手侧腿上。
②不能根据来球旋转情况选取适当拍形，导致击球部位不准而“吃旋转”。
③击球前手臂僵硬，前臂、手腕、手指在击球时不能集中发力。
④击球后步法还原不到位，影响后续衔接。

3. 纠正方法

①上步到位，重心充分压在执拍手侧腿上，同时转腰引拍拉开击球空间。
②加强预判，根据来球旋转调节拍形。
③用腰胯的顶转带动手臂发力，注意前臂、手腕、手指在击球前保持放松。
④击球后两腿迅速蹬地还原。

4. 训练与教学法

徒手挥拍练习：同正手攻球。

多球练习：教练员发正手位定点短球，练习初期供球以不太转的下旋球为主，节奏较慢，让运动员熟练动作，体会击球感觉，先练挑打斜线，后练直线，待运动员动作基本掌握后，可进行挑打转下旋球练习。练习由定点挑过渡到半台至全台不定点挑打练习。

单球练习：可由辅练方发球，主练运动员进行挑打练习。或者主练运动员发球，辅练方回搓后进行挑打练习。先进行单板挑打练习，后期加入挑打以后衔接球练习。

第五节　弧圈球技术

一、弧圈球技术概述

弧圈球技术是当今乒坛使用最普遍、应用频率最高的先进进攻性技术。它同时具备了击球的速度、力量、旋转三大动力要素的集合优势，同时也能对弧线进行良好控制。它能针对不同性质的来球予以有效回击，是众多技术中最先进、杀伤力最强、对运动员整体技战术能力水平影响最大的技术环节。在运动员训练的初级阶段，要在攻球技术练习的基础上学习弧圈球技术，使技术动作结构合理并建立良好的手上感觉，为在后期提高击球质量，与个人技战术打法相匹配并在实战中有效运用打下良好基础。

二、弧圈球技术分类

弧圈球技术包括正手加转/前冲弧圈球技术、反手加转/前冲弧圈球技术、正手快带弧圈球技术、正手反拉弧圈球技术、反手快带弧圈球技术、反手快撕技术和反手台内侧拧技术。

三、初级阶段应掌握弧圈球技术的动作要点及训练

（一）正手加转/前冲弧圈球技术

1. 技术动作要领

准备姿势：站位于中近台，按基本姿势站好，执拍手侧腿稍靠后。

引拍：腰控制执拍手向执拍手一侧腿方向转动，同时身体重心向执拍手侧腿转换，执拍手侧肩略低于对侧肩，前臂放松打开，拍头外展下垂。引拍方向：拉上旋球向后方转腰，拉下旋球向后下方转腰。拍形：拉上旋球前倾，拉下旋球稍前倾或垂直。

挥拍击球：执拍手侧腿蹬地将身体重心向对侧腿转换，同时顶胯、转腰发力带动

手臂迎前挥动，在击球瞬间前臂收缩带动手腕、手指用力，使球在球拍上有一段时间的停留，先撞击，后摩擦。拉加转弧圈球时：摩擦比例大，击球作用力远离球心，摩擦部位“薄”。拉前冲弧圈球时：在先撞击的基础上摩擦。拉上旋球时，在来球上升后期或高点期在执拍手侧前方用拍面中间偏上部分击擦球的中上部，动作向前略向上挥动。拉下旋球时，在来球高点期或下降前期在执拍手侧前方用拍面中间偏上部分击擦球的中偏上部或中部，动作向前上挥动。横拍以食指用力为主，直拍以拇指和中指用力为主。

随挥：腰带动手臂随挥，将重心转移至非执拍手侧腿上。

还原：迅速还原至准备姿势。

2. 易犯错误

①引拍时重心转换不充分，执拍手侧脚踩不实或重心在脚后跟上。

②执拍手僵硬，不是在腰的控制下引动，拍头缺少外展下垂动作。

③击球时被来球顶住，动作做不完整。

④击球仅靠手臂用力挥动，动作结构和力量传递不是自下而上。

⑤拍触球后击擦关系和比例掌握不好，击球稳定性不高。

⑥动作结束时重心没完全交换至非执拍手侧腿上，腰、胯、核心区肌肉松弛，导致动作变形、力量传递受阻、还原慢、连续性差。

3. 纠正方法

①提早引拍时间，使执拍手放在身前靠腰的控制引动，拍头外展下垂，重心放在前脚掌并充分转至执拍手侧腿。

②挥拍击球时保证击球点在身体的侧前方，使球拍与来球间有一定距离，主动迎击来球。

③击球时后，执拍手臂要在顶胯、转腰的带动下把动作做舒展。

④拍触球后将腿、腰、胯、执拍手手臂的力量，通过手腕、手指发力而集中起来，体会力量作用通过球心和远离球心的不同感觉，提高手上用力摩擦，即“吃住球”的感觉。

⑤加强击球后的还原意识，强调腰、胯、核心区在连续击球过程中的重要作用。

4. 训练与教学法

徒手挥拍练习：在教练员的引导下先按动作顺序进行分解动作练习，针对每个动作环节进行细致教学，待运动员对各环节动作步骤和关键点熟练后进行完整挥拍练习，在运动员完整挥拍动作基本娴熟和流畅后进行有球练习。

多球练习：教练员发定点旋转较弱的下旋球，练习初期最好从侧身位开始，使供球的落点稳定、弧线适中、节奏较慢。先练习拉加转弧圈，让运动员熟练动作，体会击球时摩擦用力的感觉。待击球手上摩擦感觉建立，命中率稳定后再进行拉前冲弧圈练习。在此过程中根据运动员的不同情况加入拉上旋球练习。注意强调拉两种旋转来球在各个技术环节上的区别。待技术动作基本掌握后，进行单一旋转移动中正手连续拉弧圈练习，根据情况对供球速度和节奏等要素进行变化。最后进行拉下旋转换拉上旋练习，提高正手转换衔接能力。常用练习手段有：正手/侧身位二分之一台走位拉/冲、正手/侧身位三分之二台走位拉/冲、全台三点走位拉/冲、全台不定点走位拉/冲、下旋起后连续定点/不定点正手连续拉/冲。

多球单练或单球练习：先进行定点连续拉练习，要求中等力量、动作固定，每板球摩擦充分，制造弧线。击球稳定性和连续性强，达到一定回合数。可利用攻球打法和削球打法进行陪练，以分别提高连续拉上旋和下旋的能力。再进行跑动中连续拉训练，先定点走位拉再练不定点，根据情况改变防守回球的长短、节奏等要素，提高运动员连续拉的调节能力、冲吊结合能力，从而加强移动中正手连续进攻能力。最后练习拉下旋和上旋衔接转换，提高正手连续拉的综合运用能力。

（二）反手加转/前冲弧圈球技术

1. 技术动作要领

准备姿势：站位于反手位中近台。横拍同反手拨技术准备姿势，直拍同直拍横打平挡技术准备姿势。

引拍：根据来球旋转选择引拍方式，拉上旋球向腹部引拍，拍形前倾，重心保持稳定；拉下旋球向腹下引拍，拍形稍前倾或垂直，重心适当下压。引拍动作较横拍反手拨和直拍横打平挡幅度大些，加大拍头下垂幅度。

挥拍击球：发力机制同横拍反手拨和直拍横打。拉加转弧圈球时，摩擦比例大，击球作用力远离球心，摩擦部位“薄”。拉前冲弧圈球时，在先撞击的基础上摩擦。横拍以前臂带动手腕、手背发力，拇指加强摩擦调节弧线。直拍横打以前臂带动手腕，拇指和中指发力。击球位置在身前靠近身体的位置，击球时间和部位同正手拉加转/前冲弧圈球技术。

随挥：向持拍手一侧侧前方挥出，将动作做完整。

还原：迅速还原至准备姿势。

2. 易犯错误和纠正方法

参见横拍反手拨技术和直拍横打技术。

3. 训练与教学法

参见正手加转/前冲弧圈球技术。

（三）正手快带弧圈球技术

1. 技术动作要领

准备姿势：站位于近台，按基本姿势站好，执拍手侧腿稍靠后。

引拍：同正手拉上旋球，但幅度较小，拍形前倾角度较大。

挥拍击球：机制同正手拉上旋球，在来球上升前期击球，根据来球选择摩擦球的中上部或顶部。靠核心区和手腕、手指发力。既要借对方来球旋转，又要主动用力摩擦，摩擦力尽量远离球心，即要“薄”。击球时重心压住来球，向前顶。

随挥：腰带动手臂随挥并快速制动。

还原：迅速还原至准备姿势。

2. 易犯错误

①引拍过大，被来球顶住。

②击球时间把握不准。

③击球部位过厚。

④击球借力中发力感觉不准。

⑤身体重心不稳定。

3. 纠正方法

①提早引拍，控制引拍幅度。

②尽量在球起跳后早期击球。

③击球时在借力中发力摩擦，并且要薄。

④重心压住，以协助发力，控制来球。

4. 训练与教学法

多球练习：教练员发定点弧圈球到运动员正手位，练习初期供球以加转弧圈球为主，落点稳定、弧线适中、节奏较慢。待运动员掌握动作要领后，增加供球质量，提高速度。提高阶段供球可冲吊结合，发出落点、节奏变化。

多球单练或单球练习：先练习快带对方从下旋球拉起来的弧圈球。熟练掌握后，练习快带上旋拉过来的弧圈球。先练习快带一板球，再练习连续快带。

（四）反手台内侧拧技术

1. 技术动作要领

准备姿势：站位于反手半台，按基本姿势站好。

上步和引拍：非执拍手侧腿向前垫一步，同时执拍手侧腿向斜前方跨出，将重心置于执拍手侧腿上。在此过程中，腰转动带动执拍手，肩关节内旋，肘关节随之远离身体，手腕内收，拍头下垂幅度大。

挥拍击球：执拍手侧腿蹬地同时腰带动手臂，同时肩部向外转动带动肘部外旋，前臂带动手腕使拍头部分从球的后侧下部向侧部摩擦，向执拍手侧面挥动，击球高点期或下降前期。触球后手腕、手指集中发力摩擦，横拍以食指、拇指及手腕发力为主，直拍以食指、中指和手腕用力为主。

随挥：腰带动手臂顺势随挥并制动。

还原：执拍手侧腿往回蹬地，同时非执拍手侧腿往回垫步，迅速还原至准备姿势。

2. 易犯错误

①步法不到位，导致取位不合理，身体重心靠后，击球点远离身体。

②架肩、抬肘，导致肌肉僵硬，缺乏手腕、手指用力摩擦感觉。

③引拍拍头下垂幅度不够，击球摩擦不充分而吃旋转。

④只靠手臂击球，忽略重心、腰、腿的协调作用。

⑤击球后步法还原不到位，影响后续衔接。

3. 纠正方法

①上步到位，重心充分压在执拍手侧腿上，同时肩部放松内旋，手腕控制拍形充分下垂，迎击来球。

②腿、腰、手协同用力，击球时注意体会手腕、手指发力摩擦住球的良好感觉。

③击球后两腿迅速蹬地还原。

4. 训练与教学法

徒手挥拍练习。

多球练习：教练员发中间偏正手位定点短球，练习初期供球以不太转的下旋球为主，节奏较慢，让运动员熟练动作，体会摩擦球感觉。待运动员动作基本掌握后，可进行拧拉不同旋转来球练习，体会触球部位和摩擦用力方向的区别。根据运动员掌握情况逐渐过渡到半台至全台不定点拧拉练习。最后加入拧拉后与其他技术衔接练习。

单球练习：先进行辅练方发球，主练运动员接发球单板拧拉练习。先练定点后练不定点。再进行主练运动员发球，辅练方回摆后拧拉练习。当单板拧拉技术熟练后加入拧拉以练习后衔接球。

第六节　削球技术

一、削球技术概述

削球技术是削球打法运动员的主要使用技术，它的特点是稳定性强，通过旋转、落点和节奏的变化得分。削球技术的使用区域在中远台，击球的空间范围较大，对步法移动及步法与手法的协调配合能力要求较高。削球打法运动员一般采用正手反胶，反手颗粒胶的配置。在具体练习中，针对不同胶皮性能、来球性质等因素，对削球技术的一些环节进行微调，但整体技术动作的外形和发力方法基本一致。

二、削球技术动作要点及训练

（一）正手削球技术

1. 技术动作要领

准备姿势：站于正手位，中台附近，两腿宽于肩，两膝弯曲，非执拍手侧腿稍靠前。

引拍：重心放在执拍手侧腿，腰转动带动执拍手向后上引拍，球拍横立，引拍位置高于右肩。

挥拍击球：腰带动手臂将球拍先向下再向前方发力挥动，在腹部高度执拍手侧前方于来球下降期击擦球的中下部，同时弯腰、屈膝将重心下压协助发力和控制弧线，击球时手腕保持相对固定。

随挥：顺势随挥并制动。

还原：迅速还原至准备姿势。

2. 易犯错误

①重心位置高，导致击球点过高。

②拍形过于后仰，导致回球弧线高。

③击球过程中手腕过于灵活，控制不住来球。

④击球时重心起伏，不能压住来球。

3. 纠正方法

①站位时两膝弯曲，使两脚支撑有力。

②在球的下降期在腹部高度击球，先发力向下压住来球再往前削送。

③以前臂用力为主，手腕相对固定。

④击球过程中压住重心，以便身体协调发力并控制回球弧线。

4. 训练与教学法

徒手挥拍练习。

多球练习：教练员发定点一般弧圈球或攻球，让运动员体会动作要领和击球时手上感觉，先练削斜线，后练削其他线路。熟练后，分别练习削加转弧圈球、前冲弧圈球、突击球等不同性质来球，体会削球时击球时间、拍面角度、击球部位、用力方法的区别。练习从定点削到有规律移动中削，再到正手 1/2 台无规律削。最后进行综合性练习，提高运动员预判、应变、削不同来球的综合能力。

单球练习：先进行单一线路的稳拉稳削练习。熟练后可将范围扩大至正手 1/2 台，并削出不同落点。最后加入冲、吊、突击等结合，提高实战应用能力。

（二）反手削球技术

1. 技术动作要领

准备姿势：站于反手位，中台附近，两腿宽于肩，两膝弯曲，执拍手侧腿在前。

引拍：腰转动带动执拍手向后上引拍至非执拍手侧肩上方，同时身体重心转换至非执拍手侧腿，非执拍手侧脚尖向外侧旋转。球拍横立，拍面稍后仰。

挥拍击球：腰带动手臂将球拍向执拍手侧前下方发力挥动，同时重心向执拍手侧腿转换，在腹部高度非执拍手侧前方于来球下降期击擦球的中下部。

随挥：顺势随挥并制动。

还原：迅速还原至准备姿势。

2. 易犯错误

①只靠执拍手引拍，导致重心交换不充分。

②击球时间和击球位置把握不好，导致回球不稳定。

③执拍手僵硬，发力不顺畅。

3. 纠正方法

①引拍时腰转动带动手臂，重心放在非执拍手侧腿上。

②在非执拍手侧前方相对靠近身体的位置击球。

③执拍手在引拍和挥拍击球前放松，触球后用力柔和且集中。

4. 训练与教学法

参见正手削球训练与教学法。

第七节　直拍横打技术

一、直拍横打技术概述

直拍横打技术是为解决直拍打法反手位相对薄弱问题而创新出来的直拍反面进攻性技术。此项技术改变了直拍打法运动员反手位进攻能力差的劣势，并能够使其在与横拍打法反手对攻和相持中势均力敌，不落下风。直拍横打技术是一项对运动员手腕和手指协调用力能力要求较高的技术，需要从训练初期打好坚实手上感觉基础。本节介绍直拍横打技术中最基础的平挡技术的动作要点及训练，其他高级技术均在此技术基础上进行学习和训练，具体技术动作要点和训练方法详见各章内容。

二、直拍横打平挡技术动作要点及训练

（一）技术动作要领

准备姿势：站位于反手半台，身体离球台约 50 厘米处，按基本姿势站好，双脚基本平行，用食指稍放松带住球拍，拇指和中指用力固定住拍形。手腕内收，拍形稍前倾，两肩内旋放松，使执拍手肘部略抬起，球拍横向至于腹前。

引拍：腰腹控制执拍手，执拍手肩部向身体内转动带动肘部内旋使球拍靠近腹部，保持拍形稍前倾状态，重心稳定并稍偏向执拍手侧腿。

挥拍击球：核心区收紧用力，同时肩部向外转动带动肘部外旋带动前臂向执拍手一侧前上方发力，手腕相对固定，击球时拇指压拍用力。在来球上升后期或高点期在身前用拍面中间偏上部击球的中上部。

随挥：腰腹控制手臂向执拍手一侧前上方挥出将动作做完整。

还原：迅速还原至准备姿势。

（二）易犯错误

①肩部肌肉僵硬，肘部离身体过远。

②肩部无内旋动作，肘部贴近身体。

③食指和中指没能固定住球拍，拍形不稳定。

④击球时，动作向前上方推送，击球点离身体较远。

（三）纠正方法

①肩部放松内旋，使肘部自然离开身体，而不是把肘部架起来。
②引拍时手腕内收，同时食指和中指帮助固定拍形。
③引拍动作充分，击球点离身体较近。
④击球时手腕相对固定，靠肩部向外转动带动肘部外旋，带动前臂挥动。

（四）训练与教学法

基本同直拍反手推挡技术和横拍反手拨技术训练与教学法。

第八节　搓球技术

一、搓球技术概述

搓球是在发抢和接抢段最常用的控制性技术。其技术特点是稳定性较强，利用弧线和落点控制对手上手进攻，并为自身进攻创造条件。搓球技术可抵消并制造强烈的旋转。搓球技术的掌握程度能比较客观地反映出运动员手上感觉的优劣。在初级阶段的训练中，教练员可通过此技术的练习提高运动员对球的控制能力，为下一训练阶段练习更高级的控制技术打下良好基础。

二、搓球技术的分类

搓球技术包括正/反手慢搓技术、正/反手摆短技术、正/反手劈长技术。

三、初级阶段应掌握的搓球技术动作要点及训练

（一）正手慢搓技术

1. 技术动作要领

准备姿势：基本姿势站好。
引拍：腰带动执拍手向后上方挥动，拍形稍后仰，重心偏向于执拍手侧腿。
挥拍击球：球拍向前下方挥动，在来球的高点期或下降前期用拍面的下半部摩擦

球的中下部。击球时前臂带动手腕、手指用力，手腕相对固定，横拍以食指用力为主，直拍用拇指和中指发力。

随挥：顺势向前下方挥出并制动。

还原：迅速还原至准备姿势。

2. 易犯错误

①引拍幅度过大，拍形过平或过立。

②击球时用力摩擦不集中，仅靠手臂推送。

③手腕过于灵活，击球稳定性差。

3. 纠正方法

①引拍幅度适中，既保证有一定的发力距离，又能使击球在可控范围之内。

②拍触球后，前臂带动手腕、手指集中用力摩擦，体会用“寸劲”的感觉，手腕相对固定，切勿甩腕。

4. 训练与教学法

徒手挥拍练习。

多球练习：教练员发正手位定点半长球，练习初期供球以不太转的下旋球为主，节奏较慢，让运动员熟练动作，体会击球感觉，先练搓斜线，后练直线。待运动员动作基本掌握后，可加快供球频率，练习搓不同旋转程度的来球，注意拍形的调节。后期加入发球落点变化，提高对不同落点来球进行回搓的取位能力。

单球练习：由辅练方发球，主练运动员进行搓一板球练习。熟练后，进行连续对搓练习。前期练习强调多回合，积累手上感觉。待运动员手感建立后，可练习搓加转球。

（二）反手慢搓技术

1. 技术动作要领

准备姿势：基本姿势站好。

引拍：持拍手肩部放松，略低于对侧肩。前臂向后引拍至腹前，手腕稍内收，拍形后仰，重心偏向于执拍手侧腿。

挥拍击球：球拍向前下方挥动，在来球的高点期或下降前期用拍面的下半部摩擦球的中下部。击球时前臂带动手腕、手指用力，手腕相对固定，横拍以拇指和手背用力为主，直拍用食指和中指发力。

随挥：顺势向前下方挥出并制动。

还原：迅速还原至准备姿势。

2. 易犯错误、纠正方法、训练与教学法

基本同正手慢搓技术。

（三）正手摆短技术

1. 技术动作要领

准备姿势：基本姿势站好。

上步引拍：非执拍手侧腿向前垫一步，同时执拍手侧腿向斜前方跨出，将重心置于执拍手侧腿上。上身引拍机制同正手慢搓技术，幅度小，离来球距离近。

挥拍击球：用力机制同正手慢搓技术，但拍形稍立，击球起跳点，使动作向下用力与来球上升的力形成“合力”，右手执拍运动员从球的右侧下部往左下用力摩擦，左手反之。

随挥：顺势挥出并制动。

还原：迅速还原至准备姿势。

2. 易犯错误

①上步不到位，重心靠后。

②击球时间晚，无法与来球形成“合力”。

③触球后用力不集中，碰球而吃旋转。

3. 纠正方法

①步法到位，重心前迎。

②击球上升前期，前臂、手腕、手指击球前保持松弛，触球后集中发力，与来球形成“合力”。

4. 训练与教学法

徒手挥拍练习。

多球练习：教练员发正手位定点短球，练习初期供球以不太转的下旋球为主，节奏较慢，让运动员熟练动作，体会击球感觉，摆到对方正手位半台。待运动员基本掌握动作要领后，可加快供球频率，变化发球落点和旋转，提高运动员取位和拍形调节能力。

单球练习：由辅练方发球，主练运动员进行摆一板球练习。熟练后，进行连续对摆练习。前期练习强调多回合，落点相对稳定，积累手上感觉。后期可进行正手半台不定点对摆练习。

第九节　步法

一、步法移动的定义与意义

（一）步法移动的定义

为回击不同的来球而变化位置时所采用的合理移动方法称为步法移动。

（二）步法移动的意义

1. 手法是乒乓球技术之父，步法是乒乓球技术之母

乒乓球竞赛的特点是快速、多变，与对手之间保持的距离短，球来回穿梭次数多，移动频繁，每名运动员都希望能在最佳位置击球，比赛双方常运用控制落点、调动对手和出其不意攻其不备，达到力争主动占据优势的目的。

乒乓球比赛时，对方打来的每一板球不可能打到同一落点上，单线定点、不同落点的来球都必须用步法调整，使自己移动到合适的位置击球。乒乓球比赛临场统计资料表明，一场比赛要移动 100~250 次，移动的距离为 1000~3000 米，可见乒乓球运动员不仅需要体力，更需要运用正确合理的步法。

2. 步法是乒乓球各项技术、战术的连接

在乒乓球比赛中要想争得积极主动，步法是关键技术。回击不同落点、不同速度、不同旋转、不同节奏的来球，使用的多种击球技术都靠步法灵活、敏捷来穿针引线，如果步法不提高，手快脚慢，那么争取主动就是一句空话。步法要快，慢了会暴露出空当。另外，能主动而不能被动、能左右而不能迅速地前后移动，都会直接影响击球的准确性和技战术的质量。

3. 步法是乒乓球运动员的生命

世界顶尖选手，如马龙、张继科、许昕、樊振东，以及波尔、奥恰洛夫等人的步法移动都有其独到之处。优秀运动员由于具备快捷、准确的步法，使自己能保持良好的击球位置，能打出高质量的球并减少失误，使比赛水平发挥正常，因而创造出优异的成绩。精湛的球技依赖精确的步法，优秀的击球意识，要靠步法来实现。因此，初级运动员要重视加强步法的训练，否则到了成熟时期已经定型就很难弥补，直接影响运动水平的提高。

二、步法移动的相关因素

（一）人体的位移运动

人体的位移运动是由人体的作用力和支撑反作用力相互作用而形成的。打乒乓球时，运动员运用下肢力量作用于地面，使地面产生大小相等、方向相反的支撑反作用力，这就是乒乓球步法移动的基本因素。因此，不断地加强运动员下肢肌肉的力量，加强整个身体的灵活性和柔韧性，以便获取必要的支撑反作用力，是改善或提高乒乓球运动员步法移动速度的一个重要条件。

（二）反应和判断能力

反应和判断能力取决于运动员视觉和听觉的敏锐程度，即运动员以何种速度、何种清晰度观察到对手的球拍将球击出的线路和速度及中枢信号从大脑传至肌肉的速度。这就要求运动员在训练中必须集中精力，注意盯球，要善于从对方的击球动作、拍面角度变化、发力方向，以及击球时的声音等方面去判断来球的落点变化和旋转性能，只有这样才能不断地提高反应和判断能力。

（三）基本站位与起动

基本站位是指运动员在发球或接发球时站立的方位和准备姿势。

基本站位的选择是否适宜，不仅会直接影响发球及接发球的效果，而且对步法移动的快慢也有很大的影响，基本站位的选择主要是根据以下三个方面来确定的。

第一，根据运动员不同的打法特点来确定基本站位。例如，左推右攻为主的打法，其基本站位会较多地在球台偏左的 1/4 处；弧圈型打法的运动员，站位多在球台左边，离台比近台快攻稍后一些；削球的运动员，其基本站位离台比进攻型打法略远一些。

第二，要根据运动员不同的身体高度来确定基本站位，身材矮小的运动员基本站位会离台近一些，身材高大的运动员其基本站位会离台远一些。

第三，要根据运动员不同技术的优缺点来确定站位。

两面拉为主的打法，其基本站位会较多地采取正对球台的站法，以利于发挥正、反手两面进攻；

左推右攻或单面拉为主的打法，其基本站位会较多地采取身体略向右侧偏斜的站法，以利于发挥正手攻球的威力；

以削为主的打法，其基本站位会较多地采取身体略向左侧偏斜的站位，以利于照顾反手削球及接短球。

（四）站位的姿势和身体重心的位置

运动员在确定其基本站位以后，还要进一步研究站位的姿势和身体重心的位置等问题。

乒乓球比赛时的站位，一般的要求是两脚开立，比肩稍宽（为肩宽的1.2~1.4倍），两膝微屈，脚跟略提起，以前脚掌着地，上体微俯，适当收腹，使身体重心略靠前。这样的站位，既能使两脚具有较好的弹性，又能保持身体重心的稳定，有利于加快步法移动的速度。

假如站位过宽，会增大两脚的支撑面，降低身体的重心，虽然站得比较稳，但起动会受到影响。

假如站位过窄，会减小两脚的支撑面，增高身体的重心，虽然起动能快些，但击球的稳定性却较差。

（五）位移的形式和重心的变化

基本站位确定后，一经发球或接发球开始，就会随脚步的移动及重心的转换而改变原来的准备姿势，这是击球过程中必须经过的步骤，击球前，脚步移动和重心变化通常有以下四种形式。

第一，当一脚向任一方向移动时，身体重心迅速转换到移动脚的位置上。如单步或跨步向前后或左右移位。

第二，当双脚同时向某一方向移动时，身体的重心不变或变动很小，如并步或跳步向不同方向移位。

第三，当双脚交替地向某一方向移动时，身体重心随着支撑脚的变化而落在最后一只脚上，如交叉步向不同方向移动。

第四，当遇到离身体较远或比较突然的来球时，运动员常会采用无规律的脚步移动。先以双脚同时向某一方向移动，再以一只脚向不同方向移动来调整位置。有时也会先以一只脚向某一方向移动一步，然后再以双脚同时向某一方向移动；或以双脚向某一方向进行两次滑步。

（六）站位的调整

当球已击到对方之后，运动员往往需要对自己的站位进行必要的还原调整，这是在连续击球过程中经常遇到的且必须解决好的一个问题。

调整站位的主要目的是要使运动员在每一次击球之前，都能保持较好的准备姿势，迅速移动脚步，选好位置去击球。调整站位通常有以下三种方法。

第一，站位不动，仅调整身体重心，并将前出的球拍收回到身前。在击球用力不大或自己处于主动地位时，常会采用这种方法来调整站位。

第二，将已经前出或后退的脚收回，把重心置于两脚之间，使身体保持平衡状态。在发力击球后或在离台较远的地方击球，常会采用这种方法来调整站位。

第三，以两脚做小范围的移动来调整站位，并恢复身体重心的平衡。在击球发力很大或自己处于被动地位时，常会采用这种方法来调整站位。

（七）下肢和腰腹对击球所起的作用

过去很多运动员比较注意手臂和手腕在击球时所起的作用，却忽视下肢及腰腹所起的作用。但随着运动技术的不断发展，要求运动员在击球时必须注意身体各个部分的协调配合，在充分发挥手臂和手腕作用的同时，还要注意运用下肢和腰腹的配合来提高击球的技术质量。下肢和腰腹对击球所起的作用有以下三个方面。

第一，利用伸膝、提踵、伸腰使身体重心升高，以助增大拉球或推球的力量。

第二，利用屈膝和弯腰使身体重心下降，以助增大杀高球或削球的力量。

第三，利用转腰和转髋来加快摆臂的速度，以助增大扣杀球或冲球的力量。

三、步法移动中的动态平衡

动态平衡是指步法移动中保持的平衡。

第一，乒乓球运动员在步法移动时，身体重心要协调、迅速地交换、还原，以保证一种动态的平衡至关重要，在击球动作之间能保持平衡的运动员不用太费力就能自如地运用技术。

第二，如果每次击球间歇中没有运用小碎步调整，每次移动前不先用小碎步启动，那么你的移动永远只能如“旱地拔葱”一般生硬。

第三，步法移动时的重心调整、两脚间距的调节，是达到完美的动态平衡的关键。优秀运动员的步法移动，始终会使膝关节、小腿和踝关节保持弹性，颠、跳以保持重心的平衡或提前的预动，为下一板的回球做好充分准备。

四、步法移动中的难点

技术水平的差异决定了步法移动中难点的不同。

（一）初学者脚部蹬地的力量

初学者脚部蹬地的力量用不好或不会用。

（二）重心交换的协调

重心交换不协调，要徒手练习重心交换，如左右前后跨步、单脚跳等。

（三）推侧扑时使用的交叉步

学习、掌握交叉步较难，特别是对推侧扑时交叉步的掌握更难。徒手练习左、右交叉步，在练推侧扑时，可“先分解练，后结合练”，重要的问题是理解步法的结构及重心是如何交换的。要反复体会腿部的交换用力，找感觉，保持动态平衡。

（四）灵活、快速的步法运用

即在判断来球的一瞬间，能以最快的速度决定运用何种步法移动，特别是在来球离身体较远时，结合步法的运用。

（五）步法的补位、调整、步法的衔接

步法的补位、调整、步法的衔接是保障高效回击球的重要基础，要多进行小碎步、垫步等练习，辅助练习中可以通过一些灵敏性练习来提高效果，多注意人、球之间的空间感培养。

五、主要步法的移动方法

（一）单步

1. 方法

单步是以一只脚为轴，另一只脚向前、后、左、右不同的方向移动，当移步完成时，身体重心也随之落到移动脚上，然后再挥臂击球。

2. 特点

单步移动比较简单，一般是在来球离身不远的小范围内运用。

在移动中重心转换比较平稳，它是快攻、弧圈及削球等各种打法常用的步法之一。如接台内球时，左脚蹬地，右脚向前上步，或右脚蹬地，左脚向前上步，并迅速借惯性回蹬，有利于恢复基本姿势，便于主动地接下一板球。

初学者在练习单步移动时，易犯两个毛病：一是移动不勤快，伸手击球，而忽视步法到位；二是步法移动时身体重心未随之落到移动脚上。

3. 单步的训练

①单线练习。对攻、对拉、对推不同轻重的球，单步到位，迅速还原。

②回接台内左、中、右球的练习。

③先回接台内短球，再结合其他技术的练习。注意每接一板球后的还原，此内容用多球练习效果好。

④攻—削练习。削球一方接短球后，后退削球。

（二）跨步

1. 方法

跨步是以一只脚向前、后或左、右的不同方向跨出一大步，身体重心随即移到摆动脚上，而另一只脚也迅速地滑动半步跟进，然后挥臂击球，大多时候手脚几乎同时移动，跨步脚落地的同时，完成击球动作。

2. 特点

跨步移动的幅度一般比单步大。它是我国直拍近台快攻所采用的独特步法，多在正手“打回头”时使用，削球打法有时也会用它来对付对方的突然攻击。

跨步打借力球较好，打发力球较差，跨步移动时常和并步或跳步结合运用。

3. 跨步的训练

①左推右攻（定点、不定点、有规律、无规律）。

②推挡变线，固定一人变线或不固定变线，或从有规律到无规律变线。

③削球接拉中突击，或搓中突击。

④多球练习，跨步练习要注意腿部蹬地的力量。

（三）跳步

1. 方法

跳步是以来球异方向的脚用力蹬地为主，使两脚同时或几乎同时离地向来球的方向跳动，蹬地用力大的脚先落地，另一脚跟着落地，然后挥臂击球。

2. 特点

跳步移动的幅度比单步和跨步都要大些。跳步移动时，常会有短暂的腾空时间。这对于保持身体重心的稳定会有一定的影响，通常是靠膝关节和踝关节的缓冲来减少重心的起伏。

跳步是快攻和弧圈打法中在中台向左、右和侧身移动时常用的步法，侧身攻或拉弧圈时用跳步也较多，但向左、右移动时常会把跳步和跨步结合起来运用。

削球打法以跳步来调整站位。

3. 跳步的训练

①对推侧身攻或拉后连续攻或拉。

②近台、中台、左右 1/2 台连续攻或拉。

③攻对削拉中突击中路。

④左或右 2/3 台正手连续攻或拉。

⑤搓中侧身攻或拉后，连续攻或拉。

（四）并步

1. 方法

移动方法基本和跳步相似，只是不做腾空的跳动。移动时，先以来球异方向的脚向同方向的脚并一步，然后同方向的脚再向来球方向移动一步。

2. 特点

并步移动的幅度比单步要大，但比跳步要小。由于并步没有腾空动作，有利于保持身体重心的稳定，这就使它成为削球打法常用的步法之一。快攻、弧圈打法在拉球做小范围移动时，也常用这种步法。

3. 并步的训练

①1/2 台定点到不定点一推一攻（拉）。

②攻—削，左、右 1/2 台拉，一点对两点拉（削球方送攻球方，左或右 1/2 台，攻球拉削球两角）。

③三点攻，拉一点练习（对方推左、中、右，然后推右、中、左三点）。

④多球练习。

（五）交叉步

1. 方法

交叉步以靠近来球方向的脚作为支撑使远离来球的脚迅速向前、后或左、右不同的方向跨出一大步，而原作为支撑的脚跟着前脚的移动方向再迈一步。

2. 特点

交叉步移动幅度大，主要用来对付离身体较远的来球，快攻、弧圈打法在侧身进攻后扑正手空当常用这种步法，削球打法在接两大角来球和接短球、削突击球时用交叉步也较多。

3. 交叉步的训练

①有规律推侧扑。

②削球接左、右两大角球，接突击球或接长、短球。

（六）组合步法

1. 目的

在乒乓球运动中，大多数情况下运用一种步法不能找到最佳的击球位置，这就要求运动员根据不同的来球，灵活地将某几种步法组合起来。

2. 组合方式

推侧扑。这是由推挡、侧身（跳步或跟步）加上交叉步或并步，扑到正手位组成的。使用这个步法的技巧在于侧身这一步不仅要侧开、拉或打出质量，而且要交换重心做一小垫步做过渡，然后左脚再蹬地起动，向右侧做交叉步。力争在交叉移动过程中，左脚落地前或落地时完成击球动作，随即右脚迅速落地。

侧身后交叉步扑正手的动作分析：

第一阶段是起动阶段。侧身后首先注意采用小垫步使重心迅速还原，然后左脚蹬地起动，这时大腿和小腿夹角为140°。

第二阶段是交叉步击球阶段。左脚蹬地后迅速提起，在身前用交叉步做大幅度移位，使左脚超过右脚，在短暂腾空交叉的同时，完成挥拍击球动作，右臂尽量展开，使球拍迎击来球。

第三阶段是落地制动阶段。左腿在身前交叉腾空后，左脚落地，身体重心下降，左腿呈半蹲状，同时上体随击球动作向左转动，这样有利于减小冲力，起到制动作用，这时大腿和小腿夹角约为115°，制动后身体迅速还原，准备反手击球。

长、短结合。接长、短球步法的好坏是衡量球员水平高低的一个很重要的标志，从接发球到下一板的衔接，还有回短球后的衔接都要使用它。长、短步法是从前三板进入主动进攻和相持的重要连接步法，运用这种步法的关键在于上步要稳，还原要快。

并步与跳步。并步与跳步是相持转进攻时所运用的步法。两种步法在运用时的技巧在于把握进攻的时机。在主动相持的时候，因进攻意识较强，所以运用这种步法相对较容易，步法的起动也相对较快，侧身也比较容易。在中性相持和被动相持的时候，侧身后的交叉步是不好掌握的，必须先找好时机，这点非常重要，然后还原要快，保护正手位的空当。

跨步/交叉步结合跳步。快攻打法在左右移动时，多以跨步结合跳步，用跨步向右移位，用跳步还原。运用交叉步向左或向右做大幅度的移位后，较多的是以跳步还原，弧圈型打法在交叉步上正手拉后，侧身拉时则用交叉步较多。

削球类打法通常是把单步、跨步、并步或交叉步几种步法结合起来，这些都要根据来球的不同情况灵活掌握。

小碎步。小碎步在步法移动中尤其重要，而又易被初级运动员忽视。它是衡量运动员步法是否合理、协调的一个重要因素。小碎步主要适用于步法的调整，在步法移动到位但还没有找到合适的击球点时，就要通过小碎步来做调整争取更好的击球点。许多世界级选手使用这种步法相当成功，他们总能利用小碎步把位置调整过来。小碎步在步法的还原中还起着保持重心的稳定、加快起动速度的作用。

3. 组合步法的训练

①接短球后左推右攻或连续攻（拉）。

②从台内球打起，1/2 台对攻（拉和中近台结合攻或拉；正手攻台内球+正手攻或拉+正手中台攻或拉）。

③左 2/3 台侧身攻拉或推挡结合侧身攻、拉右 2/3 台正手连续攻、拉。

④发、接发球侧身抢攻、拉，连续攻、拉。

⑤搓攻，连续攻或拉；推攻，连续攻或拉。

⑥全台正手攻球。

⑦正手攻台内球。

⑧正手快攻、拉。

⑨中台攻、拉。

⑩侧身正手攻、拉。

⑪连续正手攻、拉。

⑫多球练习：前后左右移动正手攻、拉。

⑬攻对削。

⑭有规律拉两边，无规律拉全台。

⑮长短球，结合接突击。

⑯削中反攻。

⑰全台综合练习。

六、常用的步法练习

（一）正手对拉弧圈球

1. 目的

加强相持中正手连续拉弧圈球步法移动的能力。

2. 要求

①拉球时步法移动要到位，保证质量完成动作，迅速还原。
②要有数量要求，一般要求在10分钟内完成15回合×3组。
③规定数量完成后，可以加大发力及变线。
④对拉的要求也可分为右半台、左半台、全台、定点对拉转变线。

（二）反手拉两次，正手拉一次

1. 目的

提高大范围跑动中正手拉弧圈球的能力。

2. 要求

主练者在大范围跑动中要特别注意重心交换和步法的合理、快速。

辅练者运用反手技术进行陪练。练习中，可根据对方掌握技能的程度而决定角度的大小和还击球的速度。

（三）拉两条斜线对正、反手封堵弧圈球——两条直线

1. 目的

加强主练者跑动中拉斜线弧圈球的能力；加强辅练者在移动中防弧圈球的能力，并有落点上的要求。

2. 要求

主练者，跑动中注意重心交换和快速移动。拉球时要中等发力和中上发力交替运用。

辅练者，基本上用正、反手封堵来球，但对中路来球视情况也可用正手小侧身来

还击。一定要控制好还击落点。

随着水平的提高，可结合从近网短球打起。主练者随意打斜、直线再接两条斜线对两条直线的训练内容。

在上述基础上延伸到挑打短球后，主练者侧身拉一直线、一斜线，再正手位一斜线（发力），对辅练者正、反手位直线。

（四）接正、中位近网短球—侧身拉斜线—扑右

1×1（左、右台各一次，重复两次）—正手位不定点拉球、对推及反拉。

1. 目的

主练者上步接短球后，快速侧身拉球扑正手位空当后连续进攻；辅练者防好第一板弧圈球并控制落点，进入相持阶段完成要求后，可由防御转进攻。

2. 要求

主练者运用挑打近网球，辅练者就用反手技术打斜线。若主练者运用摆短劈长，辅练者则用搓斜线长球。

左、右各一次，重复两次后，主练者可随意拉、直线。辅练者则可反手位用快撕、弹及侧身反拉，正手位可封堵及反拉。

（五）接全台短球—全台正手拉球

（酌情可用反手拉球）— 1×1（左、右各一次）— 正手不定点跑位（酌情可用反手）对发短 — 搓全台（或主动抢上手）— 正、反手技术防斜、直线—防转攻。

1. 目的

主练者接短球后，定点跑位转全台跑位的正手连续进攻；辅练者控制落点后的防转攻技术。

2. 要求

主练者接短球的技术多样化，着重加强正手跑位中拉球的能力（酌情也可正、反手结合）。

辅练者发球要有变化，着重提高防转攻的意识和能力。

（六）前后移动中拉弧圈球

1. 目的

加强上步冲拉弧圈球的能力。

2. 要求

主练者，在半台根据来球的轻重节奏变化，前后移动拉弧圈球。

辅练者，运用正手贴、拉进行节奏变化。

尽量增多回合，促使主练者能在连续前后移动中拉弧圈球，不但能在近台高点期冲、拉，也能在中、远台的低点期进行发力拉球。增强多方位主动进攻的技能，是被动转主动的重要技术。

（七）正手单（数）拉中路球，双（数）拉不定点球对推挡

1. 目的

加强主练者对来球的判断，并提高小区域快速移动击球的能力。

2. 要求

单数用正手拉中路球至对方反手位，双数根据对方无规则落点的来球用正手拉球至对方反手位。在移动击球时，交换重心要快捷。

辅练者要变换开落点。

（八）正手近网接短球—反手拉球—正手连续拉对发短—搓长—推不定点转反拉

1. 目的

提高上步接短球后退台用反手拉球上手，并连续运用正手全台拉弧圈球的能力。

2. 要求

主练者判断准确，对下旋球进行摆短，对不转或上旋来球进行挑打；对反手位的下旋来球则用反手拉球上手，对上旋来球可反撕（直拍可用反面横打），接正手全台不定点的连续拉，偶尔也可结合反手拉。

辅练者，对主练者的摆短可用搓长，若挑打则可压反手。

（九）正手位拉下旋—反手拉（撕）—全台连续攻

1. 目的

破对方调正手压反手技术。

2. 要求

主练者对右方下旋球要敢于发力拉（打）对方斜、直线，以斜线为好，对方压住反手位时，用直拍反面或横拍反手拉（撕），再进行正手全台连续拉（攻），偶尔也可结合反手拉。

辅练者搓对方正手位球时要快而转，压反要果断、凶狠。

七、步法移动训练的建议

第一，在步法的训练中要注意盯球，注意提高判断能力和反应速度。

第二，每次击球后的步法要有重心交换，逐步提高动态平衡的能力。

第三，要“死线活练”，在整个步法训练中要吃苦耐劳，体现“勤”和“活”，要根据自己的特点进行训练。

第四，要特别注重步法的还原（重心的平衡）和步法的调整。

第五，训练中要每球必争，对于那些看来没有希望救起的球，也要尽力去跑动。

第六，要加强对陪练方的要求，敢于变换开落点，敢于加大对方的难度，避免那种送到对方手上的“喂球式”。

第七，随着技术水平的提高，更要注意大范围跑动与小区域快速移动的结合，避免只能大范围移动而缺乏小区域中小碎步的运用和只会小区域内移动而掌握不了大范围跑动的两种倾向。

第八，每项训练内容要求要明确，反复训练，不断总结，找出规律。

第九，要结合专项体能训练，初级运动员要多做徒手练习，加强灵敏、柔韧与协调训练。腰腹及下肢力量的训练要以轻、少为主，以锻炼速度、力量为辅。

第十，步法训练负荷的安排要因人而异，不要局部负荷太大，以免受伤。

第十一，要加强、注意训练后的整理和放松，让肌肉得到恢复。

第十节　结合技术

一、结合技术概述

结合技术是两个或两个以上单项技术连续运用的组合技术，也可称作衔接技术。结合技术的训练应建立在掌握扎实单项技术基本功的基础之上。训练中应把各项结合技术视作一个整体，它包括组合中的各单项技术，以及各单项技术衔接的时间、空间特征和步法的使用，其中每个环节都对结合技术的质量产生影响。初级阶段练习结合技术主要目的是达到各项结合技术的技术动作和步法使用协调合理、衔接流畅、稳定性和连续性强，为战术训练打下良好基础。

二、各项结合技术动作关键点及训练

（一）发球抢攻阶段结合技术

1. 从各个维度发球抢攻分类

从发球旋转性质方面可分为发转不转后抢攻和发侧旋球后抢攻。

从使用技术方面可分为发球后正手抢攻、发球后反手抢攻。

从回球区域方面可分为发球后抢攻侧身位来球、发球后抢攻中路来球和发球后抢攻正手位来球。

从回球落点方面可分为抢攻短球、抢攻半出台球和抢攻长球。

2. 技术关键点

发球严密，不让对方接发球直接抢攻。

发球后迅速还原至基本站位，准备第三板抢攻。

针对不同位置回球采用相应步法，使有足够的空间和时间进行抢攻。

根据运动员打法特点选择抢攻技术。

冲吊结合，拉出不同落点和线路。

3. 训练与教学法

徒手挥拍练习。

多球单练：先针对单一的发球和抢攻方式进行训练，固定落点和线路，可根据运动员技术打法特点选取几套优势发球抢攻组合技术重点练习。待单一技术组合熟练后进行综合性训练，提高运动员发抢组合技术的综合运用能力。

单球或比赛练习：在单球计划中练习，用教学性比赛来检验技术组合掌握情况，发现问题及时反馈到下一阶段训练中。

（二）接发球抢攻阶段结合技术

1. 控制后上手组合技术

技术关键点：

控制落点进网、弧线低、旋转强，为第四板上手创造条件。

控制后迅速还原，提前预判来球情况。

步法取位合理、到位，注意长短球的衔接。

上手在保证命中率的基础上提高质量。

2. 上手后进攻组合技术

技术关键点：

第二板上手以制造旋转为主，强调稳定性和落点变化。

第四板衔接速度要快，争取进入主动相持或直接得分。

3. 控制后防御组合技术

技术关键点：

第二板采取积极控制，降低对手进攻质量。

第四板思想准备充分，进行主动防御。

4. 训练与教学法

徒手挥拍练习。

多球练习：教练员通过供球模拟实战中来球，先练习固定套路再进行综合练习，提高运动员单项技术组合的使用能力，加快衔接动作的熟练程度。

多球单练或单球练习：让运动员在实际对抗中练习各项技术组合。

比赛练习：通过教学性比赛来检验技术组合掌握情况，发现问题及时反馈到下一阶段训练中。

（三）相持阶段结合技术

1. 正手连续进攻组合技术

（1）内容

正手位 1/2 台、2/3 台走位攻/拉。

侧身位 1/2 台、2/3 台走位攻/拉。

全台一边一点；全台三点；中间、侧身、扑正手；全台不定点走位攻/拉。

（2）技术关键点

每板球步法能根据来球不同落点调整到位。

根据来球情况调整引拍的幅度、方向和击球时的击球部位、击擦比例和发力方向。

身体紧凑，还原快，连续性强。

2. 反手连续进攻组合技术

（1）内容

反手位半台上旋球连续快拨、快撕、快拉。

台内拧起来或反手位下旋拉起来后衔接反手快拨、快撕、快拉。

（2）技术关键点

注意各项技术之间衔接过程中击球时间、击球部位的区别。

每板球步法取位合适，使击球位置相对固定，靠近身体。

变线时，靠站位、重心的变化和腰的控制完成。

3. 正反手结合连续进攻组合技术

（1）内容

定点摆速、推（拨、直拍横打）侧扑。

不定点摆速、中间位与两边衔接。

（2）技术关键点

正反手转换靠腰的控制带动持拍手在台面上方和身前进行，重心的交换要充分。

身体紧凑，核心区肌肉收紧，保证衔接迅速顺畅。

4. 训练与教学法

徒手挥拍练习。

多球练习：先练定点，再过渡到不定点。先固定供球节奏和落点，后加入变化。

多球单练或单球练习：要求连续击球衔接快速流畅，稳定性高。训练时对单个球回合数和计划规定时间内的总回合数提出要求。

（四）削球打法结合技术

1. 内容

全台连续削球技术。
削球结合反攻（拉）技术。

2. 技术关键点

脚下步法移动迅速、到位，对前、后、左、右及中间各个方位来球均能予以有效回击。

根据不同来球调节动作幅度、击球时间、拍面角度、发力方向，连续削的稳定性强，能削出旋转和落点变化。

攻削转换动作衔接流畅，时机合理。

3. 训练与教学法

徒手挥拍练习。

多球练习：先练落点有规律的全台转换削球，熟练前后、左右步法的移动方法，再练无规律的全台结合削。供球可先以一般弧圈球为主，后期发球可采用加转、前冲或扣球相结合，节奏变化的方式提高运动员综合运用能力。在全台连续削球技术掌握扎实的基础上再结合练习削中反攻（拉）技术。

单球练习：练习计划从单点连续削到局部连续削再到全台连续削。先练习稳拉稳削，以制造旋转为主，强调多回合，积累手上感觉。再练习连续削中旋转和落点变化。最后练习攻削结合。

小结

本章通过对乒乓球各项基本技术的动作要领、易犯错误、纠正方法和训练操作方法的讲解，以及步法移动的重要性、种类及步法移动的训练方法和手段等几方面的阐述，使教练员明晰各项技术的理论和实践知识，在运动员训练的初级阶段更有针对性和实效性地进行训练和指导。

■ 思考题

1. 正确合理的乒乓球技术动作有哪些特点？
2. 在各单项技术的理论知识及训练操作方法上，有哪些共同点？试以几项技术为例加以阐明。

3. 单项技术与结合技术有何联系？如何进行科学训练使两者相互促进，共同提高？
4. 步法移动的难点是什么？如何解决？试述正确的方法和手段，并举例说明。
5. 如何理解步法移动中的“动态平衡”，并举例说明。

参考文献

[1] 刘建和，武川洪，岳海鹏，等．乒乓球教学与训练［M］．北京：人民体育出版社，2008.
[2] 唐建军．乒乓球运动教程［M］．北京：北京体育大学出版社，2006.
[3] 虞荣安．新编乒乓球教程［M］．西安：西北工业大学出版社，2011.

第七章

乒乓球基本战术

教学目的

1. 了解战术的基本内容和使用方法。
2. 了解战术的训练方法和手段及它们之间的共性和个性。
3. 如何培养运动员比赛中的实际作战能力。

教学安排

总时数 10 学时。其中讲授 4 学时，讨论、实践、作业 6 学时。

乒乓球战术的掌握与运用有助于增强教练员与运动员对比赛的理解，本章主要围绕战术的概论、战术的分类，以及战术的训练和应用展开，指导教练员和运动员对乒乓球基本战术的训练和实际应用。

第一节　战术概论

一、定义

乒乓球战术是指在比赛中为战胜对手或为表现出期望的比赛结果而采取的计谋和行动。

从狭义上讲，战术主要是指在比赛中根据对方的打法类型及技术特点，而采用的各种技术的原则与方法。

从广义上讲，战术是指技术、意志、智能和素质在比赛中有针对性地综合运用。

二、战术与技术的关系

运动员在比赛中，根据自己和对手的具体情况，正确而有目的地把自己所掌握的各种技术组合起来，充分发挥自己的技术风格特点，制约对方的长处，抓住对方的弱点，为战胜对手所采取的合理有效的手段和方法，就形成了战术。

战术是以基本技术和技术实力为基础的。技术掌握得全面、纯熟、实用、有质量，才能完成比赛中的战术实施。在运用战术过程中，要体现以我为主、积极主动、机动灵活的思想，打出风格，打出水平。在乒乓球比赛中，进攻与防守、主动与被动、进攻与反击经常在短时间内交替出现、相互转化。因而，平时的技术训练要在一定的战术要求下进行，要带着战术和比赛的观念去练技术，才能练得活，才能达到练以致用的目的。

结合技术与单个战术是技术和战术的关键结合点，将结合技术与单个战术的训练有机联系起来是避免赛练脱节的根本保证。

基本技术与战术，既有明显的区别，又紧密地联系在一起，两者相互依存又相互促进。技术的发展必然会产生新的技术，而战术又会促进技术的提高与发展。在运动训练中，教练员对运动员整体战术能力的培养始终要放在重要的位置。个人战术意识的训练应贯穿在一切训练内容和整个过程中。对于技术水平较高的运动员，在不同的训练时期或阶段对战术能力的培养也应有不同的要求并安排不同的比重。要注意绝招战术的训练和战术的不断创新。

三、乒乓球战术的构成

战术由战术观念、战术指导思想、战术意识、战术知识、战术形式与战术行动等构成。

（一）战术观念

战术观念指对比赛战术概念、战术价值功效及运用条件等进行认识和思维后产生的观念。

战术观念的形成同运动员、教练员本身所具有的竞赛经验、知识结构、认知特点和思维方式等有密切关系。

教练员、运动员的战术观念对其进行战术思考、制订战术计划、实施战术训练等一切战术活动都具有重要的导向意义。

（二）战术指导思想

战术指导思想是指在战术观念影响下，根据比赛具体情况提出的战术运用准则。它是基于对战术规律认识基础之上，指导战术行动的规范或模式，体现出战术运用者的战术观念。

战术指导思想是战术活动的核心。采用的战术是否具有针对性和实效性，关键取决于战术指导思想正确与否。

（三）战术意识

战术意识又称战术素养，指运动员在比赛中为达到特定战术目的而决定自己战术行为的思维活动过程。战术意识强的运动员，能在复杂多变的竞赛环境中，及时准确地观察场上的情况，随机应变，迅速而正确地决定自己的行动方案（包括个人行动及与同伴的协同配合行动）。

（四）战术知识

战术知识是指关于比赛战术理论及实践运用的知识，有经验性知识和理论性知识两种形态。包括对专项战术运用原则与战术形式、战术的发展趋势、比赛规则对战术运用的制约等方面的了解与把握程度。

战术知识是掌握和运用具体战术的基础。教练员、运动员制订的战术方案是否合理，运用的是否灵活、机动和有效，往往取决于他们掌握战术的广度和深度。

（五）战术形式

战术形式是指战术活动中具有相对稳定的形态和结构的行为方式，如调左压右、连续攻追身等。

（六）战术行动

战术行动是指为达到战术目的而采用的动作、动作系列和动作组合。

四、制订战术的基本原则

（一）善于观察，善于分析

乒乓球比赛时，运动员要及时观察战局的变化，要特别注意分析对方的心理，及时调整和改变自己的对策，鼓舞斗志，增强信心。情况往往是这样：你怕对方，对方也在怕你。及时改变对策，果断地给对方以出其不意的攻击，破坏其作战意图，从心理上给对方以威胁，驾驭别人，长自己的士气，争取战而胜之。

（二）机动灵活，随机应变

制订战术时，必须考虑到灵活多变。某种打法或某种战术，在开局时对方不适应，如某种发球，一旦对方适应反而会出现被攻的被动局面，这就需要及时改变发球方式。又如，比赛中连续攻击对方反手，从而取得了扣杀的战机，效果也不错，但当对方适应后而攻击你的中间或正手位，就必须及时采用旋转、节奏、落点等变化，给对方制造新的困难，才能达到取胜的目的。

（三）以己之长，制彼之短

每名运动员都有自己的打法和风格、长处与不足，如有的发球好一些，有的善于打快攻，有的善于搓中突击，有的拉弧圈球有正反手优劣之别等。比赛时，要善于分析自己和对方的特点与不足，发挥自己的长处，抓住对方的弱点，以己之长，制彼之短，掌握比赛的主动权，争取胜利。

（四）知己知彼，有的放矢

比赛前，不但要对自己的技术情况做到心中有数，而且要通过观察分析了解对方整体的作战情况，摸清其球拍性能、基本打法、技术和战术运用特点、特长技术、心理素质、体能状况等，然后有针对性地制订出切实可行的战术方案，真正做到知己知彼，有的放矢，以求战胜对手。经验证明：知己知彼，胜多负少；知己不知彼，知彼不知己，胜负各半；既不知己又不知彼，负多胜少。

在战术制订中，切忌单调，心中有数才能对付场上的多种变化。一般有常规战术、随机应变的战术、危机时的拼搏战术和心理战术等。

（五）勇猛顽强，敢打敢拼

制订战术，还必须体现积极主动的精神。具体实施时要有果敢大胆、勇猛顽强、敢打敢拼的精神。比分领先时乘胜前进，相持时不手软，落后时不气馁，奋起直追，大胆贯彻自己的战术意图，力争达到预期目的。

以上各项原则是有机联系、互为条件、辩证统一的。制订和运用战术的前提条件是必须了解对方的技术特点和打法情况。因此，运动员在培养自己战术意识的同时，应着重注意培养观察对方技术、战术特点和打法情况的能力。只有这样，才能在比赛中用较短的时间迅速掌握对方的技术、战术情况，及时制订作战方案，在比赛中灵活运用战术，赢得胜利。

五、影响乒乓球战术的因素

（一）军事学与谋略学因素

乒乓球竞赛就其对抗性本质而言，就是一种“对局”，就是一种“博弈”。因此，乒乓球战术的发源、形成及发展，都和军事学、谋略学的影响密切相关。从这个意义上讲，教练员力求掌握更多军事学、谋略学的知识，对于认识竞技战术规律和提高知识能力水平，及时向运动员灌输战术意识是十分有必要的。

军事学、谋略学对于比赛战术及战术能力产生影响的方面如下。

1. 知己知彼，百战不殆

《孙子·谋攻篇》说："知彼知己，百战不殆；不知彼而知己，一胜一负；不知彼，不知己，每战必殆。"

乒乓球竞赛中，透彻地了解对方及本方的各种情况，是制胜的先决条件。

2. 奇正

《孙子·势》说："凡战者，以正合，以奇胜。故善出奇者，无穷如天地，无竭如江河。……战势不过奇正，奇正之变，不可胜穷也。"乒乓球竞赛中，主要攻击方向（攻击点）为正，牵制方向（牵制点）为奇；老队员、老阵容为正，新队员、新阵容为奇；常用战术为正，特殊战术为奇；整体实力为正，机巧手段为奇。教练员、运动员应根据双方实力及场上情况，处理好奇正关系。

例如，当本方实力明显高于对方时，应以"正"为主，即"拼实力"，以"堂堂之阵"同对方对抗。反之，就要考虑采用技巧手段，出奇制胜。

于堂堂之阵中突出奇兵，是奇正结合的最高境界。中国乒乓球队在多次世界大赛中巧布奇阵取胜，是运用奇正策略的经典之作。

3. 攻守

攻与守，是乒乓球竞赛中的一对基本矛盾，攻守问题是训练中需要解决的重要问题。《孙子·虚实》说："攻而必取，攻其所不守也。守而必固，守其所不攻也。故善攻者，敌不知所守。善守者，敌不知所攻。"意即善于进攻的，可使对方不知道防守哪里；善于防守的，可使对方不知道进攻哪里。

进攻时如水银泻地，无孔不入；防守时固若金汤，针插不进。这是教练员、运动员在攻守训练中应追求的理想境界。

4. 虚实

兵不厌诈，避实击虚，出其不意，攻其不备，虚虚实实，真真假假等，都是乒乓球战术中常用的计谋。战术的灵活性也通过这些方面表现出来。《孙子·虚实》说："兵无常势，水无常形；能因敌变化而取胜者，谓之神。"

5. 得失

运动员在考虑战术运用时，往往首先是创造条件，不给对方任何战胜自己的机会。在使自己立于不败之地的基础上，想方设法捕捉任何可能战胜对方的时机。由于比赛过程千变万化，很可能出现不利于本方的情况，甚至有时会遇到似乎是“山穷水尽的局面。此时，运动员不要轻言失败，而是要耐心地等待对方犯错误，进而抓住时机，反败为胜。

可运用故意“示强”或“示弱”的策略，为了大“得”（最终胜利）而小“失”（如采用牺牲战术）等。

（二）心理学与思维科学因素

心理学与思维科学因素对竞技战术的影响极大。心理能力和思维能力是运动员学习、掌握和运用战术的保证。

1. 神经过程

不同神经类型的运动员在学习尤其是战术方面有着不同的特点。具有灵活性神经过程的运动员，在比赛中往往能预见比赛形势的变化，灵活机动地选择和运用不同的战术手段。

2. 注意

运动员的注意品质同其观察能力密切相连。扩大注意视野、注意的高度集中及迅速转移等都是培养和加强战术意识的重要因素。

3. 智能

运动员智能与其技术学习能力、战术理解和运用能力有密切的关系。战术的敏捷性、灵活性、预见性和创造性，均与运动员的智能息息相关。

4. 学习能力

学习能力就是学习的形式与技巧。学习、掌握竞技战术与运动员的学习能力有很大关系。

5. 思维能力

战术意识是一种思维过程。相对于人类其他思维活动，运动员在战术活动中的思维有以下特征：

①快速性。现代乒乓球竞赛是在激烈的对抗中进行的。这种对抗的一个很明显特点就是对时间的严格要求。“时间就是机会，时间就是胜利”这句话在比赛中得到最为充分的体现。为此，要求运动员在极短的时间内对一些至关胜负的紧迫问题做出决断，否则就会耽误战机。

②逻辑性和直觉性相结合。在某种情况下，运动员的战术思维是一种缜密的逻辑

思维，但在另外一些情况下，则完全是一种直觉思维。正是因为战术是逻辑思维和直觉思维的混合体，而人体对直觉思维目前因为种种原因还未能进行较为深入的、建立在实验基础上的理论研究，所以，运动员战术思维及战术意识的培养一直是教练员在训练实践中感到棘手的问题。

③操作性。比赛中，运动员战术思维总是伴随着操作（操作自身或同伴或对方的身体、操作机械）行动进行的。“思维运动”与“身体运动”联系在一起。

④情绪性。运动员的战术思维总是与强烈的情绪体验相联系，包括增力情绪和减力情绪。

（三）技能与体能因素

技能与体能因素是指运动员的技术能力和体能能力，技术是构成战术的基本单元，也是决定运动员战术风格的基本条件。同时，技术的全面性也是战术多样性的基础，只有运动员具备全面的技术能力才能为其灵活多变的战术实施创造条件。体能能力是比赛中制订战术、实施战术的重要先决条件，如“快”在乒乓球比赛战术中起着非常重要的作用，而运动员的速度能力则决定其能否“快”，以及“快”到什么程度。

从某种意义上讲，战术就是技术有目的的运用。技术风格往往决定着战术风格。战术的多样性决定于技术的全面性。灵活多变的战术必须以运动员全面的技术为坚实的基础。战术的采用，应充分考虑本方的技术条件。

第二节 乒乓球战术的分类

一、按项目分类

（一）单打战术

单打战术是乒乓球战术的主要组成部分，体现了一名运动员的单兵作战能力。运动员应从小培养场上的独立作战能力。

（二）双打战术

双打战术是双打项目的两名运动员之间协同配合所完成的战术行动，体现了一名运动员的单兵作战能力与协同作战能力。

二、战术攻防性质分类

（一）进攻战术

进攻战术是指利用掌握主动权的机会，通过个人的努力或与同伴的配合，向对方发动主动进攻所组成的战术行动。

（二）防守战术

防守战术是由个人、小组或集体协同配合采取的阻碍对方进攻的战术行动。

（三）相持战术

相持战术是指比赛中双方攻守态势相对均衡时，为争得主动，力求场上形势向有利于己方转化而采取的战术行动。

在势均力敌的比赛中，大量存在着“相持现象”。相持阶段是介于主动与被动的过渡环节。在这一环节中，战术运用是否得当，是能否争得主动、避免被动的主要因素，这在高水平的比赛中显得尤为突出。

三、战术的普遍性分类

（一）常用战术

常用战术又称基本战术、常规战术。是人们在长期竞赛实践中总结出来的、具有较大普遍性的战术，如发球抢攻战术、左推右攻战术等。

（二）特殊战术（如“以短打短”等）

特殊战术是指比赛中针对特殊对手而专门制订的战术。“一次性效应”是这种战术的显著特征。

运用常用战术的能力是衡量运动员实力的重要指标，而能否制订出行之有效的特殊战术，并使其与常用战术能力融为一体，是衡量教练员水平的重要标志。

四、按球的物理性质分类

（一）线路与落点战术

线路与落点战术是指运动员运用不同的线路和落点来调动对方达到一定的战术目

的，例如，攻两角战术、吊左右战术等。

（二）旋转战术

旋转战术是指运用各种不同旋转的球来迷惑对方，使其直接失误或出机会球，例如，发球当中用相似的手法发下旋、侧旋球及削球中的削转和不转等。

（三）力量、速度战术

力量、速度战术是指运用轻重球及节奏的变化，使对方不适应而达到一定的战术目的，如轻重球结合战术等。

第三节　战术的训练与应用

战术训练的目的是使运动员形成正确的战术观念；能理解贯彻教练员制定的战术指导思想并能在比赛中灵活运用；强化战术意识，增强战术知识；全面了解乒乓球战术形式；不断提高战术能力，最终在比赛中有效应用。

一、发球抢攻战术

（一）战术目的

发球直接得分；迫使对方回球质量不高，从而赢得有利的进攻机会；迫使对方接发球无法具备杀伤力。

（二）战术基本套路

1. 发侧上、下旋球结合落点变化进行抢攻

(1) 左长右短（图 7–1）

以发侧下旋短球为主配合侧上旋至对方右方近网处，使发出的球在对方台面上两跳甚至三跳不出台，迫使对方难以抢攻，从而为自己抢攻或抢位创造机会。在此基础上，突然发出角度大的长球（以急下旋为主）至对方左方台区，使对方难以发力先拉或攻，为自己侧身或正手位抢攻创造条件。

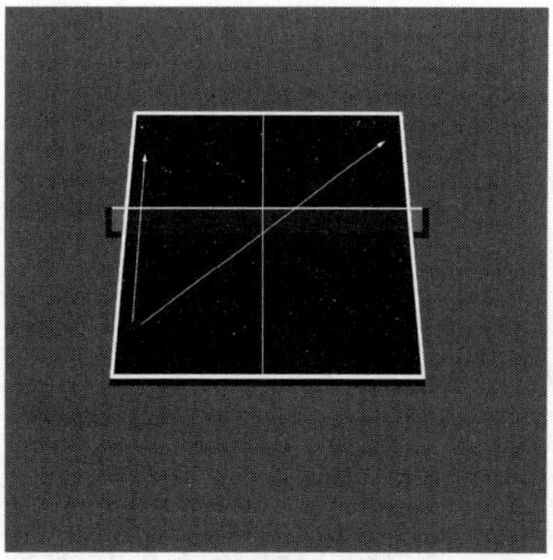

图 7–1

（2）右长左短（图 7-2）

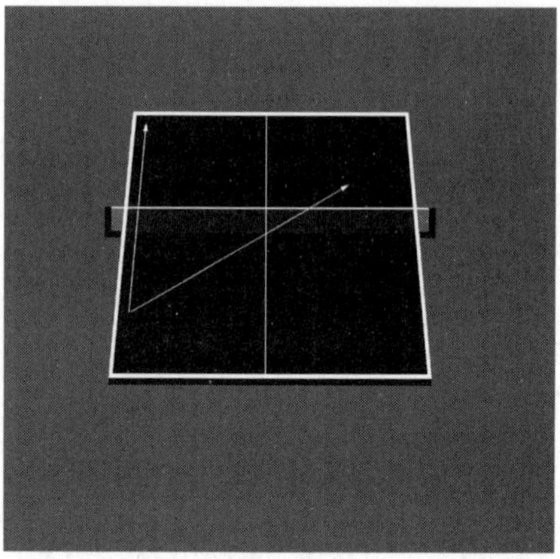

图 7-2

这种发球抢攻战术与前面的左长右短相反，运用得当往往会取得很好的效果。

（3）同线长短（图 7-3）

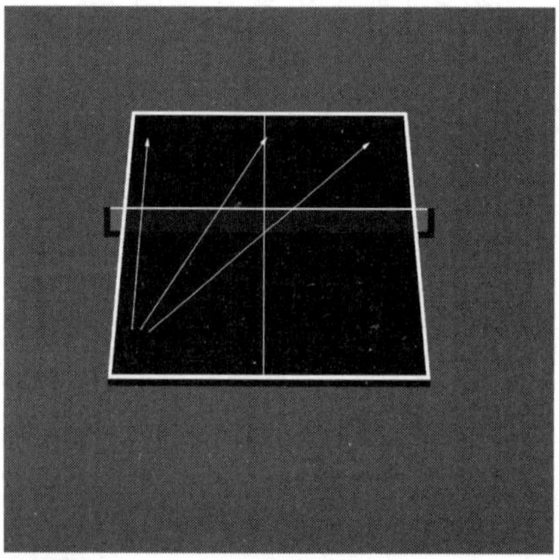

图 7-3

在对付横拍削球手时，采用同线长短的发球抢攻战术比较多。其中比较有效的是中长中短。因为横拍削球手回接中路近网短球或中路追身长球时难以搞旋转变化，所以往往回球质量不高，陷入被动。对付横拍两面攻和两面拉的选手，采用这种战术也是很有效的。

上述左长右短、右长左短、同线长短的发球战术，可以在旋转变化的基础上交替变化线路与落点。

2. 发转与不转结合落点变化进行抢攻

转与不转发相同落点，以不出台球为主，先发转后发不转，或先发不转后发转球，进行抢攻（图 7–4）。

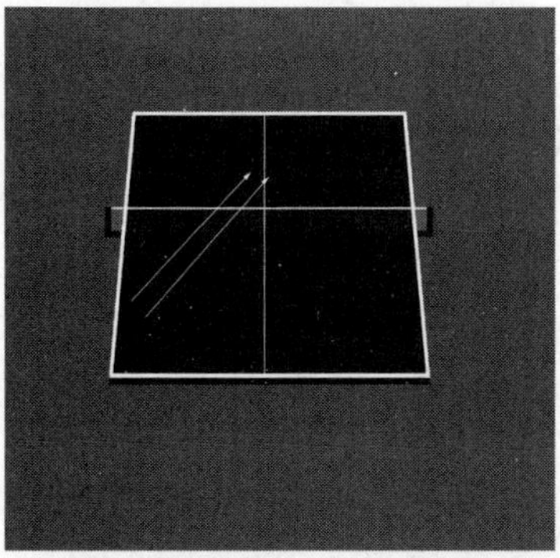

图 7–4

转与不转发不同落点，连发短球后突发长球进行抢攻（图 7–5）。

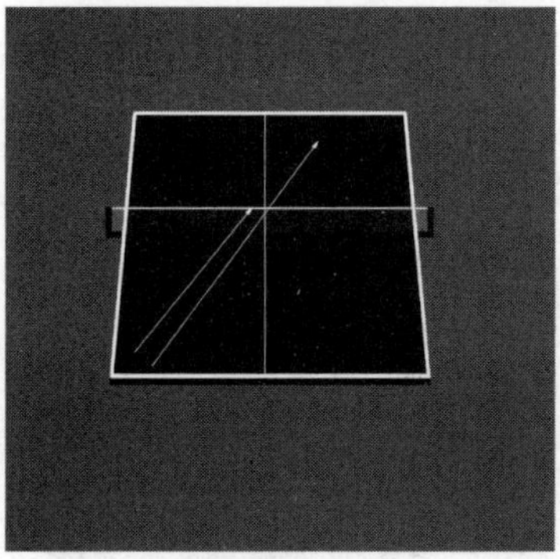

图 7–5

3. 发急球与侧上、下旋球相结合进行抢攻

发急球或急下旋球与侧上、下旋短球相结合，以发急球为主配合短球（图 7–6）。

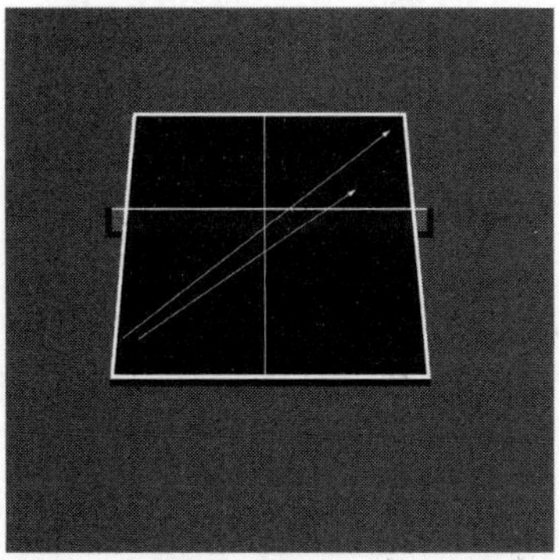

图 7–6

发侧上、下旋球与急球结合发不同落点，以侧身发侧上、下旋球（包括高抛球）为主配合右角急球（图 7-7）。

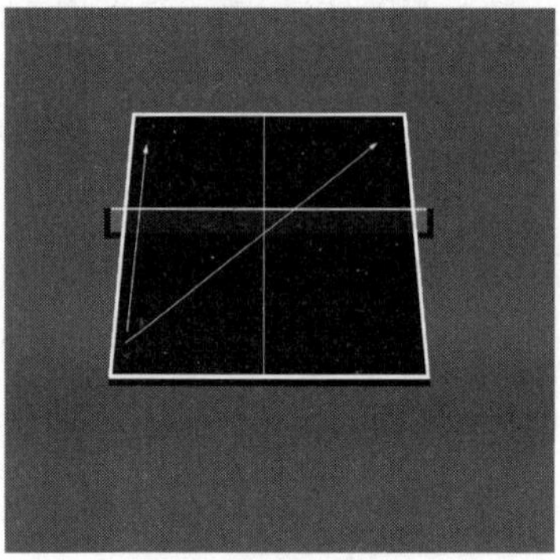

图 7-7

发转与不转急球配合发不同落点（图 7-8）。

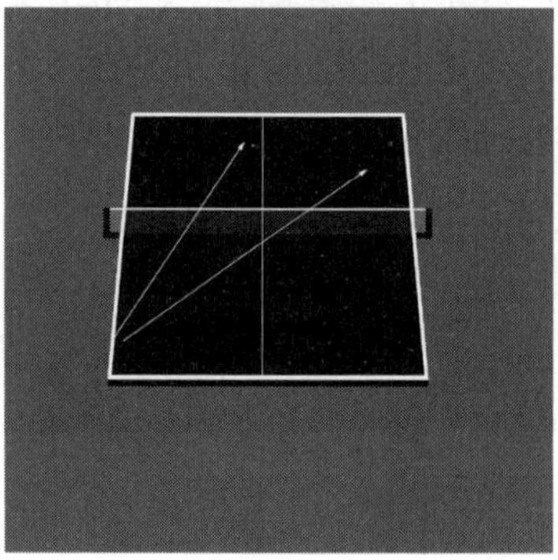

图 7-8

（三）战术训练要求

发球抢攻战术训练要求如表 7-1 所示。

表 7-1　发球抢攻战术训练要求

方　法	要　求
各种发球抢攻战术总的要求	每名运动员都应精练两套主要发球抢攻的战术，一套以旋转为主配合落点变化，另一套以速度为主配合落点变化 扩大抢攻的范围和能力，不仅能抢攻对方的强下旋球和弧线较高的一般位球，而且还能抢攻近网短球，借以增加发球抢攻的运用比例 要能配合运用发球后抢拉和抢推的战术

续表

方　法	要　求
发球后，要求对方用固定的方法接发球至固定的落点，然后抢攻、抢位	单一发球后进行定线抢攻、抢拉 单一发球后进行不定线路的抢攻、抢拉 配套发球后进行定线抢攻、抢拉
单一发球或配套发球后，让对方用多种方法回接，也可不固定落点，然后进行抢攻、抢拉	注意发球质量。发球后抢攻、抢拉要大胆、果断，力求发球后每板都进行抢攻、抢拉。以一板攻（拉）“死”为主，有时也可结合中等力量的抢攻和抢拉 抢攻（拉）对方的短板、加转下旋球和弧线较高又不太转的弧圈球，精练两套主要发球抢攻、抢拉的技、战术

（四）战术运用策略

发球抢攻战术运用策略如表 7-2 所示。

表 7-2　发球抢攻战术运用策略

问　题	对　策
可不可以因对方打法不同而改变发球种类和策略	因对方打法不同，原则上要改变 如果自己的前三板技术好，就不必改变
拥有几种发球方式比较好	同时拥有许多中度威力的发球，又拥有一种具有威力的发球比较好 平常一定要磨砺自己的技术，指导拥有一种处于低潮时仍可以信赖的发球
因为风大很难上抛发球时该怎么办	平时就要做好遇到这种状况的心理准备，尤其是经常使用上抛发球者，更要特别注意 改变上抛发球的高度，也能有效地变化
自己最拿手的发球可以一直使用到比赛的后半段吗	如果是立刻被对方习惯了发球，就不要一直使用，尽可能保留在后半段时使用 认为一定有效的发球，不要一开始就用，要等到后半段时才用 即使被对方习惯了，但还能靠连续进攻得分的发球，也能发挥效果。所以一定要保持一种轻松的心情 有效地发球要一直维持到后半段还能够使用，如果在后半段最关键的时候无法使用，就要出乎对方意料之外，运用不同的发球来取胜
比赛僵持阶段的有效发球是什么	在遇到这种场面时，要考虑以下几点： 为什么会形成僵持？这是一个非考虑不可的问题 如果对方的实力在自己之上，就证明自己的作战成果不错，只要拥有这种结果就很好 如果自己的实力在对方之上，而陷入胶着战，就表示对方是骁勇善战者，对自己的发球方式、组合顺序等，对方也许已经了如指掌了，所以必须发出出乎对方意料之外的球，对方的攻势就会立刻瓦解

续表

问　题	对　策
对方在反手位准备应战时发何种球为宜	对方在反手位准备应战，意味着打算利用正手进行攻击，这时使用不出台发球，比较不容易受对方攻击。但是，光靠发短球是不行的，因为对方会料到这一点而采取其他接球方法，所以有时必须适当地混合将长球发到正手位、反手位
深具信心的发球却被对方接住或者造成失误，可再使用吗	深具信心的发球，如果达不到效果最好不要再使用，因为一旦“气馁”，就等于被对方取得分数，要是自己的势头上没有这种表现，持续使用也无妨 如果只是被对方将球打回，就不必在意，可以继续使用。“有自信的发球无法得分，是很正常的”，不要看得太严重 发球失误时，要冷静地检讨失误的原因，而且不要在同样的情况下再使用，以防对方保持警戒
发球失误后应注意什么	发球失误，信心容易动摇。发球失误以后，慌乱中发下一个球，可能又会造成失误，这种场面经常出现在少年比赛中。发球失误以后，心情一定要先平静下来，等到“好，下一球一定可以获胜！”的情绪达到百分之百时，再发出下一个球 在情绪稳定的同时，要留意以下几点：对下一次发球种类的选择，要下定决心进行；下定决心绝对不再出现发球失误的情形，在发球前要先检查手是否潮湿、球拍是否潮湿、球拍的胶皮或球是否肮脏等

二、相持战术

（一）对攻战术

1. 战术目的

快攻类打法主要依靠正、反手攻球，拉球和反手推挡（快拨）技术，充分发挥快速多变的特点调动对方，以达到攻击的目的；弧圈类打法主要依靠正、反手拉弧圈球技术，充分发挥旋转的威力牵制对方，以达到攻击的目的。

2. 战术基本套路

第一套：攻两角战术

对角攻击（图 7–9）。

先以侧身斜线攻一角，再以正手斜线攻另一角。

逢斜变直，遇直变斜（图 7–10）。

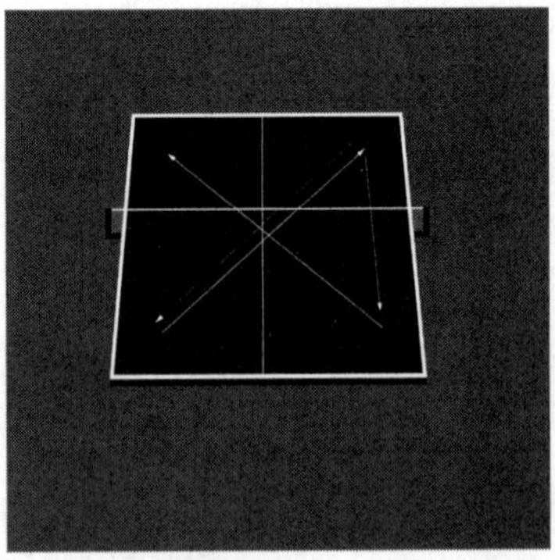

图 7–9

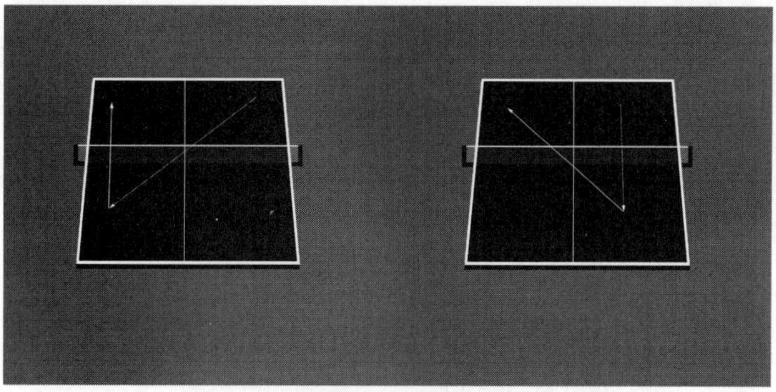

图 7-10

这是袭击对方空当和大角度的战术。无论是斜变直还是直变斜，回球的落点均在球台的角上。一般快攻运动员在运用这一战术时攻球节奏的变化十分巧妙。当逢斜变直时，多在来球的上升期击球，以速度为主；当遇直变斜时，多在来球的高点期发力攻、冲。由于击球节奏的变化，往往会使对方难以适应。

调左压右和调右压左两种战术的采用要根据对方的实际情况来决定。

调左压右（图 7-11）。

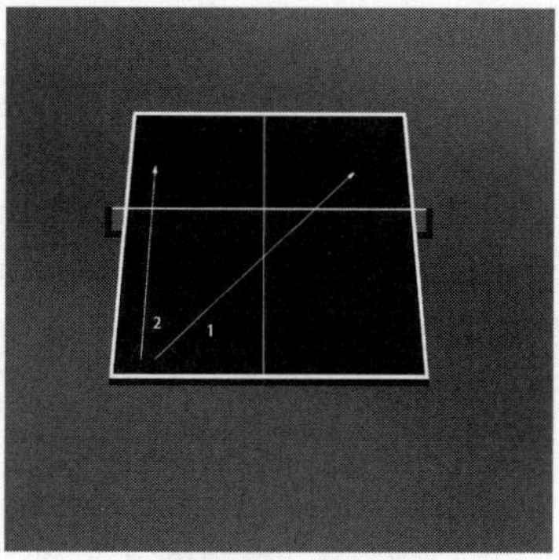

图 7-11

如果对方是左手执拍，且擅长侧身攻，在对付这类对手时采用调左压右的战术往往会取得好的效果。例如，法国名将盖亭左手执拍，不仅侧身攻的意识强，而且快速凶狠，命中率高，状态好时势不可当。若采用调左压右战术可破坏其侧身攻意图。

调右压左（图 7-12）。

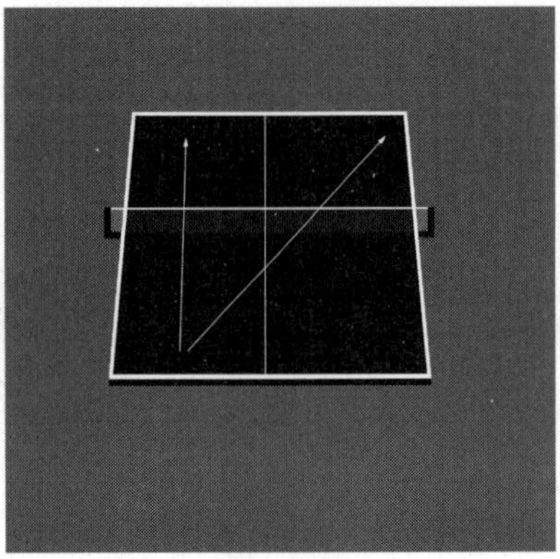

图 7-12

所谓调右压左，也就是将右手执拍的选手调到正手位迫使其离台，然后再打反手，使对方不能发挥反手攻和侧身进攻的特长。调左压右和调右压左都是把对方调到正手位后再压反手。调正手和压反手两者之间是紧密联系和相辅相成的，但必须明确调正手的目的是为了压反手。目前这种战术已被世界上许多优秀选手所采用。但值得注意的是，无论是用推挡、用反手攻，还是用侧身进攻对方的正手，都必须有较快的速度，并且回球的角度要大，才能达到调动对方为自己争取主动的目的。

第二套：攻追身战术

攻追身杀两角先攻对方身体，再攻对方左角或右角（图 7-13）。

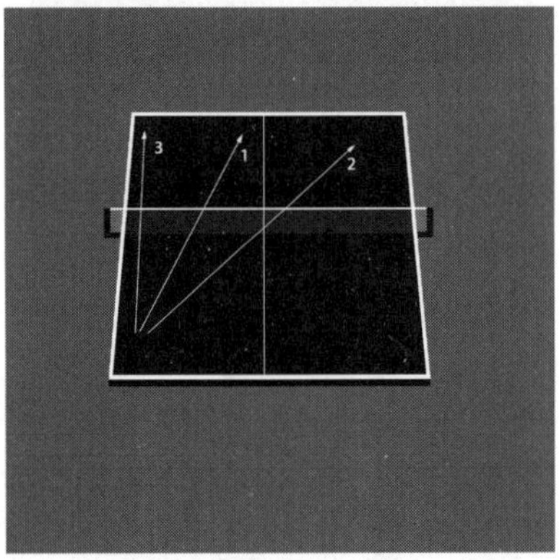

图 7-13

攻两角杀追身先攻对方左右两大角，伺机攻对方中路追身（图 7-14）。

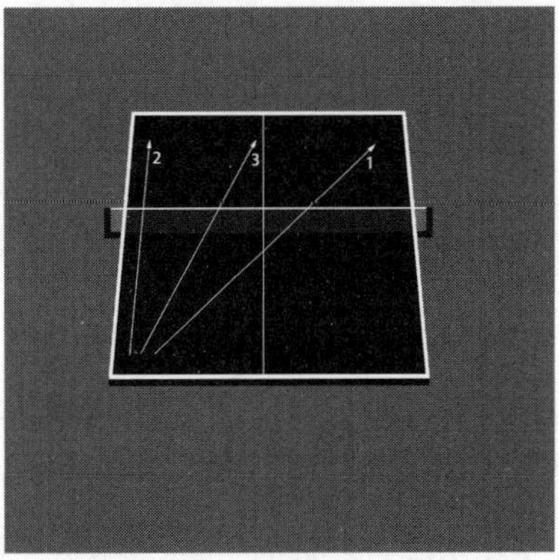

图 7–14

连续攻追身（图 7–15）。

当对方注意到左右两角时，可连续攻追身，在连续攻中伺机发力扣杀中路或两角。

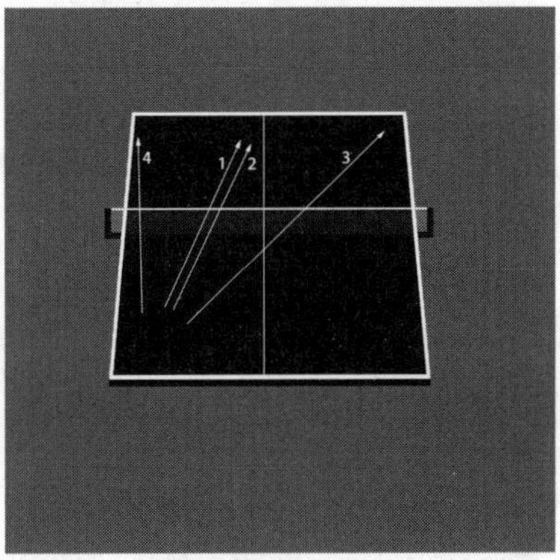

图 7–15

这套攻追身战术是对付横拍常用的战术。中国选手与欧洲选手对阵时，一般都是抢先采用攻追身的战术。这样，一可争取主动，二可防止对方对自己发起追身攻击。

第三套：轻重球结合战术

乒乓球技术中，击球力量的轻重调整与战术的变化有着非常密切的关系。在战术中有关击球力量的调整和运用，基本分为人轻我重、人重我轻、人轻我轻、人重我重和轻重结合五种。不仅在一场、一局比赛中，甚至在 1 分球的争夺过程中，力量轻重的交替运用也是屡见不鲜的。常用的轻重球结合的战术有：

同线轻重球结合运用。以正、反手拉球和突击攻对方同一落点。

异线轻重球结合运用。先以轻拉或挡球引对方靠前回接，再以突击或加力推去攻击对方的相反方向。

中路轻重球结合运用。先以中路近网短球引对方上前回接，再突击对方追身长球。

3. 战术训练要求

对攻战术的训练要求如表 7-3 所示。

表 7-3　对攻战术训练要求

方　法	要　求
推挡结合侧身攻	来球 1/2 是弧圈球，1/2 是推挡或侧身正手快攻 两项技术动作要求协调配合，紧密衔接，动作迅速 推挡—侧身攻，再推挡—再侧身攻，必须反复练习 侧身攻作为技术训练以中等力量为主，适合结合大力扣杀 作为单个战术训练，相持中应多注意不断变换推挡的轻、重力量及反手大角或中路追身等的落点变化，当取得侧身攻的机会时，应将位置让够，攻击力量要大，以大力扣杀争取得分
左推右攻结合侧身攻	对方用推挡或反手快攻，或侧身拉弧圈球至不同落点 对方在右方拉弧圈球至不同落点 右攻时要果断、大胆，手、脚同时到位击球，以中等力量或发力攻为主，结合快带 作为单个战术训练，应集中精力侧重练好攻击对方的薄弱环节，并在取得机会时进行侧身进攻
推挡—侧身—扑正手	推、挡、扑练习的难度大，移动范围广，要不怕辛苦，坚持练习 开始打基础时，可以进行有规律的推、挡、扑练习，具有一定水平后，则必须以无规律的训练为主，以避免侧身攻后习惯地扑正手的弊端
长短球的训练 （包括同线和异线的长短球）	步法移动迅速到位，注意重心的掌握 回球可同一落点，也可不同落点 练习异线长短球时，正手的挑球注意手腕的运用
拉中突击结合连续扣杀	拉球是基础，要拉得稳且低，能拉左、中、右和长、短的落点 突击是在拉球的基础上进行的。如果拉球不过关，往往会造成突击的盲目性；只会拉而突击技术很差，也会影响得分和大幅减弱进攻威力。应根据不同训练阶段和个人的技术特点，在一定时期有所侧重地进行训练 训练时，在拉球突击、连续扣杀的数量和质量方面，均应有一定的指标，尤其要注意掌握好拉中突击的时机

（二）拉攻战术

1. 战术目的

这是以攻为主打法对付削球类打法的主要战术。拉攻利用稳拉，并变化落点、旋转和力量，使用拉中突击或拉冲结合和连续扣杀，制造战机。

2. 战术基本套路

第一套：攻两角战术

对角攻击；双边直线；逢斜变直；逢直变斜；连攻左角，突袭右角；连攻右角，突袭左角。

第二套：攻追身战术

攻追身，杀两角；攻两角，杀追身；拉追身，杀追身。

第三套：转与不转或轻重拉结合战术

加转弧圈球与前冲弧圈球结合。以拉加转弧圈球吸引对方上前削接，再以前冲弧圈球迫使其后退，为连续冲（扣）制造机会；真假弧圈球交替运用，伺机冲杀；运用轻拉与突击结合，配合落点变化找机会扣杀。

3. 战术训练要求

拉攻战术训练要求如表 7-4 所示。

表 7-4　拉攻战术训练要求

方　法	要　求
拉球结合扣杀	拉弧圈球和扣杀，两者的动作差别较大，训练时必须反复体会两者之间不同的动作要领，使之熟练衔接 拉、扣要紧密结合进行练习，即使练习达到较高水平时，也不能忽视这一结合技术的训练，而单纯去提高拉球的质量 训练少儿时，更要注意千万不可在已形成拉弧圈球定型后，才开始去练扣杀，否则今后是很难掌握好拉、扣结合技术的
侧身拉结合扑正手	练习时不但要在侧身拉后比较主动的情况下能扑正手，同时要在侧身拉后比较被动的情况下也能扑正手，这才算是真正掌握了侧身拉后扑正手的过硬本领
反手拉结合正手拉	练习反手结合正手拉时，由左向右交换或由右向左移位要力求快速并及时到位，否则会引起反手拉速度快而正手拉速度慢，容易造成漏拉的特点
反手拉结合侧身拉	练习反手拉结合侧身拉时，关键在于反手拉弧圈球必须具有较大的冲力，或者拉球的角度较大，才能为侧身拉创造有利条件 练习侧身拉时，必须注意移动要及时、迅速，才能充分发挥侧身正手拉的威力

（三）搓攻战术

1. 战术目的

这是进攻型选手的一项辅助战术，目的是利用搓球的旋转及落点变化为进攻创造机会。

2. 战术基本套路

第一套：搓不同落点进行突击

搓两角伺机突击；搓同线长短，伺机突击；搓异线长短，伺机突击；搓追身，伺机突击。

第二套：搓转与不转结合落点变化进行突击

快搓转与不转球结合变化落点，伺机突击；快、慢搓结合，利用节奏和旋转变化，伺机突击；下旋搓球结合侧旋搓球，伺机突击。

第三套：搓拉结合落点变化伺机突击

先搓后拉，伺机突击。在对搓中突然运用快拉或拉弧圈球找机会扣杀；先拉后搓，伺机突击或扣杀。

上述两种搓拉结合战术，是以打乱对方前后步法为主，使其回球质量不高，为自己突击制造机会的战术。

3. 战术训练要求

搓攻战术训练要求如表 7-5 所示。

表 7-5　搓攻战术训练要求

方　法	要　求
搓中突击对方不同落点	比赛时无论应对何种打法，大多数都是从台内下旋球开始而转入其他的技战术较量的，因而要在比赛中取得主动，首先必须从突破下旋短球开始 在比赛中由于相互用摆短来控制对方，又经常会形成对搓的局面，所以掌握快点和搓中突击的技术就成为十分重要的一环 熟练与提高拉球技术 大力加强攻打下旋短球的基本功训练 加强搓中突击的进攻能力

三、防守战术

（一）削中反攻战术

1. 战术目的

削中反攻战术是利用削球变化旋转和落点，迫使对方在走动中回击失误或出高球，伺机进行反攻。

2. 战术基本套路

第一套：削两角伺机反攻

对角紧逼，伺机反攻；连削直线，伺机反攻（图 7–16）。

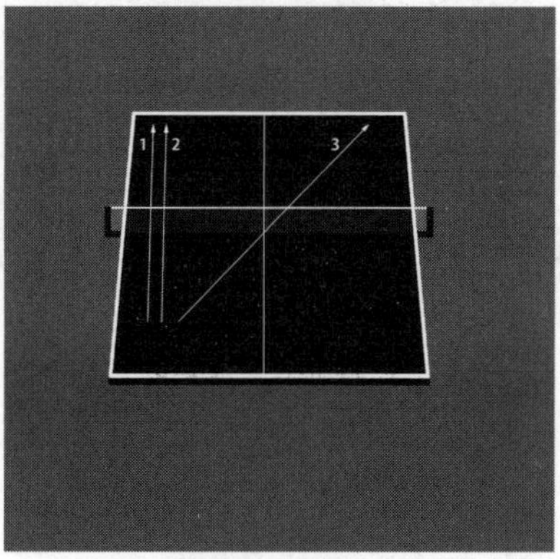

图 7–16

连逼左角，突变右角，或连逼右角，突变左角，伺机反攻（图 7–17）。

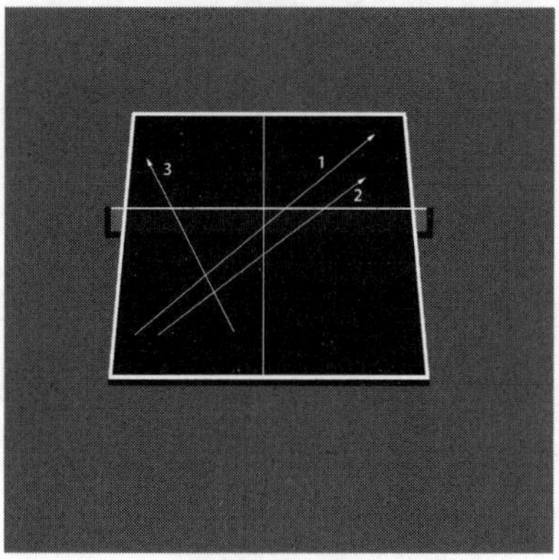

图 7–17

逢斜变直，逢直变斜，伺机反攻。

第二套：削长短球，伺机反攻

削同线长短球，伺机反攻；削异线长短球，伺机反攻；削追身长短球，伺机反攻。如先削中路短球，再削追身，伺机反攻（图 7–18）。

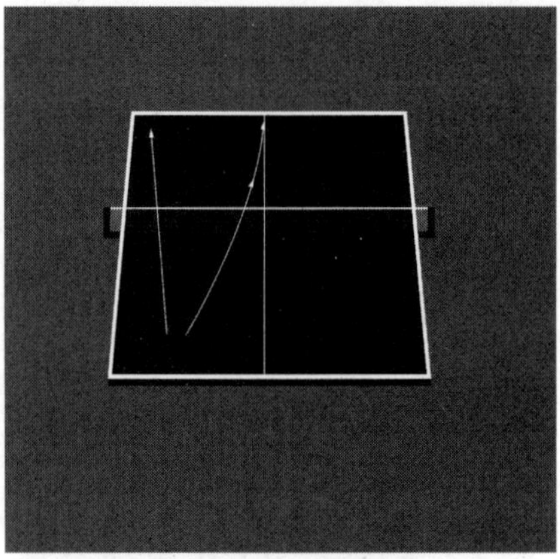

图 7-18

第三套：削转与不转，伺机反攻

先削加转，后送不转，并结合变化落点，伺机反攻；先削下旋，突削侧旋，扰乱对方，伺机反攻；连续削中然后拉上旋，扰乱对方，伺机反攻。

第四套：削攻结合，伺机反攻

时削时攻。有时连续削球，有时连续与对方展开对攻；左削右攻或右削左攻。运用旋转、节奏的变化扰乱对方，争取主动进攻。

3. 战术训练要求

战术训练要求如表 7-6 所示。

表 7-6 战术训练要求

方 法	要 求
正、反手削加转球	正、反手削球的摆速和步法移动要快而准确，以利加大削球的旋转 注意上臂带动前臂，发力要集中，以增大削球的力量
正、反手削不转球	动作外形应与削加转球尽量相似 落点要长，弧线要低
正、反手削转与不转结合控制落点	削转与不转的手法要力求相似，并尽量压低弧线 作为单个作战训练，除旋转变化要灵活运用外，应有控制落点的意识，不然，旋转变化虽大，但经常打不到对方弱点位置上，也就难有反攻的机会
中路削球	要灵活地向左、右让位，用正、反手削接，同时回球控制落点的意识要强 遇到对方突然打来的大角度球，要全力以赴去削接。即使已无法及时跑到位，也要做出移动的动作
削球结合反攻	结合实战的要求，在各种技术、战术训练中，抓住一切有利时机练习反攻，这是主要的行之有效的方法。但削和攻是两项截然不同的技术，还必须有专门的练习时间，才能打下扎实的削中反攻的技术基础 一定要在削球的基础上结合练习反攻技术，如果忽视削球，一味追求多攻，

续表

方　法	要　求
削球结合反攻	在比赛时削和攻的结合运用就容易混乱 要练习正、反手都能反攻对方的搓球、拉球和推挡球。不仅要练近台反攻，也要练习一定的中远台反攻。只有掌握了比较全面的反攻技术，比赛中才能对对方有威胁 作为战术训练，反攻不要求板数多，而是要求不攻则已，一攻就要置对方于“死”地。反攻时，要特别注意抓准时机，选好位置，以提高成功率

（二）接发球战术

1. 战术目的

运用接发球抢攻争取主动，或最大限度地控制对方的发球抢攻，在此基础上为下一板球（第四板）进攻制造机会。

2. 基本套路

用拉球、快拨或快推回击，争取形成对攻的相持局面。

用快搓摆短回接，使对方难以发力抢攻或抢拉，破坏其发球抢攻或抢拉弧圈球的战术意图，从而为自己的主动进攻创造有利条件。

对各种侧旋、上旋或不强烈的下旋短球，可用“快点”回接。“快点”回球速度快，并有线路变化，突然性强，对付欧洲的弧圈型打法选手往往会取得显著效果。

接发球抢攻或抢拉。这是比较积极、凶狠的回接方法。

3. 战术训练要求

接发球战术训练要求如表 7-7 所示。

表 7-7　接发球战术训练要求

方　法	要　求
接发球专门训练：一方练发球，另一方练接发球	进攻性打法用拉、攻、推的方法回接为主，结合快搓短球（摆短）的方法回接为辅（不要连续用搓） 防守型打法则以搓、削控制落点和旋转变化为主，结合抢拉或抢攻
接发球后第二、三板的练习	接发球一方面是要力争主动，另一方面还应准备在接得不好被对方进攻而造成被动局面时提高发球后第二、三板球的防御能力 各种步法练习均包括在接发球技术练习中，练接发球时，要求判断、手法和步法协调一致，切忌位置站“死”练接发球
接发球抢攻、抢拉的练习	开始对单一的发球进行抢攻或抢拉，然后再逐步要求对方发长、短落点或有旋转变化的球 坚持多练，每天练

4. 战术运用策略

接发球战术运用策略如表 7-8 所示。

表 7-8　接发球战术运用策略

问　题	对　策
如何识破对方的发球	要仔细看清对方球拍触球时的角度 观察对方发球的接触动作 从对方发球触球时的球拍角度开始观察，而不必注意引拍、随球动作、表情、身体动作等
接不好同一种发球时怎么办	对同样的发球连续出现同样的失误时，就表示自己太过于慎重或太过于害怕，所以没有办法顺利回球。如果把对方当成攻击的目标，利用扣杀回球的方法就会取得很好的效果 用“快速挥拍”及“迅速猛冲”的方式，挥拍速度要比对方发球更快，这一点很重要
如何区分转与不转球	为了使眼睛灵活转动，可在乘车时练习看窗外通过树木或柱子等，或者是看星星，以提升视力。要经常用鱼肝油按摩眼睛，以加强视力 看清对方触球时球拍的动作是判断的要领 看着球飞行的方式也分辨得出来。旋转球因为空气阻力的缘故，在中途往上飘，不旋转球则会直飞过来 球弹跳的程度也可以当作判断的依据。旋转球会停止，不转球弹跳较高
接发球时要考虑什么问题	因为接发球是攻击的第一球，所以要考虑回球时能打出最具威力的球。下定这种决心就没有问题 接发球时打回的球，不能有利于对方发球抢攻 接发球时要打让自己容易打出第四板的球 不要战战兢兢地接发球 接发球要有变化 接发球时，要让对方打出你想要的第三板

小结

本章通过对战术基本内容、训练的方法和手段的讲解，阐述了各种不同类型打法战术意识的形成、策略和要求，对指导教练员科学训练，以及提高运动员在比赛中运用战术的能力具有非常重要的作用。

■ 思考题

1. 制定战术的基本原则有哪些？
2. 设想两个战术问题，并提出战术对策。
3. 双打的战术要抓住哪几个方面？

参考文献

[1] 唐建军. 乒乓球运动教程 [M]. 北京：北京体育大学出版社，2006.

[2] 刘建和. 运动竞赛学 [M]. 成都：四川教育出版社，1990.

[3] 虞荣安. 新编乒乓球教程 [M]. 西安：西北工业大学出版社，2011.

第八章
多球训练

教学目的

1. 了解多球训练的重要性。
2. 理解多球训练和单球训练的区别。
3. 掌握多球训练的内容、形式、方法和手段。

教学安排

总时数4学时。其中讲授2学时，讨论、实践、作业2学时。

多球训练是根据乒乓球运动的项目特点，经过几代人的创新和发展已成为当今乒乓球训练中一种有效的辅助练习方法。不同训练水平和不同打法类型的练习者都可以采用。多球训练用不同旋转、力量、速度、落点、弧线及不同技术组合等手段，连续不断地供球，加大训练的密度和强度，加强了对技术、战术、专项身体素质在某一方面的重复刺激，使训练获得更好的效果。

第一节　多球训练的作用

多球训练的作用有以下五点。

第一，提高单位时间内的击球次数，增大练习密度，有利于掌握、巩固和改进技术动作，例如有利于单项技术、组合技术和基本步法正确的动力定型；有利于提高击球质量；有利于纠正错误技术动作；有利于提高发球质量；有利于加强特长，弥补特短。

第二，控制供球的速度、落点、弧线和旋转变化，有利于根据练习者不同的训练水平调整难度。

第三，有利于提高练习者专项身体素质和培养勇敢顽强的意志品质。多球训练速度快、密度大，如果能根据练习者的不同水平，确定训练时间，增加供球数量，将有助于提高专项耐力、速度和力量等身体素质。

第四，是缺少某种类型打法时的辅助练习。

第五，增加练习者的兴趣，尤其对训练水平较低的初学者，可消除害怕击球失误的紧张心理，也可做休息、健身娱乐的练习。

第二节 初级阶段多球训练的操作

一、训练目的

初级阶段的多球训练主要目的是使运动员熟练掌握和运用各基本单项技术和以有规律为主的组合技术，通过多球来提高训练量，增加训练的强度和密度，以加深对运动员神经肌肉系统的刺激，形成正确合理的击球动作，良好的击球节奏和手上感觉，步法和手法的协调配合，最终建立动力定型，为后续技战术水平的提高打下坚实基础。

二、训练方式

主要采用教练员直接发球，运动员进行各项基本技术的练习方式。练习形式以两人多球练习为主，辅以单人多球练习和三人多球练习。

三、具体训练操作

乒乓球初级阶段多球训练的具体操作如表 8-1 所示。

表 8-1 乒乓球初级阶段多球训练的具体操作

内容	组合特点	注意事项
各种单项技术练习	以掌握技术为主的练习：150 个球左右为 1 组，每次进行 3 组以单线前、后移动为主的练习 100 球为 1 组，每次进行 2~3 组	定点（固定供球落点）、定性（固定一种旋转性质）、定次（固定供球规律）、定线（固定回球路线） 定点不定性（两种或两种以上旋转的练习） 定点、定性、不定线（如侧身攻斜、直线及中路） 定点、定次（如左右半台一边一次） 练习的数量、时间都应根据个人的具体情况而定
有规律为主结合性技术练习	主要内容：左推右攻、左拨右拉，两面攻、两面拉	根据技术训练的任务和个人的实际水平，可供同一性质的旋转球

续表

内容	组合特点	注意事项
有规律为主结合性技术练习	反手推（攻）侧身攻 正反手削，正手削反手攻，反手削正手攻 正手拉反手打，正手攻反手挡，正手搓反手拱（长胶）	可供定次不定性的旋转球（如正手供上旋、反手供下旋或正手供下旋、反手供上旋） 还可以不定次、不定性、不定点全台任意供球 要求手法和步法协调一致

小结

本章阐述了多球训练的重要性，针对基本技术的学习操作方法，教练员应理解和掌握多球训练和单球多练训练的区别，根据运动员技术发展阶段，制订适宜的训练方法和手段，并视练习效果适当提高或降低练习难度。

■ 思考题

1. 多球训练有哪些作用？
2. 常用的多球训练方法有哪些？
3. 多球训练中需注意的要点是什么？
4. 针对不同打法如何选用有效的多球训练手段？举例说明。

参考文献

[1] 吴焕群．中国乒乓球竞技制胜规律的科学研究与创新实践［M］．北京：人民体育出版社，2009.
[2] 刘建和．运动竞赛学［M］．成都：四川教育出版社，1990.
[3] 虞荣安．新编乒乓球教程［M］．西安：西北工业大学出版社，2011.
[4] 刘钦龙．运动训练创新理论研究［D］．北京体育大学，2007.

第九章

训练计划的制订与实施

教学目的

1. 了解训练计划相关的基础理论知识。
2. 熟悉制订训练计划中的要点与实施重点。
3. 掌握并具备制订初级课与周训练计划的撰写和实施能力。

教学安排

总时数为8学时。其中讲授4学时，讨论、实践、作业4学时。

训练计划性是对未来的训练过程预先做出理论设计，使运动训练按照有计划、有系统、有步骤、有目的、有要求、有组织、有检查和有控制地进行，为教练员、运动员提供一个科学的目标和实现这一目标的方法模式。

第一节 训练计划的特点、类型及内容

一、训练计划的特点

（一）掌握规律是方向

1. 乒乓球竞技制胜规律体现五个技术特性

①方向性：指不同时代技术发展的方向有所差别，各种打法和技术处在发展变化中。没有永远的先进和落后。

②复杂性：指球性的复杂。球性变化“无限大”，以精湛技术可以回击的效应度计算，有1400万种。

③对抗性：指每一板球都有控制与反控制的情况。

④随机性：指各种球性的单个出现及组合再现的无序性，如最凶的球、最转的球、

落点最刁的球等。

⑤精确性：指各种技术已被区分得非常精细。

2. 乒乓球竞技制胜规律体现五个竞技要素

速度、旋转、力量、弧线、落点。

3. 乒乓球竞技制胜规律体现五个决胜因素

快、转、狠、准、变。

将运动员制约与反制约时所击出的每板球的时空特征，即“速度、旋转、力量、弧线、落点”五个竞技要素与运动员的整体技战术结合就形成了各自不同水准的“快、转、狠、准、变”，将这些决胜因素依运动员的个人气质、精神风貌的不同而有所侧重地结合，就形成了运动员的个人技术风格。

以制胜规律为方向，以科学、合理的训练手段、方法、强度与量度进行训练，是取得比赛胜利的保证，也是制订训练计划最突出的特点。

（二）唯物辩证法是支柱

训练计划制订的特点要体现中国乒乓球运动的光荣传统，即唯物辩证法。在训练实践中处理好练与战、胜与负、攻与守、快与慢、高与低、近台与远台、弧圈与快攻、速度与旋转、领先与落后、局部与全部、个性与共性、假象与实质等一个又一个矛盾，以及明确矛盾的对立统一规律，以此为支柱指导训练与比赛。

（三）身体素质是前提

①发展全面身体素质和专项身体素质是使运动员的技战术正常发挥，技战术水平快速、稳定地发展，以及保持、延长竞技水平的高峰期和运动寿命的前提与保障。

②全面身体素质训练与专项身体素质训练在乒乓球训练过程中与技术训练、战术训练、心理训练等过程是不可分割、互相影响、互相促进、紧密联系的。而且，在发展身体素质方面要紧密结合各项素质发展的敏感期，从而达到事半功倍的效果，青少年身体素质和竞技能力发展的年龄特点如表 9-1 所示。

表 9-1　青少年身体素质发展的特点

身体素质	发展敏感期	
	男（岁）	女（岁）
力量	12 ~16	11 ~15
速度	8 ~13	9 ~12

续表

身体素质		发展敏感期	
		男（岁）	女（岁）
耐力	有氧耐力	10 ~13 和 16 ~17	9 ~12
	无氧耐力	16 ~20	9~13
柔韧		5 ~12	5 ~12
灵敏		6 ~13	6 ~13

（四）基本技术是基础

基本技术的训练在整个乒乓球训练体系中占有极为重要的地位，是整个乒乓球运动的基础，没有技术这个基础，战术、心理、素质等部分的实施，都将成为无本之木、无源之水。

（五）专项意识是关键

乒乓球运动面对的是人与人的对抗，没有固定的“套路”可遵循。意识在乒乓球运动中的地位是很关键的，只有应变而变的意识才是取胜的条件。

（六）特长训练是切入口

不同类型打法的运动员，由于其打法和技术风格的不同，在训练计划的制订、训练内容的安排上就应该有所不同和侧重。

特长训练是提高技术水平的切入口，使运动员的技术水平逐渐朝着“积极主动、特长突出、技术全面、战术多样”的方向发展。

（七）创新训练是主导

只有牢牢把握世界乒乓球运动技术打法的发展规律，锐意进取、刻意创新，在技术与打法的发明创造方面走在世界最前列，才能取得最终胜利。

（八）因材施教是后盾

根据不同类型、不同性格、不同打法、不同特点、不同心理、不同素质的运动员进行有的放矢、有目的、有计划、有系统、连贯的训练是取得训练成果的保证和后盾。

二、训练计划的类型

训练计划类型的划分多种多样，但最实际、最常用的是按运动训练时间跨度的大小进行划分。根据训练计划的类型特点，一般可划分为多年、年度、季度、月、周、日、课训练计划。

(一) 多年训练计划

多年训练计划属于具有全局意义的战略规划，计划内容的安排、框架的设计不求翔实，但求稳定。由于乒乓球运动的发展，现代训练越来越强调稳定的、连续的、系统的训练，因此多年训练计划的制订也越来越重要。

(二) 年度训练计划

同多年训练计划的要求基本一致，但主要根据年度训练、比赛目标，以及竞技综合能力发展目标制订，在计划内容及安排上更为详细。

(三) 季度、月训练计划

根据在某个季度、某个月出现比赛（大比赛、小比赛）的频率情况来制订相应稳定及配套机动的训练计划。这一点在现代乒乓球运动训练计划的制订上越来越显示出其必要性及重要性。

(四) 周、日、课训练计划

周训练计划与日、课训练计划都是训练实施的具体计划，它们在训练中变化较多。随着现代训练的发展，日、课训练计划的科学性、现代性、超前性显得越来越重要。同时重视同一训练内容的连贯性和系统性。

(五) 个人训练计划

为贯彻区别对待原则，一次课中应有一定时间用于教练员安排为单个运动员制订的训练计划（特长训练）及运动员自己安排训练内容。

三、训练计划的内容

尽管不同类型的训练计划在内容上有各自的特殊要求和侧重点，但基于不同时间跨度的运动训练过程的基本结构都是一样的，即使是不同训练过程的设计、不同的训练计划也有许多共同之处。

(一) 训练计划的基本内容及制订计划的流程

根据计划内容在运动训练过程中的意义，我们绘制了训练计划内容与流程图（图 9-1），将其归纳为准备性部分（1~2）、指导性部分（3~6）、实施性部分（7~9）

和控制性部分（10）。通常在制订多年训练计划和年度训练计划时，应特别重视指导性部分，而在制订具体的周、课计划时，还应认真考虑实施性部分。

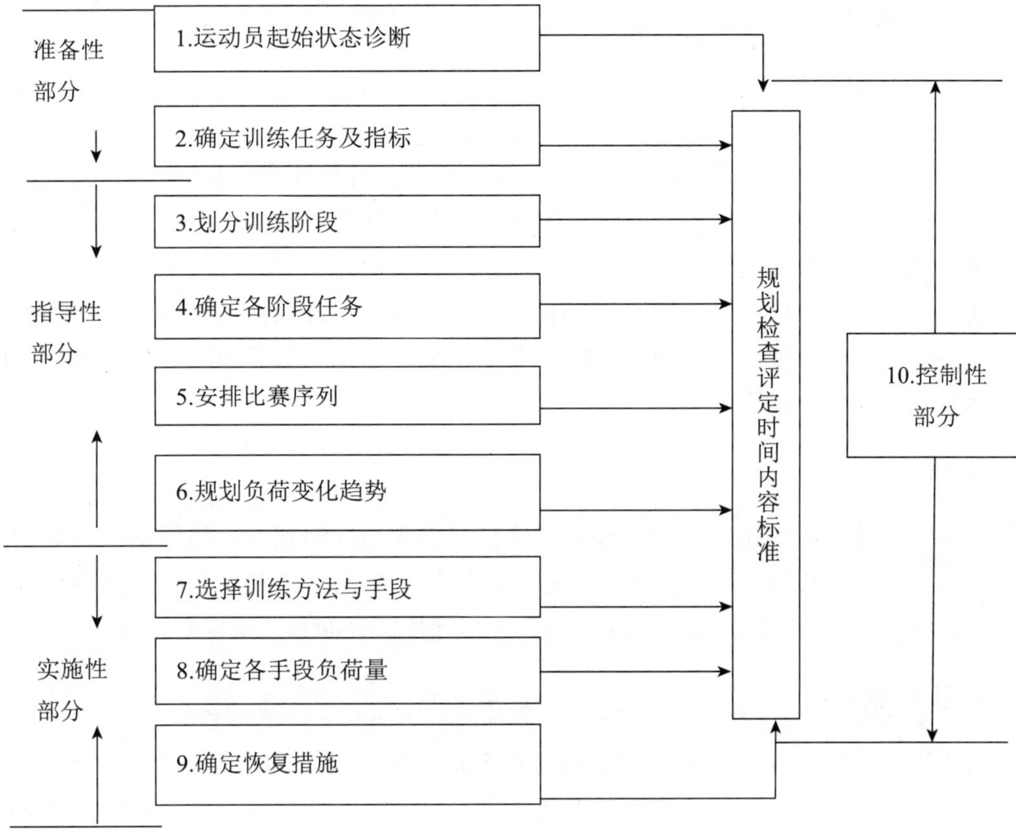

图 9-1　训练计划内容与流程

（二）各类训练计划共有的内容

各类训练计划共有的内容包括运动员的现实状态，训练指导，训练过程的阶段划分，各阶段的主要任务、要求，比赛的安排，运动负荷动态变化的趋势，训练的方法和手段，各训练手段的负荷要求、恢复措施，检查评定的内容、时间及标准（图 9-1）。

（三）个别训练计划特有的内容

特有的内容包括确定每名运动员的训练任务及指标、制订左手运动员的训练方法与手段、根据不同类型打法划分训练周期、特长技术与技术全面的兼容并蓄、创新技术与改革打法的相互辉映。

（四）四个部分的目标

1. 准备性部分

准备性部分是指对运动员起始状态的诊断和确立训练任务与指标，这两项工作是运动训练过程中与训练计划的制订并列的两个独立的重要环节。

运动员起始状态的诊断是指运动员的专项成绩、机体能力、素质、形态、心理、智力、品德等综合能力指标在上一训练过程中的最佳状态，以及训练计划完成情况和制订新的训练计划时的现实状态。

建立新的训练目标，包括多年训练目标、全年训练目标及阶段训练目标、参加各主要比赛的专项成绩指标、各训练阶段的考核水平的评定、各竞技能力及综合能力的具体指标等。

2. 指导性部分

指导性部分是训练计划的主体部分，故具有重要的战略意义。根据训练计划的目的、目标和根据各阶段训练的任务与指标制订出符合当前形势与阶段特点的整体训练框架及训练趋势。时间跨度越大的训练过程，指导性部分的意义就越大。

3. 实施性部分

实施性部分主要解决训练过程中训练内容的安排、相应训练方法和手段的选择，以及各训练手段的负荷量、强度的要求及协调。同时需兼顾负荷后应如何恢复和采用什么方式、方法进行恢复的问题。

4. 控制性部分

现代运动训练的另一个特征就是对运动训练过程实行控制，以达到科学化、智能化训练的目的。具体体现在：训练的系统性，即实行多年系统训练；训练周期安排的多样化、精细化；运动负荷增大，负荷定量化；恢复训练已成为训练的重要内容；专项训练手段增多，讲求反馈；训练手段、方法综合运用；讲求心理、智能训练及调控；女子训练男性化的调控。

第二节 制订训练计划的目的与依据

一、制订训练计划的目的

制订训练计划的目的是使教练员掌握和控制训练的过程，对训练工作做出科学、客观的评价，积累训练过程资料，对训练进行系统的反馈、存储、研究和创新。

二、制订训练计划的依据

训练计划的制订必须依据主体、客体条件的可能性，依据人体、运动训练、客观世界的发展规律和变化原理。具体可从以下三方面进行归纳。

（一）主体

这里的主体指的是被训练者（运动员）本身。

1. 依据运动员的个人特点、现实状态和职业发展期

运动员竞技能力各个方面所表现出来的特点和现实状态是其训练过程的出发点，也是其状态转移的基础。因此，实现运动员状态良性转移而制订的训练计划，必须符合运动员的现实状态和特点，且在宏观上要考虑运动员所处不同职业发展阶段，才能促成运动员竞技能力出现明显且持续的良性变化。

2. 依据运动员的潜在能力

运动员潜在能力的测定主要来源于调查、访问和对运动员的背景进行全面的了解、掌握。这些潜在因素主要表现在遗传、环境、教育、地理条件、训练条件、人际条件等几个方面。根据这些具体的潜在条件制订有的放矢的训练计划，以便最大限度地提高训练效果。

3. 依据运动员竞技状态的形成与周期性发展规律

竞技状态发展形成的过程包含着获得、保持、暂时消退三个阶段，以及在更高层次上继续着获得、保持、暂时消退的周期性发展变化规律，要依此确定训练周期结构和划分训练阶段，安排训练负荷与比赛负荷节奏。

4. 依据刺激—适应—再刺激—再适应的发展规律

训练（刺激）—适应是反应运动员机体在外界环境刺激作用下所产生的生物学方面的“动态平衡”，并按照刺激—反应—适应—再刺激—再反应—再适应的规律变化着。运动训练就是一个不断给予运动员机体适度刺激的过程，通过反复刺激提高运动员机体的各种生物适应性，从而提高竞技能力和运动成绩。

（二）客体

客体指的是对主体运动员产生影响、刺激、变化的外部因素。

1. 依据训练目标

为了达到运动员由起始状态向目标状态转移这一运动训练的根本目的，必须选择和设计最适宜的道路，这就是运动训练的计划。

2. 依据重大比赛的安排

比赛是检查训练效果的唯一手段，竞技状态的发展变化规律应围绕比赛这个核心的发展变化而变化。在制订训练计划时，必须依据各种比赛设置的实际节奏，结合自身情况，合理地确定运动员参加比赛的级别、次数及节奏。

3. 依据运动技能迁移规律

合理安排竞技能力的各种训练，以期达到正迁移。

4. 依据运动训练内容与手段的迁移规律

依据训练内容与手段的正迁移或负迁移的关系，通过合理训练计划的安排达到正迁移的效果。

（三）主体与客体的有机结合

现代化的训练是一个由多种因素影响的动态平衡及发展变化的过程。依据生物界与自然界的节奏变化规律，任何一种因素的变化都会影响训练效果，其中与生物节奏同步、机体有机地协调结合才能达到最佳效果，两者间如何同步，正是训练计划的合理安排。

第三节 周、课训练计划的制订

一、周训练计划的制订

（一）周训练计划的类型及主要训练任务和负荷特点（表 9-2）

表 9-2 周训练计划的类型及主要训练任务和负荷特点

周计划类型	主要训练任务	负荷特点
基本训练周	通过负荷的改变引起新的生物适应现象。提高运动员的体能及各项基本技术和竞技能力	量和强度均较大
赛前准备周	使运动员的机体适应比赛的要求和条件，把各种竞技能力集中在适应比赛上	量有所减少，强度不变
比赛周	为运动员在各方面创造理想的竞技状态做准备或调整，力求实现预期的比赛目标	根据比赛所付出的强度与量进行调控，训练强度与量同赛前准备周基本一致，以略有减少为佳
恢复周	消除运动员生理和心理上的疲劳，促进超量恢复，准备投入下一周期的训练	量和强度均明显减少

（二）制订周训练计划的要求

在制订周训练计划时，不同的训练课、训练内容要根据训练周的类型及运动员身体、心理和竞技能力，合理地安排训练内容及负荷的量和强度，避免训练不扎实或训练过度，使运动员在全面发展的基础上提高竞技水平。制订周训练计划时应做到以下四点。

①在安排身体素质、技术、战术训练内容时，要考虑运动员的竞技状态。

②运动负荷与恢复要同步考虑，将“没有疲劳就没有训练”的理念发展成为“没有恢复就没有提高”的新理念。

③将身体训练与技术训练有机地结合起来。

④可将一周的训练分成两部分，前三天以技战术训练为主，后三天适当增加身体训练的比重。

（三）周训练计划技战术训练内容的安排（表 9-3）

表 9-3　周训练计划技战术训练内容的安排

训练内容		互换方式
主练方	陪练方	
1. 正手攻（拉） 2. 正手位 2/3 台走位正手攻 3. 反手推（拨）+侧、扑 4. 正手快带和反拉相互转换 5. 反手快带和快撕相互转换 6. 搓中抢拉 7. 发球抢攻 8. 接发球抢攻或控制 9. 正（反）手稳拉 10. 正手位 2/3 台走位正手攻 11. 拉、冲、吊结合 12. 攻防转换 13. 搓攻结合	1. 正手攻（拉） 2. 正（反）手快带 3. 正（反）手快带 4. 正（反）手拉 5. 正（反）手拉 6. 搓中防守 7. 接发球控制 8. 发球抢攻 9. 正（反）手削转不转球 10. 正（反）手削左右两点 11. 前后左右移动削球 12. 削中反攻 13. 搓削结合	1. 每一项内容练习时间的确定，可根据内容的主次来确定练习时间。主要内容时间可长一些，次要内容时间可短一些 2. 每一项内容互换方式的确定，可根据练习的目的来确定。以熟练、提高命中率为目的，按时间进行互换；以提高得分率为目的，则按得分数进行互换 3. 每次训练课要根据不同的训练对手，结合周训练计划的主要任务，来选择相应的训练内容，要突出重点

（四）周训练计划的格式（表 9-4）

表 9-4　周训练计划

周期		阶段		周次		期限					
任务	1. 技术 2. 身体素质 3. 自身素养										
星期	一					二	三	四	五	六	日
训练时间及内容	上午：9：00—11：00（120 分） 一、准备部分（15 分） （一）准备活动（10 分） （二）宣布课的任务及安排训练对手（5 分） 二、基本部分（95 分） （一）技术训练（60 分） 休息（5 分） （二）身体训练（25 分） 三、结束部分（10 分） （一）放松活动（5 分） （二）小结（5 分）										
	下午：3：00—5：00（120 分）										

续表

负荷	大							
	中							
	小							
小结								

二、课训练计划的制订

（一）课的任务和内容

课的任务和内容应根据周计划的统一要求和运动员的现实状况来确定。

①一堂课的任务，可以是单一的，也可以是综合的。通常情况下，少儿运动员、初学者的综合课较多，准备期比竞技期多。

②一次综合课中，主要训练内容以 4~5 项为宜。要合理安排训练内容和顺序，需要精力充沛才能很好完成的内容，一般安排在课的前半部分，而在疲劳情况下仍可完成的内容，则应安排在课的后半部分。

③完全单一的训练课（如基本战术课）在训练期安排得较少，比赛期要略多一些。

（二）一次训练课的组成

①准备部分通常由一般准备活动和专门准备活动两项内容组成。一般准备活动需连续进行 10 分钟左右，每分钟心率达到 110~150 次。结合专项的需要做一些专门准备活动，如挥拍练习和步法练习等，使运动员从生理、心理和技术上做好必要的准备。

②基本部分在课中占时最多，为 75%~90%，其运动负荷有一次或几次达到课的高峰，其内容从单个技术到结合技术，从手法到步法结合。

③结束部分可做一些积极性恢复的练习，以促进机体的迅速恢复。

训练课的教案和技战术训练课的安排如表 9-5 和表 9-6 所示。

表 9-5　一堂乒乓球训练课教案

日期	时间	天气
参加运动员：	训练课编号：××阶段　第×周　第×节课	
任务： 目的：		

续表

时间	内容与安排	具体要求
14：30— 14：55	身体准备活动：放松慢跑、伸展活动，专项操及步法等专项练习 安排训练对手及见习队员	预热身体并使得机体各部分充分活动开
14：55— 17：20	主要内容（攻—攻） 比赛5局3胜　15分钟 中台对拉　15分钟 2/3台—推—拉　30分钟 推侧扑　30分钟 休息　10分钟 全台防弧圈练习　20分钟 发球抢攻　25分钟 （其他打法训练内容略）	根据训练对象的不同，制订应完成的指标，对每项内容都要有具体要求。可周一、三、五练一套内容，周二、四、六练一套内容
17：20— 17：30	各种整理、放松活动 小结：肯定成绩，表扬先进，提示待改进的方面	

表9-6　技战术训练课安排

技战术类型	训练内容	时间（分钟）×组数
攻对攻	对攻 2/3台走位攻（拉） 攻防转换 发球抢攻 个人计划	10×1 15×2 15×2 15×2 15×2
攻对削	稳拉稳削 拉、冲、吊结合 发球抢攻 削中反攻 搓攻 个人计划（或记分）	15×1 15×1 15×2 15×1 15×1 15×1
削对削	对攻 稳拉稳削 搓攻结合 发球抢攻 个人计划（或12板记时）	10×1 15×2 15×2 15×2 15×2

小结

本章通过对训练计划的特点、类型、内容，以及训练计划制订的目的和依据进行了阐述，最后对周、课训练计划做了规划，使教练员清楚训练计划的科学制订，有利于运动员快速地提高。

■ 思考题

1. 训练计划的特点有哪些？
2. 训练计划有什么类型？
3. 如何安排训练计划的内容？
4. 制订训练计划的目的是什么？有哪些依据？

参考文献

[1] 刘建和．乒乓球教学与训练［M］．北京：人民体育出版社，2008.
[2] 全国体育院校教材委员会．运动训练学［M］．北京：人民体育出版社，2010.
[3] 唐建军．乒乓球运动教程［M］．北京：北京体育大学出版社，2006.
[4] 虞荣安．新编乒乓球教程［M］．西安：西北工业大学出版社，2011.
[5] 吴焕群．乒坛竞技科学诊断［M］．北京：国家体委科研所，1996.

第十章

乒乓球教练员的科研工作

教学目的

1. 了解乒乓球科研工作的步骤。
2. 掌握乒乓球科研工作切实可行的有效方法。
3. 了解撰写技战术分析报告、科研论文的格式和内容。

教学安排

总时数 8 学时。其中讲授 2 学时，讨论、实践、作业 6 学时。

中国乒乓球在国际乒坛保持近 60 年长盛不衰，有一条重要的经验，就是理论先行，不断探索乒乓球运动的发展规律，将运动训练与科学创新密切结合。乒乓球教练员的科研工作，目的在于洞察乒乓球项目的发展潮流及趋势，探索乒乓球竞技的内在规律，总结经验，取长补短，攻坚克难，科学训练，不断创新，提高运动员的运动成绩，为乒乓球运动实践服务，把乒乓球运动的水平推向新的高度。本章在论述教练员是乒坛科研的生力军的基础上，讲述了乒乓球科研的步骤、范围和方法，以及乒乓球技战术分析报告的撰写方法等。

第一节　教练员是乒坛科研的生力军

决定运动水平的因素是多方面的，而教练员是训练过程中的控制部分，是决定训练水平的主导因素，是体育科研的生力军。

一、教练员是决定训练水平的主导因素

教练员是训练计划的制订者、训练对象的指导者，对运动员成绩的提高起到关键作用。一份训练计划，应当是在了解训练对象体质特征、生理负担能力、技术状况、战术意识等前提下，借鉴前人经验和科技文献的产物。现场指导，要靠科学知识武装

起来的头脑有的放矢地进行。要提高运动成绩，只让运动员苦练是不行的，教练员必须把运动员作为研究的对象，从实际出发提出课题，并进行实验、总结，使理论化的条文既能指导本队训练，又能为他队提供训练参考。充分发掘和发挥教练员这支体育科研生力军的作用，必将有助于运动成绩的提高。

教练员要想搞好自己的训练，必须具备一定的科研意识和科研思维，要有探究已知和未知的勇气，要敢于质疑，勤于思考，才能够在训练中不断探索、不断提高。

在中国乒乓球项目上，亲自参与实践的教练员的科研能力强，是乒乓球科研工作的一大特色。我国乒乓球教练员队伍，站在训练的前列，发扬了不断创新的精神，涌现出一批又一批的优秀教练员。优秀乒乓球教练员的共同之处在于通过在训练理论、方法和实践上的突破，培养出一批批世界冠军，带领中国队勇攀一座座世界高峰。

二、科学训练铸就金牌

从现代竞技体育发展情况可以看出，谁占有更多的信息，谁就可以领先一步；谁掌握最新的技术，谁就掌握了科学训练的主动权。随着运动员竞技能力和竞技水平的提高，训练理论也必然向着更加科学的方向变革。

人类知识基本上分为两大类，即经验知识和信息知识。经验训练的基础是经验知识，科学训练的基础是信息知识。随着运动成绩的不断提高和训练难度的日益增大，迫使现代运动训练逐步走向经验型与科学型相结合的道路。

现代竞技体育中竞争愈演愈烈，教练员是知识的传播者和组织者。他们把先进的科学知识和技战术教给运动员，并指导和训练运动员攀登体育高峰。金牌运动员来自金牌教练员，教练员应掌握的体育科学理论知识的门类、范围和深度均超过了以往，而科研和应用能力显得尤为重要。

我国历届乒乓球教练员与科研人员一直坚持探索乒乓球项目的内在规律，不断丰富乒乓球项目的技术结构和战术组合。老一辈教练员积累的宝贵经验具有科学的因素，是现代每一位乒乓球教练员进行科学训练的宝贵财富。

随着现代科学技术水平的提高，教练员的科技素质将逐渐成为科学训练的前提，因此，教练员必须培养科研意识，提高科技素质。

教练员提高科技素质的主要途径有：不断学习和更新自身知识储备，扩大信息面；提高将科技成果运用于训练的能力；经常与科研人员交流，共同探索项目发展规律。

三、唯有创新别无出路

在乒乓球项目上，凡有别于以往的技术、战术、球拍、训练方法或将其进行结合，创造出以往不曾出现而其功效又利于提高单个制胜因素或其组合水平的方式，可谓之创新。创新的意义，正如徐寅生同志的评价“凡是重视了创新，技术就有发展，凡是忽视了创新，技术的发展就缓慢，甚至停滞下来，就出现了低潮”。“唯有创新别无出路”。中国队在击球技术、打法、训练方法上直接应用于比赛的创新十分丰富。对创新价值的认识，通过认识的高级形式——理论表现了出来。这种由实践到认识，再由认识到实践的飞跃，使我们的创新实践也同对创新的认识一样，走在了世界的前列。

回顾我国乒乓球技术发展的过程，中国队从打法、技术、球拍、训练方法及训练器械、培养新人等方面，进行了全方位的创新实践。“继承与发展，学习与创新”是中国乒乓球队的重要经验。

第二节　乒乓球科研的步骤和范围

每门学科的研究对象不同，从而研究的范围、内容和方法也不完全一样，各自有各自的特点，乒乓球研究也有自己的特点。一般要通过实践、观察、综合、归纳、分析、推理等方法，“将丰富的感觉材料进行去粗取精、去伪存真、由此及彼、由表及里地改造制作，形成概念理论系统”，要分析事物发展的矛盾，洞察事物的特性和本质，实现认识上的质的飞跃，从而弄清楚某一事物发生发展的规律，并运用这一规律去能动地改造客观事物。我国乒乓球运动，有着比较丰富的实践经验，为科学研究提供了生动的材料；我国教练员及科研人员，也从无到有地开展了一些研究工作，积累了一定的经验。把这些经验作一粗略的概括，为教练员提供一些借鉴，以便在此基础上进一步提高研究工作的水平，向研究工作的深度和广度进军，为有效地促进我国乒乓球运动水平的提高做出应有的贡献。

一、乒乓球科研的步骤

乒乓球科学研究工作的步骤，一般应包括以下四个部分。

（一）选择研究课题，确定主攻方向

1. 选题依据

能反映出指导者和研究者的眼光见识，有价值且可能完成的课题，需要学识、经验和巨大的想象力；要有现实意义，可以侧重于当前亟须解决的实际问题；要有学术意义和理论价值，可以侧重于长远发展中需要解决的问题，也可以把近期需要和长远发展结合起来。

2. 选题要求

选题时应注意课题的分量，难易程度要恰当，要估计研究条件是否能达到，要结合研究者的基础和特长。

3. 选题意义

正确地确定课题是很重要的，课题选得好，可以事半功倍；选不好，则事倍功半或劳而无功。课题要能抓住问题的关键，能解决新的问题，提出新的见解。

（二）研究者必须充分结合资料

研究者应对所研究问题的现状进行周密的调查；对有关文献进行仔细的研究；对全部材料进行归纳。做到以下三点。

①明确提出课题的具体研究任务。

②确定适宜的研究方法。

③制订研究工作的进程表。

（三）综合整理分析资料

对所得到的材料，无论是实验材料，还是调查访问材料、观察材料，都应及时地进行综合整理。

（四）对研究结果进行讨论

对所得材料提出明确的结论，结论应简明扼要，最后提出建议。

二、乒乓球科研的范围

乒乓球科研的范围和内容很广，总体可分为实践应用研究和基础理论研究两大类。具体大致包括以下三点。

（一）训练学的研究

①有效技术的科学分析与经验总结，以及新技术的创造与实验。如发球、接发球，以及种种打法的主要技术的创造与实验。

②有效战术的科学分析与经验总结，以及新战术的创造与实验。如发球抢攻技术、接发球抢攻技术、各种打法对付不同对手的主要战术，以及在领先、相持、落后阶段的战术。

③训练方法的科学分析与经验总结，以及新训练法的创造与实验。如技术训练、

战术训练、体能训练、意志训练、风格训练，以及建立科学完整的训练制度、制订多年训练计划等。

④研究少年乒乓球运动员技战术训练规律、训练方法和训练制度等。

⑤研究技术理论与训练理论等。

（二）生物学的研究

①乒乓球运动员运动生理学有关问题的研究。

②乒乓球运动员运动心理学有关问题的研究。

③乒乓球运动员运动医学有关问题的研究。

④乒乓球运动员运动生物力学有关问题的研究。

（三）科研方法、仪器、器材及工具性能的研究

①乒乓球比赛快速统计与分析方法的研究。

②乒乓球技术、战术、训练、专项测验的统计分析方法。

③乒乓球训练器材的研制。如多球发射机、测速仪、测转仪等。

④球拍的改进。如新式胶皮的研制，胶皮、海绵、底板的物理性能和使用性能的进一步改造等。

⑤ 用于训练的多种辅助器材的研制等。

第三节　乒乓球项目的科研方法

研究的方法涉及的知识面颇广，方法也很多。每门学科的研究对象不同，从而方法也不完全相同，有各自的特点。但由于自然界是一个整体，各种对象相互联系，彼此制约，因而个性中又常常蕴含着共性，所以研究方法有时可以互相借用。常用于乒乓球项目的科研方法与举例如下。

一、三段技战术指标评估法

乒乓球运动是一项以技战术为主导的竞技体育项目，对于乒乓球教练员而言，对于技战术方面的研究是重中之重。

多年来对乒乓球运动的技战术能力进行定量分析和诊断的方法是三段技战术指标评估法。该方法是由国家体育总局科研所乒乓球组经过多年的不断摸索和尝试，逐渐形成的能够准确判断对乒乓球竞技制胜起决定作用的技战术状态评价的方法。近年来国家乒乓球队科研人员在继承传统三段指标评估法的基础上，又引入了各种技战术分

析软件进行技战术统计分析，如德国 Simi Scout 视频技战术分析软件、乒乓球比赛临场统计分析系统等，软件的使用进一步提高了技战术分析的效率和准确性。但其核心思想仍为三段技战术指标评估法。

（一）三段统计表

三段统计表是用来对运动员比赛中技战术运用情况进行记录的表格，此表分为发球抢攻段、接发球抢攻段和相持段，可以记录乒乓球比赛中运动员主要技术组合的运用效果，指标的高低与比赛的胜负有着直接的关系，所以通过观察此表，可以从整体上对运动员的技战术训练水平进行判断。在实践运用中，一般情况下，它是在对运动员进行技战术诊断时，首先运用的统计表，以得到对技战术训练水平的基本估计，有利于找准下一步诊断的方向（表 10-1）。

表 10-1　乒乓球三段统计表

运动员：________时间：__________比赛名称：__________结果：_______

<table>
<tr><th colspan="2" rowspan="2">技战术</th><th rowspan="2">第一局</th><th rowspan="2">第二局</th><th rowspan="2">第三局</th><th rowspan="2">第四局</th><th rowspan="2">第五局</th><th rowspan="2">第六局</th><th rowspan="2">第七局</th><th colspan="2">合计</th></tr>
<tr><th>得</th><th>失</th></tr>
<tr><td colspan="2">发球</td><td></td><td></td><td></td><td></td><td></td><td></td><td></td><td></td><td></td></tr>
<tr><td colspan="2">发球抢攻</td><td></td><td></td><td></td><td></td><td></td><td></td><td></td><td></td><td></td></tr>
<tr><td colspan="2">发球后控制</td><td></td><td></td><td></td><td></td><td></td><td></td><td></td><td></td><td></td></tr>
<tr><td colspan="2">发球被攻</td><td></td><td></td><td></td><td></td><td></td><td></td><td></td><td></td><td></td></tr>
<tr><td colspan="2">接发球</td><td></td><td></td><td></td><td></td><td></td><td></td><td></td><td></td><td></td></tr>
<tr><td colspan="2">接发球被攻</td><td></td><td></td><td></td><td></td><td></td><td></td><td></td><td></td><td></td></tr>
<tr><td colspan="2">接发球抢攻</td><td></td><td></td><td></td><td></td><td></td><td></td><td></td><td></td><td></td></tr>
<tr><td colspan="2">接球后抢攻</td><td></td><td></td><td></td><td></td><td></td><td></td><td></td><td></td><td></td></tr>
<tr><td colspan="2">接球后控制</td><td></td><td></td><td></td><td></td><td></td><td></td><td></td><td></td><td></td></tr>
<tr><td rowspan="3">主动</td><td>正手</td><td></td><td></td><td></td><td></td><td></td><td></td><td></td><td></td><td></td></tr>
<tr><td>反手</td><td></td><td></td><td></td><td></td><td></td><td></td><td></td><td></td><td></td></tr>
<tr><td>侧身</td><td></td><td></td><td></td><td></td><td></td><td></td><td></td><td></td><td></td></tr>
<tr><td rowspan="3">相持</td><td>正手</td><td></td><td></td><td></td><td></td><td></td><td></td><td></td><td></td><td></td></tr>
<tr><td>反手</td><td></td><td></td><td></td><td></td><td></td><td></td><td></td><td></td><td></td></tr>
<tr><td>侧身</td><td></td><td></td><td></td><td></td><td></td><td></td><td></td><td></td><td></td></tr>
<tr><td rowspan="3">被动</td><td>正手</td><td></td><td></td><td></td><td></td><td></td><td></td><td></td><td></td><td></td></tr>
<tr><td>反手</td><td></td><td></td><td></td><td></td><td></td><td></td><td></td><td></td><td></td></tr>
<tr><td>中路</td><td></td><td></td><td></td><td></td><td></td><td></td><td></td><td></td><td></td></tr>
<tr><td colspan="2">比分</td><td></td><td></td><td></td><td></td><td></td><td></td><td></td><td></td><td></td></tr>
</table>

（二）分段效果统计表

经过对三段统计结果的分析，确定各段对胜负影响的大小，利用分段效果统计表对特定段中技战术运用的具体效果加以统计分析，再从中找出某段中影响技战术训练水平发挥的关键环节（表 10-2）。

表 10-2　分段效果统计表

技战术	好		中		差		使用率（%）	
	正手	反手	正手	反手	正手	反手	正手	反手
攻								
拉								
搓								
摆								
挑								
削								
被攻								

（三）环节效果统计表

经过对分段统计结果的分析和处理，确定影响其效果的关键环节，再利用环节效果统计表，对特定环节的运用效果进行描述，从中确定影响特定环节运用效果的主要原因（表 10-3）。

表 10-3　环节效果统计表

位置	好			中			差			使用率（%）		
	直线	斜线	中路	直线	斜线	中路	直线	斜线	中路	直线	斜线	中路
正手												
反手												
侧身												

（四）方位效果统计表

在对击球手段的效果进行分析后，还要对在什么方位运用的击球手段更有效做出判断，才能确定每个环节使用的最终效果。这时就可以运用方位效果统计表进行描述（表 10-4）。

表 10-4　方位效果统计表

方位	好			中			差			使用率（%）		
	正手	反手	侧身	正手	反手	侧身	正手	反手	侧身	正手	反手	侧身
近台												
中台												
远台												

（五）发球效果统计表

发球效果统计在乒乓球的战术统计中比较特殊，它除了要考虑其他技术所涉及的因素外，还要特别注意考虑球的长短和旋转两个因素（表 10-5、表 10-6）。因为在其他技术中，其技术名称的本身一般就表明了击球的长短和旋转性质。如搓是长球，而与搓相似的摆则是短球；拉和攻是上旋球，而削和搓是下旋球。

表 10-5　发球长短效果统计表

位置	好		中		差		使用率（%）	
	长	短	长	短	长	短	长	短
正手								
反手								
侧身								

表 10-6　发球旋转效果统计表

旋转类型	好			中			差			使用率（%）		
	正手	反手	侧身	正手	反手	侧身	正手	反手	侧身	正手	反手	侧身
上旋												
下旋												
侧旋												
不转												

（六）一板球多维度统计图

对以上各个指标要在一板球上都体现出来，实现一板球的全方位诊断，实践中一般运用的是多维度统计图（图 10-1）。

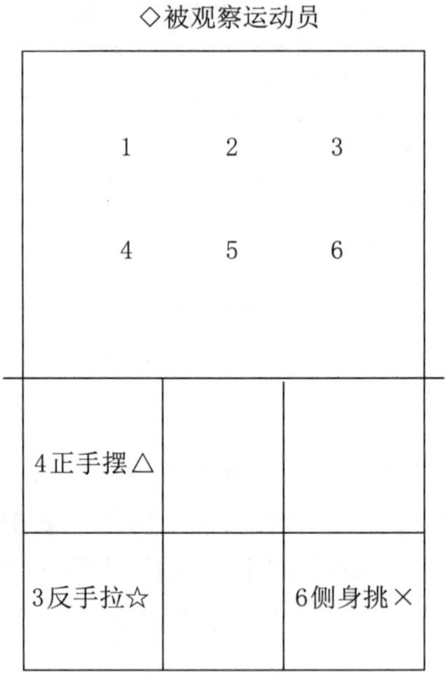

图 10-1　一板球多维度统计图

图 10-1 中记录的结果分别表示以下含义：

“4 正手摆△”是指对方先回本方正手位短球，本方用正手摆回击到对方反手位短球，其效果为一般。

“3 反手拉☆”是指对方先回本方反手位长球，本方用反手拉斜线到对方的反手位，其效果为好。

“6 侧身挑×”是指对方先回本方反手位短球，本方侧身用正手挑直线到对方正手位，其效果为差。

使用这种统计图可以对影响一板击球效果的主要指标进行综合分析，使观察事物的角度更为全面，更适合于高水平运动员进行技战术运用效果的综合分析。

（七）训练效果统计表

对技战术训练效果的统计，比较特殊的统计表是关于每一个球回合数的统计。回合与有效上台时间成正比。也就是说，一般情况下，每一个球练习的回合越多，如果击球质量基本保持不变的话，那么计划总时间的上台时间就越多，说明训练的效果也就比较好，在保证计划要求的击球质量的前提下，每一个球回合数是诊断技战术训练效果的基本条件（表 10-7）。

表 10-7　训练回合效果统计表

回合	质量			得	失
	好	中	差		
1					
2					
3					
4					
5					

对技战术训练效果的统计，除了运用回合效果统计表外，前面列举的多数用于比赛统计的表格也可以用在训练中来统计技战术训练效果，如分段效果统计表、环节效果统计表、发球效果统计表等。当然，用于训练的回合效果统计表，在特定情况下，也可以用于比赛的统计。

（八）评价标准（表 10-8）

表 10-8　评价标准

得分率	发球抢攻	接发球	相持
优秀	>65%	>50%	>55%
良好	>60%	40%	50%
及格	>55%	35%	40%
使用率	30%±5	30%±5	40%±5

二、实验法

实验法是在控制的条件下观察、测量和记录个体行为的一种研究方法，是科学研究中因果研究的最主要方法。在乒乓球科研中经常采用运动生物力学的测试方法与手段。如对同牌号不同厚度海绵胶皮拍对拉球旋转影响的研究运用 PD-1 型乒乓球动态测转仪进行测试。又如，为国家乒乓球运动员进行动作技术分析与诊断时所采用的运动学三维测试的方法。

三、逻辑分析法

逻辑研究是建立假说与科学理论体系的一种非常重要的方法。无论是在科研的开始阶段提出某种假设，还是在科研过程进入理性阶段，进行科学抽象、建立概念、揭示规律、验证假设时，都必然涉及运用逻辑学提供的思维规律与方法，对事物矛盾的变化、系统的结构、层次、功能等做出正确的解释。

四、文献资料法

查阅和分析与本研究项目相关的学科，如军事学、气象学、运动生理学、管理学、教育学、运动训练学、体质学、体育统计学等学科，以及其他体育项目中与本研究内容近似的国内外文献，为本研究搭建理论框架提供学术背景和科学依据。

五、问卷调查法

问卷调查法也称“书面调查法”或“填表法”，是一种用书面形式间接搜集研究材料的一种调查手段。通过向调查者发出简明扼要的征询单（表），通过填写对有关问题的意见和建议来间接获得材料和信息的一种方法。

例如，为了在世界比赛中推广使用大球，国际乒联于 2000 年 5 月首次在苏州组织了第一次大球邀请赛，并对人们对大球的反映进行了问卷调查，以下是问卷调查采用的步骤和方法。

①对 16 名参加比赛的世界优秀运动员，其中男 8 名、女 8 名；14 名右手握拍运动员，2 名左手握拍运动员；11 名直板运动员，5 名横板运动员；12 名攻击型运动员，4 名防守型运动员进行了大球对参加比赛运动员技术发挥的影响情况的调查，收回问卷 16 份，有效率达 100%。

②对在比赛期间参加国际乒联执委会的 8 名委员（他们当中有 75%的人经常观看国际高水平乒乓球比赛；有 62.5%的人有参加乒乓球运动的经历），关于对大球比赛的看法和感受进行了调查，收回问卷 8 份，有效率达 100%。

③对 38 名观看此次比赛的中国观众（他们当中有 90%以上的人经常观看各种乒乓球比赛并参加乒乓球活动达 20 年，平均每星期可打半小时乒乓球），进行了大球对比赛观赏性影响的调查，收回问卷 38 份，有效率达 100%。

④调查结果（表 10-9、表 10-10）。

表 10-9　调查对象对 40mm 球速度的反映

反映情况	运动员		ITTF 官员		观众	
	n	百分率（%）	*n*	百分率（%）	*n*	百分率（%）
较慢	15	93.8	5	71.4	26	68.4
较快					1	2.6
没区别			2	28.6	8	21.1
难察觉	1	6.2			3	7.9

表 10-10　调查对象对 40mm 球回合数的反映

反映情况	运动员		ITTF 官员		观众	
	n	百分率（%）	*n*	百分率（%）	*n*	百分率（%）
较长	8	50	6	85.7	26	68
较短	3	18.8	1	14.3	3	8
没区别	5	31.2			9	24

六、专家访谈法

为了对研究的问题取得必要的材料和旁证，有必要对本领域的专家、学者、教练员、运动员进行必要的访谈，了解他们对研究内容的看法，供研究设计和分析时参考。

例如，对三段指标评估法的指标筛选和确定，采用的是专家访谈法，其背景和实施步骤如下。

第一，根据乒乓球运动的竞技特点和教练员、运动员的实践感受，结合中国乒乓球队整体技战术风格和主要对手的技战术特点，于20世纪60年代初形成第一批技战术诊断指标。

第二，根据实际运用效果和教练员、运动员的感受，对指标的数量和重要性做出估计。

第三，在其后备战世界锦标赛和奥运会的科研攻关与科技服务中，经过教练员、运动员和科研人员每天试验、反馈和交流，对诊断指标进行不断筛选和完善。

第四，形成目前相对固定的 12 个指标：发球、发球抢攻、发球被攻、发球后控制、接发球、接发球抢攻、接球后抢攻、接球后被攻、接球后控制、主动相持、相持和被动相持。

七、专家评分法

专家评分法也是一种定性描述定量化方法，它首先根据评价对象的具体要求选定若干个评价项目，然后根据评价项目制定出评价标准，聘请若干代表性专家凭借自己的经验按此评价标准给出各项目的评价分值，最后对其进行集结。

例如，对技术运用质量的评价采用的是专家评价法。

第一，把种类相同但质量不同的技术组合进行录像编辑；

第二，把编辑好的录像分别用常速和慢速给专家播放；

第三，专家们把质量不同的技术组合，由好到差依次排队；

第四，每种质量的技术组合的位置决定他的得分；

第五，计算每种质量技术组合的总分；

第六，总分高者名次在前；

第七，根据名次确定每种技术组合的好、中、差。

第四节　乒乓球技战术分析报告的撰写方法

“知己知彼”是乒乓球项目中安排针对性训练的前提，是取得胜利的一个重要保证。因此，只有细致和准确地把握运动员及参赛主要对手的技战术特点，才能真正做到“知己知彼”。这也是乒乓球科研的重要组成部分。乒乓球技战术分析报告是乒乓球教练员科研成果的一个重要体现。

一、撰写格式

在运用三段指标评估法对某场比赛进行数据统计后，把运动员的数据与三段评估标准进行对照，并结合专家经验对运动员技战术训练水平进行诊断。撰写分析报告时要遵循定量与定性分析相结合的原则，结果与分析要简洁明了，主要包括以下两部分。

第一，比赛基本信息：比赛双方运动员名字、比赛时间、轮次和比赛结果。

第二，结果与分析：通过对运动员的比赛情况进行“发球抢攻、接发球抢攻、相持段”的三段数据统计，从整体的三段数据、各段的数据，以及技术使用数据等进行整理和细节分析，利用比赛中的客观数据对本场比赛的各项技战术使用优劣情况进行细致分析，并以此为依据，在剖析问题的同时，提出针对性的意见和建议。

二、马琳 vs 波尔技战术分析报告举例

（一）比赛基本信息

1. 比赛

2006 年世界乒乓球锦标赛团体决赛（中国 vs 德国）。

2. 成绩

全场成绩：2:3（11:6，11:7，3:11，6:11，5:10）（注：第五局比赛有 1 分意外球，不计入技战术统计之中）。

前二局成绩：2:0（11:6，11:7）。

后三局成绩：0:3（3:11，6:11，5:10）。

（二）结果与分析

1. 结果

如表 10-11 所示。

表 10-11　马琳 vs 波尔技战术统计表

阶段	对手	发球抢攻		接发球		相持	
		得（%）	使（%）	得（%）	使（%）	得（%）	使（%）
全场指标	马琳	57 （15，−11）	32	63 （17，−10）	33	14 （4，−24）	35
	波尔	47 （9，−10）	23	54 （13，−11）	30	61 （23，−15）	47
前两局指标	马琳	75 （9，−3）	38	73 （11，−4）	47	25 （2，−6）	25
	波尔	33 （4，−8）	34	33 （3，−6）	26	43 （6，−8）	40
后三局指标	马琳	43 （6，−8）	30	50 （6，−6）	26	10 （2，−18）	43
	波尔	71 （5，−2）	15	67 （10，−5）	33	71 （17，−7）	52

2. 分析

随着比赛进程的变化，马琳在各阶段的得分率指标变化趋势是中、高、低，波尔

在各阶段的得分率指标变化趋势是中、低、高（图 10-2）。也就是说，马琳的发抢指标在各局段的得分率处于自身的中等水平，除前两局发球抢攻比接发球的得分率高出2%以外，接发球得分率指标在各局段的得分率处于自身的高水平，而相持则处于自身的低水平。这表明，马琳的相持在任何段上都不理想。而产生主要变化的是发球和接发球的前两段。波尔的发球和接发球的前两段得分率指标是由低到高，但优于马琳的相持，一直保持着很高的水平，这是他在这场球战胜马琳的重要基础。

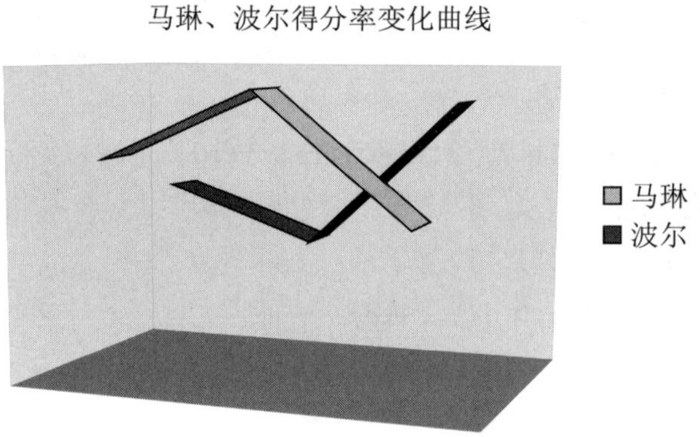

图 10-2　马琳、波尔得分率变化趋势

（1）发球抢攻

全场比赛马琳的发球抢攻得分率为 57%，高于波尔的 47%。在前两局中，马琳的得分率高达 75%，在后三局中下降到 43%。在这几个局段中，波尔主要的接发球手段无变化，基本是摆短配合搓长。在手段内部的变化上，主要有以下几个特点。

①在前两局中，波尔的摆短和搓长主要针对马琳的正右方。他在开始阶段对马琳的旋转把握不好，再加上马琳准备得比较充分，总是摆不住（中：4、差：3），调右压左的战术也难以实现（搓长为好：1、中：1、差：3），难以阻挡马琳的进攻。马琳前两局的正手抢攻非常有效（好：5，中：1）。波尔接发球后的第 4 板得分率只有 36%。相比之下，马琳占较大主动。

②在后三局中，随着前两局波尔对马琳的发球旋转有了一定的适应，同时，对自己的战术也进行了调整。此时，波尔的摆短从前面多数是正手的情况下，开始摆到马琳的中路偏反手的位置，限制马琳的发挥而不能直接发动进攻。波尔的摆短效果也随之提高（好：6、中：3、差：4）。

③在改进了摆短效果的同时，波尔又增加了正手挑打直线，去马琳的正手；反手在正手位晃挑马琳的反手，最后形成了接马琳的转不转多用摆短，挑多用在接马琳的侧上、侧下旋上，取得了很好的效果（好：4）。此时，由于压力增加，马琳的发球控制不像前两局那么严密，想把球发出质量，结果出台，波尔拉半出台球得 3 分。而马琳第三板的主体技术正手抢拉的效果也随之下降。由此，马琳缺少了正手的威力，其

他抢攻技术给对手的压力成效不大。而波尔接下来第四板的反手拉、侧身拉及正手拉运用十分主动，第四板的得分率从前两局的38%提高到63%。

（2）接发球

马琳接波尔的发球具有波尔对马琳的相持特点。无论领先还是落后，在四板以内结束的球，马琳的得分率最少是胜负各半，全场得分率63%，前两局73%，后三局50%。

①马琳正手拉半出台一直都很坚决（好：3、中：1、差：1），得分率60%。

②马琳的主体技术摆短，全场运用的基本正常（好：8、中：14、差：7），落点多为波尔的正手位。前两局，波尔对这板摆短采用最多的是回摆，使用率40%，但经常是摆不住，效果不好（中：1、差：5）。马琳前两局的第四板接球后抢攻的反手拉和侧身拉运用得比较自如（好：3、中：2）。

③后三局，波尔随着对马琳摆短的旋转和落点把握越来越准，他的第四板由原来的摆短为主变成了搓长，并且搓球的质量与前两局相比，有了明显提高，使用也更为坚决（好：5、中：2、差：3）。其落点主要是马琳的反手位，并配合正右方长球。此时，马琳的侧身抢拉不主动，多以两面上手为主，而波尔则在第五板上等着反拉马琳的反手反面拉球，使马琳非常被动地进入相持。由于马琳判断不够坚决，侧身拉的质量也在下降（好：2、中：1、差：2），给了波尔反拉的机会，使其完成了主动的攻防转换。由于波尔主体抢攻技术的改进，其他发球抢攻技术的运用效果同时增强。

（3）相持

马琳的相持在三个局段中都没有较大的改观，得分率从前两局的25%，到后3局的10%，再到全场的14%；波尔是从前两局的43%，上升到后三局的71%，再到全场的61%，明显优于马琳。因此，决定了全场比赛的结果。

①马琳以主动状态进入相持的球很少，全场只有2个。

②相持状态的球共有8个，马琳胜2个，输6个，得分率25%。

③被动状态的相持占全部相持的64%，说明马琳与波尔的这场比赛，在前四板的攻防转换中存在较大问题。

（4）马琳对拉效果

马琳的对拉技术运用效果如表10-12所示。

表10-12　马琳对拉技术运用效果

球数	使用率（%）	得分率（%）	出现时机	出现局数
5	6	20（1，-4）	9∶5	第二局

续表

球数	使用率（%）	得分率（%）	出现时机	出现局数
			3∶6	第三局
			3∶7	第三局
			2∶1	第四局
			3∶7	第五局

①本场比赛中，相持对拉一共出现 5 个球，占全部 81 个球的 6%。

②出现的背景常是波尔反手变马琳正手，马琳正手拉，波尔侧身对拉。

③马琳的得分率是 20%，5 个球中赢 1 个球，处于下风。被动情况常是由于马琳的对拉质量没有给波尔造成足够的压力，波尔对拉中变直线去马琳反手，从而取得主动。

（5）马琳反手反面上手效果

马琳的反手反面上手效果如表 10-13 所示。

表 10-13　马琳反手反面上手效果

球数	使用率（%）	得分率（%）	第三板	第四板	直线	斜线
10	12	30 （+3，-10）	1	9	+2	+1，-7

①与波尔的比赛中，马琳反手反面上手共用了 10 个球，占全部 81 个球的 12%。

②马琳的反手反面拉主要用于接球后抢攻的第四板中，但使用效果不理想，得分率为 30%。其中，直线拉得 2 分，斜线拉得 1 分。

③建议与波尔比赛时，少用这项上手技术，多选用其他上手技术。如果采用这项上手技术，可多用直线，其效果比斜线好。

第五节　乒乓球科技论文的撰写方法

撰写论文的目的是用其他学者容易理解的形式来交流研究成果，提供资料，因此，撰写论文或报道研究成果已形成了一种惯用的格式，在格式上没有必要另搞一套，不然会妨碍交流，一篇论文的创造性应表现在“思想和观点中”，而不是表现在论文的形式上。乒乓球科技论文格式和内容主要为：

一、题目、摘要和关键词

（一）题目

题目是一篇论文的总标题，也称篇名或文题，作为一篇论文的总名称，题名应该使读者能从中了解到该论文所要研究的核心内容和主要观点，撰写题名一定要准确、简洁、鲜明，既不能过于空泛和一般化，也不宜过于烦琐，使人得不出鲜明的印象。

（二）摘要

摘要应概括说明全文的主要内容，包括目的、方法、结果和结论 4 个方面，应重点写出具体的研究结果，特别是创新之处。

（三）关键词

关键词是从论文的题目、层次标题、摘要和正文中选出来的，能反映论文主题概念的词和词组。

二、正文

（一）前言

①选题依据：对研究的问题做简要的背景说明，介绍研究该问题的缘由和重要性。
②综述前人已做的工作：有根有据，有可读性，内容不应只是别人论文的摘引。
③阐述研究范围和目的：直接明确，不列入细节和争论。

（二）研究方法

标准测验和传统做法无须说明，引用别人评价方法，说明资料来源。

（三）结果与分析讨论

①说明研究结果：充分利用图表形式，并有标题和编号。这部分的正文只是有关表格的注释和说明，它不包括推断。
②分析讨论：分析研究成果，进行阐释和判断，思路要清晰，立论要严谨。

（四）结论与建议

这一部分用词要特别谨慎，结论与建议应只限于能提供充分证据的部分。

三、参考文献

所列文献应是正文中所提到的。按惯例的顺序写：作者、题目、书名（或期刊名）、出版年月。

小结

本章在论述教练员是乒坛科研的生力军的基础上，讲述了乒乓球科研的步骤、范围和方法，以及乒乓球技战术分析报告的撰写方法等。其中重点论述了三段技战术指标评估法及乒乓球技战术分析报告的撰写方法，用以指导乒乓球教练员的科研工作，更好地为乒乓球教学训练实践提供科技服务。

■ 思考题

1. 对运动员比赛进行技战术分析与诊断时，要采用什么方法？该方法主要内容是什么？撰写技战术分析报告时要包括哪几部分？

2. 撰写论文常用格式和内容有哪些？

参考文献

[1] 国家体育总局．乒乓球（中国体育教练员岗位培训教材）[M]. 北京：人民体育出版社，2005.

[2] 吴焕群，张晓蓬．中国乒乓球竞技制胜规律的科学研究与创新实践 [M]. 北京：人民体育出版社，2009.

[3] 国家体育总局《乒乓长盛考》研究课题组．乒乓长盛的训练学探索 [M]. 北京：人民体育出版社，2002.

第十一章
乒乓球运动员科学选材与选拔

教学目的

1. 了解乒乓球运动员科学选材与选拔的几个阶段。
2. 掌握乒乓球运动员科学选材与选拔的标准。
3. 理解乒乓球运动员科学选材与选拔的指标内容。

教学安排

总时数 8 学时。其中讲授 4 学时，讨论、实践、作业 4 学时。

在我国三级训练体系中，乒乓球运动员从 6 岁左右启蒙选材之后，经过 9~10 年的训练被选拔进入国家青年队，不论是启蒙的选材还是之后不同层次的选拔，最终目标都是为了选出世界冠军之才、奥运冠军之才。选材好，等于训练成功了一半；选拔好，就有希望培养出世界冠军、奥运冠军。基于此，本章展开教练员对乒乓球运动员的科学选材与选拔，主要目的是了解乒乓球运动员科学选材与选拔的几个阶段；掌握乒乓球运动员科学选材与选拔的标准；理解乒乓球运动员科学选材与选拔的指标内容。

第一节　启蒙阶段乒乓球运动员的选材

乒乓球运动员的选材是把具有从事乒乓球运动特殊先天能力的运动员甄选出来，给予乒乓球专项训练，使他们先天的能力得到充分发展，竞技水平达到一定高度。选材选得好，有利于发现优秀乒乓球人才的苗子，为国家培养尖子运动员提供人才基础；选材好，有利于减少运动员的淘汰率，为国家和社会节约大量的财力、人力、物力；选材好，有利于增强系统训练效果，训练水平水涨船高。

一、启蒙选材的几个阶段

（一）初选阶段

1. 学打乒乓球的适宜年龄

不同的年代有不同的选材年龄。20 世纪 60 年代初，开始学打球的年龄一般在 9~10 岁，到了 60 年代中期，学打球的年龄提前到 8~9 岁。随着乒乓球技术的不断发展，教练员都想早出成绩，导致学习打球的年龄越来越小，从一年级抓起发展到 4~5 岁的幼儿就开始学习打乒乓球。那么，到底在什么年龄学打乒乓球最为适宜呢？乒乓球运动是一项技能性强、反应灵敏、要求智能高的体育项目，年龄过小会给选材工作带来较大的困难，选不准，淘汰率高，往往好的苗子不易发现，或被遗漏，浪费人才。

（1）4~5 岁学打乒乓球太早

4~5 岁的儿童身体发育不健全，身体的高度不够，生活又不能自理，反应灵敏不易被发现。神经类型也难区别，模仿能力和控制动作的能力还差，注意力容易分散。

在这个年龄阶段学打乒乓球弊多利少，事倍功半，成材率不高。

（2）学打乒乓球的适宜年龄应该在 7 岁左右

从生理角度看，儿童大脑发育接近成年在 7 岁左右，女孩可以早些，大约在 6.5 岁。

此年龄的儿童身体发育逐渐健全，身体有一定的高度，生活能自理、行动也方便，反应与灵敏表现明显，模仿能力增强，选材时相对容易看准，质量也高。

到幼儿园和小学，挑选 7 岁左右有天赋条件的、头脑灵活、接受能力强、动作协调性好、灵敏反应快、富有节奏感、体型好的儿童来接受初步的乒乓球训练，要注意初选的面要宽一些，范围要大一些，以便于进一步地挑选。

2. 选什么样的材

（1）头脑灵活、接受能力强

因为在乒乓球对抗比赛中要应付速度快、旋转强、变化多的来球，所以首先要有判断能力，判断能力的强和弱其实就是思考能力的强和弱，有了判断，做出思考，才能应变。

一个判断能力强、思维敏捷的运动员会有很强的独立作战能力。相反，判断能力差、思维迟钝，不仅击球速度慢，战术的灵活运用也会受到影响。

（2）动作协调、柔韧性好

一项高水平运动技术动作给人留下的印象是深刻的。他们的动作舒展、协调，该发力时爆发力强，该加转时旋转强，技术质量高，最主要的是动作合理，击球时身体的局部和全身能协调收缩、放松和协调配合。

方法：选动作协调和柔韧性好的小朋友。可以在操场上做广播操和跳舞时进行，舞跳得好的和操做得好的，动作标准、到位、富有节奏感的，应该说都是动作协调性和柔韧性好的小朋友。

（3）灵敏、反应快

头脑灵活、灵敏性好、反应快，是一名优秀乒乓球运动员必备的条件。如果灵敏性差、反应慢，就无法适应乒乓球运动的要求。

方法：

①把选出来的小朋友集中起来，分成 10 人一组，以即跑即停的方法测试。让他们听教练员的口哨或击掌声，吹一次哨或击一次掌，小朋友立即跑出，看谁的反应速度快；吹两次或击掌两下时立即停止，看谁的反应速度快。反复进行。

②用抓筷子的方法测试。将一把筷子放在桌上伸出一半，教练员用手按住后一半，当喊“预备——起”时，教练员将按在筷子上的手松开，让筷子掉下去，小朋友赶快用手去抓筷子，看谁的反应速度快，抓的筷子多。在做此游戏时，观察灵敏性和反应速度，挑出优秀者。

（4）模仿能力强

打乒乓球有很多动作，如攻球、拉弧圈球、推挡、搓球等，要掌握好这些动作，必须具备较强的观察能力和模仿能力，模仿能力差的小学生做不出像样的动作，启蒙阶段动作学不好，动作定型了，练到高水平再改动作就十分困难了。

从做操和舞蹈中同样可以发现，操做得好的，舞蹈跳得好的小朋友，模仿能力强。教小朋友做几个动作，让他们模仿，做得好的和掌握得快的肯定是模仿能力强的。

（5）意志和毅力顽强

乒乓球运动要求运动员具备顽强的意志和毅力。在激烈的比赛中、在训练中都可能碰到困难，没有顽强的意志和毅力的人，是不能达到高水平的。

方法：

①对待学习的态度，碰到难题如何对待（找班主任了解）。

②在生活中是否能自理，如何克服困难（找家长了解）。

③在体育活动和体育课中观察（找体育老师了解）。

④在训练中观察小朋友的意志和毅力。

（6）心理素质好

我们讲心理素质，就是在激烈的比赛中，能沉着、冷静，遇强不畏，遇弱不懈，关键时刻不手软，充分发挥自己的水平。

(7) 体型匀称

选材时，我们还应该考虑到身材、体型。一般来说，乒乓球运动员的身材比较匀称。

(8) 眼睛灵活

观察眼睛也很重要，眼睛在不同的时间、不同情况下能表现出不同的神态。

方法：

①小朋友集中起来约10人排成一字形，教练员手拿乒乓球，站在距离5~6米处，让他们目光集中看乒乓球30秒或1分钟。应该选择的是目光集中且有神的小朋友。

②教练员把手中的乒乓球向左右、前后移动或者像画圆圈似的转动，要求小朋友看球移动。我们应该选择能很沉着地注视着教练员手中的球，目光跟随球的移动而移动、球的转动而转动的小朋友。

（二）复选阶段

对已经进行过测试或经过短期体校训练的儿童、少年进行再选拔，作为各级运动队的后备力量。

为所选对象的专项定向提供科学的依据。

这个阶段的特点与要求是：在全面选拔的基础上，对专项运动所需要的形态、素质、机能、心理特征及专项成绩等进行评定。

那些在训练中态度认真、刻苦、意志顽强、进步快、掌握技术动作快、手感好的儿童应选择进一步培养、训练。

（三）精选阶段

精选阶段可称为追踪选拔阶段。主要任务是挑选那些运动才能突出，运动成绩拔尖，形态、素质、机能、心理等条件超群，经过初选阶段和早期训练，已经能够显现出具有运动潜能的优秀后备选手。

把这些选手集中起来，进行重点训练。

挑选时主要考虑综合素质，几个重要方面符合条件即可。

二、启蒙选材的标准

体育竞争日益激烈，对选材的要求也越来越高，经验选材已远远跟不上实际形势发展的要求，很难了解运动员机体内在的一些机能情况和某些遗传性状况。

根据比赛成绩来选拔运动员，又容易选出一些技术发展不全面或有缺陷的及发育提前的少年。

如何进行运动员的科学选材？这是科学训练所面临的一个重要问题。

选材时要把经验选材和科学选材结合起来，才能相对选得好。

近年来，我国运动员的科学选材工作也有了较快的发展。对于儿童乒乓球运动员选材标准已有了初步的指标，虽然不够成熟，但毕竟是相对科学的指标（表11-1）。

表11-1　乒乓球运动员选材8岁骨龄组评分表

性别：

指标	等级 一		二			三		四		五	
	标准	得分	标准1	标准2	得分	标准	得分	标准	得分	标准	得分
体重/身高×1000（克/厘米）			~185	225~	1.3	186~	4.2				
身高（厘米）			~126		0.8	126.1~	2.8				
心功指数	~14.3	0.8	14.2~		2.5	12.8~	4.2	9.9~	5.9	8.5~	8.4
30米跑（秒）	~7.2	0.6	7.1~		1.9	6.8~	3.2	6.5~	4.4	6.3~	6.3
立定跳远（厘米）	~134	0.4	135~		1.3	146~	2.1	157~	2.9	166~	4.2
45秒单摇跳绳（次）	~71	0.6	72~		1.9	92~	3.2	112~	4.4	130~	6.3
羽毛球掷远（米）	~7.16	0.4	7.17~		1.3	7.43~	2.1	7.69~	2.9	7.93~	4.2
400米跑（分：秒）	~1：58	0.4	1：57		1.1	1：48~	1.7	1：39~	2.5	1：28~	3.5
光反应（毫秒）	~295	0.5	294~		1.5	279~	2.5	249~	3.4	220~	4.9
综合反应平均时（秒）	~46.6	0.6	46.5~		1.7	42.4~	2.8	36.2~	3.9	30.4~	5.6
综合反应最优组（秒）	~37.6	0.7	37.5~		2.1	34.2~	3.5	29.3~	4.9	24.8~	7.0
1分钟对墙击球（次）	~44	0.6	45~		1.7	57~	2.8	69~	3.9	80~	5.6
移步换球（秒）	~39.8	0.7	39.7		2.1	36.5~	3.5	33.3~	4.9	30.5~	7.0
手法		1.0			3.0		5.0		7.0		10.0
步法		0.8			2.4		4.0		5.6		8.0
实战应用		1.2			3.6		6.0		8.4		12.0

小结

乒乓球启蒙选材可分为初选、复选、精选三个阶段。初选阶段有多种选材方法；复选阶段，对挑选对象进行突出专项运动所需的形态、素质、技能、心理特征及专项成绩进行评定；精选阶段考虑综合素质，对照乒乓球运动员选材 8 岁骨龄组评分表，有助于经验选材和科学选材。

第二节　发展提高阶段乒乓球运动员的选拔

年龄是我国乒乓球运动员选拔的重要依据，事关每一个乒乓球运动员的进一步发展和提高（表 11-2）。

表 11-2　我国青少年乒乓球运动员选拔比赛的年龄特点和比赛名次奖励

比赛性质	年龄要求	比赛名次奖励
全国少儿乒乓球杯赛总决赛	10 岁组 11 岁组	（1）获得 11 岁组男、女单打前 8 名的选手可报名参加当年全国少年乒乓球比赛南方赛区或北方赛区的比赛，不占原单位名额。（2）获得 11 岁组男、女单打前 4 名的选手可参加当年度举行的全国优秀苗子集训选拔赛
全国重点单位（学校）乒乓球比赛	10~12 岁	（1）获得男、女单打前 8 名的运动员可不占原单位名额参加 2014 年全国少年乒乓球（南、北赛区）的比赛。（2）获得男、女单打前 8 名的队员将有资格参加当年度全国优秀苗子选手的集训
全国少年乒乓球比赛（南、北方赛区）	11~13 岁	（1）获得男、女单打前 8 名的运动员将直接获得参加本年度全国少年乒乓球锦标赛的参赛资格。（2）获得男、女单打前 8 名的适龄运动员将获得参加当年度全国乒乓球苗子集训的资格
全国少年乒乓球锦标赛	11~15 岁	（1）获得单打比赛前 8 名的运动员可不占原单位名额参加当年全国青年乒乓球锦标赛。（2）获得男、女单打第 1 名的选手可直接入选国家二队。（3）获得前 8 名的选手将有资格参加本年度全国优秀青少年集训
全国青年乒乓球锦标赛	11~18 岁	（1）获得男、女单打前 2 名的选手将直接入选国家二队。（2）获得男、女单打比赛 3~12 名的运动员将有资格参加本年度全国优秀青少年集训

从表 11-2 可以看出，乒乓球运动员从 6 岁左右启蒙之后，经过 5 年左右的训练就

进入了发展提高阶段，技战术水平比较出众的运动员就有可能被选拔出来参加全国优秀苗子集训或者全国优秀青少年集训，特别出色的运动员甚至可以直接入选国家青年队。

现以我国青少年乒乓球运动员选拔的各种比赛为背景，展开对发展提高阶段乒乓球运动员选拔的研究。

一、选拔阶段

（一）初选阶段

对象：参加全国性少年比赛的运动员，主要包括全国少儿乒乓球杯赛总决赛、全国少年乒乓球比赛（南、北方赛区）、全国重点单位（学校）乒乓球比赛、全国少年锦标赛等。

1. 评价指标

女子和男子运动员初选指标体系如表 11-3 和表 11-4 所示。

表 11-3　女子运动员初选指标体系

一级指标		二级指标		修正权重
名称	权重	名称	权重	
技术	0.4	正手得分率	0.218	0.22
		第 2 板得分率	0.117	0.12
		反手得分率	0.065	0.06
战术	0.6	接抢段得分率	0.385	0.39
		相持段得分率	0.133	0.13
		发抢段得分率	0.082	0.08

表 11-4　男子运动员初选指标体系

一级指标		二级指标		修正权重
名称	权重	名称	权重	
技术	0.4	第 2 板得分率	0.124	0.12
		反手得分率	0.108	0.11
		正手得分率	0.1	0.1
		第 3 板得分率	0.068	0.07

续表

一级指标		二级指标		修正权重
名称	权重	名称	权重	
战术	0.6	接抢段得分率	0.276	0.28
		相持段得分率	0.177	0.18
		发抢段得分率	0.147	0.14

2. 评价标准

由于乒乓球不同打法类型运动员的竞技特征略有所不同，特别是在技战术方面，因此，需要为不同类型打法运动员制定不同的评价标准，但由于目前国际乒坛以弧圈结合快攻、快攻结合弧圈、弧圈类的打法为主。削球类打法的运动员可谓凤毛麟角，而长胶、生胶球板则是亚洲人的专利，这些类型打法的运动员目前在国家队也不是主体打法，样本较少。所以，在使用不同类型打法的单项评分标准时一定要慎重，能够使用总体样本时应尽量使用总体样本。此外，由于教练员经验评价时，一般已考虑到不同打法类型运动员的差异，以及国家队对不同打法类型运动员的需要，所以，在此不再列出不同类型打法运动员的教练员经验评价标准，使用时无论是什么打法类型的运动员均使用总体评价标准。

优秀女子、男子乒乓球运动员选拔初选指标单项评分如表 11-5 和表 11-6 所示。

表 11-5　优秀女子乒乓球运动员选拔初选指标单项评分表

指标		五		四		三		二		一	
		标准	得分	标准	得分	标准	得分	标准	得分	标准	得分
技术	第 2 板得分率	66 以上	12	65~61	9.6	60~52	7.2	51~46	4.8	45 以下	2.4
	正手得分率	56 以上	22	55~52	17.6	51~46	13.2	45~42	8.8	41 以下	4.4
	反手得分率	52 以上	6	51~47	4.8	46~41	3.6	40~36	2.4	35 以下	1.2
战术	发抢段得分率	72 以上	8	71~68	6.4	67~61	4.8	60~56	3.2	55 以下	1.6
	接抢段得分率	55 以上	39	54~51	31.2	50~45	23.4	44~40	15.6	39 以下	7.8
	相持段得分率	52 以上	13	51~48	10.4	47~42	7.8	41~37	5.2	36 以下	2.6

表 11-6　优秀男子乒乓球运动员选拔初选指标单项评分表

指标		五		四		三		二		一	
		标准	得分	标准	得分	标准	得分	标准	得分	标准	得分
技术	第 3 板得分率	62 以上	7	61~59	5.6	58~53	4.2	52~48	2.8	47 以下	1.4

续表

指标		五		四		三		二		一	
		标准	得分	标准	得分	标准	得分	标准	得分	标准	得分
技术	第 2 板得分率	66 以上	12	65~61	9. 6	60~52	7. 2	51~46	4. 8	45 以下	2. 4
	正手得分率	56 以上	10	55~52	8	51~47	6	46~43	4	42 以下	2
	反手得分率	48 以上	11	47~44	8. 8	43~39	6. 6	38~35	4. 4	34 以下	2. 2
战术	发抢段得分率	71 以上	14	70~68	11. 2	67~64	8. 4	63~60	5. 6	59 以下	2. 8
	接抢段得分率	54 以上	28	53~51	22. 4	50~44	16. 8	43~40	11. 2	39 以下	5. 6
	相持段得分率	48 以上	18	47~45	14. 4	44~40	10. 8	39~35	7. 2	34 以下	3. 6

将参赛运动员中得分较高的前 40~50 名运动员名单上报中国乒乓球协会，征求各位专家和教练员意见后，确定每年参加全国优秀苗子集训或者国家青年队集训的名单。

（二）复选阶段

时间：每年全国优秀苗子集训或者国家青年队集训。

方法：集训开始时对每位运动员进行第一次评价。

1. 评价指标

女子和男子乒乓球运动员优秀选拔第一次综合评价体系如表 11-7 和表 11-8 所示。

表 11-7　女子乒乓球运动员优秀选拔第一次综合评价体系

一级指标		二级指标		修正权重
名称	权重	名称	权重	
形态	0. 05	前臂长/上肢长×100	0. 026	0. 03
		肩宽/身高×100	0. 024	0. 02
机能素质	0. 25	十字跳正确数	0. 144	0. 14
		扣球击远	0. 061	0. 06
		多球试验	0. 044	0. 05
心理	0. 3	个人正确率 B	0. 151	0. 15
		三瞬指数	0. 075	0. 08
		集稳能力	0. 074	0. 07
技术	0. 2	正手得分率	0. 11	0. 11
		第 2 板得分率	0. 058	0. 06

续表

一级指标		二级指标		修正权重
名称	权重	名称	权重	
技术	0.2	反手得分率	0.032	0.03
战术	0.2	接抢段得分率	0.128	0.12
		相持段得分率	0.044	0.05
		发抢段得分率	0.028	0.03

表 11-8　男子乒乓球运动员优秀选拔第一次综合评价体系

一级指标		二级指标		修正权重
名称	权重	名称	权重	
形态	0.05	瘦体重	0.025	0.025
		（上臂紧张围-上臂放松围）/上臂放松围×100	0.025	0.025
机能素质	0.25	十字跳正确数	0.113	0.11
		多球试验	0.073	0.07
		肌肉用力感觉	0.064	0.07
心理	0.3	个人正确率 B	0.136	0.14
		一瞬指数	0.086	0.08
		转移能力	0.078	0.08
技术	0.2	第 2 板得分率	0.062	0.06
		反手得分率	0.054	0.05
		正手得分率	0.05	0.05
		第 3 板得分率	0.034	0.04
战术	0.2	接抢段得分率	0.092	0.09
		相持段得分率	0.059	0.06
		发抢段得分率	0.049	0.05

2. 评价标准

优秀女子、男子乒乓球运动员第一次选拔指标单项评分如表 11-9 至表 11-16 所示。

表 11-9　优秀女子乒乓球运动员第一次选拔指标单项评分表

指标		五		四		三		二		一	
		标准	得分	标准	得分	标准	得分	标准	得分	标准	得分
形态	前臂长/上肢长×100	33.0 以下	3	33.1~33.8	2.4	33.9~35.0	1.8	35.1~35.8	1.2	35.9 以上	0.6
	肩宽/身高×100	24.4 以上	2	24.3~23.3	1.6	23.2~21.6	1.2	21.5~20.4	0.8	20.3 以下	0.4
机能素质	多球试验	7.7 以上	5	7.6~7.1	4	7.0~6.3	3	6.2~5.6	2	5.5 以下	1
	十字跳正确数（次/分）	87 以上	14	86~78	11.2	77~65	8.4	64~56	5.6	55 以下	2.8
	扣球击远（厘米）	32.1 以上	6	32.0~28.8	4.8	28.7~24.3	3.6	24.2~21.0	2.4	20.9 以下	1.2
心理	三瞬指数	1.4 以上	8	1.3~1.21	6.4	1.2~1.0	4.8	0.9~0.8	3.2	0.7 以下	1.6
	集稳能力	0.23 以上	7	0.22~0.20	5.6	0.19~0.16	4.2	0.15~0.13	2.8	0.12 以下	1.4
	个人正确率 B	95 以上	15	94~86	12	85~72	9	71~62	6	61 以下	3
技术	第 2 板得分率	66 以上	6	65~61	4.8	60~52	3.6	51~46	2.4	45 以下	1.2
	正手得分率	56 以上	11	55~52	8.8	51~46	6.6	45~42	4.4	41 以下	2.2
	反手得分率	52 以上	3	51~47	2.4	46~41	1.8	40~36	1.2	35 以下	0.6
战术	发抢段得分率	72 以上	3	71~68	2.4	67~61	1.8	60~56	1.2	55 以下	0.6
	接抢段得分率	55 以上	12	54~51	9.6	50~45	7.2	44~40	4.8	39 以下	2.4
	相持段得分率	52 以上	5	51~48	4	47~42	3	41~37	2	36 以下	1

表 11-10　优秀男子乒乓球运动员第一次选拔指标单项评分表

指标		五		四		三		二		一	
		标准	得分	标准	得分	标准	得分	标准	得分	标准	得分
形态	瘦体重	60 以上	2.5	59~58	2	57~53	1.5	52~50	1	49 以下	0.5
	（上臂紧张围-上臂放松围）/上臂放松围×100	16 以上	2.5	15~14	2	13~10	1.5	9~7	1	6 以下	0.5
机能素质	多球试验	8.3 以上	7	8.2~7.7	5.6	7.6~6.7	4.2	6.6~6.1	2.8	6.0 以下	1.4

续表

指标		五		四		三		二		一	
		标准	得分	标准	得分	标准	得分	标准	得分	标准	得分
机能素质	肌肉用力感觉(公斤)	0	7	±1~±1.9	5.6	±2~±19	4.2	±20~±24	2.8	25以上	1.4
	十字跳正确数(次/分)	98以上	11	97~87	8.8	86~71	6.6	70~59	4.4	58以下	2.2
心理	一瞬指数	1.7以上	8	1.6~1.4	6.4	1.3~0.8	4.8	0.7~0.3	3.2	0.2以下	1.6
	转移能力	43.7以上	8	43.6~38.3	6.4	38.2~30.7	4.8	30.6~25.2	3.2	25.1以下	1.6
	个人正确率B	90以上	14	89~81	11.2	80~67	8.4	66~57	5.6	56以下	2.8
技术	第3板得分率	62以上	4	61~59	3.2	58~53	2.4	52~48	1.6	47以下	0.8
	第2板得分率	66以上	6	65~61	4.8	60~52	3.6	51~46	2.4	45以下	1.2
	正手得分率	56以上	5	55~52	4	51~47	3	46~43	2	42以下	1
	反手得分率	48以上	5	47~44	4	43~39	3	38~35	2	34以下	1
战术	发抢段得分率	71以上	5	70~68	4	67~64	3	63~60	2	59以下	1
	接抢段得分率	54以上	9	53~51	7.2	50~44	5.4	43~40	3.6	39以下	1.8
	相持段得分率	48以上	6	47~45	4.8	44~40	3.6	39~35	2.4	34以下	1.2

表11-11　优秀女子乒乓球运动员第一次选拔指标单项评分表（削球）

指标		五		四		三		二		一	
		标准	得分	标准	得分	标准	得分	标准	得分	标准	得分
形态	前臂长/上肢长×100	33.4以下	3	33.5~33.9	2.4	34.0~34.6	1.8	34.7~35.2	1.2	35.3以上	0.6
	肩宽/身高×100	22.9以上	2	22.8~22.3	1.6	22.2~21.4	1.2	21.3~20.7	0.8	20.6以下	0.4
机能素质	多球试验	9.4以上	5	9.3~8.3	4	8.2~6.8	3	6.7~5.6	2	5.5以下	1
	十字跳正确数(次/分)	85以上	14	84~78	11.2	77~66	8.4	65~57	5.6	56以下	2.8
	扣球击远（厘米）	28.5以上	6	28.4~26.5	4.8	26.4~23.7	3.6	23.6~21.6	2.4	21.5以下	1.2

续表

指标		五		四		三		二		一	
		标准	得分	标准	得分	标准	得分	标准	得分	标准	得分
心理	三瞬指数	1.4以上	8	1.3~1.29	6.4	1.2~1.1	4.8	1.0~0.9	3.2	0.8以下	1.6
	集稳能力	0.23以上	7	0.22~0.21	5.6	0.20~0.17	4.2	0.16~0.15	2.8	0.14以下	1.4
	个人正确率B	87以上	15	86~77	12	76~63	9	62~53	6	52以下	3
技术	第2板得分率	73以上	6	72~67	4.8	66~57	3.6	56~50	2.4	49以下	1.2
	正手得分率	55以上	11	54~51	8.8	50~46	6.6	45~42	4.4	41以下	2.2
	反手得分率	55以上	3	54~52	2.4	51~47	1.8	46~44	1.2	43以下	0.6
战术	发抢段得分率	72以上	3	71~70.1	2.4	70~67	1.8	66~64	1.2	63以下	0.6
	接抢段得分率	61以上	12	60~57	9.6	56~50	7.2	49~44	4.8	43以下	2.4
	相持段得分率	51以上	5	50~49	4	48~44	3	43~41	2	40以下	1

表11-12　优秀男子乒乓球运动员第一次选拔指标单项评分表（削球）

指标		五		四		三		二		一	
		标准	得分	标准	得分	标准	得分	标准	得分	标准	得分
形态	瘦体重	60以上	2.5	59~56	2	55~51	1.5	50~47	1	46以下	0.5
	(上臂紧张围-上臂放松围)/上臂放松围×100	16以上	2.5	15~14.1	2	14~11	1.5	10~8	1	7以下	0.5
机能素质	多球试验	8.5以上	7	8.4~7.9	5.6	7.8~6.9	4.2	6.8~6.2	2.8	6.1以下	1.4
	肌肉用力感觉(公斤)	0	7	±1~±1.9	5.6	±2~±19	4.2	±20~±24	2.8	25以上	1.4
	十字跳正确数(次/分)	101以上	11	100~93	8.8	92~81	6.6	80~72	4.4	71以下	2.2
心理	一瞬指数	1.6以上	8	1.5~1.4	6.4	1.3~1.1	4.8	1.0~0.9	3.2	0.8以下	1.6
	转移能力	45.8以上	8	45.7~40.9	6.4	40.8~34.1	4.8	34.0~30.0	3.2	29.0以下	1.6

续表

指标		五		四		三		二		一	
		标准	得分	标准	得分	标准	得分	标准	得分	标准	得分
心理	个人正确率 B	90 以上	14	89～83	11.2	82～73	8.4	72～65	5.6	64 以下	2.8
技术	第 3 板得分率	65 以上	4	64～63	3.2	62～59	2.4	58～56	1.6	55 以下	0.8
	第 2 板得分率	74 以上	6	73～70	4.8	69～62	3.6	61～56	2.4	55 以下	1.2
	正手得分率	55 以上	5	54～52	4	51～48	3	47～45	2	44 以下	1
	反手得分率	49 以上	5	48～47.1	4	47～46	3	45～44	2	43 以下	1
战术	发抢段得分率	73 以上	5	72～71	4	70～67	3	66～64	2	63 以下	1
	接抢段得分率	61 以上	9	60～57	7.2	56～51	5.4	50～46	3.6	45 以下	1.8
	相持段得分率	44 以上	6	43～42.1	4.8	42～41	3.6	40～39	2.4	38 以下	1.2

表 11-13　优秀女子乒乓球运动员第一次选拔指标单项评分表（反胶）

指标		五		四		三		二		一	
		标准	得分	标准	得分	标准	得分	标准	得分	标准	得分
形态	前臂长/上肢长×100	32.5 以下	3	32.6～33.6	2.4	33.7～35.0	1.8	35.1～36.0	1.2	36.1 以上	0.6
	肩宽/身高×100	23.1 以上	2	23.0～22.6	1.6	22.5～21.8	1.2	21.7～21.12	0.8	21.11 以下	0.4
机能素质	多球试验	7.4 以上	5	7.3～6.9	4	6.8～6.2	3	6.1～5.6	2	5.5 以下	1
	十字跳正确数（次/分）	87 以上	14	86～78	11.2	77～65	8.4	64～55	5.6	54 以下	2.8
	扣球击远（厘米）	33.4 以上	6	33.3～30.0	4.8	29.5～24.3	3.6	24.2～20.5	2.4	20.4 以下	1.2
心理	三瞬指数	1.4 以上	8	1.3～1.21	6.4	1.2～1.0	4.8	0.9～0.8	3.2	0.7 以下	1.6
	集稳能力	0.23 以上	7	0.22～0.21	5.6	0.20～0.17	4.2	0.16～0.14	2.8	0.13 以下	1.4
	个人正确率 B	96 以上	15	95～88	12	87～75	9	74～65	6	64 以下	3

续表

指标		五		四		三		二		一	
		标准	得分	标准	得分	标准	得分	标准	得分	标准	得分
技术	第 2 板得分率	65 以上	6	64～60	4.8	59～53	3.6	52～47	2.4	46 以下	1.2
	正手得分率	57 以上	11	56～53	8.8	52～47	6.6	46～42	4.4	41 以下	2.2
	反手得分率	51 以上	3	50～47	2.4	46～41	1.8	40～37	1.2	36 以下	0.6
战术	发抢段得分率	71 以上	3	70～68	2.4	67～62	1.8	61～57	1.2	56 以下	0.6
	接抢段得分率	53 以上	12	52～51	9.6	50～46	7.2	45～42	4.8	41 以下	2.4
	相持段得分率	52 以上	5	51～48	4	47～41	3	40～36	2	35 以下	1

表 11-14　优秀男子乒乓球运动员第一次选拔指标单项评分表（反胶）

指标		五		四		三		二		一	
		标准	得分	标准	得分	标准	得分	标准	得分	标准	得分
形态	瘦体重	61 以上	2.5	60～58	2	57～53	1.5	52～50	1	49 以下	0.5
	（上臂紧张围-上臂放松围）/上臂放松围×100	16 以上	2.5	15～14	2	13～10	1.5	9～7	1	6 以下	0.5
机能素质	多球试验	7.9 以上	7	7.8～7.5	5.6	7.4～6.8	4.2	6.7～6.2	2.8	6.1 以下	1.4
	肌肉用力感觉（公斤）	0	7	±1～±1.9	5.6	±2～±19	4.2	±20～±24	2.8	25 以上	1.4
	十字跳正确数（次/分）	97 以上	11	96～87	8.8	86～71	6.6	70～59	4.4	58 以下	2.2
心理	一瞬指数	1.7 以上	8	1.6～1.4	6.4	1.3～0.8	4.8	0.7～0.3	3.2	0.2 以下	1.6
	转移能力	43.2 以上	8	43.1～38.0	6.4	37.9～30.8	4.8	30.7～25.5	3.2	25.4 以下	1.6
	个人正确率 B	91 以上	14	90～81	11.2	80～66	8.4	65～55	5.6	54 以下	2.8
技术	第 3 板得分率	62 以上	4	61～59	3.2	58～53	2.4	52～49	1.6	48 以下	0.8
	第 2 板得分率	65 以上	6	64～60	4.8	59～51	3.6	50～45	2.4	44 以下	1.2

续表

指标		五		四		三		二		一	
		标准	得分	标准	得分	标准	得分	标准	得分	标准	得分
技术	正手得分率	56以上	5	55～52	4	51～47	3	46～44	2	43以下	1
	反手得分率	48以上	5	47～43	4	42～38	3	37～34	2	33以下	1
战术	发抢段得分率	71以上	5	70～69	4	68～64	3	63～61	2	60以下	1
	接抢段得分率	53以上	9	52～50	7. 2	49～44	5. 4	43～39	3. 6	38以下	1. 8
	相持段得分率	49以上	6	48～45	4. 8	44～40	3. 6	39～35	2. 4	34以下	1. 2

表 11-15　优秀女子乒乓球运动员第一次选拔指标单项评分表（颗粒胶）

指标		五		四		三		二		一	
		标准	得分	标准	得分	标准	得分	标准	得分	标准	得分
形态	前臂长/上肢长×100	33. 5以上	3	33. 4～34. 1	2. 4	34. 2～35. 1	1. 8	35. 2～35. 9	1. 2	36. 0以下	0. 6
	肩宽/身高×100	26. 1以上	2	26. 0～24. 3	1. 6	24. 2～21. 8	1. 2	21. 7～19. 9	0. 8	19. 8以下	0. 4
机能素质	多球试验	7. 3以上	5	7. 2～6. 9	4	6. 8～6. 3	3	6. 2～5. 9	2	5. 8以下	1
	十字跳正确数（次/分）	87以上	14	86～79	11. 2	78～66	8. 4	65～56	5. 6	55以下	2. 8
	扣球击远（厘米）	30. 8以上	6	30. 7～28. 2	4. 8	28. 1～24. 6	3. 6	24. 5～22. 0	2. 4	21. 9以下	1. 2
心理	三瞬指数	1. 4以上	8	1. 3～1. 2	6. 4	1. 1～1. 0	4. 8	0. 9～0. 7	3. 2	0. 6以下	1. 6
	集稳能力	0. 21以上	7	0. 20～0. 19	5. 6	0. 18～0. 15	4. 2	0. 14～0. 13	2. 8	0. 11以下	1. 4
	个人正确率 B	95以上	15	94～86	12	85～71	9	70～60	6	59以下	3
技术	第 2 板得分率	66以上	6	65～60	4. 8	59～50	3. 6	49～44	2. 4	43以下	1. 2
	正手得分率	56以上	11	55～52	8. 8	51～46	6. 6	45～41	4. 4	40以下	2. 2
	反手得分率	51以上	3	50～46	2. 4	45～39	1. 8	38～34	1. 2	33以下	0. 6

续表

指标		五		四		三		二		一	
		标准	得分	标准	得分	标准	得分	标准	得分	标准	得分
战术	发抢段得分率	73以上	3	72~67	2.4	66~58	1.8	57~51	1.2	50以下	0.6
	接抢段得分率	54以上	12	53~50	9.6	49~42	7.2	41~36	4.8	35以下	2.4
	相持段得分率	52以上	5	51~48	4	47~43	3	42~37	2	36以下	1

表 11-16　优秀男子乒乓球运动员第一次选拔指标单项评分表（颗粒胶）

指标		五		四		三		二		一	
		标准	得分	标准	得分	标准	得分	标准	得分	标准	得分
形态	瘦体重	58以上	2.5	57~56	2	55~52	1.5	51~49	1	48以下	0.5
	（上臂紧张围-上臂放松围）/上臂放松围×100	14以上	2.5	13~12.9	2	12~9	1.5	8~7	1	6以下	0.5
机能素质	多球试验	9.3以上	7	9.2~8.3	5.6	8.2~6.7	4.2	6.6~5.6	2.8	5.5以下	1.4
	肌肉用力感觉（公斤）	0	7	±1~±1.9	5.6	±2~±19	4.2	±20~±24	2.8	25以上	1.4
	十字跳正确数（次/分）	98以上	11	97~86	8.8	85~67	6.6	66~53	4.4	52以下	2.2
心理	一瞬指数	1.6以上	8	1.5~1.2	6.4	1.1~0.6	4.8	0.5~0.2	3.2	0.1以下	1.6
	转移能力	44.9以上	8	44.8~38.1	6.4	38.0~28.8	4.8	28.7~22.0	3.2	21.9以下	1.6
	个人正确率 B	84以上	14	83~78	11.2	77~69	8.4	68~62	5.6	61以下	2.8
技术	第 3 板得分率	59以上	4	58~55	3.2	54~48	2.4	47~44	1.6	43以下	0.8
	第 2 板得分率	64以上	6	63~57	4.8	58~52	3.6	51~46	2.4	45以下	1.2
	正手得分率	55以上	5	54~51	4	50~44	3	43~40	2	39以下	1
	反手得分率	46以上	5	45~43	4	42~39	3	38~36	2	35以下	1

续表

指标		五		四		三		二		一	
		标准	得分	标准	得分	标准	得分	标准	得分	标准	得分
战术	发抢段得分率	68以上	5	67~66	4	65~60	3	59~56	2	55以下	1
	接抢段得分率	53以上	9	52~50	7.2	49~44	5.4	43~40	3.6	39以下	1.8
	相持段得分率	48以上	6	47~45	4.8	44~39	3.6	38~34	2.4	33以下	1.2

（三）精选阶段

时间：每年全国优秀苗子集训或者国家青年队集训。

方法：集训结束时对每位运动员进行第二次评价。

1. 评价指标

女子、男子乒乓球运动员优秀选拔第二次综合评价体系如表 11-17 和表 11-18 所示。

表 11-17　女子乒乓球运动员优秀选拔第二次综合评价体系

一级指标		二级指标		修正权重
名称	权重	名称	权重	
形态	0.05	前臂长/上肢长×100	0.026	0.03
		肩宽/身高×100	0.024	0.02
机能素质	0.25	十字跳正确数	0.144	0.14
		扣球击远	0.061	0.06
		多球试验	0.044	0.05
心理	0.3	个人正确率 B	0.076	0.07
		三瞬指数	0.038	0.03
		集稳能力	0.037	0.04
		教练员经验评价	0.15	0.15
技术	0.2	正手得分率	0.066	0.06
		第 2 板得分率	0.035	0.04
		反手得分率	0.019	0.02
		教练员经验评价	0.08	0.08

续表

一级指标		二级指标		修正权重
名称	权重	名称	权重	
战术	0.2	接抢段得分率	0.09	0.09
		相持段得分率	0.031	0.03
		发抢段得分率	0.019	0.02
		教练员经验评价	0.06	0.06

表 11-18 男子乒乓球运动员优秀选拔第二次综合评价体系

一级指标		二级指标		修正权重
名称	权重	名称	权重	
形态	0.05	瘦体重	0.025	0.025
		（上臂紧张围-上臂放松围）/上臂放松围×100	0.025	0.025
机能素质	0.25	十字跳正确数	0.113	0.11
		多球试验	0.073	0.07
		肌肉用力感觉	0.064	0.07
心理	0.3	个人正确率 B	0.068	0.07
		一瞬指数	0.043	0.04
		转移能力	0.039	0.04
		教练员经验评价	0.15	0.15
技术	0.2	第 2 板得分率	0.037	0.04
		反手得分率	0.033	0.03
		正手得分率	0.03	0.03
		第 3 板得分率	0.02	0.02
		教练员经验评价	0.08	0.08
战术	0.2	接抢段得分率	0.064	0.06
		相持段得分率	0.041	0.04
		发抢段得分率	0.035	0.04
		教练员经验评价	0.06	0.06

2. 评价方法

通过集训前和集训后的两次评价，计算每项指标的增长指数，公式：（第二次测试结果-第一次测试结果）/第一次测试结果；最后将第二次测试结果结合增长指数，再根据每位选手的年龄、训练年限、打法等进行综合评价，评价方法为第二次测试结果为原始分，增长指数等为调分因素（表 11-19 至表 11-22），分值表述为××+-××。

表 11-19　男子运动员优秀选拔调分因素表

内容	标准	分值
增长指数	0	+-1 分/每+-0.05
年龄	16 岁	+-1 分/每-+1 岁
训练年限	10 年	+-2 分/每-+1 年
打法	是否先进	是+2 分否-2 分
类型	是否需要	是+2 分否-2 分

表 11-20　女子运动员优秀选拔调分因素表

内容	标准	分值
增长指数	0	+-1 分/每+-0.05
年龄	15 岁	+-1 分/每-+1 岁
训练年限	9 年	+-2 分/每-+1 年
打法	是否先进	是+2 分否-2 分
类型	是否需要	是+2 分否-2 分

表 11-21　男女运动员比赛成绩调分表

比赛名次	分值
前 32 名	1
前 16 名	2
前 8 名	3
第 3 名	4
第 2 名	5
第 1 名	6

表 11-22　男女运动员比赛类型权重表

比赛类型	权重
国际比赛、全国锦标赛、全运会、中超	1
其他全国比赛	0.5
全国分区赛	0.3
单打	1
双打	0.5
团体	0.3

将集训运动员中得分高的前20名运动员名单报至乒协，在征求专家和各位教练员意见后，确定新一年国家队名单。

二、综合评价标准

将国家青年集训队每个运动员的实测数据先按单项评价标准进行评分，将实测数据转换成分数。再按每个指标的分数乘以它在该级指标中的权重，将各个分数相加得到每位运动员的总分。最后计算样本总分数的P_{10}、P_{30}、P_{50}、P_{70}、P_{90}百分位数，最后按表11-23得到综合评价标准。

表11-23　综合评分对照表

划分标准	类别
P_{90}	五级
$P_{70\sim90}$	四级
$P_{30\sim70}$	三级
$P_{10\sim30}$	二级
P_{10}以下	一级

具体综合评价女运动员如表11-24所示，男运动员如表11-25所示。

表11-24　优秀女子乒乓球运动员选拔综合评价（分）

选拔阶段	五级	四级	三级	二级	一级
初选	78以上	77~68	67~54	53~44	43以下
复选	73以上	72~65	64~56	55~49	48以下
精选	61以上	60~55	54~45	44~41	40以下

表11-25　优秀男子乒乓球运动员选拔综合评价（分）

选拔阶段	五级	四级	三级	二级	一级
初选	87以上	86~69	68~52	51~40	39以下
复选	75以上	74~68	67~56	55~48	47以下
精选	63以上	62~57	56~47	46~40	39以下

三、选拔步骤

①在选拔方法确定的时间内，由经过专门培训的工作人员，按综合评价方法和测

试细则，对符合要求的运动员进行测试。

②测试的原始数据，按要求输入 Excel 数据库。

③按下列方法为每位测试对象进行评价。

（一）初选阶段

整理每位运动员的技术、战术原始数据。

①逐项从男子运动员实际测试单项评分表、女子运动员实际测试单项评分表中查到其应得的分数。例如，某位女子运动员发抢段综合评价为 2.93，查女子运动员实际测试单项评分表，确定该运动员发抢段综合评价的得分为 5 分。

②将每位运动员的每一项得分乘以这一项指标的权重。例如，某位运动员的发抢段综合评价为 5 分，查女子运动员初选指标体系表，发抢段综合评价的权重为 0.082，计算发抢段综合评价得分为：$5\times0.082=0.41$。

③将每位运动员每一项技术指标的得分相加，得到该运动员技术的总分。

④将每位运动员每一项战术指标的得分相加，得到该运动员战术的总分。

⑤将每位运动员初选技术得分加上初选战术得分，即为该运动员初选的最后得分。

⑥将该名运动员初选的最后得分查女子运动员或男子运动员综合评价表初选部分，确定该名运动员初选的等级。

（二）复选阶段

①整理每位运动员的技术、战术、心理、素质技能及形态的原始数据。

②逐项从男子运动员实际测试单项评分表、女子运动员实际测试单项评分表中查到其应得的分数。

③将每位运动员的每一项得分乘以这一项指标的权重。

④将每位运动员每一项形态指标的得分相加，得到该运动员形态的总分。

⑤将每位运动员每一项机能素质指标的得分相加，得到该运动员机能素质的总分。

⑥将每位运动员每一项心理指标的得分相加，得到该运动员心理的总分。

⑦将每位运动员每一项技术指标的得分相加，得到该运动员技术的总分。

⑧将每位运动员每一项战术指标的得分相加，得到该运动员战术的总分。

⑨将每位运动员的初选技术、战术、心理、机能素质、形态得分相加，即为该运动员初选的最后得分。

⑩将该名运动员初选的最后得分查女子运动员或男子运动员综合评价表中初选部分，确定该名运动员的初选等级。

（三）精选阶段

①整理每位运动员的技术、战术、心理、机能素质、形态的教练员经验评价和客

观原始数据。

②逐项从男子运动员实际测试单项评分表、女子运动员实际测试单项评分表中查到其应得的分数。

③逐项从男子运动员教练员经验评价评定标准、女子运动员教练员经验评价评定标准中查到其技术、战术、心理应得的分数。

④将每位运动员的每一项得分乘以这一项指标的权重。

⑤将每位运动员每一项形态指标的得分相加，得到该运动员形态的总分。

⑥将每位运动员每一项机能素质指标的得分相加，得到该运动员机能素质的总分。

⑦将每位运动员每一项心理实测指标的得分相加，得到该运动员心理实测的总分。

⑧将每位运动员每一项心理教练员经验评价指标的得分相加，得到该运动员心理教练员经验评价的总分。

⑨将每位运动员心理指标的实测和教练员经验评价最后得分相加，得到该运动员心理的总分。

⑩将每位运动员每一项技术指标的客观得分相加，得到该运动员技术的客观总分。

⑪将每位运动员每一项技术指标的教练员经验评价得分相加，得到该运动员技术的教练员经验评价总分。

⑫将每位运动员技术指标的实测指标和教练员经验评价最后得分相加，得到该运动员技术的总分。

⑬将每位运动员每一项战术实测指标的得分相加，得到该运动员战术实测的总分。

⑭将每位运动员每一项战术教练员经验评价指标的得分相加，得到该运动员战术教练员经验评价的总分。

⑮将每位运动员战术指标的实测和教练员经验评价最后得分相加，得到该运动员战术的总分。

⑯将每位运动员再选技术、战术、心理、机能素质、形态的最后得分相加，即为该运动员再选的最后得分。

⑰将该名运动员再选的最后得分查女子运动员或男子运动员综合评价表中再选部分，确定该名运动员的再选等级。

（四）评价结果反馈

将评价结果写成报告的形式交给教练员。

第三节　高水平阶段乒乓球运动员的选拔

新的一年，在训练和比赛中由科研人员为队员进行进一步的比赛和训练的技战术统计分析（具体技战术统计分析方法详见初级篇第十章第三节内容），最后结合教练员的意见和中国乒协、国际乒联的排名确定国家队最终名单，以确保我国乒乓球运动在国际乒坛上的领先地位。

在为中国乒乓球队备战世界大赛所积累的大量材料和经验的基础上，科研人员建立了一套行之有效的技战术诊断系统结构，普遍应用于高水平阶段运动员的选拔。技战术诊断结构的核心是由运动实践需求—集成化评价方案—方法调整—面向实践过程控制组成第一个控制回路（作业回路）；由实践化策略—数据资源—调整适应性—创造性思维组成第二个回路（策略回路）；在作业回路的每个作业形成各自相应的作业性能评价与提高回路（性能评价回路）。技战术诊断系统正是围绕这三个回路展开，形成相互协调的整体。根据集成化思想，构建集成化技战术诊断的结构模型（图 11-1）。

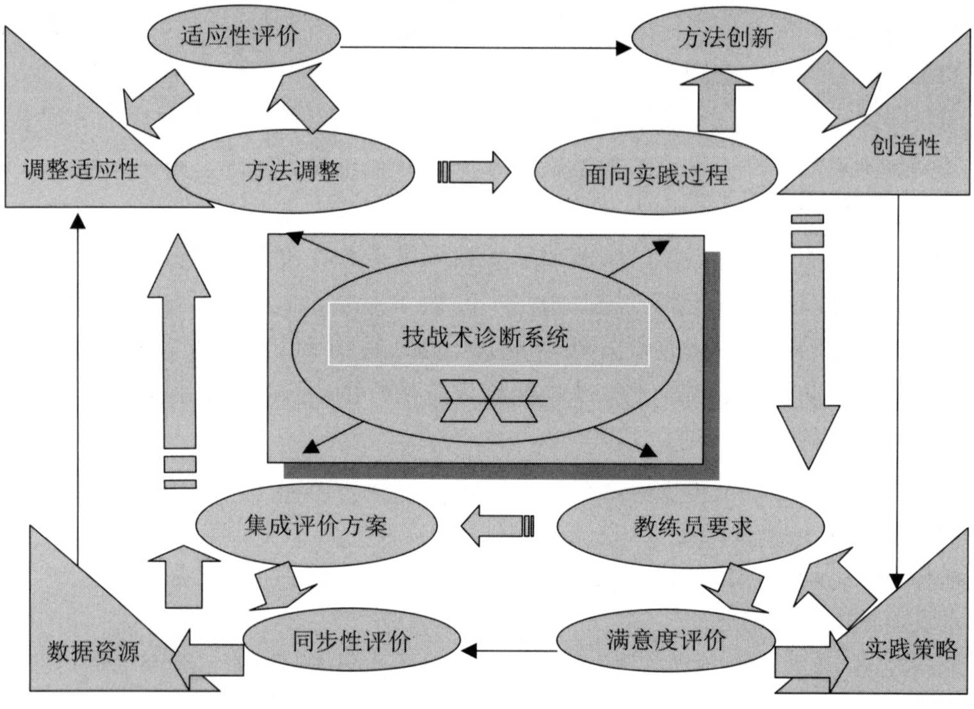

图 11-1　技战术诊断结构模型

在技战术诊断结构模型的基础上，高水平阶段乒乓球运动员技战术诊断的基本步骤分为准备、实施和结果分析三个阶段。准备阶段包括背景分析、方向确定、指标筛选、标准建立；诊断的实施包括相互沟通、收集信息、评议评分和汇总整理等工作；诊断的结果分析不仅是对诊断对象存在问题的分析，还包括诊断方法本身质量的分析，为技战术诊断的准备和实施阶段的质量提供了必要的信息。因此，诊断活动的这三个阶段事实上是紧密相连的。

根据技战术诊断的基本步骤，制订高水平阶段乒乓球运动员选拔的技战术诊断方案，主要包括以下七个方面。

一、分析训练比赛中的实际问题

实践需求是一切评价活动的驱动流。建立科学、客观的技战术诊断系统首先要分析竞技实践环境。其目的在于找到哪些实践问题是当务之急，现时的实践需求是什么，问题的类型和特征是什么，以确认是否有进行诊断的必要性和可行性。在这一步骤上，既需要科研人员深入运动实践进行观察和体会，又要有教练员的配合和对诊断的较高认识和理解。它是一个科研与训练高度结合的过程。这样才能保证该系统高效运行。在这一环节上一般采用的是调查、访谈和研讨的方法。

二、确定分析的入手角度

评价者必须确定对具体战术的诊断应如何入手，信息流程如何运作，而且必须建立实际可行的方案。一般情况下，对技战术诊断的入手点可根据实际情况，从时间、空间、状态等范畴入手。对这一问题的深刻思考和选准方向，不仅能够保证技战术诊断的有效性及达到预定目标，也是对科研人员和教练员的一次对战术规律的再认识过程。如果实施准确，其本身就可为战术训练带来一系列的效益。

三、数据采集和处理

由于技战术诊断是建立在统计概率基础上的专家评价系统，为了适应实践中瞬息万变的战术变化，就要求所使用的统计方法要简单易行，具有较强的可操作性。如果不作为现场使用，统计方法则可复杂些，以便更全面地反映实际中的问题。目前常采用的主要有乒乓球三段统计表、线路统计图、效果统计表、训练统计表和综合统计表等。这些统计方法，经过长期的运用、修订和完善，基本上能反映比赛的客观实际，并能比较准确地把战术运用情况记录下来，而且具有简易明了、易于与实践沟通和接受的特点。数据采集常采用的手段有录像编辑、计算机统计、手工统计等。数据处理的手段常采用得分率和使用率。

四、制定诊断标准

技战术诊断的指标体系和标准是科研人员对运动实践进行综合诊断的依据，是反映战术运用本身和环境所构成的复杂系统不同属性的指标，按层次结构有序组成的集合。根据系统全面性、简明科学性、稳定可比性、灵活可操作性的特点，建立了本系统集成化综合诊断指标体系和标准。不同环境、不同打法特点、不同技术风格等，其诊断的指标体系和标准是不一样的，但操作过程的思路是有共性的。目前，在乒乓球的技战术诊断中常采用分段标准等。

五、综合诊断

对样本与诊断标准进行比较后，必须根据实际情况，进行综合诊断。其中，包括因素筛选、主观判断、撰写诊断报告等工作。

在综合诊断过程中，最好是由一个诊断小组来完成。组员应由科研人员和具有较丰富运动经历和专业技能的人员组成，并听取教练员和被诊断运动员的建议，做出切合实际和具有较强针对性的诊断结果。

六、评价诊断结果

评价诊断结果的一个主要工作是调查，并收集有关诊断结果的可行性、客观性等全方位的信息。在此基础上，选择一个决策点，如果能够达到，则可付诸训练实践；如果不满足，则逐级向上面的步骤返回，重新进行诊断。在此阶段主要采用调查法和专家评价法。

七、训练实施

在将诊断结果进行训练实施过程中，实践的需求将不断变化，可以根据实际情况的需要及时修改诊断标准，或重新开始诊断。在重新开始诊断时，应在原有诊断结果的基础上进行，经过去粗取精，达到逐步深入的目的。此阶段一般常采用观察与访谈相结合的方法。

从乒乓球运动员选拔发展提高阶段到高水平阶段的方案可以看出：此方案并不是仅限于一次选拔测试，而是历时1~2年分为三个阶段的选拔方案，这主要是因为乒乓球项目的特点、选拔的目的任务及目前测试手段的局限性而决定的。因为任何一次测试都不可能没有偶然性，任何一名运动员都不可能随时都保持最高的竞技状态，更何况乒乓球比赛由于赛制存在局限性、偶然性，而使比赛的结果并不能完全体现每位运动员的真实水平，再加上运动员的年龄、训练年限等因素的影响，就更不可能仅通过一次测试就能准确地把握运动员的能力，特别是非智力能力。因此，仅通过一次实际测试评定和在教练员没有对运动员施教的情况下进行的教练员经验评价的选拔结果大部分是经不起时间推敲的。乒乓球是我国的优势项目，对于任何项目来讲争金夺银都是比赛的口号，而对于中国乒乓球队来讲，争金就是胜利，夺银就是失败，所以，对于乒乓球队的奥运人选必须经过较长时间的、较多手段的挑选，经过运动员与教练员的磨合，经过大赛的洗礼，才能较准确地判断出一名运动员是否是人才，是否能够担当奥运的重任。因此，此方案虽然能够基本上反映乒乓球项目的特点，但其科学性还有待于实践的检验，毕竟实践是检验真理的唯一标准。此外，对运动员的教练员经验评价不能滥用，必须是在一名教练员对该名运动员执教 3 个月以上，且教练员完全自愿的情况下才能填写，以保证这一测试方法的科学性和准确性。

第四节 乒乓球运动员选材与选拔测试细则

一、技术

（一）正手位正手发力攻（拉）

由专人进行测试，由国家队教练员发多球。

使用仪器：常速摄像机两台。

发受试者正手位上旋球 10 个，球高约 20 至 35 厘米，球速约每分钟 50 个。受试者用最大力量正手发力攻（拉）斜、直线球各 5 个，用摄像机测量球的平均速度、最大速度和运动员击球时的力量，并计算命中率。

（二）正手位正手攻（拉）下旋球

由专人进行测试，由国家队教练员发多球。

使用仪器：常速摄像机两台。

发受试者正手位下旋球 10 个，球高 15 至 30 厘米，球速约每分钟 50 个。受试者用最大力量正手攻（拉）斜、直线球各 5 个，用摄像机测量球的平均速度、最大速度和运动员击球时的力量，并计算命中率。

（三）正手位正手发力攻（拉）机会球

由专人进行测试，由国家队教练员发多球。

使用仪器：常速摄像机两台。

发受试者正手位不转球 10 个，球高 50 厘米左右，球速约每分钟 50 个。受试者用最大力量正手发力攻（拉）斜、直线球各 5 个，用摄像机测量球的平均速度、最大速度和运动员击球时的力量，并计算命中率。

（四）反手位反手发力攻（拉）

由专人进行测试，由国家队教练员发多球。

使用仪器：常速摄像机两台。

发受试者反手位上旋球10个，球高20至35厘米，球速约每分钟50个。受试者用最大力量反手发力攻（拉）斜、直线球各5个，用摄像机测量球的平均速度、最大速度和运动员击球时的力量，并计算命中率。

（五）反手位正手发力攻（拉）下旋球

由专人进行测试，由国家队教练员发多球。

使用仪器：常速摄像机两台。

发受试者反手位下旋球10个，球高30至40厘米，球速约每分钟50个。受试者用最大力量反手发力攻（拉）斜、直线球各5个，用摄像机测量球的平均速度、最大速度和运动员击球时的力量，并计算命中率。

（六）发球

由专人进行测试。

使用仪器：常速摄像机两台。

受试者发正手侧上、下旋球；反手侧上、下旋球；正手转与不转球和任选发球一套，用最大旋转发斜线长、短球；直线长、短球各一个，共20个，球落对方球台后一跳出台为长球，否则为短球，记录命中的球数。用摄像机测量球的平均速度、最大速度和运动员击球时的力量，并计算命中率。

二、战术

采用吴焕群教授设计的三段法，并增加正、反手击球的统计，对集训期结束时的正式比赛进行统计，每人统计10场球左右，计算每局、每场比赛的发抢段、接抢段、相持段的使用率和得分率，以及正反手得分率和每一板球的得分率，并结合教练员的评价对每位受试者的战术进行综合评价。

三、机能

多球试验。

由专人测试，由国家队教练员发多球。

测试仪器：计算机、心率发射仪及接受仪。

测试方法：2分钟一组，球速每分钟大约70个。第一组：三点攻，即正手位—中路—反手位—中路—正手位，每点一个球，连续循环进行，受试者全部用正手还击。休息2分钟。第二组：推挡侧身扑正手，即反手位两个球—正手位一个球，连续循环进行，受试者第一个反手位球用反手回击，其他两个球用正手回击。休息两分钟。第三组正手短下旋球—反手位长球—正手位长球，每点各一球，受试者反手位球用反手回击，正手位球用正手回击。休息 5 分钟，用心率仪记录受试者在运动和休息过程中的心率。记录每 50 个多球（前两盆球数为 50 整，第三盆球到时间为止记录其球数）的命中率、步法移动到位情况、击球的质量等，并按照台阶试验的方法计算其恢复期的多球试验。

四、身体素质

（一）十字跳

场地器材：固定场地及秒表。

测试方法：受试者两脚并拢站在起跑线后，当听到“开始”的口令后，跳入“1”号区域，并面向“2”号区域之后，以最快的速度跳入“2”号区域，并面向“3”号区域……按 1、2、3、4 的顺序循环进行，记录顺序正确、不踩线，并面向方向正确的 1 分钟的跳动次数。

注意事项：①测试前应向受试者讲解仪器的使用方法，并允许其试验。②如受试者过于疲劳应允许其适当休息。

（二）8 字踩点

场地器材：固定场地及秒表。

平整场地上滑一个“8”字图形（图 11-2），开始前，运动员站于 D 处，听到口令后用滑步按 DA →AB → BC → CD → DC → CB → BA → AD 移动，再重复，计其所需时间。移动时必须采到点上，否则不予计算。

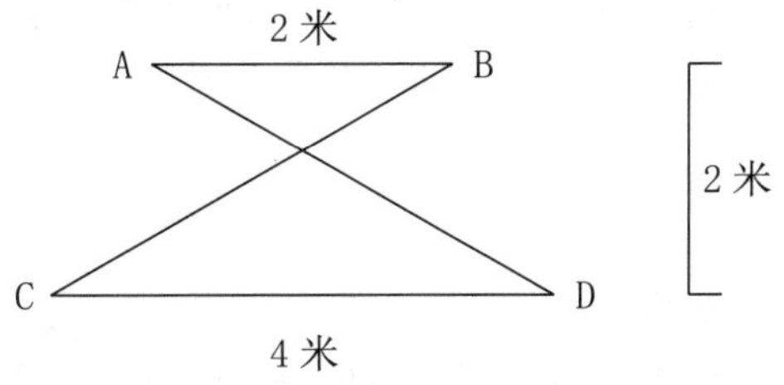

图 11-2　8 字踩点路线图

注意事项：①测试前应向受试者讲解仪器的使用方法，并允许其试验。②如受试者过于疲劳应允许其适当休息。

（三）扣球击远（上肢爆发力）

场地器材：乒乓球台及球。

测试方法：向台面中线附近 1/3 处，发弹起高度为 50 厘米左右的球。运动员用正手将球扣到对方球台端线附近的击球区内，测量其打出距离，连扣 3 次，计其最长距离。测距方法是：以落球点为圆心，分别以 2. 29 米+1 米、+2 米、+3 米为半径，画出若干条半圆弧，并以此测距。共测试 10 次，记录命中率及距离，精确到厘米。

注意事项：①测试前应向受试者讲解仪器的使用方法，并允许其试验。②如受试者过于疲劳应允许其适当休息。

（四）立定跳远（下肢爆发力）

场地器材：沙坑。

测试方法：受试者两脚自然开立站在起跳线后，脚尖不能踩线，原地两脚同时起跳，丈量起跳线后沿至最近着地点后沿的垂直距离。每人试跳三次取最好成绩。记录单位为米，取小数点后两位。

注意事项：起跳时不能有助跑和助跳动作。

（五）跳挺

场地器材：杠铃及杠铃片。

测试方法：受试者站立，由受试者将杠铃从地面提起，受试者用力向上将杠铃举过头顶，并跳起分腿，将杠铃还原到胸前，跳起并腿。记录完成 8 次的时间。男运动员 20 公斤，女运动员 15 公斤。测试两次，计最好成绩。记录单位为公斤，取小数点后一位。

注意事项：测试人员在测试中要加强保护。

（六）肌肉用力感觉

场地器材：握力计。

测试方法：睁眼用握力器握出一个成绩，再闭眼重复握 3 次，记录每一次闭眼成绩与睁眼成绩的差距，超过计“+”、不足计“-”。记录单位为公斤。

（七）YoYo 测试

由测试队指定专人进行测试。

场地器材：地面平坦的场地，不小于 25 米。发令旗一面，口哨一个，遥测心率表一块，标准 YoYo 测试录音带一盘。

测试时，受试者严格按照规定的时间完成一次 20 米往返跑后，休息 5 秒，再进行下一次 20 米折返跑的测试，直到在规定的时间内无法完成规定的距离，第一次警告，第二次时测试结束。

注意事项：

①受试者测试时穿运动鞋，但不得穿钉鞋；

②发现有抢跑者，要立即召回重跑。

记录方法：用标准的 YoYo 测试记录表进行测试记录。

五、形态

（一）身高

由专人测试。测试时，两人一组（一人测量，一人记录）。

使用仪器：身高坐高计。使用前应校对 0 点，并用钢尺测量基准板平面红色刻线的高度是否为 10.0 厘米，误差不得大于 0.1 厘米。同时应检查立柱是否垂直，连接处是否紧密，有无晃动，零件有无松脱等情况并及时加以纠正。

测试方法：受试者赤足，立正姿势站在身高计的底板上。上肢自然下垂，足跟并拢，足尖分开成 60°。足跟、骶骨部及两肩胛间区与立柱相接触，躯干自然挺直，头部正直，耳屏上缘与眼眶下缘呈水平位。测试人员站在受试者右侧，将水平压板轻轻沿立柱下滑，轻压于受试者头顶。测试人员读数时，双眼应与压板平面等高进行读数。记录员复诵后记录。以厘米为单位，精确到小数点后一位，测试误差不得超过 0.5 厘米。

注意事项：①身高坐高计的生产厂家应有国家计量局颁布的质量论证合格证书。②身高坐高计应选择平坦靠墙的地方放置，立柱的刻度尺应面向光源。③严格掌握“三点靠立柱”“两点呈水平”的测量姿势要求。测试人员读数时两眼一定要与压板等高。两眼高于压板时要下蹲，低于压板时要垫高。④水平压板与头部接触时，松紧要适度，头发蓬松者要压实，头顶的发辫、发结要放开，饰物要取下。⑤读数完毕，立即将水平压板轻轻推向安全高度，以防碰坏。⑥测量身高前，受试者不应进行体育活动和体力劳动。⑦测试记录取一位小数。第二位小数按“四舍五入”的原则取舍。⑧所测数值若超过“复测参考表”的数值范围时，需予复测，两次结果若相同，记录测试值后，在旁注明“已复测”字样。该受试者的数据不能随意舍弃。

记录方法：以厘米为单位，将读数（含小数点后一位）填入方格内。

（二）坐高

由身高测试人员负责测试。

使用仪器：身高坐高计。使用前用三角尺校正坐高计 0 点。尺的一边平放于坐板上，尖端指向坐高标尺的 0 点，误差不大于 0.1 厘米。同时应检查立柱是否垂直，连接处是否紧密，有无晃动，零件有无松脱等情况并及时加以纠正。

测试方法：受试者坐在身高坐高计的坐板上。使骶骨部及两肩胛间区靠立柱，躯干自然挺直，头部正直，两眼平视前方，以保持耳屏的上缘与眼眶下缘呈水平位。两腿并拢，大腿与地面平行并与小腿呈直角。上肢自然下垂，双手不得支撑坐板，双足平踏在地面上。如受试者小腿较短，可适当调节踏板高度（或在足底垫若干板块）以维持正确的检测姿势。测试人员站在受试者右侧，将水平压板轻轻沿立柱下滑，轻压于受试者头顶。测试人员读数时，双眼应与压板平面等高进行读数。记录员复诵后记录。以厘米为单位，精确到小数点后一位，测试误差不得超过0.5厘米。

注意事项：①测量时，受试者应先弯腰，使骶骨部紧靠立柱而后坐下，以保证测量姿势正确。②其他注意事项与身高测量相同。③测试记录取一位小数。第二位小数按“四舍五入”的原则取舍。④所测数值若超过“复测参考表”的数值范围时，需予复测，两次结果若相同，记录测试值后，在旁注明“已复测”字样。该受试者的数据不能随意舍弃。

记录方法：以厘米为单位，将读数（含小数点后一位）填入方格内。

（三）上肢长

由专人负责进行测量。

使用仪器：长度测量仪。

测试方法：被测者自然站立，上肢下垂，手指并拢。测试者站其右侧，将固定尺座上的直尺抵住肩峰中点，活动尺座上的直尺抵及中指指尖点，然后读数。测量误差不得超过0.5厘米。

注意事项：①要求被测者的手指、手掌和前臂必须保持在一条直线上，上肢各关节尽量伸直。②测试记录取一位小数。第二位小数按“四舍五入”的原则取舍。③所测数值若超过“复测参考表”的数值范围时，需予复测，两次结果若相同，记录测试值后，在旁注明“已复测”字样。该受试者的数据不能随意舍弃。

记录方法：以厘米为单位，将读数（含小数点后一位）填入方格内。

（四）下肢长

由专人负责测量。

使用仪器：长度测量仪。

测试方法：被测者的姿势与测量身高时相同，测试者测量时主尺杆由地面开始，移动滑动板至大腿的大转子尖处，然后读数。测量误差不得超过0.5厘米。

注意事项：①要求被测者的下肢各关节尽量伸直。②测试记录取一位小数。第二位小数按“四舍五入”的原则取舍。③所测数值若超过“复测参考表”的数值范围时，需予复测，两次结果若相同，记录测试值后，在旁注明“已复测”字样。该受试者的数据不能随意舍弃。

记录方法：以厘米为单位，将读数（含小数点后一位）填入方格内。

（五）小腿长

由专人负责测量。

使用仪器：长度测量仪。

测试方法：被测者自然站立，右脚提起屈膝将脚踩在木凳上，全脚掌贴于凳面，小腿与凳面垂直。测试者测量时用固定尺座抵住胫骨内踝下缘，活动尺座上的直尺抵到胫骨平台上缘测量点并读数。测量误差不得超过 0.5 厘米。

注意事项：①测量时要求测量尺杆与胫骨纵轴平行。②测试记录取一位小数。第二位小数按“四舍五入”的原则取舍。③所测数值若超过“复测参考表”的数值范围时，需予复测，两次结果若相同，记录测试值后，在旁注明“已复测”字样。该受试者的数据不能随意舍弃。

记录方法：以厘米为单位，将读数（含小数点后一位）填入方格内。

（六）肩宽

由专人进行测量。

使用仪器：测径规。使用前校正 0 点，误差不得超过 0.1 厘米。

测试方法：受试者自然站立，两足分开与肩同宽，双肩放松。测量者站在受试者背后，先用两食指分别沿肩胛冈向外摸到肩峰外侧缘中点（肩峰中点），再用测径规测量两肩峰中点间的距离并读数，记录员复诵后记录。以厘米为单位，精确到小数点后一位。测量误差不得超过 0.5 厘米。

注意事项：①测试时，受试者两肩必须自然放松，不要紧张、耸肩、驼背或弯腰。②测试人员应先注意受试者两肩平行，摸清骨性标志点后再固定测径规，手法不宜过重或过轻。③测试记录取一位小数。第二位小数按“四舍五入”的原则取舍。④所测数值若超过“复测参考表”的数值范围时，需予复测，两次结果若相同，记录测试值后，在旁注明“已复测”字样。该受试者的数据不能随意舍弃。

记录方法：以厘米为单位，将读数（含小数点后一位）填入方格内。

（七）骨盆宽

由专人进行测量。

使用仪器：测径规。使用前校正 0 点，误差不得超过 0.1 厘米。

测试方法：受试者取站立姿势。测量者站在受试者背后或对面。先用两食指分别向外摸到两髂嵴外缘最宽处（髂嵴中点），再用测径规测量两髂嵴中点间的距离并读数，记录员复诵后记录。以厘米为单位，精确到小数点后一位。测量误差不得超过 0.5 厘米。

注意事项：①测量时，受试者站立时应自然放松，两脚自然分开与肩同宽，不要紧张、扭曲或耸肩。②测试人员应先注意受试者站位端正，两侧平行，摸清骨性标志点后再固定测径规，手法不宜过重或过轻。③测试记录取一位小数。第二位小数按“四舍五入”的原则取舍。④所测数值若超过“复测参考表”的数值范围时，需予复测，两次结果若相同，记录测试值后，在旁注明“已复测”字样。该受试者的数据不能随意舍弃。

记录方法：以厘米为单位，将读数（含小数点后一位）填入方格内。

（八）肱骨远端宽

由测试队指定专人负责测量。

使用仪器：测径规。使用前校正0点，误差不得超过0.1厘米。

测试方法：被测者自然站立，右脚提起屈膝将脚踩在木凳上，全脚掌贴于凳面，小腿与凳面垂直。测试者先用一只手的拇指和食指摸到股骨内外侧髁最隆起的地方，再用测径规测量两者中点间的距离并读数，记录员复诵后记录。以厘米为单位，精确到小数点后一位。测量误差不得超过0.5厘米。

注意事项：①测试记录取一位小数。第二位小数按“四舍五入”的原则取舍。②所测数值若超过“复测参考表”的数值范围时，需予复测，两次结果若相同，记录测试值后，在旁注明“已复测”字样。该受试者的数据不能随意舍弃。

记录方法：以厘米为单位，将读数（含小数点后一位）填入方格内。

（九）股骨远端宽

由测试队指定专人负责测量。

使用仪器：测径规。使用前校正0点，误差不得超过0.1厘米。

测试方法：被测者自然站立，手臂前平举，手心向上，屈肘约成90°。测试者先用一只手的拇指和食指摸到肱骨内外上髁最隆起的地方，再用测径规测量两者中点间的距离并读数，记录员复诵后记录。以厘米为单位，精确到小数点后一位。测量误差不得超过0.5厘米。

注意事项：①测试记录取一位小数。第二位小数按“四舍五入”的原则取舍。②所测数值若超过“复测参考表”的数值范围时，需予复测，两次结果若相同，记录测试值后，在旁注明“已复测”字样。该受试者的数据不能随意舍弃。

记录方法：以厘米为单位，将读数（含小数点后一位）填入方格内。

（十）上臂紧张围

由专人两人一组进行测量。

使用仪器：衬有尼龙丝的塑料带尺。使用前必须经钢卷尺校对，每米误差不得超过0.2厘米。

测试方法：令受试者上肢斜平举约45°角，手掌向上握拳并用力屈肘。受试者自然站立，两足分开与肩同宽，双肩放松，两上肢自然下垂，平静呼吸。两名测量测量者立于其侧面或对面，将卷尺在上臂肱二头肌最粗处绕一周进行测量。带尺上与0点相交的数值即为上臂紧张围值。以厘米为单位，精确到小数点后一位。测量误差不得超过 0.5 厘米。

注意事项：①两名测试人员应分工明确，密切配合。②测试人员应注意掌握带尺的松紧度，做到检测全过程一致，力争最大限度地减少误差。③测量时被测者要使肌肉充分收缩。④测试记录取一位小数。第二位小数按“四舍五入”的原则取舍。⑤ 所测数值若超过“复测参考表”的数值范围时，需予复测，两次结果若相同，记录测试值后，在旁注明“已复测”字样。该受试者的数据不能随意舍弃。

记录方法：以厘米为单位，将读数（含小数点后一位）填入方格内。

（十一）小腿围

由专人两人一组进行测量。

使用仪器：衬有尼龙丝的塑料带尺。使用前必须经钢卷尺校对，每米误差不得超过 0.2 厘米。

测试方法：受试者自然站立，两足分开与肩同宽。测量者将卷尺绕腓肠肌最粗处进行测量。带尺上与 0 点相交的数值既为其小腿围值。以厘米为单位，精确到小数点后一位。测量误差不得超过 0.5 厘米。

注意事项：①两名测试人员应分工明确，密切配合。站在受试者面前的测试人员进行测量，其背后的测试人员协助找好背部测量标准点，帮助平整带尺，并注意受试者的姿势是否正确，如有应及时纠正。②测试人员应注意掌握带尺的松紧度，做到检测全过程一致，力争最大限度地减少误差。③测量时注意卷尺与小腿纵轴相垂直。④测试记录取一位小数。第二位小数按“四舍五入”的原则取舍。⑤ 所测数值若超过“复测参考表”的数值范围时，需予复测，两次结果若相同，记录测试值后，在旁注明“已复测”字样。该受试者的数据不能随意舍弃。

记录方法：以厘米为单位，将读数（含小数点后一位）填入方格内。

（十二）胸围

由专人两人一组进行测量。

使用仪器：衬有尼龙丝的塑料带尺。使用前必须经钢卷尺校对，每米误差不得超过 0.2 厘米。

测试方法：受试者自然站立，两足分开与肩同宽，双肩放松，两上肢自然下垂，平静呼吸。两名测量者分别站在受试者的面前和背后，将带尺上缘经背部肩胛下角下缘向胸前围绕一周。男生及未发育女生，带尺下缘在胸前沿乳头上缘；已发育女生，带尺在乳头上方与第四肋骨平齐。带尺围绕胸部的松紧度应适宜，以对皮肤不产生明显压迫为度。应在受试者平静呼气末、吸气尚未开始时读取数值。带尺上与 0 点相交的数值即为胸围值。以厘米为单位，精确到小数点后一位。测量误差不得超过 1 厘米。

注意事项：①两名测试人员应分工明确，密切配合。站在受试者面前的测试人员进行测量，其背后的测试人员协助找好背部测量标准点，帮助平整带尺，并注意受试者的姿势是否正确，有无低头、耸肩、挺胸、驼背等，如有应及时纠正。②测试人员应注意掌握带尺的松紧度，做到检测全过程一致，力争最大限度地减少误差。③肩胛下角如摸不清，可令受试者挺胸，摸清后受试者应恢复正确测量姿势。④两肩胛下角高低不一时，以低侧为准；若两侧肩胛下角的高低相差过大，视为非正常学生予以剔除。⑤ 测试记录取一位小数。第二位小数按“四舍五入”的原则取舍。⑥所测数值若超过“复测参考表”的数值范围时，需予复测，两次结果若相同，记录测试值后，在旁注明“已复测”字样。该受试者的数据不能随意舍弃。

记录方法：以厘米为单位，将读数（含小数点后一位）填入方格内。

（十三）体重

由测试队指定专人进行测量。

使用仪器：杠杆秤。使用前需检验其准确度和灵敏度。准确度要求误差不超过0.1%，即每百千克误差小于0.1千克。检验方法是：以备用的10、20、30千克标准砝码（或用等重的标定重物代替）分别进行称量，检查指示读数与标准砝码误差是否在允许范围。灵敏度的检查方法是：置100克重的砝码，观察刻度尺变化。如果刻度尺抬高了3毫米，或游标向远移动0.1千克而刻度尺仍维持水平位时，说明达到要求。

测试方法：测试时，杠杆秤应放在平坦地面上，调整0点至刻度尺呈水平位。男生只着短裤，女生着短裤、短袖衫，站立在秤台中央。测试人员放置适当砝码并移动游码至刻度尺平衡。读数以千克为单位，精确到小数点后一位，记录员复诵后将读数填入方格内。测试误差不得超过0.1千克。

注意事项：①测量体重前，应让受试者排空大小便。不要大量喝水，也不要进行剧烈的体育活动。②受试者应站立在秤台中央，上下杠杆秤时动作要轻。③每天使用杠杆秤均需进行校正。测试人员每次读数都应校对砝码重量，避免差错。④不得使用弹簧秤，以免产生系统误差或影响测试精度，使前后数据无法比较。⑤ 测试记录取一位小数。第二位小数按“四舍五入”的原则取舍。⑥所测数值若超过“复测参考表”的数值范围时，需予复测，两次结果若相同，记录测试值后，在旁注明“已复测”字样。该受试者的数据不能随意舍弃。

记录方法：以千克为单位，将读数（含小数点后一位）填入方格内。如受检者体重不足100千克，方格首位应加“0”。

（十四）皮褶厚度

由测试队指定专人进行测量。

使用仪器：皮褶厚度测量仪（皮褶卡钳）。技术指标要求为：①钳头面积 15×16 平方毫米；②钳头压力经常保持在 10 克/平方毫米；③测量范围 0~60 毫米，最小读数 1 毫米。每次测量前后均应及时进行校正，即使卡钳的指针刻度保持在 0 位；校正压强，使之保持在 15~25 毫米的刻度范围内，当压强过大或过小时，通过旋转压力调节按钮，使压强恢复到正常水平。

测试部位：①肱三头肌皮褶厚度：取右上臂后面肩峰与鹰嘴连线的中点，夹取与上肢长轴平行的皮褶，纵向测量。②肩胛下皮褶厚度：取右肩胛下角下方 1 厘米处，夹取与脊柱成 45°角的皮褶进行测量。③髂嵴上皮褶厚度：取腋前线向下延伸与髂嵴上相交点处，垂直夹取皮褶进行测量。④小腿后皮褶厚度。

测量方法：受试者着短裤、背心，自然站立，使被试部位充分裸露。测试人员右手紧握卡钳手柄，使其成两半弓形臂张开；左手拇指和食指将被测部位的皮肤和皮下组织（皮褶）夹提起来，两指间相距 3 厘米左右（如果皮褶较厚，可适当放宽）。将张开的测量计在提起点的下方钳入，松开把柄，待指针停住后即读数并记录。每名受试者测量 3 次，各次间误差不超过 5%。取中间值或两次相同的值。记录以毫米为单位，精确到小数点后一位。

注意事项：①受试者自然站立，体重应均匀落在双腿。②测试人员使用卡钳的方法要准确。③为避免提起皮褶时连带夹起肌肉，可令受试者主动收缩该部位的肌肉，或将捏起的皮褶向上轻轻提两下，使被夹的肌肉滑脱。④当将皮褶卡钳从测量部位钳入时，卡钳不要接近皮褶底部，也不要接近其顶部。要待停住后再读数。⑤ 测试记录取一位小数。第二位小数按“四舍五入”的原则取舍。⑥所测数值若超过“复测参考表”的数值范围时，需予复测，两次结果若相同，记录测试值后，在旁注明“已复测”字样。该受试者的数据不能随意舍弃。

记录方法：以毫米为单位，将读数（含小数点后一位）填入方格内。

六、心理

（一）注意力

注意力测试软件（李永润），由作者专人测试。

（二）思维

乒乓球思维测试软件（严春锦），由作者专人测试。

附件：专家问卷

《乒乓球运动员高级选拔》专家调查问卷

尊敬的专家：

您好！中国乒乓球队自1959年容国团获得第一个世界冠军以来，几十年来一直在国际乒坛占据着非常重要的地位，特别是近十年来乒乓队所取得的骄人战绩，更为世人所瞩目，为能较好地总结我国乒乓队几代人，尤其是教练员的成功经验，特对运动员的选拔进行调查。您的支持将使本工作趋于科学和合理，您的建议和意见将使我们受益匪浅，感谢您为本工作做出的贡献！谢谢！

联系地址：国家体育总局科研所

联系人：张晓蓬

电话：010-67112233转2561

国家体育总局科研所　张晓蓬

一、一级指标重要性调查

请专家根据本人多年的专业知识和经验为以下指标的重要性打分，10分为非常的重要，5分为一般重要，0分为不重要，0~5、5~10分为中间的过渡分数。总之，分数越接近10分说明该指标在乒乓球选拔中的重要程度越高，越接近0分说明该指标在乒乓球选拔中的重要程度越低。

一级指标重要性调查表

一级指标	10	9	8	7	6	5	4	3	2	1	0
运动成绩											
技术											
战术											
形态											
机能											
身体素质											
心理											

二、二级指标重要性调查

请专家根据本人多年的专业知识和经验为以下指标的重要性打分，10 分为非常的重要，5 分为一般重要，0 分为不重要，0～5 分、5～10 分为中间的过渡分数。总之，分数越接近 10 分说明该指标在乒乓球选拔中的重要程度越高，越接近 0 分说明该指标在乒乓球选拔中的重要程度越低。

二级指标重要性调查表

一级指标	二级指标	10	9	8	7	6	5	4	3	2	1	0
运动成绩	实测											
	教练评价											
技术	实测											
	教练评价											
战术	实测											
	教练评价											
形态	实测											
	教练评价											
机能	实测											
	教练评价											
身体素质	实测											
	教练评价											
心理	实测											
	教练评价											

三、三级指标重要性调查

请专家根据本人多年的专业知识和经验为以下指标的重要性打分，10 分为非常重要，5 分为一般重要，0 分为不重要，0～5 分、5～10 分为中间的过渡分数。总之，分数越接近 10 分说明该指标在乒乓球选拔中的重要程度越高，越接近 0 分说明该指标在乒乓球选拔中的重要程度越低。

三级指标重要性调查表

一级指标	二级指标	三级指标	10	9	8	7	6	5	4	3	2	1	0
运动成绩	实测	比赛成绩											
	教练评价	比赛中竞技能的发挥情况											
技术	实测	2/3 台无规律正手跑动攻（拉、削）											
		反拉（攻、削）弧圈球											
		全台无规律击球											
		自选特长技术三项											
	教练评定	学习能力											
		技术动作的协调性											
		技术质量											
		特长技术											
		特短技术											
		步法											
		技术的全面性											
战术	实测	战术意识											
		战术行为											
		应变能力											
		适应能力											
	教练评价	战术意识											
		战术行为											
		应变能力											
		适应能力											
		比赛中与教练的配合											
形态	实测	身高											
		体重											
		上肢长											
		下肢长											
		小腿长											
		肩宽											
		骨盆宽											
		股骨远端宽											

续表

一级指标	二级指标	三级指标	10	9	8	7	6	5	4	3	2	1	0
形态	实测	胸围											
		腰围											
		上臂紧张围											
		小腿围											
		体重											
		皮褶厚度											
	教练评价	形态是否适合专项特色											
机能	实测	间歇运动做功能力											
		肌电图											
		脑电图											
		心肺功能											
	教练评价	机能状况是否符合专项特色											
身体素质	实测	灵敏											
		爆发力											
		手感											
		腕指关节自由度											
		耐力											
	教练评价	身体素质状况是否符合专项特色											
心理	实测	神经类型											
		意志品质											
		思维											
		反应时											
		注意力											
		场依存性和场独立性											
		动作控制能力											
	教练评价	练习兴趣											
		自信心											
		意志品质											
		自控能力											

续表

一级指标	二级指标	三级指标	10	9	8	7	6	5	4	3	2	1	0
心理	教练评价	攻击性品质											
		注意力											
		理解能力											
		接受能力											
		训练态度											
		纪律性											

四、部分四级指标重要性调查

请专家根据本人多年的专业知识和经验为以下指标的重要性打分，10 分为非常重要，5 分为一般重要，0 分为不重要，0~5 分、5~10 分为中间的过渡分数。总之，分数越接近 10 分说明该指标在乒乓球选拔中的重要程度越高，越接近 0 分说明该指标在乒乓球选拔中的重要程度越低。

部分四级指标重要性调查表

一级指标	三级指标	四级指标	10	9	8	7	6	5	4	3	2	1	0
技术	2/3 台无规律正手跑动攻（拉、削）	速度											
		力量											
		旋转											
		落点											
		准确性											
	反拉（攻、削）弧圈球	速度											
		力量											
		旋转											
		落点											
		准确性											
	全台无规律击球	速度											
		力量											
		旋转											
		落点											
		准确性											

续表

一级指标	三级指标	四级指标	10	9	8	7	6	5	4	3	2	1	0
技术	自选特长技术三项	速度											
		力量											
		旋转											
		落点											
		准确性											
身体素质	灵敏	十字跳											
		8 字踩点											
	爆发力	上肢											
		下肢											
		腰腹											
	手感	握力计											
		动力描述器											
	耐力	3000 米跑											
心理	思维	操作思维											
		创造性思维											
	反应时	简单反应时											
		视动选择反应时											
		综合反应时											
		移动判断反应时											
	注意力	广度											
		灵活性											
		瞬脱											
		稳定性											

部分指标的测试说明：

（一）心理指标

■ 注意力：注意力测试软件（李永瑞）。

■ 简单反应时：反应时测试仪。

■ 视动反应时：反应时测试仪。

■ 综合反应时：动作神经过程测试仪。

■ 移动判断反应时："移动判断反应时"测试仪。

■ 场依存性和场独立性：棒框仪。

■ 动作控制能力：动作稳定器。

■ 思维：与战术意识的测试相结合，从国内外比赛的录像中选取典型画面，并编制成录像带或电脑软件，对运动员进行访谈和测试。

■ 神经类型：80.8 神经类型测试表。

■ 意志品质：意志问卷 WEN（黄翔）。

（二）身体素质指标

1. 十字跳：受试者两脚并拢站在起跑线后，当听到"开始"的口令后，跳如"1"号区域，并面向"2"号区域之后，以最快速度跳入"2"号区域，并面向"3"号区域……按 1、2、3、4 的顺序循环进行，记录顺序正确、不踩点，且面向方向正确的 1 分钟的跳动次数。

2. 8 字踩点：平整场地上滑移"8"字图形（见图），开始前，运动员站于 D 处，听到口令后用滑步按 DA → AB → BC → CD → DC → CB → BA → AD 移动，再重复，计其所需时间。移动时必须踩到点上，否则不予计算。

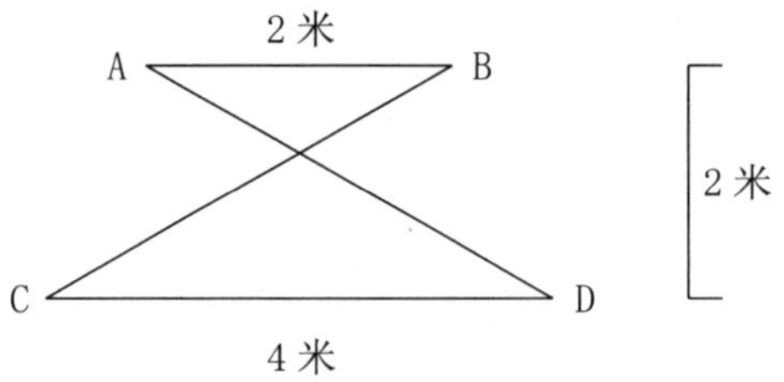

3. 扣球击远（上肢爆发力）：向运动员台面中线附近 1/3 处，发弹起高度为 50cm 左右的球。运动员用正手将球扣到对方球台端线附近的击球区内，测量其打出距离，连扣三次，计其最长距离。测距方法是：以落球点为圆心，分别以 2.29 米+1 米、+2 米、+3 米为半径，画出若干条半圆弧，并以此测距。

4. 立定跳远（下肢爆发力）：标准田径测试。

5. 1 分钟仰卧起坐（腰腹爆发力）标准田径测试。

6. 手感：睁眼用握力器握出 20kg，再闭眼重复握三次，记录每一次成绩与 20kg 的差距，并与动力描述器结合评价手感。

7. 3000 米跑：标准田径测试。

（三）机能指标

1. 间歇运动做功能力：用脚踏功率车和手摇功率车做 10 秒极限运动，再做 20 秒定量运动……重复20次，计算20次极限运动的平均功率。

2. 肌电图：使用8导肌电仪测量正手攻（拉）球时肌肉用力情况。

3. 脑电图：使用8导以上脑电仪记录安静状态和运动表象状态下的脑电图及脑地形图。

4. 心肺功能：间歇运动前后使用超声心动记录心血管系统的工作能力。

（四）形态指标

通过测量计算运动员的体型及身体各部分的比例。

（五）战术指标

1. 战术意识：与心理学中思维的测试相结合，从国内外比赛的录像中选取典型画面，并编制成录像带或电脑软件，对运动员进行访谈和测试。

2. 战术行为：采用吴焕群教授的三段统计法对运动员的战术行为进行评价。

3. 适应能力：统计对方运动员战术变化直到本方运动员适应所需要的分数。

4. 应变能力：统计对方运动员战术变化后本方运动员采取战术变化所需要的分数。

（六）技术指标

在测量时，采用测转仪测定运动员所击球的旋转；采用测速仪测定运动员所击球的速度；用命中率反映准确性；用击中某一区域的命中率反映落点。

1. 2/3台无规律正手跑动攻（拉、削）：教练员将50个多球无规律的发至运动员的正手2/3台，要求运动员发力攻（拉）至对方球台的固定区域，并同时记录运动员回球的力量、旋转、速度、落点及准确性。

2. 反拉（攻、削）：教练员将50个多球无规律的发力拉冲至运动员的正、反手两大角，要求运动员发力攻（拉）至对方球台的固定区域，并同时记录运动员回球的力量、旋转、速度、落点及准确性。

3. 全台无规律击球：教练员将50个多球无规律的发至运动员的全台的任意落点，发球的旋转、力量、速度等均可以变化，要求运动员依来球的情况将球击到对方球台的固定区域，并同时记录运动员回球的力量、旋转、速度、落点及准确性。

（七）请写出您的修改意见

■ 思考题

1. 什么年龄段进行乒乓球运动训练比较适宜？为什么？
2. 试述启蒙选材的几个方面。
3. 试述我国青少年运动员选拔比赛的年龄特点。

4. 试述我国青少年运动员在发展提高阶段选拔步骤的特点。
5. 你认为身体形态在青少年运动员的选材和选拔是否重要，为什么？
6. 试述身体素质在青少年运动员选材和选拔中的重要意义。
7. 叙述你的选材经验、体会、方法与手段。

参考文献

[1] 曾凡辉，王路德，邢文华，等．运动员科学选材［M］．北京：人民体育出版社，1992.
[2] 田麦久．项群训练理论［M］．北京：人民体育出版社，1998.
[3] 钟添发．运动员竞技能力模型与选材标准［M］．北京：人民体育出版社，1994.
[4] 谢亚龙，王汝英．中国优势竞技项目制胜规律［M］．北京：人民体育出版社，1992.
[5] 田麦久，武福全．运动训练科学化探索［M］．北京：人民体育出版社，1988.
[6] 李振彪．试论用分段指标评估法对中国女子乒乓球集训队 24 届奥运会候选和参赛队员的技术诊断及对全队队员个性特征的研究［D］．北京：北京体育大学，1989.
[7] 吴焕群，张晓蓬．乒坛竞技科学诊断［M］．北京：中国乒乓球协会科研委员会，1996.
[8] 陈明达，于道中．实用体质学［M］．北京：北京医科大学出版社，1993.
[9] 邢文华，李晋裕．体育测量与评价［M］．北京：北京体育大学出版社，1985.
[10] 过家兴．运动训练学［M］．北京：北京体育大学出版社，1987.
[11] 苏丕仁．乒乓球教学与训练［M］．北京：人民体育出版社，1995.
[12] 体育学院本科通用教材．运动训练学［M］．北京：人民体育出版社，1990.
[13] 李卫平．体育技术战术方法［M］．北京：北京体育大学出版社，1991.
[14] 体育院校通用教材．乒乓球［M］．北京：人民体育出版社，1992.
[15] 中国体育教练员岗位培训教材．乒乓球［M］．北京：人民体育出版社，2005：68-73.
[16] 张晓蓬．中国乒乓球队战术训练水平定量诊断方法及实践效用［D］．北京：北京体育大学，2004.
[17] 邢文华．奥运优秀运动员科学选材的研究［M］．北京：北京体育大学出版社，2008.
[18] 吴焕群，张晓蓬．中国乒乓球竞技制胜规律的科学研究与创新实践［M］．北京：人民体育出版社，2009.
[19] 张瑛秋．优秀青少年乒乓球运动员训练水平综合评价［J］．体育科学，2006.
[20] 张瑛秋，甄久祥，王福文．中国优秀少年乒乓球运动员身体素质水平综合评价［J］．北京体育大学学报，2006.

第十二章
儿童少年乒乓球运动员生长发育的特征与训练

教学目的

1. 了解儿童少年各年龄阶段的划分和青春期的特征。
2. 掌握儿童少年各器官系统生长发育的特征和训练。
3. 掌握儿童少年身体素质发展的特点和训练。

教学安排

总时数 8 学时。其中讲授 4 学时，讨论、实践、作业 4 学时。

乒乓球运动是我国普及率非常高的一项运动项目，许多人都积极投入这一运动项目当中，其中有相当一部分儿童少年很小就开始接受系统训练。儿童少年在其生长发育过程中具有不同于成年运动员的自身特点，因此运动训练也要符合他们的生长发育特征。

第一节　儿童少年生长发育期

儿童少年时期指 7~17 岁这一年龄阶段，这一时期机体各组织形态不断发生变化，各组织器官的机能也逐渐完善，正是长身体的阶段，是人体生长发育过程中重要的时期。

儿童少年期包含青春发育期，这是从儿童少年过渡到成人的阶段，是发育更为迅速的阶段，青春发育期的分类如表 12-1 所示。

表 12-1　青春发育期阶段的划分表

分期	年龄段	特点
前期	男孩：12~14 岁（或 10~13 岁） 女孩：10~12 岁（或 9~12 岁）	以身体形态发育的突增现象为主，是人体成熟前一个迅速生长的阶段，也称青春期初期（或生长加速期）

续表

分期	年龄段	特点
中期	男孩：14～17 岁 女孩：13～16 岁	以第二性征发育为主，此阶段形态的发育速度减慢，又称性成熟期
后期	男孩：18～24 岁 女孩：17～23 岁	身体发育达到完全成熟

第二节　儿童少年乒乓球运动员的解剖生理特点与训练

儿童少年处在生长发育时期，各器官系统的解剖生理特点与成年人不同，对他们进行训练应不同于成年人，要根据儿童少年的解剖生理特点进行合理安排。

一、运动系统的特点和训练

运动系统是人体进行运动的根本保证，该系统包括骨、关节和肌肉。

儿童少年进行训练时要按照该系统的发育特点进行，否则会导致训练效果不佳，运动也很容易受到伤害。儿童少年运动系统的特点和训练如表 12–2 所示。

表 12–2　儿童少年运动系统的特点和训练

器官名称	特点	训练
骨	有机成分和水分多，无机成分少，硬度小，弹性大，不易骨折 坚固性及负重能力较差，容易弯曲变形	不宜过早进行负重过大的训练 掌握技术动作时宜规范化
关节	关节面软骨相对较厚，关节囊、韧带的伸展性较大，关节周围的肌肉细长 活动范围大，柔韧性良好 牢固性较差，在外力作用下较易脱位	适于早期从事柔韧性训练 重视加强关节的坚固性训练，防止关节损伤脱位
肌肉	肌纤维横截面积小，肌肉水分多，糖原、磷酸肌酸、蛋白质等能源物质含量少 收缩机能较弱，力量小 耐力差，易疲劳	宜尽早发展肌肉的柔韧性、灵敏性、协调性 在肌肉的生长加速期宜采取伸长肢体的练习，宜采用轻负荷、高频率的练习 大肌群和小肌群要协调全面发展 不宜过早从事大负荷的力量训练

二、心血管系统的特点和训练

心血管系统是保证机体血液循环、物质运输畅通、机体新陈代谢顺利进行的系统。

儿童少年的心血管系统有它自身的发育特点，如表12-3所示。了解这些特点，有助于合理地安排训练。

表12-3 儿童少年心血管系统的特点和训练

机制	特点	训练
心脏发育不够完善，心脏泵血能力差 神经系统对心脏的调节不够完善 血管外周阻力较小	运动时心率变化明显，主要依靠心率的增加来满足运动时增加血量的需要 运动时血压变化不大 有青春期高血压现象（表现为收缩压较高，舒张压在正常范围）	不宜从事较长时间大强度运动 以有氧代谢为主，以防心脏负荷过大

三、呼吸系统的特点和训练

呼吸系统是保证机体与外界不断进行气体交换的部位、儿童少年的呼吸系统较娇弱，运动时要注意合理安排训练。以利于呼吸系统的发育（表12-4）。

表12-4 儿童少年呼吸系统的特点和训练

机制	特点	训练
胸廓狭小，呼吸道狭窄，肺容量较小，肺通气机能潜力小 呼吸肌力较弱，呼吸阻力较大	呼吸频率高、呼吸深度不够、肺活量小 最大摄氧量与承受氧债的能力较低，女孩比男孩低	运动时注意加大呼吸深度，养成用鼻呼吸的习惯 尽量避免或少用憋气，减少静力性和紧张性练习 注意呼吸与动作相配合 不宜过多安排长时间、大强度的运动

四、神经系统的特点和训练

神经系统负责调控机体各个器官的功能和活动，是人体最为重要和复杂的系统。对儿童少年进行训练时同样要考虑该系统的发育特点（表12-5）。

表12-5 儿童少年神经系统的特点和训练

机制	特点	训练
大脑皮层功能发育不完善 易出现泛化现象 神经系统的灵活性较高	大脑皮层工作能力差，易疲劳，但疲劳消除也快 活泼好动，注意力不集中 建立条件反射较快，消退也快，重新恢复也快	宜采用直观教学，语言简单、易懂、形象生动 年龄较小的运动员，教学应突出直观化和形象化

续表

机制	特点	训练
神经系统活动的强度和集中能力较弱 第二信号系统发育不完善，第一信号系统的活动占优势	学习技术时错误和多余动作较多，动作不协调、不准确，掌握精细动作较困难，但模仿能力较强 直观形象思维能力较强，抽象思维能力较差	年龄越大的运动员突出加强抽象思维教学，培养独立思考能力 优先发展与神经系统有关的能力（如反应能力、灵敏力、协调能力、平衡能力、模仿能力等）

第三节　儿童少年乒乓球运动员身体素质发展的特点与训练

一、身体素质的定义、特点和重要性

身体素质是运动员在运动中表现出来的某种运动的能力，是机体各器官、系统机能的综合表现。身体素质随年龄增长而逐渐得到发展，在不同年龄阶段各项身体素质的增长速度不同，即使在同一年龄阶段，不同身体素质的发展变化也不一样。

了解儿童少年运动员身体素质的特点同样有助于教练员合理地安排训练。

二、儿童少年乒乓球运动员身体素质的组成及训练

儿童少年乒乓球运动员身体素质的组成如图 12-1 所示。

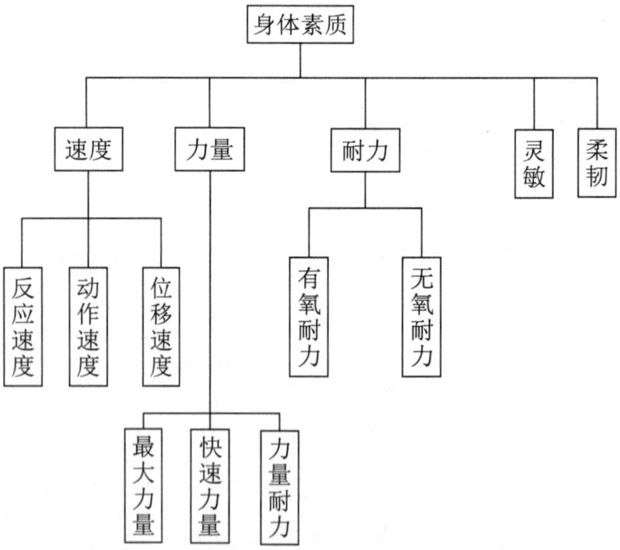

图 12-1　身体素质组成

（一）力量素质

力量素质是机体抗内外阻力的能力，是所有身体素质的基础，乒乓球运动中的力量主要是肌肉快速收缩的力量，以克服自身体重的相对力量为主。

儿童少年乒乓球运动员力量素质的特点和训练原则如表 12-6 所示。

表 12-6 儿童少年力量素质的特点和训练原则

特点	训练原则
与神经系统和肌肉的发育密切相关 生长加速期肌肉纵向生长，肌肉力量和耐力较差 生长加速期后肌肉横向发展，肌纤维明显增粗，肌力显著增加。各肌群的发育不均衡	以发展相对力量为主，着重发展速度力量，以减轻负荷训练为主 应小负荷练习，负荷量不能太大 以动力性练习为主，少用静力性练习 上下肢力量练习要兼顾 重视发展小肌群和伸肌的力量练习

（二）速度素质

速度是指用最短的时间完成各种动作的能力，包括位移速度、动作速度、反应速度。乒乓球运动是对速度要求非常高的一个运动项目，要求判断快、反应快、启动快、位移快等，速度的快慢直接影响着运动员能力的发挥。

儿童少年乒乓球运动员速度素质的特点和训练原则如表 12-7 所示。

表 12-7 儿童少年速度素质的特点和训练原则

分类	特点	训练原则
反应速度	取决于神经系统的灵活性，故可以与发展灵敏素质结合进行 受遗传因素影响很大	可通过简单或复杂的信号刺激进行训练 信号刺激强度必须适宜 重复次数不宜过多，方法力求多样化
动作速度	取决于完成动作时肌肉的收缩力量和收缩速度	12~13 岁时尽快发展动作速度和频率 14~16 岁时尽快发展力量以提高动作速度
位移速度	取决于神经系统的灵活性和动作的协调性	主要加强下肢速度练习 训练时以跑为例，可以 30 米或 60 米跑为主，同时配合发展柔韧性、灵敏性、协调性的练习

（三）耐力素质

耐力指长时间持续工作的能力。儿童少年耐力素质敏感期在 16~19 岁，耐力的发展与心肺机能的发育有关。

儿童少年乒乓球运动员耐力素质的特点和训练原则如表 12-8 所示。

表 12–8 儿童少年耐力素质的特点和训练原则

分类	特点	训练原则
无氧耐力	无氧耐力素质发展较晚 糖酵解能力较差，机体耐乳酸能力也差 糖原含量较少，糖酵解酶活性较低，碱贮备少	应在青春发育期开始进行，并随着年龄的增长不断提高对无氧耐力的要求 从事专项耐力训练的年龄一般为男子 14~16 岁，女子 13~14 岁
有氧耐力	有氧耐力素质的发展较迟与心血管系统、呼吸系统及肌肉有氧代谢能力等因素有关	在 8~13 岁以发展有氧耐力为主 13 岁以后应继续提高有氧耐力水平，并逐渐增加无氧耐力训练

（四）灵敏素质

灵敏也称为灵活性，是迅速改变身体或身体某一部分运动方向的能力。乒乓球运动需要运动员有很好的灵敏性，使运动员能在最短的时间内完成各种复杂动作。

儿童少年乒乓球运动员灵敏素质的特点和训练原则如表 12–9 所示。

表 12–9 儿童少年灵敏素质的特点和训练原则

特点	训练原则
是皮层神经高度可塑性的表现 与人反应能力有关 与力量、速度、协调性等有关 儿童少年灵敏素质的敏感期为 10~12 岁	训练中要求注意力集中，训练时间不能过长，否则易引起疲劳 训练时可不断改变动作的姿势，改变完成动作的方式和方法，要求运动员快速完成动作

（五）柔韧素质

柔韧性是指跨过关节的肌肉、肌腱、韧带等软组织的活动能力。运动员柔韧性越好，那么运动员技术动作掌握得就会越好。

儿童少年乒乓球柔韧素质的特点和训练原则如表 12–10 所示。

表 12–10 儿童少年灵敏素质的特点和训练原则

特点	训练原则
7~8 岁是发展柔韧性的最佳时机，敏感期在 8~12 岁，故 10 岁前就可以开始柔韧性训练 柔韧性好可使技术动作发挥的幅度更大，减少运动损伤	柔韧性训练要和项目特点结合，结合专项技术动作要求 要与力量的发展相结合 注意各关节灵活性和协调性的发展 充分做好准备动作 13 岁以后应继续加强柔韧性练习 青春发育期后仍要坚持柔韧性练习

第四节　骨龄与儿童少年乒乓球运动员训练

一、骨龄与生物年龄

（一）年龄的概念

骨龄（Skeletal Age）骨骼年龄的简称，它包括骨化中心出现的年龄及骨干与骨骺愈合的年龄。测定骨龄常用的方法是先确定被测者的实际年龄，然后对被测部位进行X线摄片（一般拍摄左手和手腕），观察骨化中心出现的情况和骨干与骨骺愈合的情况，并同正常骨龄标准相比较，即可估计骨的生长发育的情况。若骨化中心出现的数目少于正常数目，骨干与骨骺在该年龄应愈合但未愈合，则提示骨的生长发育迟缓。通过骨龄测定可以了解少年儿童生长发育的情况，也可以用来预测身高，为运动员科学选材提供参考依据。

（二）骨龄标准和评价方法

骨龄标准是指在生长发育过程中，连续生活年龄上健康儿童少年组代表性的骨骼发育程度（或成熟程度），其数值为标准化系列中各年龄组的生活年龄。随着时代的发展，一般每10~15年有一个相应的调整。骨龄标准应根据不同需要而选择。

评价方法：骨龄评价方法是指骨龄的测定方法。

（三）骨龄评定原理

第一，骨的发育贯穿于全部生长发育期，所以是成熟状况的理想指标。

第二，所有个体的骨组织都由软骨逐渐骨化成骨，骨化过程的开始和结束都是已知的。

第三，骨的发育是一个连续的、不可逆的过程。

第四，在不同骨间和不同个体间，骨由软骨模型骨化开始到成年形态的渐变过程的速度和形态变化都是不同的，因而提供了骨成熟度的评价基础。

第五，用来确定骨成熟度的特征称为成熟度指征。

第六，每块骨的这些特异特征都能够在X线片上看到。

第七，这些成熟度指征以确切的不可逆顺序而规律地出现。

二、骨龄在乒乓球运动员中的应用

（一）骨龄测试的意义

骨龄预测发育指标：预测月经初潮、身高、判断青春突增期状况。

骨龄与临床医学：骨发育延迟性疾病（内分泌、遗传、营养与代谢、全身慢性病、其他疾病）；骨发育延迟性疾病：内分泌、营养代谢、类风湿等；生理性变异：家族性矮小、家族性或体质性超高；骨龄与外科治疗。

骨龄与体育运动：判断年龄——公平竞赛；判断运动潜力——科学选材；判断生理负荷能力——科学训练。

（二）骨龄与发育类型（表 12-11）

表 12-11　骨龄与发育类型

青春期起始的时间	青春期生长发育高潮持续时间		
	缩短	正常	延迟
提早	早发缩短型	早发正常型	早发延长型
正常	正常缩短型	完全正常型	正常延长型
推迟	晚发缩短型	晚发正常型	晚发延长型

小结

儿童少年处于生长发育的阶段，其各器官系统的状况和成年人相比都很不完善，同时其身体素质在不同的生长阶段发育也具有不同的发育规律。因此，教练员在进行训练时要根据儿童少年生长发育的特点，区别对待，循序渐进，科学合理地安排训练内容，使各器官系统的机能能力、各项身体素质得到相应的提高与改善，以适应乒乓球运动的发展。

■ 思考题

1. 儿童少年乒乓球运动员在进行力量练习时要注意什么问题？
2. 儿童少年乒乓球运动员在进行耐力练习时要注意什么问题？
3. 儿童少年乒乓球运动员在进行速度练习时要注意什么问题？
4. 儿童少年乒乓球运动员在进行柔韧和灵敏性练习时要注意什么问题？

参考文献

[1] 郭海莲．论高职体育乒乓球教学中体能训练分析［J］．体育世界（学术版），2019（10）：168,172.

[2] 李康．青少年乒乓球运动员专项体能训练方法［J］．当代体育科技，2019，9（18）：16-17，20.

[3] 孙彬，张瑞勇．乒乓球训练中体能训练方法探讨［J］．当代体育科技，2019，9（14）：45，47.

[4] 田正奎．试析新型无缝球时代乒乓球专项体能训练方法［J］．西部皮革，2019，41（4）：81.

[5] 陈宇翔．乒乓球训练中体能训练方法浅谈［J］．时代农机，2018，45（11）：139.

[6] 刘庆新．高校体育专业乒乓球专修学生体能训练的分析［J］．农村经济与科技，2018，29（14）：244-245.

[7] 韩良子．基于灰色系统理论的乒乓球体能评价研究［J］．韶关学院学报，2018，39（3）：80-83.

[8] 王凤仙，钱道明．对大学生乒乓球运动员专项体能训练的探讨［J］．青少年体育，2017（11）：66-67，83.

[9] 朱翔宇，罗冬梅．不同骨龄测定方法在青少年乒乓球运动员中的比较［J］．中国骨质疏松杂志，2016，22（11）：1430-1434.

[10] 黄陈力子．中国儿童青少年乒乓球分龄赛运动员骨龄检测状况的研究［D］．北京：北京体育大学，2015.

[11] 严永伟．2011年（红双喜·新星杯）全国少儿乒乓球比赛运动员身份证查验和骨龄检测的调研［D］．苏州：苏州大学，2012.

中级部分

第十三章

技战术训练的指导思想

教学目的

1. 掌握乒乓球技术动作原理。
2. 掌握击球五要素的发展和作用。
3. 了解乒乓球时空博弈的特征及发展趋势。
4. 了解个人技战术风格的形成及培养原则。

教学安排

总时数 10 学时。其中讲授 6 学时，讨论、实践、作业 4 学时。

技战术训练是训练实践最重要的组成部分，也是在比赛中实现竞赛目标、展现自我风格的主要手段，因此在技战术训练中理解并把握正确的指导思想极为关键。

第一节　技术动作力学原理的体现

技战术实施的基础构成是每板技术动作，而单板技术质量的高低是决定技战术实施效果的关键，技术是战术的保障，战术是技术的合成，因此在技战术的训练中，技术训练是起点，对技术原理的深入理解也就显得极为重要。

从力学角度看，物体运动的形式包括平动和转动两种，而乒乓球技术动作在完成过程中，无论是下肢的蹬转，还是腰腹部的衔接转动，又或者是上肢环节的挥动均使用了转动的运动形式，而转动的运动形式，也是大多数体育项目完成技术动作的最优方式。

一、转动的特征

在乒乓球项目中，躯干是完成各项技术动作的转动轴心，其转动能量的大小与转动半径和转动速度成正比，因此当挥拍速度达到极限时，适当增大转动半径，是提高转动速度的重要方法。如台内拧拉动作，运动员在引拍时要求顶肘作为支撑，就是通过肘部的前顶，增大了前臂内收的空间，从而达到增大转动半径的作用，从运用拧拉较为成熟的樊振东的技术录像中就可以看到，其引拍时肘部前顶，使前臂几乎与台面平行，充分的引拍使得摩擦有力、发力集中，从而达到极好的拧拉效果，比赛中经常直接得分。或者，在中远台对拉过程中，要求运动员增加上臂的使用，充分外展，加强腿部蹬转，从而提高转动半径，达到提高转动速度的作用。

二、快速还原的要求

乒乓球的快速、灵活、多变的项目竞技特征，要求运动员在每一回合的争夺中不仅要快速挥拍击球，同时还要求运动员在击球后快速还原，从而为下一板的衔接做好充分准备。因此，快速还原是运动员击球质量的重要保障。而身体过于外展，必然导致运动员的转动惯量增大，加大了运动员的制动时间并延长了还原所需的时间。由此可见，乒乓球项目的竞技过程中，需要运动员缩小非击球动作半径，因此准备姿势通常都要求采用屈膝、收腹、含胸等动作，以此来缩小身体半径，加快身体转动的速度，从而更好地在最短时间内回球，形成对对方的压制。

三、合理技术的表现

技术动作的大小并没有好坏之分，关键在于是否合理，合理的挥拍半径决定着技术动作质量的高低。有些运动员就是由于站立过直、双肘架起而形成较大的身体转动半径，造成回球质量不高。因此，击球半径合理不仅可以提供足够的球拍击球速度，而且也缩短了还原时间，为下一板争取更加充分的准备时间。同时，运动员还需在技术训练中根据近台、中台、远台的不同位置，合理调整挥拍动作半径，通过反复训练达到极为熟练的程度，从而逐步提高技术质量，达到运用战术时单板威胁性的提升。

四、制造旋转的重点

摩擦制造旋转，提高旋转是当前乒乓球训练的重要内容，谁把握了旋转的核心，掌握了旋转的规律，那么谁就有机会取得场上的主动权。在击球过程中，躯干的转动带动前臂进行旋转，越接近肢体末端其转动速度越快。在正手拉球时，身体蹬转的同时加快内收前臂产生最大化的加速度，是产生摩擦和旋转的重要途径和手段，加之手指和手腕的发力，构成球拍获得再次加速的重要因素，因此要提高摩擦，在动作末期进行前臂内收是提高摩擦和旋转必不可少的动作要点。

第二节　击球五要素的核心作用

乒乓球击球五要素的提出是在竞技实践过程中不断探索和总结形成的，是构成乒乓球任何一个回合中的物理要素，决定着每一板球的时空特征和运行性状，同时也决定着每一板球的质量和制胜分量。速度、力量、旋转、落点、弧线五大要素构成了乒乓球竞技要素总体，各要素之间既相互独立，又相对关联。

在实践中，每一板球的争夺主要就是比较彼此间这五个要素的发挥水平，可以是其中的某一个要素，也可以是这五个要素的组合，如出手快、力量足、旋转强、弧线低、落点变化多等。其中速度是首要因素，力量是基础因素 ，旋转是强化因素 ，落点是关键因素 ，弧线是保障因素。

一、“速度”要素的发展与作用

20 世纪 60 年代，中国乒乓球队提出同时对抗欧洲和日本的“两条战线作战”战略，强调了“速度”要素的核心战略价值地位，竞赛决策以快为主，以快制转，并以“快、准、狠、变”作为快攻打法的训练指导思想。

“速度”主要是击球速度，其中包括球体向前飞行的快慢，以及来球落台后第二弧线反弹时间的长短。在实践中通过站位靠前、充分发挥末端环节的鞭打作用、适当减小动作幅度、向前发力等技术使用，以此缩短还击来球时间或提高还击来球的速度，进而缩短对手的反应和准备时间，以此提高技术动作的实效性，并制约对手的技战术发挥。在训练、竞赛实践中，充分把握“速度”要素对各种类型打法是十分重要的。

二、“力量”要素的发展与作用

早期对“力量”要素的研究工作，主要是进行物理学的原理分析，如通过物体的加速度与力的关系公式：$F_{合}=ma$，加速度与速度的关系公式：$V_t=V_0+at$，揭示了击球力量与挥拍速度及球拍与球作用时间的关系，随着乒乓球的发展，对“力量”要素的研究逐渐变为多要素复合性的研究，如提高击球力量能有效提高速度和旋转。

在实践与理论相结合的过程中，“力量”要素分化出五种类型：绝对力量、中等力量、借力发力、借力为主、技巧力量。力量作用于球，是通过球的前进速度和旋转强度表现出来的。对于快攻，力量主要是为了使球获得更快的飞行速度，对于弧圈球或削球，力量则是为了加强球的旋转。因此，“力量”要素是保证击球速度和旋转的基础，确保击球时的挥拍加速度是保证充足“力量”的前提。

三、“落点”要素的发展与作用

20世纪50年代，中国乒乓球队过于注重速度和力量，而忽视了落点的重要性，导致在国际赛场接连失利。经过总结和反思，中国乒乓球队提出了以快速为基础，加强落点准确性的训练指导思想，由此为中国乒乓球攀登竞技高峰奠定了重要基础。

早期对“落点”的认识主要是力求上台，并以此作为技术稳定性的一种表现。随着项目发展，“落点”逐渐上升为一种战术意识，如扩大对方移动范围、增加对方让位的难度、紧逼对方的弱点、压制对方特长技术使用等。由此可见，“落点”要素不仅在竞赛规则上有独立的判断标准，而且在战术执行上亦存在有效的判断标准。因此，在赛训实践中对“落点”要素的把握，不仅是确保其他要素发挥的关键，同时也是提高准确性的重要途径。

四、“旋转”要素的发展与作用

20世纪70年代，欧洲与中国队形成两极对抗格局，中国乒乓球队开始向其学习，将“旋转”摆在赛训实践和理论研究的主要位置，形成“快、转、准、狠、变”的指导思想，为中国乒乓球重整旗鼓，重返国际乒坛高峰作出了重要贡献。

现代乒乓球运动中，旋转不断增强，性质更加复杂。转与不转的差距、相似动作制造的不同旋转差异均越来越大，加之器材的变革，使“旋转”要素的作用越来越大。“旋转”要素不仅是“力量”要素的外在体现，同时也是“弧线”要素的内在驱动。“加转”作为对抗不同旋转来球的基础，也是破坏对手本体感觉（球感）的重要方式。换言之，提高“旋转”因素的质量，能够有效提高自身竞技水平，同时限制对方技战术的发挥。

五、“弧线”要素的发展与作用

1995年11月，杨树安、张晓蓬指出，在乒乓球比赛中，双方运动员的相互制约，最终是通过击出球的速度、旋转、力量、落点、弧线这五个物理要素来实现的。关于“弧线”要素的相关理论研究较少，在实践应用中也主要是突出其对击球准确性的重要意义。

在实践应用中，合理的弧线长短，主要是保证打出去的球既不因弧线太短而不过网，又不因弧线过长而从端线出界；合理的弧线高度，主要是保证打出去的球既不因弧线过低而下网，又不因弧线太高而被对方扣杀；合理的弧线方向，主要是保证打出去的球不会从边线出界。因此，“弧线”要素对球命中率——击球的准确性具有重要作用，其价值迄今主要是集中在保证技术使用的稳定性上，属于进攻和防御时的保障性条件。

第三节 时空博弈的技战术对抗特点

时间特征、空间特征、时空特征是乒乓球技术动作的运动学特征三大组成部分。时间特征主要体现在运动员需要在极短的时间内判断来球的属性，即速度、力量、旋转、落点、弧线等，并做出正确回应，完成有效的回击球，表现出反应时间快、动作时间短的时间特征。空间特征主要体现在击球的空间位置及站位的空间位置，击球空间的大小影响着击球的质量，过大则较容易错过最佳击球点，出现“够球”，过小则容易被来球“挤住”，均无法击打出高质量的回球；站位的空间位置过于靠前容易被对方高质量的球“顶住”，从而造成回球被动，过于靠后的话，尽管可以提高自己的技术质量或增加被动防御空间，但给对方的时间预留相对充分，较易陷入被动局面。

一、中近台的时空博弈特征

中近台的技战术对抗，往往采用快带、反撕等动作结构小、动作完成时间少的技术动作，充分借助来球的力量进行回击球，属于借力发力，尽管击球空间不大，无法像中远台那样充分地发力，但中近台的对抗，能够有效地缩短回击球时间，从而压缩对手的反应时间，达到以快制胜的目的。因此，中近台的时空博弈往往是以时间的争夺为核心，充分借力，提高回球速度，让对手来不及反应，从而占据主动。

二、中远台的时空博弈特征

中远台的技战术对抗，通常采用对拉、侧兜等动作结构大、发力充分的技术动作，充分加大击球半径，从而提高击球速度，增大击球力量，尽管能够产生较高质量的回球，但预留给对方运动员的反应、判断时间也相对充足。因此，中远台的时空博弈往往是以空间位置的争夺为焦点，即以落点的变化为手段，最大限度地增加对方运动员的移动距离，从而达到调动对手、形成优势的目的。

三、乒乓球项目的时空博弈趋势

不断地压缩对方的时间和空间是乒乓球项目技战术对抗的核心，这样的时空特征体现出了时间和空间在乒乓球竞技中的协同作用，两者相辅相成。时间因素的准确把握可以提高击球的质量；空间的充足，可以保证技术动作的充分性。“快”作为乒乓球项目的重要制胜因素，把握“快”的规律是掌握项目制胜的重要方法。因此，项目的时空争夺不断向中近台靠近，不断地在中近台形成压制，从而压缩对手的反应时间和进攻空间，进而达到取胜的目的。

第四节　个人技战术风格的形成

个人技术风格是运动员运动技术的“灵魂”，邱钟惠等人指出，“培养什么样的风格，关系到运动员发展的方向和可能达到的水平，实践证明，一名缺乏鲜明技术风格的运动员，要攀登世界技术高峰是十分困难的”。

一、个人技战术风格的定义

个人技战术风格是指，某运动员的技战术系统，区别于其他运动员的技战术系统的、较为成熟和定型化了的、经常表现出来的特征。由此可见，技战术系统是技战术风格的内在本质，技战术风格是技战术系统特征的外在表现。

（一）技战术系统表现的独特性

在强调运动员作为技战术系统物质载体的同时，要求运动员在独特的个性特征和行为特征基础上，建立与之相匹配的技战术系统，表现出区别于其他个体的独特技战术系统。

（二）技战术系统形成的长期性

技术动作和战术组合要达到定型化需要较长时间，再经过比赛实践应用，使技战术成熟化就需要更长的时间了。因此，运动员技战术系统的形成，需要经过长期的运动训练和比赛实践培养。

（三）技战术系统表现的经常性

运动员独特的技战术系统，是已经成熟和定型化了的，在比赛中，运动员会不自觉地使用自身独特的技战术，从而在比赛中经常表现出来，最终被认识、检验和承认。

二、个人技战术系统差异性的原因

（一）系统构成元素的数量不同

主要表现在各具体技战术掌握数量的不同。例如，发球技术系统中包括侧身位发球、勾手发球、高抛发球、下蹲发球、逆旋转发球，大多数现代优秀乒乓球运动员都熟练掌握其中一种或多种发球技术，但个人使用上表现出差异性，比如张继科以逆旋转发球为主，奥恰洛夫以下蹲发球为主，马龙以侧身位发球和半高抛发球为主。在运动训练实践中，先进技术的掌握和运用，对形成技战术风格具有重要影响。

（二）系统构成元素的质量不同

主要表现在各具体技战术掌握质量的不同。例如台内技术系统中的“拧拉、挑打、摆短、劈长”，其中“拧、挑”属于进攻技术，“摆、劈”属于控制技术，大多数现代优秀男子乒乓球运动员对该系统的技术都有所掌握，但在比赛实际运用中，表现出一定的差异性，比如张继科多采用拧拉，马龙多采用摆短。在实践中，我们常根据使用较多的技术表现出来的特征来评价运动员的技术风格。

三、个人技战术风格培养的原则

（一）对乒乓球项目发展趋势的充分把握

乒乓球人才的培养脱离了与项目发展趋势的结合注定难以登上世界一流水平的顶峰。准确地把握项目发展趋势，打造与之相匹配的个人技战术风格，抢占先机，对运动员的培养起到事半功倍的效果。如 2008 年后，刘国梁和李晓东提出“积极主动、特长突出、技术全面、争抢激烈、衔接紧凑、攻守平衡”的现代乒乓球竞技特征，在此基础上竞技过程朝着“强进攻、强对抗、强转换、高融合、多变化”的方向发展。准确把握当前的人才特征，将个人技战术体系培养融入其中，以具备满足当前人才要求的条件，同时，将个人技战术风格的打造与发展趋势相融合，使个人技战术风格更加突出，并满足长期发展的需求。

（二）特长技战术的精益求精

特长越显著，风格越突出。特长技战术，是指运动员所掌握的技战术“群”中那些对其获取优异运动成绩有决定意义的、能够展现个人特点或优势、使用率和（或）得分概率相对较高的技术。在训练中，选择几项个人优势技战术反复训练，精益求精，使其成为运动员个人技战术的特长，同时与其他技战术结合练习，从而保证运动员在特长突出的同时，全面、无明显漏洞，进而培养出鲜明的技战术风格。由此可见，个人技战术风格的培养从某种程度上来说，就是强化个人的特长技战术，同时，某项特长技战术的掌握，也会使运动员的风格变得更加突出，例如王皓的直板横打技术。

（三）与运动员的神经类型相结合

一定的神经类型适合一定的技战术风格。多血质类型：活泼好动，思维敏捷，易接受新鲜事物，注意时间短，情感外露，体验不深刻；胆汁质类型：精力旺盛，易冲动，思维敏捷，行动迅速，准确性差，不喜欢被约束；黏液质类型：考虑全面，情绪、注意稳定，善于克制，反应慢但灵活；抑郁质类型：沉静，感受深刻，情感内敛，反应慢，准确性高，分析能力很强，敏感。四种神经类型表现差异较大，在技战术风格培养过程中，应充分结合个人的神经类型，如多血质类型的运动员应强调其技战术风格的“多变”，充分利用运动员神经活动高度的灵活性和平衡，从而形成鲜明的技战术风格。

小结

本章阐述了乒乓球技术动作原理的体现，乒乓球竞技五要素的发展及作用，从时空博弈的角度分析了技战术对抗的特点，并对个人技战术风格培养的原则进行阐述。

■ 思考题

1. 击球五要素的发展和作用是什么？
2. 个人技战术风格培养的原则是什么？如何确立运动员技战术风格特点？

参考文献

[1] 田麦久．运动训练学［M］．北京：人民体育出版社，2012.

[2] 国家体育总局《乒乓长盛考》研究课题组．乒乓长盛的训练学探索［M］．北京：北京体育大学出版社，2002.

[3] 吴焕群，张晓蓬．中国乒乓球竞技制胜规律的科学研究与创新实践［M］．北京：人民体育出版社，2009.

第十四章 常用技术及教学训练方法

教学目的

1. 了解常用技术的技术特点及动作标准。
2. 了解常用技术训练的动作关键及易犯错误。

教学安排

总时数 10 学时。其中讲授 6 学时，讨论、实践、作业 4 学时。

本章主要对常用的近网技术、中近台技术及中远台技术的特点及动作标准做了详细的阐述，并指出了其技术的动作关键及易犯错误，让教练员和运动员增强正确动作的意识。

第一节 近网技术

一、摆短

（一）技术特点

动作幅度较小，出手较快，回球第一落点靠近网前，正手侧身摆短具有战术隐蔽性。

（二）动作标准

1. 站位

判断来球，右脚向前跨步，插入台内，身体靠近球台，重心高度近乎与台面平行。

2. 引拍

右肩下压，球拍向后略引，拍面稍后仰。

3. 挥拍击球

（1）加力摆

球拍向前下侧主动迎球，在来球的上升前期，摩擦球的中下部，触球时手腕适当发力，借来球的力量，“点”住来球，控制回球至对方的近网位置，回出的球旋转较强。

（2）卸力摆

球拍向前下侧迎球，在来球的高点期或稍前后时期，摩擦球的中下部，“让”着来球，借来球的旋转，“放”球至对方的近网位置，回出的球旋转一般。

4. 还原

击球后，保持身体重心前倾，退步还原。

（三）动作关键

①步法移动要及时，重心下压至右脚，身体充分探入台内；
②视线高度与来球相近，做到平视来球；
③摩擦球的动作要快而小，注意借力与发力的选择。

（四）易犯错误

①身体前移不够，重心下压不够，出现“够”着球做动作的情况；
②加力摆时，“点”不住来球，容易回球下网或冒高；
③卸力摆时，“放”球卸力不充分，易使回球出台。

二、劈长

（一）技术特点

动作幅度较小，出手较快，回球第一落点靠近底线，与摆短动作相似。

（二）动作标准

1. 站位

判断来球，身体向来球方向移动，重心前压，使来球处于可控范围内。

2. 引拍

右肩下压，球拍向后略引，拍面后仰。

3. 挥拍击球

（1）快劈

在来球的上升期，摩擦球的中下部，触球时前臂主动迎球摩擦，借来球的力量，“切”住来球，使回球的第一落点至对方的端线附近。

（2）慢劈

在来球的高点期或下降前期，以肘为支点，前臂主动迎球摩擦球的中下部，借来球旋转，“吃”住球，回球至对方的端线附近。

（3）还原

击球后，保持身体重心前倾，退步还原。

（三）动作关键

①判断来球后，步伐移动要快，重心要低，做到平视来球；
②肘部稍微旋外，作为前臂动作的支点；
③充分借助来球的力量或旋转，动作不宜过大。

（四）易犯错误

①身体移动过慢，重心下降不充分，错过最佳劈球时机；
②肘部不固定，前臂动作无支点，导致动作不稳定；
③“切”球不充分，回球不够“顶”。

三、挑打

（一）技术特点

动作幅度小，出手和球速快，突然性强。

（二）动作标准

1. 站位

通常使用单步和跨步，迈出右脚使身体向右前靠近球台；这里要注意，使用正手侧身位挑打，则通常使用侧身步，使身体向球台的左侧移动，迈出左脚使身体向左前靠近球台。

2. 引拍

重心几乎与台面平行，右肩下压，拍面略向外撇，并略微引拍，拍形后仰。

3. 挥拍击球

将球拍“插”入来球的下方，在来球的高点期进行击球，击球时，使前臂沿桡尺关节、手沿腕关节，做旋内动作，同时，前臂以肘关节为支点，做屈收，触球的中部，充分“包”住球。

4. 还原

击球后，迅速还原身体重心，同时退步还原身体位置。

（三）动作关键

①步法移动快速，重心贴近台面，选位合理；
②动作要适当放松，尤其是前臂肌群和腕关节；
③击球发力要集中。

（四）易犯错误

①移动慢，身体重心过高，出现“够”球现象；
②肘关节内收不够，支撑不稳，出现上臂发力现象；
③发力不充分，拖泥带水，出现“吃转”现象。

四、拧拉

（一）技术特点

动作较小，出手速度快，可拧出不同旋转的球，突然性较强。

（二）动作标准

1. 站位

判断来球，身体前迎，重心下压，找准较佳拉球位置。

2. 引拍

肘关节略向前上方顶出，固定支撑，增大引拍空间，手腕稍内收，使拍头内收贴近台面，拍面适当后仰，持拍手保持放松。

3. 挥拍击球

以肘关节为支撑，前臂和手腕带动球拍向侧前上方呈半弧形挥动，在来球的高点期，触击球的中外侧部，击球后控制随挥距离。

4. 还原

快速还原身体重心，移动调整下一次击球位置。

（三）动作关键

①肘关节充分前顶，固定，保证引拍空间；
②身体前迎，手腕发力快速且充分；
③横拍发力时拇指和食指用力；直拍发力时拇指和中指、无名指用力。

（四）易犯错误

①肘部前顶不够，使前臂的引拍空间不足；
②挥拍击球时，肘部不固定，使挥拍击球时，前臂绕肘、腕中点旋转；
③手腕发力不充分。

第二节　中近台技术

一、快带

（一）技术特点

动作幅度相对较小，出手较快，落点变化多，是被动向主动转换的进攻性技术之一。

（二）动作标准

1. 站位

判断来球，左脚稍前，离台较近。

2. 引拍

重心稍移动至右脚，肩部稍下沉，上臂自然放松，肘关节打开，使前臂自然在身体的右前方，球拍稍高于来球，前臂内旋使拍面前倾。

3. 挥拍击球

肩部和手腕保持相对固定，蹬地、转腰（逆时针），使腰、髋带动持拍手，向前迎球，在来球的上升期，快速收前臂，保持拍面前倾，在身体右前方击球的中上部，合理地进行摩擦和撞击。

4. 还原

迅速还原身体重心，保持身体移动的灵活性。

（三）动作关键

①引拍动作幅度要小；
②击球时，重心前移带动收前臂要快，迎球要充分；
③击球后还原迅速，适当后移。

（四）易犯错误

①引拍幅度过大，被来球“顶”住；
②下肢与手臂的协调发力不协调，动作脱节；
③收前臂速度不够，“带”不住来球，回球出界。

二、快（反）撕

（一）技术特点

动作幅度较小，出手速度较快，旋转较强。

（二）动作标准

1. 站位

判断来球，身体重心前倾，含胸收腹，靠近球台。

2. 引拍

转髋，使重心移动到左脚，右肩和肘关节略微提起，球拍后引幅度较小，引拍位置略高，拍形适当前倾。

3. 挥拍击球

蹬地、转腰（顺时针），带动前臂，在来球的上升期，以肩、肘为支撑，向前上方挥拍，击球点在身体的前方，触击球时，握紧球拍，向前快速挥动，摩擦球的中上部。

4. 还原

迅速还原身体重心，保持身体移动的灵活性。

（三）动作关键

①身体前顶，手腕控制来球旋转并借转发力；
②蹬地、转髋，带动前臂（顺时针）快速挥动；
③击球后，保持上臂的稳定，动作幅度较小；
④横拍发力时拇指和食指略用力压拍，直拍发力时食指略用力压拍。

（四）易犯错误

①击球点靠后，被来球“顶”住；
②持拍手脱离控制，出现“甩”的现象；
③仅靠手去控制来球，身体重心跟不上。

三、反拉

（一）技术特点

动作幅度较大、出手速度较快、腰部发力较充分，是防反的重要技术之一。

（二）动作标准

1. 站位

判断来球，左脚靠前，两脚距离稍大，距球台较近，身体重心稍高。

2. 引拍

重心压在右侧，右髋内收，右肩下沉，手臂适当抬高，拍面适当前倾，球拍后引幅度不宜过大，腰部收紧。

3. 挥拍击球

蹬地、转腰（顺时针），通过腰部与手臂协调用力，重心配合由后向前发力，略带向上，在来球的下降前期，击球的后中右上部，避开来球的强旋区，击球瞬间手腕快速内收，但幅度不宜过大。

4. 还原

迅速还原身体重心，保持身体移动的灵活性。

（三）动作关键

①身体重心保持前倾，反拉时，动作要紧凑，并注意身体重心的转换；
②击球时拍面稍向内收并保持稳定；
③直拍选手触球瞬间要集中大拇指和拍面三个指头向前上方爆发用力，横板选手食指要向前用力，大拇指要调节用力。

（四）易犯错误

①身体重心或持拍手过低，较难在合适的时间触球；
②手腕固定，没有快速内收的动作；
③重心转换与持拍手动作不协调，发力不集中。

第三节　中远台技术

一、对拉

（一）技术特点

动作幅度大，速度较慢，旋转较强，力量较大，落台后加速较快，是中远台的必备技术之一。

（二）动作标准

1. 站位

判断来球，找准击球位置，左脚在前。

2. 引拍

重心充分下压到右侧，右髋充分内收，右肩下压，通过身体重心的转移，带动手臂向右后方引拍，动作幅度较大，引拍高度要低于来球。

3. 挥拍击球

充分释放蹬地、顶髋、转腰、收前臂、收手腕的力量，保持动力链的连贯性，重视身体重心和前臂的协调用力作用，保持拍形适当前倾，在来球的高点期或下降前期，击球的中部，以撞击后的摩擦发力为主，由右后方向左前方进行外侧半弧形挥拍，保证击球点在身体的右前方。

4. 还原

迅速还原身体重心，保持身体移动的灵活性。

（三）动作关键

①引拍还原要充分，动作幅度较大，重心充分转移到右侧；
②击球时，要充分协调各部位的发力，保证动作的连贯性；
③找准击球点，使击球点处于身体的右前方位置。

（四）易犯错误

①主动发力不充分，被来球“顶”住；
②动作幅度过小，拉球无力。

二、杀高球（以右手正手位为例）

（一）技术特点

动作幅度大、力量重、击球点较高的特点。

（二）动作标准

1. 站位

判断来球，通过小碎步，选好最佳击球位置。

2. 引拍

左脚在前，身体离台略远，手臂内旋，拍面前倾，整个手臂随着腰、髋的向右转动而尽量向身体右后方引拍，以增大球拍与来球的距离。

3. 挥拍击球

随着右脚蹬地转换重心和腰、髋向左转动，整个手臂先由后下方向前上方挥摆，这时身体的重心逐渐上升并开始向左脚转移，随后手臂加速向左前下方挥动，腰、髋同时配合发力，拍面前倾击球中上部。

4. 还原

迅速还原身体重心，保持身体移动的灵活性。

（三）动作关键

①判断来球的高度，充分伸展身体，找准击球位置（上升期或下降期）；
②击球时，前臂不宜沉得过低，以免压不住来球；
③注意身体的协调用力，重心前移。

（四）易犯错误

①击球时，仅依靠手臂“扣”球，身体没有协调用力；
②击球时，身体重心没有跟上，压不住来球；
③找不准击球位置，一般出现杀球点过高的现象。

三、放高球

（一）技术特点

站位远、回球弧线曲度大、打出距离长等特点。

（二）动作标准

1. 站位

判断来球，找准位置，左脚在前，站位离台远。

2. 引拍

准备击球前，将身体重心降低，球拍引至身体的右侧后下方，拍面稍后仰。

3. 挥拍击球

击球时上臂由后下方向前上方挥动，前臂随之向上拉起，拍面稍前倾，在来球的下降期摩擦球的中部或中部偏下位置，身体重心从右侧向左侧转移，使回球弧线较高，落点靠近端线。

4. 还原

击球后，随势挥拍并迅速还原。

（三）动作关键

①站位要较远，充分避开来球速度较快的时间区域；
②身体重心和手臂相配合，使回球弧线较高。

（四）易犯错误

①站位太靠近球台；
②“托”不住来球，弧线不够；
③回球落点较浅。

小结

本章阐述了常用技术的技术特点、动作标准、动作关键及易犯错误，以加深教练员对技术的了解。

■ 思考题

1. 近网技术有哪些？拧拉技术的易犯错误是什么？
2. 中近台技术有哪些？中远台技术的易犯错误及如何进行错误改正？

参考文献

[1] 刘建和，胡小明．运动竞赛学［M］．成都：四川教育出版社，1990.
[2] 刘建和，武川洪．乒乓球教学与训练［M］．北京：人民体育出版社，2008.
[3] 唐建军．乒乓球运动教程［M］．北京：北京体育大学出版社，2006.
[4] 虞荣安，孙莉．新编乒乓球教程［M］．西安：西北工业大学出版社，2011.
[5] 张晓蓬．中国乒乓球队战术训练水平定量诊断方法及实践效用［D］．北京：北京体育大学，2004.

第十五章
横拍进攻型打法

教学目的

1. 了解横拍打法发展的历史。
2. 了解横拍进攻打法的特点和技战术。
3. 掌握横拍打法训练的内容、方法及手段。

教学安排

总时数 8 学时。其中讲授 4 学时，讨论、实践、作业 4 学时。

弧圈球的出现，给乒乓球技术带来一次革命。弧圈球进攻型打法，在国际上已成为主流，并形成了横拍弧圈结合快攻和快攻结合弧圈两种以弧圈球为核心技术的打法。欧洲人学习、继承并发扬了弧圈球技术，运用横拍两面拉，使弧圈球更加“凶狠、快速”，这标志着世界乒乓球发展的新方向。

当今世界最为流行的是横拍快攻结合弧圈球打法，它很好地结合了欧洲的旋转技术和我国的快攻技术。我国横拍打法的发展，应该以“特长突出，技术全面，无明显漏洞”为方针，坚持“百花齐放，以我为主，采诸家之长，走自己的路”的技术政策。当前，世界乒坛的技术打法又进入到一个新的发展阶段，各种打法和技术互相渗透，达到兼容并蓄、采诸家之长的境地。任何一名优秀运动员都是博采诸家之长，走自己的路。

横拍进攻型打法按其不同风格可分成三种类型：

实力型——张继科、孔令辉的弧圈球打法，稳中见凶，力量突出，快狠结合。

全面型——马龙、波尔、瓦尔德内尔的弧圈球打法，全面平均，快狠兼备，稳中带凶。

凶狠型——樊振东、罗斯科夫、盖亭的打法，以狠为主，狠快结合。

第一节 流派与特征

横拍进攻型打法的技术特征与绝招如表 15-1 所示。

表 15-1　横拍进攻型打法的技术特征与绝招

球拍/选手	技术特征	绝招
两面反胶/张继科、孔令辉	风格：转、快、凶、变、准，快攻结合弧圈打法 以弧圈球为核心技术，正反两面都能拉出高质量弧圈球，反手强势，能为正手创造更多机会 力求发挥前三板特长，接发球能拧、拨、拉、劈、撇，变化较多，相持球，攻防转化能力强 侧身正手抢拉，旋转强，力量大，速度快，反手弧圈能与拧、拨、弹结合运用	张继科： 拧拉质量高，反手强势威胁大，正手力量、旋转强，全台跑动能力强 孔令辉： 因能与步法的运用很好地协调起来，经常能拉出意想不到的高质量弧圈球，轻松而具威力
两面反胶/马龙、波尔、瓦尔德内尔	快攻结合弧圈打法 正、反手都能拉出高质量的弧圈球，速度快，连续拉冲范围大，不易防守 技术全面，正反手都能进攻，拉、打、拨、弹打等配合较默契。近几年来，站位向近台靠拢，加强了该打法的凶狠性发球抢攻的使用，常迫使对方不能摆短，用正、反手快撕 攻防转换节奏变化快，反拉弧圈球意识强，由被动转为相持或主动	马龙： 技术全面无明显漏洞，发球旋转、落点变化多。接发球两面连续回短的能力强，正手上手积极，击球点早，实力突出，反拉能力强，反手位能够有效地结合弹打和快撕，利用快节奏中的落点变化充分调动对手，技战术运用合理 波尔： 摆后拉——欧洲横拍运动员，特别是左手运用较出色的上乘接发球战术，非常适合高水平比赛。通常从短球开始的竞技特点，解决了短球与长球的衔接，具备了与亚洲选手进行强强对抗的能力 瓦尔德内尔： 发球——第一个把横拍变为接近直排握法发球的运动员，充分发挥了直拍发球手腕用力的特点，成功地开发出了正手具有侧上、侧下旋的中高抛发球 接发球——率先运用了侧身正手晃接斜线的技术，配合以挑、搓直线等多种接发球手段，掌握了绝大多数接发球的主动权 心理素质——具有对胜负的平和态度和遇惊不乱的非凡气质及非凡的心理稳定性
两面反胶/王励勤、普里莫拉茨	风格：转、快、凶、变、准弧圈结合快攻打法 正、反手两面能拉弧圈球，利用高吊和前冲弧圈的上旋冲击力迫使对手离台后退防守 常以发球抢拉、搓拉结合及拉侧旋弧圈等扰乱对方 反手快推、快拨中突然拉弧圈来破坏对方击球节奏，为冲刺制造机会 新一代运动员的两面拉技术起色不大，传统的稳健两面拉打法已经落后，王励勤的崛起，给这种打法增添了新的活力	王励勤： 基本功——横板两面相持好，弧圈球质量高，冲力大，更接近欧洲人风格，不太讲究灵活多变，而靠强大实力征服对手

续表

球拍/选手	技术特征	绝招
两面反胶/樊振东、盖亭、罗斯科夫	两面拉冲弧圈球打法 两面拉冲弧圈球，既凶狠又快速 运用发球后的拧拉、抢冲为第一冲击波，突出反手抢攻能力，积极运用正手和侧身，击球力量足、威胁大 接发球上手能力强，速度快，正手能中、近台“爆冲”，抢先发力的意识强，但稳定性不足，多点“爆冲”起伏较大，相持能力强。当前，凶狠派已在一定程度上追求凶稳结合	樊振东： 身体能力强、爆发力好，意志品质坚定，正反手实力突出，尤其反手拧拉凶狠、反撕强势，接发球积极上手、衔接快速，抢点变线是其技术优势，相持中敢于发力，主动搏杀，侧身与正手位击球力量足、旋转强，全台跑动范围大 罗斯科夫： 反手拉——反手近台快带和反手拉弧圈球技术较为突出，尤其是可以用反手与对方进行中远台的对拉，力量与杀伤力完全可以与其他运动员的正手拉球媲美
正面反胶反面长胶/邓亚萍	快、准、狠、变、转 横拍全攻型打法 全方位的进攻，正手以快速进攻为主，快攻快打，拉扣结合，攻防结合 反手拉切、挡、拱，变化结合主动进攻，强调侧身正手全台全方位进攻，抢先上手意识强 使长胶发力攻球，使正反手都具备了进攻能力	邓亚萍： 正手攻——没有不能进攻的时候，再低的弧圈线也是机会球，正手进攻犹如疾风骤雨 反手攻——用长胶发力攻球，打破了长胶不能进攻的神话

第二节　意识超前

创新，人们自然会想到发明新技术、新打法。其实，创新的含义是多元素的。创新不仅包括发明新技术、新打法，还应该包括把先进的技术同运动员自身的特点融合在一起，形成自己独特的制胜手段。

当前，乒乓球技术朝着快速、凶狠的方向发展，比赛中战术多变，双方的较量已从局部发展到全方位的对抗。世界超一流选手在比赛中往往几分球变化一个战术，从发球到接发球，以及相持球都能体现双方攻防转换较快的特点。从主体技术到战术的变化都将围绕抢先上手、力争主动进攻，提高进攻的击球质量是制胜的决定因素。

一、前三板意识

我国选手与欧洲诸强相比，在前三板的争抢上已有较大差距。表现在发球单调；上手手段少、意识差；发球只敢发短球，不敢发长球；抢攻只能抢攻下旋球，不能抢攻上旋球和弧圈球；只用侧身，不用反手；发球一出台被对方拉起来，马上就被动进入防守状态；接发球趋于保守，反手来球以摆、搓为主，很少有挑打和半推半搓的进攻意识；对出台球以拉高吊居多，然后进入相持等方面。

现代的前三板意识是发球长、短配合，能抢冲下旋球，而且能抢攻对方拉起来的弧圈球，反正手都能上手。前三板要再加上两板，也就是第四、第五板的争抢，前三板是第四、第五板相持球的基础，直接关系到相持球的主动、被动局面。

二、反拉弧圈球的意识

反拉弧圈球的意识和能力不够是影响前三板的直接原因，只有提高了反拉弧圈球的意识和能力，前三板才能更具有威胁性和灵活性。

三、侧身以正手接发球为主的意识

我国传统接发球，无论是直拍还是横拍，都以反手快摆短球后再伺机冲抢，出台球设法拉起来进入相持。现在的欧洲选手开创了以侧身正手接发球的先河。以侧身正手晃接、挑、拉为主要手段，配合侧身正手摆，有效地抑制了发球一方的前三板抢攻。接发球一方当接完发球后，身体已处于侧身位置，只要对方的回球质量不高就可以全台用正手抢攻或反拉，在这一环节上，瓦尔德内尔运用得尤为突出。侧身正手接发球的优点在于，当接发球一方侧身用正手接时，发球一方很自然地要防备对方的进攻，站位就会稍往中间一点，当发现对方用晃接或劈长时再侧身抢攻就失去了最佳时机，往往都是被动抢拉，从而给对方反拉以可乘之机。所以侧身正手接发球是接发球技术的创新，是现代横拍打法运动员必须掌握的技术。

四、相持中快速攻防转换的意识

意识是第一位的，没有意识，就不可能有目的地去运用所掌握的技术。相持中的攻防转换意识，其根本目的就是把“恐弧”变为“制弧”。通常情况下，我们把相持分为三种情况：

①进攻性相持。指的是在相持中处于主动地位（连续进攻）。

②对攻性相持。指的是在相持中难以分出谁主动与被动，处于一种僵持不下的状态（对攻、对推、对拉等）。

③被动性相持。指的是在相持中处于被动挨打、只有招架、难以进攻的状态（兜、挡、放高球等）。

在这三种相持状态中，我们要力求进攻性相持，这样才能发挥积极快速的特点，在相持中的攻防转换中取得更多的主动权。

现在的乒乓球比赛是全方位的较量，立体作战，不论近台、中台、远台，没有不能转攻的球，关键是意识能否跟得上。反拉、反带已成为相持阶段的重要手段，要求运动员除了具有攻防快速转换的意识外，还必须具有近台快带、反拉和中、远台对拉弧圈球的能力。

五、抢冲半出台球的意识

在当今激烈的乒乓球比赛中，控制与反控制贯穿比赛全过程，特别是在前三板的争抢中谁敢于大胆抢冲半出台球，谁就会掌握场上主动权。塞弗和韩国选手尤为突出，不管是接发球，还是发抢对方摆短，又或者是在互相摆短的控制中，只要对方回球稍一出台，或半出台，就能发力抢冲，给对手造成很大的心理压力。

由于反拉弧圈球技术运用普遍，高吊弧圈经常被对方反拉而逐渐被前冲弧圈所代替，如果运动员在处理抢拉半出台球上等球出台在下降期拉高吊，而不敢主动迎上前抢冲，问题就在于意识跟不上。

第三节　技术更新

一、接发球技术

欧洲选手用正手侧身接发球，代表了接发球技术的发展方向，使接发球技术更具有进攻性。强调正手侧身接发球并不是不要反手接发球，而是在正、反手都具备接发球能力的情况下，更多地使用正手侧身接发球，目的在于使接发球更具进攻性，为下一板的进攻创造更好的机会。

侧身正手接发球技术的种类有：

晃接：用身体的动作做掩护，用半推半搓的方法把球送到对方反手位大角，使其来不及侧身抢攻或即使侧身发力攻也不能发大力，只能过渡性抢拉，这样就能为反拉创造有利时机。

撇、劈长：主要以加转长球干扰对方，迫使对方拉高吊弧圈伺机反拉。

快摆短球：过去是习惯反手快摆，而正手侧身快摆会感到不习惯。

快点抢拉长球：在球的上升前期接触球，球速快，正手空当小，有利于连续进攻。

抢冲半出台球：看准机会就要发力抢冲，改变过去基本上以高吊为主的保守接法。

二、横拍反手的快拉

传统的横拍反手技术主要是近台以拨、弹为主，中远台以拉为主。下旋球能前冲和拉高吊。现代的反手技术主要体现在“快”字上，出手快，击球早，经常你还来不及还原，对方下一板球已经过来了。

①反手拉下旋球的击球点是在球从台上刚跳起的上升前期，从而加快回球速度，改变了最高点和下降前期击球的老观念。

②对方轻挑过来的球或中等力量发力挑过来的球，用反手快撕，击球点和拉下旋球一样在球的上升前期。

③相持球中反手近台连续快拱和弹压，快拱的击球点在球的上升后期，弹压在球的高点期。改变了以往近台反手只能拨、不能拉的老观念，加快了回球速度，为侧身抢冲创造了更多机会。

④被动防御中的反手反拉弧圈、反带弧圈，加快了攻防的快速转换，改变了过去一旦处于被动，只是一味防守、不能转攻的老观念。

三、反拉弧圈球技术

反拉弧圈球技术的好坏，直接影响比赛的胜负，影响前三板的争抢，影响攻防转换，是弧圈球技术中最关键的环节。

①反手对拉和正手近台快带，发抢中主动发半出台球，让对方拉起来后再反拉。发长球后主动侧身反拉的意识和能力及接发球控制对方后第四板的反拉意识和能力要强。

②相持球形成的对拉能力不能薄弱。

③抓好反拉对方第一板从下旋球拉起来的弧圈球，这是反拉弧圈球的关键环节。

第四节　训练通则

目前，横拍进攻型打法已经成为当今世界乒坛的主流打法，加上竞赛规则的变化和器材的改进，横拍进攻型打法更加凸显优势，因此在训练中，要根据运动员的特点，精心设计，大胆创新，继续保持和发扬中国特色，坚持走自己的路，只有这样我们才能继续保持长盛不衰的发展态势。

横拍进攻型打法通则如表 15-2 所示。

表 15-2　横拍进攻型打法通则

名称	训练通则（两面反胶）
正手弧圈球的杀伤力	必须高度重视弧圈球打法运动员的动作结构。如果只讲究动作小、出手快、不太注意腰、腿间力量的协调，近台作战只擅长第一、第二板的拉冲，一旦形成相持或到了中、远台，正手拉球就发挥不出应有的威力 首先注意动作的舒展性，手臂、腰、腿的发力一定要协调。同时注意前臂的快速收缩，这是动作发力的关键环节 要注意两个倾向，一是动作太小，主要是依赖前臂和上臂发力，与腰、腿间的协调不够；二是动作过大，只注意了手臂、腰、腿力量的协调，而忽略了前臂的快速收缩，造成力量不集中
反拉弧圈球技术	首先要抓好反拉对方第一板下旋的弧圈球，这项技术掌握了，其他反拉技术就能迎刃而解 反拉弧圈技术有 3 个方面： ①反拉对方从下旋球拉起来的弧圈球，这是难度最大的技术 ②相持中近台的快速反拉、反带及中、远台的对拉弧圈技术 ③技术核心就是步法快速到位，迎球反拉
反手的上手能力和相持能力	反手的拧拉已经成为突破对方发正手或中路短球的普遍技术，因此拧拉及后续反撕、反带质量的高低，直接决定了进入相持是主动还是被动的状态，这个环节是当前十分重要的技术要点，要尽量避免用反手摆、搓回接，这些技术容易被对方抢攻，从而陷入被动的状况 由于目前发球都是以正手或中路短球为主，为寻求变化往往会结合发反手长球和半出台球，因此要特别加强反手快拉、快带能力的培养，同时，在形成相持后，反手单线的强势对抗，反撕及抢点变线，以及后续的合理衔接技术的运用也要熟练 另外中远台的反手进攻和相持能力培养，不要因侧身技术运用较多而忽视其重要性，这是中远台技术全面的一项重要保障
过好弧圈关	恢复我国的传统优势——前三板技术，在此基础上加强第四、第五板的控制与反控制，从而在前几板球力争主动，抢先上手，注重在前五板上狠下功夫 追求“三快”：战术变化快、上手及衔接速度快和攻防转换快
处理好几个关系	正手与反手： 谁能在比赛中抢先上手，谁就能夺得场上的主动权。随着乒乓球技术的发展，比赛场上的争抢更加激烈，谁能在比赛中抢先上手就会夺得场上主动权 在正、反手都能进攻的情况下，更多地、有效地使用正手和侧身进攻 能用正手进攻的球绝对不用反手，有了这种意识，才能真正体现积极主动、先发制人的指导思想 凶与稳： 进攻是最好的防守。男队员应以凶为主，这样才能赶上世界乒乓球运动发展的潮流，才能够处于领先地位。女运动员在打法上要男性化。因为积极的进攻是最好的防守，故应该力争“进攻，进攻，再进攻” 近与远： 坚持以近为主，发挥近台快攻优势。积极、快速的近台快攻是我们的看家本领，也是我们取得优异成绩的主要法宝。在此基础上，再去寻求提高中远台技术的有效途径 旋转与弧线： 研究“下坠”与“上飘”两者间的关系。充分利用旋转的特点，制造适宜的击球弧线，体验球“上飘”和“下坠”的感觉

续表

名称	训练通则（两面反胶）
处理好几个关系	旋转与速度： 要突破常规速度的极限。旋转与速度是互相矛盾的两个方面。现在乒乓球技术发展既要快又要转，要突破常规速度的极限，快撕是一种有旋转、速度快的技术，要积极去培养运用
横拍快攻结合弧圈球打法（正手反胶、反手生胶）	反手生胶的进攻和克服打滑的现象： 生胶的性能为速度快、下沉、易于发力、难于摩擦，因此在训练中要以发力为主，同时在发力中注意弧线的制造，作为生胶打法，要有良好的手感和调节能力 要精练反手下旋球的突击和相持中的发力 要建立加力弹打弧圈球的能力 接弧圈球时，克服由于控制板形的原因，而造成打滑的现象，这也是生胶打法的最大难点 板形不易压得过大，主要解决好击球时间和用力方向，既要有速度、力量，又要保证球的命中率 处理好近台的正、反手关系： 该种打法是以速度为核心，站位一定要以近台为主 由于球拍性能和站位的因素，往往会出现正手出手晚、退台、拖反手的后腿、拖速度的后腿现象，在训练该种打法相持实力时，再反手坚持近台快打的同时，正手位也要学会和建立快挡、快带和反冲技术，使正、反手在近台击球的站位、速度、时间、节奏能够基本统一，确保运动员在近台站得住，将反手生胶下沉、速度快和旋转威力大等特点发挥出来 加强正手进攻的能力： 只有正手进攻具有一定实力，该种打法才可有所作为 横拍快攻结合弧圈的打法必须具备侧身抢攻，连续冲杀、近台快挡，快带、反冲及中远台的对拉技术，在快速移动下完成技术动作

第五节　训练操作

横板进攻型打法的技战术训练如表 15-3 所示，正手反胶、反手生胶的技战术训练如表 15-4 所示。

表 15-3　两面反胶的技战术训练

名称	方法	目的要求
正手进攻能力正手弧圈球杀伤力练习	正手五条单线拉加转、前冲弧圈球 正手一点对两点和左、右半台对两点拉加转，前冲弧圈球 正手全台不定点拉对方一点 正手全台不同落点拉、扣、冲对方一点	提高正手弧圈球的进攻能力和杀伤力，确保第一、第二板弧圈球质量 提高相持及中、远台正手拉球威力 提高弧圈球反拉、反冲的能力 高度重视动作结构的协调性，使拉球动作舒展又有爆发力，防止两种倾向，要有一板能置对方死地的拉冲或扣杀

续表

名称	方法	目的要求
正手进攻能力正手弧圈球杀伤力练习	正手中远台对拉 正手位快拉、反带、反冲弧圈球	中、远台的步法移动要放在第一位，大幅度步法移动具有灵活性和敏捷性 中、远台与中、近台能衔接，能快能慢，多节奏的变化运用，线路要灵活，正手反拉与前三板相结合
反手位上手和相持能力的练习	反手快拉： 反手单线连续拉 反手快拨结合反手拉 反手一点拉两点 相持中反手近台连续快拱和弹压 反手快撕	反手技术体现“快”，即出手快、击球早、反手拉球节奏快 击球点前移、提早，力争在上升期回击，动作协调、自如，发力集中 克服高点期、下降前期击球状况 拉、冲或拉、扣结合时，体会两种不同技术的区别 步法到位 对于对方轻重挑球都能进行反撕
	反拉弧圈球： 反手拉下旋 相持中近台的快速反拉、反带中远台的对拉弧圈球	提高中台和中、远台相持与转攻能力和反手拉的力度，加强反拉弧圈球意识，变消极防御为积极防御，在防守中转入进攻 反手拉下旋球击球点要在上升前期，加快反手反拉弧圈球、反带弧圈球的速度 战术运用中，反手反拉与前三板更好地结合
前三板	发球抢攻	提高发球抢拉、拉冲能力，发长球与发短球相配合，发短球时，对方轻、重挑后两面能反撕 能够拉冲下旋球 抢攻、抢拉对方拉起的弧圈球 发球后能侧身抢拉、抢攻 发球与正、反手上手能结合 抢上旋球和台内球动作幅度要减小，多借用腰、胯、腿的力量
	接发球及接发球抢位拉、抢冲 接发球的快搓、撇、半推半搓练习 抢拉、抢冲半出台球练习	提高接发球抢位、抢冲及多种接发球手段变化能力 接发球时站位不能太远，两脚更不能平站 以正手（侧身正手）接发球为主进行接发球，出手模糊，力争上手 以挑打结合撇、劈、晃等手段为主，配合摆短，择机运用半推半搓式晃接发球方式 接发球抢位半出台球，拉高吊，也能拉前冲，出台抢冲的意识要强 形成个人的接发球特点 建立攻防一体化意识
相持中快速攻防转换练习	反手拉结合正手拉	反手连续拉弧圈球控制对方的反手，迫使对方用直线回击，然后用正手拉弧圈球找机会扣杀；有时也可以用反手拉直线袭击对方右角空当，引诱对方回斜线，然后用正手拉弧圈球

续表

名称	方法	目的要求
相持中快速攻防转换练习	反手拉结合正手拉	练习时反手拉结合正手位时，由右向左交换或由右向左位移要力求快速并及时到位，否则会引起反手拉速度快而正手拉速度慢，容易造成漏拉
	反手拉结合侧身拉	反手拉弧圈球压住对方的反手后，当对方在被动中回球到自己的左半台时，用侧身正手拉冲 反手拉弧圈球必须具有较大的冲力，或者拉球的角度较大，为侧身拉创造有利条件。位移要及时、迅速，充分发挥侧身正手拉的威力 提高正、反手拉弧圈球的技术质量，并培养适应和对付各种不同速度和旋转能力 提高相持或由被动转为主动的战术运用能力，应稳、凶结合，并有意识地结合一定的速度进行练习，不要每板球都用100%的力量去拉、冲，以免由于拉、冲过凶而造成对方接球难度过大，使自己练不到结合性技术 根据来球的不同情况，选择各种不同的击球时间（高点期、下降前、后期） 可有意识地主动改变击球时间，适应战术运用的要求
	侧身拉结合扑正手	侧身攻的范围相对比较快攻侧身位移要宽，正手定位也比快攻要大 练习在侧身拉后比较主动的情况下能扑正手 要求在侧身拉后比较被动的情况下也能扑正手
	前五板的争抢练习	建立攻、防一体化意识，提高快速进攻、攻防转换能力 侧身发球正手抢攻，反手发球反手抢攻，反手也能抢攻上旋球 着力于发球后对方抢拉起来弧圈球后的接弧圈球技术 争取第四板的主动，把破坏对方发球抢攻放在首位，这样既没有失去前五板争取得分与主动的机会，又能与后面相持球自然地衔接起来 攻防的转换要快，现代相持球比较凶狠，双方力争主动，在中、远台对拉弧圈球中要争取能够转攻 近台快带、反拉弧圈球后，要争取早发力 抓好前五板的争抢，形成相持状态后，力求进攻性相持

表 15-4 正手反胶、反手生胶的技战术训练

名称	方法	目的要求
正手进攻能力练习（正手扣杀、弧圈球杀伤力）	正手单线攻球（包括正手斜线、侧身斜线） 正手拉加转，前冲弧圈球，连续冲杀 正手一点对两点和左、右 2/3 台对两点跑动中连续进攻（拉）对方一点	熟练和提高快攻技术、弧圈球技术 加快步伐和两面提速，提高迅速起动和大范围跑动的能力，牢固掌握攻、拉、扣结合的技术 适应对方的速度与旋转的变化，视不同打法，

续表

名称	方法	目的要求
正手进攻能力练习（正手扣杀、弧圈球杀伤力）	两点对一点，攻对推 两点对两点，两直对两斜 正手全台不同落点拉、扣（冲）对方一点 正手中、远台对拉 正手位快挡、快带、反冲弧圈球	要求对方的推挡（快拨）弧圈球或者削球对练攻、拉或拉、扣结合出手要快，两种不同的技术应有明确的区分，拉球动作不应过大，尽量拉出低弧线的球，配合不同节奏，注意以破坏对方正常的击球规律，时攻时拉，时快时慢，连续冲杀能力要强，要有一板能置对方于死地的拉冲或扣杀 战术练习中，正手反拉与前三板相结合
反手位生胶的进攻与防守	反手快拨、推挤、突击、弹打练习	反手位能突击下旋球和相持中的抢先发力要能够加力弹打弧圈球 形成反手位的快打技术，有发挥生胶速度快、球下沉、易于发力但难于摩擦的特点
正手快带、反手推挤或快拨结合正手反拉弧圈球	辅练者拉弧圈球至全台，落点以无规律为主 主练者练正手（包括配合侧身）	掌握和提高相持或被动时必备的防御能力，以期在被动中争取转化为主动，坚持近台为主，以灵活变化斜、直线球路来争取主动 有意识地退至中、远台用正反手拉，拉球的质量要高，以便迅速摆脱被动，在中、远台反拉弧圈球后，要迅速向前移步回至中、近台练快带和推挡或快拨等技术
拉球结合扣杀	正手拉加转，前冲弧圈球，连续冲杀 正手一点对两点和左、右 2/3 台对两点跑动中连续进攻（拉）对方一点 两点对一点 正手全台不同落点拉、扣（冲）对方一点	扣杀以力量为主，速度比较快，扣杀的动作是从后向前、向下，以上臂和腰部用力为主，动作幅度大，发力集中，应与拉弧圈球动作有明显的区别。不能用拉球的动作来进行扣杀。训练时必须反复体会两者之间的不同动作要领，使之熟练衔接，既不能一味死拉，出机会时不扣杀，也不能板板扣杀，而应该拉、扣结合。拉、扣强调扣杀的重要性，对于能拉能扣的球，一定要求扣杀，连续扣杀，全力扣杀
	多球训练 正手全台不同落点拉、扣一定目标	通过反复练习，形成低拉高扣的条件反射；明确区分拉、扣不同技术动作，牢固掌握拉、扣技术 迅速调节拉、扣动作，扣杀的命中率应根据运动员的水平而定，一般不低于 70%

小结

本章阐述了横拍进攻型打法不同的风格类型、优秀运动员的技术特征和绝招，分析了该类型打法的训练内容、方法与要求，以及战术指导思想的内涵，加深了教练员对战术训练的深刻了解，提高其执教水平。

■ 思考题

1. 横拍进攻型的风格打法有几种类型？试述优秀运动员的技术特征和绝招。
2. 中国横拍打法要赶超世界水平，在训练中必须处理好哪几个关系？

参考文献

[1] 佘竞妍．乒乓球技术体系的分类及效用研究［D］．上海：上海体育学院，2010.
[2] 林岭．现代运动训练新理念、新方法［M］．北京：北京体育大学出版社，2012（6）：160–167.
[3] 刘建和，胡小明．运动竞赛学［M］．成都：四川教育出版社，1990.
[4] 刘建和，武川洪．乒乓球教学与训练［M］．北京：人民体育出版社，2008.
[5] 唐建军．乒乓球运动教程［M］．北京：北京体育大学出版社，2006.

第十六章

直拍快攻型打法

教学目的

1. 了解目前直拍快攻型打法的地位。
2. 了解打法创新的空间及不同流派的发展潜力。
3. 了解直拍快攻型打法训练内容、方法及手段。
4. 了解反面技术的动作要领、训练方法及手段。

教学安排

总时数10学时。其中讲授5学时，讨论、实践、作业5学时。

直拍快攻型打法是指运动员采用直式握拍法，站位近身为主，以快速进攻为争取主动和主要得分手段的一种打法。直拍快攻型打法的历史进程如表16-1所示。

表16-1 直拍快攻型打法的历史进程

时间（年代）		状况	代表人物
20世纪	50	远台单面长抽占主导地位	日本选手
	60	左推右攻、近台两面攻占主导。中国一大批顶尖选手多是这两种打法	李富荣、徐寅生、庄则栋
	70	左推右攻仍以中国较多，而近台两面攻少了。左推右攻者，增加了对付弧圈球的内容	许绍发、李景光、李振恃
	80	左推右攻者，对付弧圈球的能力有了进一步的提高。正手盖打、反手推挡的功夫熟练	谢赛克、江嘉良、陈龙灿
	90	左推右攻者，在技术内容上有了较多的变化。一是正胶打法，保持了过去的正手功夫好，侧身攻好，发球抢攻好的特长；二是反手能推，能“直拍横打”，反手位的进攻能力大大提高；三是会倒板发球、拉球 直拍反胶打法的人数较多，正手打拉自如，反手普遍会“直拍横打”，也保持了推挡的长处	刘国梁、马琳、闫森

直拍快攻型打法的本质特点是“快速进攻”。自20世纪80年代中后期以来，用直拍正胶打快攻，单纯依靠快已深感困难，而弧圈球发展至今，已经是具有很快速度、强烈旋转的先进技术，它也列入了快攻范围。因此我们对“快”的理解，对快攻的含义应予扩大，可分为两种技术动作，一是正贴摩擦较少的撞击式的打法，可称为“快打”；二是反贴摩擦拉弧圈球，称为“快拉”。快打和快拉都属于快攻。正贴难度大，反贴潜力大，我们要正贴、反贴两条腿走路。

因此，直拍快攻打法，可以是快打技术为主的直拍正胶快攻打法；亦可以是以速度和旋转结合的弧圈球技术为主的直拍反胶快攻打法；还可以是两者的结合，即正面正胶，反面反胶，使用直拍横打的直拍快攻打法。

第一节　直拍正胶快攻型打法

一、直拍正胶型打法的风格与特征

（一）球拍

正面正胶，反面反胶。

（二）风格

快、准、狠、变、转。

（三）打法特点

正手用快攻、快点、快拉，接发球以正手或侧身为主，拉、点、挑配合摆短、劈长过渡；反手快推或加、减力推，运用直拍横打的弹打；对弧圈球快带或反胶一面快撕、对拉弧圈。前四板是得分的主要支柱，发球和发球抢攻有较大优势，正手功夫好，侧身攻意识强，出手快而坚决，能够低位突击，具有良好的主动进攻能力。主动时，正手连续攻，线路灵活角度大，配合反手推，反手“直拍横打”的快撕、拉和弹打等击球技术。不得已退台时，用反胶对拉弧圈球相持，伺机转入主动。

二、中国直拍正胶快攻型打法的传统特色

直拍快攻打法，既要快又要攻，快攻快出来、攻出来就赢，快不出来、攻不出来就输。历史上，中国直拍正胶快攻之所以能在世界乒坛处于领先地位，其中一个重要原因在于其所具有的三大特色。

（一）发球抢攻

我国的发球曾有几十种，而且每个运动员都有绝招。如徐寅生的奔球，李富荣的左侧上、下旋球，庄则栋的正反侧上、下旋球，许绍发的高抛左侧上，下旋球，以及刘国梁的倒板发球等，使外国选手对中国运动员的发球总有一种神秘感和恐惧感。发球是发球抢攻的基础，能为抢攻制造较多、较好的机会，使传统的直拍正胶快攻打法在运用发球抢攻、先发制人这一比赛的第一战术上表现了较大的优势。

（二）低球突击

低球突击是直拍正胶打法的特色之一，对国外选手威胁大，当今世界乒坛的主要矛盾是对付上旋，但是许多球是从下旋打起的，台内球也是争夺的焦点。因此，处理好下旋球，进行低球突击，争取打在对手前面，是一项十分重要的技术。

（三）连续进攻

对中国直拍正胶快攻代表人物当年比赛的精彩画面，人们记忆犹新，如徐寅生对星野的正手连续十二大板扣杀；李富荣轰炸机似的正手攻球；庄则栋的左右开弓。他们都表现出正手连续进攻能力强、威胁大的个性。当今，世界上的优秀选手大都具有较好的相持与防御能力，想一板球置对方于死地是不容易的，所以一定要具备正手连续进攻的意识和本领，而且在进攻时还要讲究落点、角度、线路的变化，做到灵活善变。

三、直拍快攻型打法要突出提高的技术

（一）反手位技术

“得反手者，得天下”。反手技术已成为争夺的制高点，推弧圈球是基点。直拍快攻有一个一般性规律，凡是对攻球时，谁的反手好谁就赢。无论正胶或反胶，反手技术上不去就打不好，“独角龙”是不行的。欧洲运动员与我国直拍选手比赛时，最基本的战术就是紧紧抓住我方反手不擅长进攻的弱点，把反手逼成死角，或用强烈下旋逼我方反手底线大角，加大我方侧身攻的难度，难补勉强侧身形成的正手空挡，或在搓中抢拉上手掌握主动；又或用“调右压左”战术造成我方被动。欧洲选手从快拨发展到能拉、冲、弹，主要是因为反手技术得到了提高。因此直拍正胶打法一定要掌握反手技术，加强反手的进攻能力、反手的相持能力，以及反手的攻防能力，尤其是反手进攻能力增强了，在中台才能有相持回旋的余地。

1. 推挡

直拍快攻对付上旋球不像横拍选手能反手反撕，直拍只能挡，推弧圈球往往侧旋

多，由上往下压少，不像横拍有顶的感觉。但正胶推挡弧圈球有点下沉，对方也不好拉。推挡要能粘住对方，有打七八个回合的能力，不会轻易失误，推过去的球要求弧线低，不能让对方发力，还要求能轻能重，击球落点灵活，以调动对方前后左右移动，露出破绽趁机抢攻。

2. 反手攻

反手攻要有针对性的运用，运用方式有：

①发球后可打反手攻，反手攻球再侧身正手攻球，与推挡后的侧身攻互为交替。

②接左方下旋短球——半推半攻。

③补反手位高球用反手攻，以解决从右返左的进攻手段。

3. 直拍横打

直拍反手增贴一块海绵胶进行反面击球，其效果往往比常规的反手攻球要好，从对付弧圈球的角度分析，反手背面击球比常规反手攻球要容易掌握。常规反手攻能对付下旋和一般上旋，但不利于压拍型，所以，在对付上旋弧圈球时控制拍型下压，反手背面击球比较自如。反面击球技术有拉、冲、攻、拨、挡、撕、扣、弹打之分。直拍横打可以运用的方面有：

①发球、接发球可以倒拍。用反贴发球旋转较强，发球后可用反贴猛拉弧圈球，接发球时，对方一出台就可以抢拉，先发制人。

②用弧圈球对付削球打法。用反贴掌握了弧圈球后，对付削球防守打法，可以尽情发挥，掌握主动。

③正贴近台快打，离台时，倒拍用反贴拉弧圈球。远近结合，配双打更有利。

④反面快拉。当对方用强下旋逼反手底线大角时，侧身难度太大，用反手背面快拉，具有一定的速度和力量。

⑤ 快带和反冲。对方拉弧圈球盯住反手位时，可在推挤的基础上，加一板反手背面的快带和反冲，之后迅速侧身抢攻。

⑥快拉、快冲和弹打。在扑正手返左时，可用一板反手背面的快拉、快冲或弹打，形成主动。

（二）右方正手的连续进攻

直拍反胶快攻打法的指导思想，历来是要敢于拼搏。先打、快攻、凶打。为了适应时代的发展，在多年的实践中，遵循快、准、狠、变、转的战术风格，做到快狠、快变、快转的结合。其中，最基本的技术是正手连续攻球。

正手连续攻球，要求近台快速结合旋转，既能快攻，又能拉弧圈球；既有小动作，又能有大动作发力，使打出的球有杀伤力。大力量的进攻，由于正手攻球不受身体的妨碍，能发挥全力，以其威力把对方置于死地。为使正手连续进攻得分，可用多种手段予以配合。

①步法。没有出色的步法，连续进攻将是一句空话。

②快、慢打结合。以节奏、力量、速度等变化进行牵制、调整。

③打大角度。贵在变化，追身、直线、大角度使对方措手不及。

④用多种手段接发球。接对方发的出台球，敢于拉，抢先上手；遇台内小球、短球，摆短、快点、劈长、拉冲、挑、攻等交替使用。

⑤ 全面提高发球抢攻能力。

（三）低球突击

低球突击起板抢攻是直拍正胶快攻打法的又一特色，具有速度快、突然性强的特点，对欧洲选手威胁特别大。对付下旋球，要树立“只要搓一板就要进攻”的思想，提高对付下旋球起板的能力。

要充分认识到掌握低球突击起板抢攻的艰巨性。当今技术要求不同于二十世纪六七十年代，一是来球下旋更强烈，二是过去可以多搓几板过渡，看准机会再起板突击抢攻。而现在必须马上起板，否则就失去进攻的机会，如果不抢攻，用搓一板过渡，往往容易搓出台，被对方抢先上手进攻。因此，我们要继承发扬我国低球突击起板对付下旋球的技术特长。

（四）发球及其抢攻

新规则中无遮挡的限制，迫使运动员难以用正手发球，以避免手挡、肩挡而使用反手发球。但反手发球正手抢攻因重心、位置的转换，使正手抢攻漏球多，故要予以补上。随之而来，反手发球用反手抢攻成为新课题。

四、直拍正胶快攻型打法模式

要使直拍正胶快攻打法走出低谷，就必须创新，要练“直拍横打”新技术，使直板正胶快攻打法在快转结合上走出一条新路。

在以快攻为主的情况下，结合“直拍横打”技术，可以形成多种新技术。

①反手拉弧圈球。

②反手弹打。

③反手快撕弧圈球。

④正手使用正贴、反手使用反贴，当正、反贴交替使用时，可以在不得已退台时，采用正手对拉弧圈球与对方相持。

这几项新技术构成了刘国梁直拍正胶打法的新特点，使其综合作战能力得到全面加强，在比赛中能抢先上手，争取主动。

刘国梁的“直拍横打”模式是：

①发球抢攻。以正手快点为主，点、拉结合，配合反手抢拉先上手，恢复和发扬了我国直拍快攻选手在发球和发球抢攻上的优势。

②接发球。以正手（含侧身正手）拉、点、挑为主，配合摆短、搓长和反面拉，侧身正手用反贴拉，力争主动或以此来破坏对方发球后的攻势。

③相持球。主动时以正手连续攻为主，配合反面拉或弹打；被动时，以左推右攻为主，配合反面快撕技术，以及正手用反贴对拉弧圈球后伺机转主动。

五、直拍正胶快攻型打法的训练操作

要真正打出快攻的威胁，必须积极主动上手进攻，进攻时速度要快，爆发力要大，上手要勤，以突出快攻的特点，打出快攻的味道。快攻打法由于站位近台，击球时间调节难度极大，变化就显得至关重要。因此，快攻打法要手段多、速度快、变化突然，命中率要高，破坏对方节奏，为主动进攻创造机会。

同时，对“快”的理解要全面。快攻打法的技术风格是“快、准、狠、变、转”，快是主导，准是基础，快了不狠不行，转了不准更不行。一个节奏，一个频率的快，并不能更好地体现技术风格，而应该做到有快有慢，以快为主，该快则快，该慢则慢。人的能力是有限的，有些球再快也打不着，要防止进入快的误区。快攻的训练还要符合当前对付弧圈球强烈旋转的要求，如果把“快”理解为站位越近动作越小，就会导致快攻选手动作越练越小，击球力量越打越轻，这是难以与弧圈球的快速有力、多变相匹敌的，因此，必须既有近台，也有中台，根据不同来球，掌握不同的击球时间和击球动作；既练借力攻球，又要练发力攻球；既要有快节奏，也要有慢节奏。注意分清主次，不断提高应变能力（表 16-2）。

表 16-2　直拍正胶快攻打法的训练

名称	方法	目的和要求
正手连续进攻能力的练习	五条单线对攻 左、右 1/2 台、2/3 台、3/4 台走动中正手连续攻 全台右、中、左、左、中、右移动中正手对攻 正手一点对两点 侧身正手快攻不同落点 全台不同落点移动中正手攻打从对方左角或右角拉过来的弧圈球	目的： 提高对攻能力（速度、力量），尤其是提高移动中攻打弧圈球的能力 要求： 对方攻球方式以弧圈球为主，快攻、推挡（或快拨）为次 中、近台结合，以近台为主；轻、重力量结合，以逐步加力为主，有杀伤力 快慢打结合，有节奏、力量、速度、角度变化，尤其要有大角度球

续表

名称	方法	目的和要求
反手位技术的练习	推挡： 单线对推 推斜左线及中路 推挤左大角及变线	目的： 提高加力推、减力挡和推挤弧圈球的多种技术，以便充分发挥直拍快攻打法快速、灵活、多变的特点 加强适应不同旋转和快、慢节奏变化，为战术运用打下基础 要求： 供球以弧圈球为主，推挡或攻球为次 提高对快攻和弧圈球的推挡斜、直线和中路的变化能力 要能推出反手大角度和轻、重力量不同的球
直拍横打练习	平挡球 反面拉弧圈球 反面快撕球 贴球 抢拉对方侧身晃撇到反手位球 弹击球 中台拉球 反拉弧圈球 综合性训练	具体方法、目的、要求见本章第三节“反面横打技术的运用”部分
攻防相持转换能力的练习	推挡结合侧身攻	目的： 熟练推挡与侧身攻两项技术的衔接 增强左半台进攻与相持能力，增强战术意识 要求： 来球方式可以是推挡、侧身正手攻、弧圈球。要保证一定时间的对付弧圈球练习 推、侧动作要求协调配合，紧密衔接，动作迅速 侧身攻以中等力量为主，适当结合大力扣杀 相持中，注意不断变化推挡的轻、重力量及正反手大角度或中路追身的落点变化，制造机会侧身攻，位置侧开，以大力扣杀得分
	左推右攻结合侧身攻	目的： 加快手臂摆速和步法迅速移动的协调性 加快全台对付不同速度、不同旋转、不同节奏来球的应变能力和进攻能力 加强战术意识，应达到破坏对方调右压左和调左压右的战术目的 要求： 对方用推挡（或反手攻）或侧身拉弧圈球至不同落点 对方在右方拉弧圈球至不同落点 右攻时要果断、大胆，手、脚同时到位击球，以中等力量或发力攻为主，结合快带 加强战术意识，侧重练好攻击对方薄弱环节，取得机会进行侧身进攻和连续正手攻

续表

名称	方法	目的和要求
攻防相持转换能力的练习	推挡、侧身攻、扑正手	目的： 熟练掌握推、侧、扑三者的紧密衔接，用以加强主动进攻能力 提高从被动中争取主动的能力，保护好自己的正手，消除侧身攻的后顾之忧 要求： 推、侧、扑练习中，要大范围移动击球，移动范围广、难度大，要不怕累、不怕苦 从有规律练习到无规律练习，避免侧身攻后习惯地扑正手的弊端 扑正手攻应有斜、直线变化，并提高由右返左用侧身正手攻、反手攻球、推挡的能力
	加强对弧圈球稳定性练习	目的： 稳定发挥对付弧圈球的能力，熟练掌握反手稳推和正手位的快挡、快带结合 在被动中求得相持 要求： 回接对方由下旋球拉起的第一板加转弧圈球 反手第一板的稳推和正手位的快挡、快带结合
	相持转攻和强打弧圈球练习	目的： 提高相持转攻的能力 建立快打、抢打弧圈球技术，并在相持转攻中加以运用 要求： 被动调整手、保持正手直线，伺机进攻 压中间后变反手大角度转侧身进攻 压出台，吸进来，再打出去
低球突击练习	正手快点、摆短及搓中突击	目的： 比赛中无论对付何种打法，大多数是从台内下旋球开始转入其他技战术较量的，因而要在比赛中取得主动，必须从突破下旋短球做起。但在比赛中由于相互用摆短来控制对方，又经常会形成对搓的局面，所以掌握快点和搓中突击的技术就成为十分重要的一环 要求： 正手位快点、摆短到对方不同落点 侧身正手快点到对方不同落点 正手快拉或侧身快拉到对方不同落点（以上来球均以近网短球和不出台的下旋不太强的球为主） 全台移动中用正手拉上旋球至一点或不同落点 左 2/3 或右 2/3 台用正手拉至对方一点或不同落点（以上来球是转与不转的削球和两面不同性能球拍的削球） 正手连续扣杀（杀高球） 搓中突击对方不同落点（1/2 台至全台走动中突击转与不转的搓球）

续表

名称	方法	目的和要求
低球突击练习	搓中突击	目的： 比赛中无论对付何种打法，大多数是从台内下旋球开始而转入其他的技战术较量的，因而要在比赛中取得主动，必须从突破下旋短球做起。但在比赛中由于相互用摆短来控制对方，又经常会形成对搓的局面，所以掌握快点和搓中突击的技术就成为十分重要的一环 要求： 提高迅速调节拍面角度和发力方向的能力。来球下旋强烈，板形应稍后仰，回接弧圈球时，拍形应稍前倾些，这样可以提高命中率 着重体会高手起板和低手起板手腕和指关节发力的细致调节作用 树立“只搓一板”的意识 不过分依赖推挡得分，掌握时机低球突击
拉中突击结合连续扣杀练习	拉中突击结合连续扣杀	目的： 拉上旋与突击扣杀紧密结合，提高攻削球的能力 作为战术训练，要求正确选择突击时机为扣杀创造条件 要求： 拉球是基础，要求拉得稳且低，能拉左、中、右和长、短的落点 突击是在拉球的基础上进行的，如果拉球不过关，往往造成突击的盲目性，但只会拉而突击技术很差，也会影响得分和大大减弱进攻威力。故应根据不同训练阶段和个人的优、缺点情况，在一定时期有所侧重地进行训练 训练时，尤其要掌握好拉中突击的时机
倒板击球技术练习	倒板反胶发球 正手位的反面抢拉，抢冲 接发球的倒板反面抢拉	目的： 直拍后面多贴一块反胶，不仅可以直拍横打，而且可以丰富倒板技术，以灵活自如地运用正胶和反胶，取其长，补其短 要求： 倒板击球具有动作突然、速度快、隐蔽性强、旋转强、节奏变化快的特点。直拍快攻的直拍横打和倒板击球技术是辅助技术，是对其打法的发展、丰富和充实，而不是作为主要技术来使用，一定要分清打法的主次技术，围绕正手主动进攻、连续进攻、相持球、相持转攻等重点技术，在此基础上发展其他技术，做到主攻分明，这是由该打法的风格所决定的

第二节　直拍反胶快攻型打法

一、直拍反胶打法的特色

欧洲选手成功地创造了弧圈结合快攻新打法，使乒乓球技术的发展产生了飞跃。面对欧洲新打法、新技术的挑战，谈到直拍正胶快攻怎么办时，徐寅生认为：“要在欧洲选手的进步和挑战面前，打出高水平并非不可能，但难度太大，要向速度和旋转结合，既能近台快攻，又能拉弧圈球，以近台为主结合中远台两面攻方向发展。”

这就是在快、准、狠、变的技术风格中，战略性地增加一个“转”，并提倡用反胶打快攻，加上反手反面进攻的新设想。“转”的提出，以及用直拍反胶打快攻，转活了直拍快攻打法，逐步形成了两种具有代表性的打法：以快攻为主、拉弧圈球为辅的快攻结合弧圈球打法和以弧圈球为主、快攻为辅的弧圈结合快攻打法。旋转与速度、力量的紧密结合，使击球的威胁性和准确性得到统一。直拍首次均势抗衡横拍带动了直拍全面复苏。

二、全新模式

直拍横打反胶打法是一种全新的模式，其特点是发挥直拍手腕灵活作用，以前三板为中心，以正手快攻为主线，积极主动，先发制人。重点在“巧”和“变”上做文章，出手快、变化多、落点好。横拍有的直拍有，横拍没有的，直拍也有。在已有旋转特点的基础上，加强速度；在立足于近台的基础上，能近能远；在立足于正手进攻的基础上，能两面攻，以正手的大范围跑动进攻给对方致命的打击。这一全新模式主要包括以下九个方面：

①正手的大范围跑动进攻是主体技术，也是这种打法最基本的能力。正手进攻的杀伤力尤为重要。

②反手位是推挡和反面横打技术相结合，反面横打技术的使用率要高于推挡。因此，必须掌握反面横打技术。

③必须掌握一至两套的好发球。实践证明，不管什么打法，没有一至两套好发球很难站住脚，直拍打法更是如此。只有在前三板上占优势，才能与横拍相抗衡。

④要确立弧圈与快打的时机。一般来说，低的球拉，高的球打；下旋球拉，旋转不强的球打。

⑤ 近台球以打为主，中远台以拉为主。拉与打的结合要顺其自然，没有明确的界限，运动员不必拘泥于是拉还是打，重要的是实际效果。

⑥在相持时，拉球速度一定要快。起杀手时，动作要相应地加大，以便发力，尤其是远台时，要加大动作幅度。

⑦掌握相应的快攻技术。所谓相应是指：a. 对短球能快点；b. 拉后能扣杀。

⑧全面提高发球抢攻能力：a. 拉长球后反冲；b. 能拉三个来回以上。要不定点地左右都能拉。要具备能顶住第六、七板弧圈球的本领，还有提高回接弧圈球的威胁性。

⑨建立能与横拍抗衡的攻防转换能力。

三、打法比较

直拍反胶打法形成自身固有的特点，这些特点与其他类型打法特点的比较，如表16-3所示。

表 16-3　直拍反胶与直拍正胶、横拍的比较

名称	直拍反胶与直拍正胶相比	直拍反胶与横拍相比
发球及发球抢攻	正胶胶皮含胶量低，摩擦系数小，触球后“吃”不牢，支点易滑动 反胶胶皮含胶量高，质地稍软，摩擦系数比正胶大，触球后“吃”得住球，支撑点不易滑动。直拍反胶的发球在客观上比其他打法更有利	在发球上直拍手腕运动幅度大于横拍，球拍的加速距离增加，可以更充分发挥手指、手腕的力量 直拍反胶的发球抢攻技术，由于握拍法使手臂功能发挥受到限制，反手抢攻的难度大于横拍；其他发球抢攻技术，如对摆短台内球的处理、正手抢攻、抢拉上、下旋球上手等方面与横拍不相上下，有些方面还优于横拍
接发球	由于反胶“吃”转，在材料性能方面没有正胶有利	在处理台内球时，直拍由于手腕比较灵活，在搓、摆、挑等台内技术上比横拍的变化要多，在接长球时，正手与横拍差不多 难度比较大的是反手大角度底线长球，没有横拍处理方便
相持球	稳健性、准确性强于正胶。在发力拉冲时，可以制造适宜的弧线，落台的把握性比正胶发力攻大，命中率高 中远台的回旋余地大于正胶。反胶击球点的机会比正胶多，既可近台，又可中远台击球 相持中的摆速低于正胶。由于直拍反胶在相持中要制造一定的旋转，造成两面摆速不如正胶。表现最为突出的是要靠力量，以及由力量产生的速度和强旋转	正手拉攻的力量没有横拍大 反手推挡不如横拍的反手攻球有利于发挥速度和力量 中远台的攻球转换及由防转攻的能力不如横拍

四、创新的意义

①它将快攻与弧圈的固有优点融于一身，在近台打快攻，既狠又有变化，可以快制慢、以近制远、抢先上手，打在前头。更可以近台及中远台旋转强烈的上旋弧圈球加上稳健性及前冲球的攻击性与各种打法周旋。

②新打法，会自然地形成不同流派，可以是以打为主，打拉结合，也可以是以拉为主，拉打结合。无论是以打为主还是以拉弧圈为主，都要解决打拉或拉打的问题。建立拉和打的技术，从一开始就要建立二者正确的技术概念，掌握二者的熟练技巧，并要不断强化二者之间的正确结合，略有主次但不一轻一重。

③确立又凶、又快、又狠、先拉、先冲、猛扣的指导思想和转、快、凶、变、准的技术风格。要做到拉冲、拉扣、冲扣结合，转是主导，准是基础。

五、不同的流派

流派是指同一类型打法中不同的技战术组合及各异的风格，绝招是指运动员用于取胜的主要得分手段，如表 16-4 所示。

表 16-4　不同球拍/选手的技术特征及绝招

球拍/选手	技术特征	绝　招
两面反胶/马琳、王皓	是在继承直拍正胶快攻基础上演变的一种新打法 速度与旋转相结合，能拉能打，能近能远，强调以近台作战为主，正手拉扣结合是主要的进攻手段，速度与节奏具有一定优势 正手拉加转或前冲弧圈球为主体技术，配合快带、反拉 反面技术使反手拉有攻击力，反面快撕、发力拉、拨、弹打等技术使推挡与反面技术融为一体；或全部使用反面技术以达到全方位的进攻 发球及接发球后正手抢拉、抢冲突出，侧身抢拉意识强	马琳： 冲下旋——马琳较好地掌握了抢冲下旋球的规律，因此在比赛中抢冲下旋球发挥了很高的水平，得分率也很高 接发球——接发球摆短过去的球短而不转，摆正手近网短球，能使瓦尔德内尔连吃 5~6 个球，摆反手小三角，使金泽洙难以拉着 步伐——步伐好，可以护住全台，为正手全台抢拉、对拉弧圈提供了“到位”的保证 王皓： 反面技术——全武行的反手直拍横打，质量完全可以与横拍反手相抗衡
单面反胶/金泽洙、柳承敏、蒋澎龙	韩国式以正手弧圈为核心，跑动中正手拉、冲为主体技术。进攻速度快、凶狠；反手主动发力的第一板加力推、拱推，强化了由被动转主动；正手与反手的攻防转换能力较强；前三板并非以控制为主，进攻比	金泽洙： 正手拉——当今世界乒坛直拍正手弧圈第一人。他击球力量大，旋转强。尤其是以发力的前冲弧圈球见长，杀伤力和得分率均高于其他直拍反胶弧圈球选手。他的拉球是当今世界乒坛

续表

球拍/选手	技术特征	绝　招
单面反胶/金泽洙、柳承敏、蒋澎龙	例占到一半以上；接发球斜线暴挑、晃挑、台内的控制、争抢积极 蒋澎龙采用“日式”直拍，球拍重心位于拍面中下部，易于摩擦、发力。正手攻球非常凶狠，较多地借鉴韩式打法；前三板秉承中国衣钵，接发球技术多样，能撇、摆、拱、拧、推、切，侧身进攻频率不高；推挡堪称一绝，凶中有稳，敢于发力，挤出下旋，抗弧圈能力强；对横板反手位相持对抗性强，靠加力推和变线赢得主动	较为流行的“打摩”式拉球的典范，人称单面拉苦力打法 柳承敏： 正手攻——神勇的飞身抽杀、箭一般的跑动步伐，正手进攻速度快、凶狠，非常有威胁 蒋澎龙： 反手推挡——从上往下的扎“推”弧圈，力量大、速度快，借力中的发力，人们称为“鬼之推挡”
正面反胶、反面长胶/金云美	在中国运动员创新的直拍反面反胶进攻技术的基础上，运用直拍反面长胶进攻技术，形成了一种颇具新意的直拍正面反胶结合反面长胶的进攻型打法 正面反胶——可以充分发挥其旋转和速度的特点，不需要倒板就可以发动有效的进攻 反面长胶——可以发挥“怪”的特点，牵制对手，使进攻更有节奏变化	金云美： 长胶磕——反手直拍横打用长胶磕，乃创新之举，反弹轨迹正常，使对手常摸不着头脑

六、需突破的环节

现代乒乓球技术发展潮流，是“强对抗，强相持，强转换”的“三强”状态，直拍反胶打法不仅要抗衡以瑞典为代表的能近能远、能左能右的“全能型”打法，要面对以法国、比利时为代表的具有明显节奏变化的近台快攻、快撕的“凶狠型”打法，而且还要面对韩国、朝鲜等亚洲诸强的搏杀，使该打法产生新的飞跃，做到立足世界，取得决定性的突破。在训练中应重点解决以下技术环节。

（一）加强攻击性，加强步伐训练，提高正手杀伤力

现代乒乓球比赛是高强度的对抗，竞争双方谁击球的力量大、速度快、旋转强，谁就能占据场上的主动。

就目前世界范围内的直板反胶打法来看，韩国人近年来在这方面发展得比较快，其正手拉球的杀伤力无论与亚洲人相比，还是与欧洲人相比都属于上乘，而我国直拍反胶打法的运动员目前还没有达到同样水平。

正手进攻的威力与步伐的移动有较大关系，而步伐移动主要依赖于爆发力和选位的合理调整。大范围的奔跑能力和步伐训练的实用性，使步伐与技战术运用结合，最大限度地把训练中练习的步伐运用到比赛中去，这样才能提高正手进攻的使用率和质

量。只能通过快速的步伐，在正手的击球速度和连续性上加以弥补，寻找出路，发展正手反面冲杀新技术，以求在旋转和节奏上加以变化。在中远台外，为了增加拉球力量，也可改用横板进行正手拉，来打乱对手的节奏，增加进攻的威胁。

（二）加强反手位的进攻能力

1. 局限性

直拍反胶打法在漫长的发展过程中，正手位具有很强的连续进攻的能力，一般情况下，还是能够体现积极主动的特点。但反手位相对比较薄弱，进攻手段贫乏，相持能力不强，最大问题是导致直拍反胶由防转攻的能力不强，主要表现在：

①用推挡对付弧圈，只能达到变线控制的水平，攻击力不足，且技术上缺少变化。

②用反手攻击弧圈，由于拍面前倾角度有限，盖不住强烈的上旋球，极易造成出界失误。

③对付反手位大角度的下旋球，侧身抢拉球容易使右方产生过大的空当；而反手突击又较难掌握。

④对付反手位的近网球，只能搓摆，不宜取得主动；反手挑打难度很大，准确性难以保证。

2. 加强反手拉的进攻能力

直拍反胶的反手技术要突出近台的进攻、相持及相持转攻，才能打出速度，争取主动。

①加强反手拉下旋球、底线长球的进攻技术，提高反手反面上手的使用率。

②提高由正手回反手，在近台用反面弹打、反搏、反撕的技术。

③反手位要熟练掌握由正面快速推、拱和由反手反面弹、拉变反手正面推挡和正手进攻的技术转换能力。

④加强反手的推挤技术及推挤后衔接进攻的技术。

⑤力争能用一板反手正面攻球，推后迅速侧身打反冲抢攻，加强进攻的连续性。

七、提高对付弧圈球的能力

①直拍反胶打法能否取得攻防转换中的主动，关键是在近台防、攻弧圈球的稳定性，对对方第一板加转弧圈球防守的稳定性尤为重要，因为这是基础。有了这板球作保证，才能衔接下面的技术。

②正手位中等力量的反带及快挡弧圈球，力求以落点控制对手的下一板进攻，争取在第五板或第六板上转入进攻；要利用反手反面能够更有效地发挥手臂功能的优势，

采取各种反面技术对付对方第一板的加转弧圈球，为进攻或转攻创造机会；在主要训练近台正、反手反冲、反带、攻打弧圈球的基础上，要具备中远台对拉和反拉的能力，但不能过于消极，在周旋一两板后，就能够转到近台坚持速度；练反手位中等力量稳推弧圈球的速度技术，为寻找进攻机会创造条件。

八、加强接发球的训练

提高接发球的质量是保证技术正常发挥的重要环节，许多运动员还没有打出自己的风格就败下阵来，大多是因为接不好对方的发球所致。

①加强接发球的主动性，强化接发球抢攻及对半出台球的冲杀和台内球的挑打。

②丰富接发球的方法与手段。正手的半推半搓、正手反面的冲拉、反手反面挑打台内球等都可以有意识熟练地运用到比赛中去。

③继续深化对接发球后第四、第六板由防转攻和攻防转换的研究。

④提高控制和反控制的能力，并注意接发球的落点控制，提高接发球的实效性。

⑤遇到短球、小球，用多种方法回接，摆短、快点、劈长、拉冲、挑、攻等交替使用。

九、加快击球速度

（一）速度是当今乒乓球比赛中取得主动的主要因素

直拍反胶打法在比赛中的击球往往要制造较多的旋转，同样的力量既要使球产生平动的速度，又要进行有效的摩擦，这样力量自然会受到分解，影响球的前进速度。

（二）注重击球的速度质量

要增加击球的力量，进攻时尽量靠近球台，击球点提前，缩短击球间隙所用的时间。加快出手速度，加强进攻的突然性，使击球很有“毒”的感觉。

十、训练通则与训练操作

现代乒乓球的发展，要求运动员“技术全面，特长突出”。对于高水平运动员的培养，两者均不能偏差，忽视任何一个方面，训练都不可能取得成功。所以在实际操作中要把两者有机地结合起来，才能收到理想的效果（表 16-5、表 16-6）。

表 16-5　训练通则

名　称	训练通则
常规	直拍反胶的训练，在各个不同阶段，一定要处理好苦练基本功与培养特长技术的关系。这是一对相互统一、相辅相成的矛盾统一体 要对那些对得分制胜起关键作用的特长技术反复练习精益求精 现代乒乓球比赛的主动与被动是交替出现的，攻与防随时处在变化之中，这就要求在具备良好的特长技术基础上，注意苦练各种基本功，使技术全面一些 要避免两种情况的发生： ①只注重对各种技术的全面性训练，而忽略了原有的技术特长，形成大而全，每样技术都不精 ②墨守原有技术特长，对新技术、新打法的创新热情不高，求精不求新
正手进攻	正手进攻是直拍反胶打法的主要得分手段，弧圈球是核心技术。正手进攻发力的好坏直接关系到比赛的胜负，因此在训练中占有很大的比重
反拉弧圈球	反拉弧圈球是现代乒乓球技术的发展方向，包括上、下旋的反拉、反带 反拉弧圈球的重点是注意反拉时接触的部位，在反拉弧圈球时接触球的中上部，容易造成下网或出界
前三板	建立发球抢攻体系，建立新的发球套路，以尽量不破坏原有发球抢攻体系为原则 发球犹如直拍反胶打法的生命线，没有一两套好发球就很难立足世界乒坛 发球的训练要提倡多样化，尽可能掌握和应对不同的发球，特别是要充分开发直拍反面发球。建立接发球一体化
相持能力	提高相持能力，要处理好三个关系： ①正手进攻和相持球的关系。在充分发挥正手进攻的前提下，提高相持能力和攻防转换能力，因为相持的目的是为正手进攻创造条件 ②正手与反面的关系。反面技术的运用是为正手进攻创造条件，两者的关系应该是以正手为主、反面横打为辅 ③推打和反面横打的关系。推挡是直拍打法的传统技术，但随着反面横打技术的运用，推挡与反面技术在使用上发生了冲突。必须根据每名运动员的特点来使用推挡和反面横打技术，对什么样的球应该用什么样的技术去处理，要心中有数

表 16-6　训练操作

名称	方法	目的及要求
加强正手进攻能力	加大杀伤力 多球训练中，采用中台喂下旋高球。尽量用最大力量拉、冲，每天保持 10~15 分钟	解决正手发力，提高正手杀伤力 动作结构上注意用力的合理性。腰带动手臂向后，手臂自然下沉，前臂与上臂的夹角应在 130°左右 击球时一定要有角度变化，用腰带动手臂向前，在击球瞬间突然收缩而发出最大力量
	强化中近台连续拉能力： 正手拉全台两个角度，即左 2 板、右 2 板，再加左 1 板、右 1 板（简称 2×2+1×1） 2/3 台连续拉结合扑右角。扑右拉下	强化无规律的中近台连续拉以及不同步伐的综合运用（包括垫步、垫步交叉步拉角度大的球）

续表

名称	方法	目的及要求
加强正手进攻能力	旋球（垫步、垫步），侧身拉冲高点上旋球（再垫步、垫步）	
	抢冲两条底线下旋长球： 单球发球抢攻训练，要求对方以劈两条底线长球为主 多球训练中采用一长一短供球	要求以侧身抢冲底线长球为主，配合抢冲正手位长球的能力，并注意加快长短球之间的衔接。加大训练难度，适应劈两条底线长球的战术，能够抢冲两条底线的下旋球
	反拉弧圈球： 一点拉两点 中、远台的正手对拉 单球或多球，对方以上旋球拉成弧圈球后，正手反拉从下旋球拉起弧圈球 强化近台反拉和中台反拉技术	掌握中、近、远台的反拉弧圈球技术 反拉时，特别是近台快速反拉弧圈球时，在自己发力的同时也借来球本身向前的力，宜加强摩擦 先练顺旋转反拉，后练逆旋转反拉，拉过去的球不仅弧线要平、低，而且要在底线 熟练掌握顺逆旋转，命中率要达到80%以上
	抢冲半出球台： 多球抢冲半出台球	抢冲半出球台是直拍反胶运动员必须掌握的技术。它直接关系到前三板争抢，体现直拍反胶打法的“巧” 注意多球供球的质量，尽量做到球刚好出台一点点，似出台非出台，与比赛球相似
前三板	发球： 转与不转发球	欧洲运动员常采用侧身晃接方法接发球，晃接转与不转球容易下网或出界 注意落点的变化，能发正手近网短球、中路近网、反手小三角及长球等
	正手侧身发右旋转	欧洲运动员广泛采用，国内发这种球少，应改变我们“吃亏”的状态，学会和掌握这种发球 正手侧身右侧旋球发至对手正手近网短球并配合反手底线长球
	直拍反面发球： 站在侧身位发至对方近网短球和直线长球 站在反手位用反面发侧上、下旋球	发扬中国发球特色，使国外选手不适应 直板打法选手应掌握并进一步钻研这种发球
	右侧旋发球	适应与接好欧洲选手使用的这种发球 掌握并进一步钻研这种发球
	发球抢攻： 左半台发抢 右半台发抢	发球抢攻的训练包括两个方面，一是发球后的抢攻；二是第三、第五板后的衔接 从传统的左半台发展到从右半台发抢，以适应当今技战术的需要 加强发正手位短球及底线长球后抢攻的能力，这是发抢技术的一个发展趋势 接正手位近网短球时要注意重心要上得去，避免手在接触球时离身体过远

续表

名称	方法	目的及要求
前三板	发球后与第三、第五板的训练衔接	使发球技术更加丰富，不仅能够直接发球抢攻，而且当对方控制时也能通过反控制再进行下一板的抢攻 发球后与第三、第五板的衔接是更高层次的要求 接发球要用摆短和晃、撇等方法来控制发球抢攻，要用反控制，在对方摆短和晃接不能上手的情况下，要注意这一板球的处理与下一板球的衔接
	接发球及其接发球抢攻： 台内球的摆短和挑	抢到第一时间击球是最主要的环节 抢到第一时间击球，在球刚刚起跳时，就要击球 击球时重心前迎，用腰控制前臂，手腕在接触瞬间突然向下发力，和球往上跳的力形成合力 使摆过去的球很转，对方不敢轻易挑，只要对方回摆，就有机会抢冲
	封住、抢冲半出台球	敢于抢冲出台球 具有很高的对半出台球的判断力，在此基础上进行抢冲 处理短摆和抢冲半出台球时，在意识上要明确先摆短，判断球出台时再回首抢位
	接发球后与第一板的衔接	加强接发球一体化的整体意识训练 摆短后与下一板的衔接 挑球后与下一板的衔接 劈长后与下一板的衔接 抢攻后与下一板的衔接 接发球直接抢攻会越来越多，因此，接发球送正手位以后的防守意识要很强
提高相持能力	挡球："围""切"	改变传统接挡技术易被对手抢攻、加力变线时容易下网或出界的状况 "围"的特点是能够借对方的力往前带，过去的球弧线低而且往前拱，给对方的连续进攻造成一定的困难。"围"斜线的特点应用于变直线上，在关键时的相持球中用"围"的手段、"围"的方法代替传统的推挡。依个人的不同特点，决定是否采用 "切"推时，对轻拉轻轻快撕的来球"切"一板，以增加节奏的变化
	反面技术： 反面抢拉下旋球	提高自己抢拉下旋球的能力，使从相持转入进攻 反面抢拉下旋球和侧身全台正手进攻结合起来，

续表

名称	方法	目的及要求
提高相持能力	反面技术： 反面抢拉下旋球	进入相持，摆脱被动 身体重心放在右脚上，拉完后顺势侧身，调整站位，不要反面拉后就往中间站，形成相持
	平挡—快撕—弹打	合理运用各种反面技术，分清运用反面技术的层次
	反面横打	突然性的反面横打： 对下旋和台内稍高的来球要敢于反面横打突击起板 发球后交叉抢攻正手位短球，防前冲借力回另一条线，防高吊反面弹打或侧身快带、反拉
	相持中攻防转换： 定点到不定点的快速封堵 推一板快速侧身	提高摆速，能体现反胶对付横拍反手快撕两条直线的相持能力 由于目前横板在快撕直线时速度很快，正手位的击球要求到位、快速
	近台侧身反拉后扑正手反面的反拉	近台侧身反拉时考虑解决两个难点： 对方球速非常快的情况下侧身反拉，过去的球只有速度没有力量，容易失去重心，对方一旦防过来，下一板衔接不上 在对方快撕两条线的情况下侧身，需要很强的猜球能力。推一板后快速侧身要加强身体重心的调节，击球点在上升后期，击球时用腰控制手臂发力
发挥正手拉球威力	侧身抢冲下旋后打正手时多拉斜线	争取形成斜线的对拉，再找机会拉直线，斜线为主，直线为辅 要相信自己正手的能力，敢与对方比正手
	正手位抢拉下旋后进入相持或全台正手抢位	当对方从正手突破后，主动给你正手，再防一板进入相持的战术运用 冲直线后进入相持或正手全台抢位；冲斜线后衔接正手拉直线，再进入相持或全台正手抢位 对方搓正手位时，在能够发力冲时，可以多冲直线或中路，位置不好时多拉斜线形成正手对拉
	推挡变直线后保正手反拉、反带直线	解决变线的质量和变线后的防守 战术需要变线时，就要敢变

第三节 反面横打技术的运用

一、反面横打技术的特点

直拍反胶的反面横打技术是顺应直拍反胶打法的要求应运而生的，并成为直拍反胶打法的一种潮流。直拍横打的新技术起源于20世纪80年代末，发展于20世纪90年代，经过刘国梁、马琳、王皓三个代表人物的淬炼，现在正逐步走向完善。它充分利用直拍反面击球在生理上的合理性，通过拉、打、带、挑、撕等技术的运用，极大程度地弥补了直拍反手位的不足，并且带动了一场直拍对抗横拍全方位的技术革命，把日渐衰退的中国传统直拍快攻打法从死亡边缘拉回来，使之重新屹立在乒乓球技术的前沿阵地，它是中国人对乒乓球运动的又一杰出贡献，同时，直拍横打塑造了中国第一个“大满贯”英雄——刘国梁。

反面横打技术的主要类型：

以刘国梁、马琳为代表的一批与推挡结合运用的直拍反面横打技术，是一种过渡技术，比如下旋球的抢拉、扑正手后回反手时的抢拉再转侧身进攻，对方轻挑反手时的抢拉上旋球等。它的弱点在于一旦形成相持和被动防御时，只有招架之功，很难有转攻还手之力，即使转攻也是搏杀性质的，运用反面横打技术总觉得没有用推挡顺手。

以王皓为代表的用反面横打代替推挡的反面技术，是从小练就的，横打技术运用积极，既有直板灵巧的特点，又有横拍技术中快撕、弹打、发力拉冲等特点，相持转攻也不比横拍差。它的弱点在于由于不会推挡技术，防守时中路的空当太大，但又不能把两项技术糅和在一起，那样还不如打横拍。

直拍反胶打法对直拍选手来说，目前最大的问题是要解决反手进攻与防守的转换。直拍反胶的最大弱点是反手位的攻防转换能力不够，一旦与横拍形成相持就容易陷入被动。

直拍反胶仅靠正手全台的进攻是远远不够的，最主要的问题是解决横打技术运用的范围和程度。

适合使用横打技术的情况如下：

①对方推挡或拉球弧线较高，速度稍慢，旋转不强，或者冒出了近网的半高球。

②回接反手位的高吊弧圈时可运用反面的反贴技术或反控技术。

③抢拉对方发球至反手位的下旋来球。

④抢拉对方搓、晃、撇至自己反手位的球。

⑤反手发球后接着用反面抢拉。

⑥中合反面对拉，相持中用反面相持变线。

⑦侧身抢攻后扑正手再回反手用反面拉。

二、反面横打技术训练的主要内容

反面横打技术的训练如表 16-7 所示。

表 16-7　反面横打技术的训练

名称	方法	目的及要求
平挡球	反手位斜线的挡攻 一点打对方两点和对方一点打两点 推挡和平挡球结合	比赛中防守时使用 对方进攻时用借力防守 动作定型，落点能调节和正、反手两面结合 要注意身体重心的转换
反面横打拉下旋球	拉斜线球（多球）	动作定型 高点期或下降前期，掌握击球时间 手上调节，手上动作和腰腿动作协调
	拉直线球（多球）	适应技战术需要，增大对防守和反拉的难度 拉直线时，重心完全在右脚上 用腰来控制击球方向，身体需向右倾斜
	拉斜直线结合练习	运用拉球的落点变化和重心交换的调节能力
	抢拉前冲弧圈球（单球、多球）	加强拉球的威胁性，击球时间在起跳前期或高点期
	拉高吊弧圈球： 定点长球或短球 不定点长短球相结合	应付对方回球较快、回球较短时，放慢拉球节奏
反面横打快撕球	平挡和快撕结合练习	掌握不同击球时间和不同击球点的调节能力 快撕击球时间在上升期或上升初期，击球部位在中上部或顶部 注意快撕触球瞬间手腕用力直接往前摩擦 用腰控制手臂和手腕发力
	连续快撕	在平挡球和快撕球有调节能力的基础上连续快撕 注意用步伐移动来调节位置，使击球点比较固定 来球落点不同，要保证在球的上升期击球
	快撕斜直线	单球一点撕两点，多球快撕斜直线 快撕球的落点并能变化重心转换 区分快撕直线和快撕斜线的不同重心
贴球	贴弧圈球 贴直线	贴球在快撕上进行，主要用于防守对方从下旋拉起来的弧圈球

续表

名称	方法	目的及要求
贴球	贴斜、直线球	注意拍形控制和快撕一样，只是用力不同，借对方弧圈球的旋转顺势贴球 体会贴球的感觉和手腕的用力，提高协调脚、腰之间的配合及贴球的线路变化和重心交换的能力 贴直线时身体重心在右脚，用腰来控制变线
抢拉对方侧身晃接到反手位球	反手位底线长球 接正手位短球、反手位底线长球 发抢练习：发短球到对方反手位，让对方侧身晃撇接反手位，用反面抢拉 接发球练习：接发球摆短，由对方侧身晃撇到反手位，用反手抢拉、侧身抢攻和反面抢攻结合练习，对对方晃撇到反手位的球使用侧身抢攻和反面抢攻相结合抢拉对方挑和撇到反手位球的练习	这是直拍反面技术中关键的一项技术，比赛中运用最多，也是最难掌握的一项技术 对前三板争抢非常重要，因为当一方采用晃接，配合摆正手短球和搓正手长球进行牵制时，双方都会采用和接发球同样的方法 掌握击球时间和击球点，身体重心稍靠右脚，用腰控制手臂发力，移动中调节自己的位置 加大训练难度
弹击球	掌握动作，定点练习弹压 弹压对方下旋球拉起来的弧圈球 推挡结合弹压 贴球结合弹压	直拍打法运动员在相持中转攻的重要手段，是必须掌握的反面主要技术之一 掌握弹压技术的基础技巧： 拍形前倾，击球上升期活最高点，用腰控制手臂，身体前迎，用腰和手腕发力，向前下方用力弹压 单球训练： 在多球训练基础上进行，要求把推挡、弹压和侧身攻结合起来
中台拉球	掌握动作，反手位定点反面拉定点到不定点 中台正手、反手两面拉结合 扑正手后回反手时反面拉 推侧扑	反面横打中台拉球，解决扑正手以后回反手的问题 反面横打拉球，优点是能够自己制造弧线，对高、低球都能自如地对付 反手攻结合反面拉，掌握击球时间和击球部位，使手腕和腰的发力协调 两面拉的协调性，重心转换和两面快速转换，能拉斜、直线 掌握扑正手回反手横打时步法移动时的重心、腰和手用力的协调 回反手时发力反面横打拉、结合侧身拉，扑正手回反手时的反面横打拉

续表

名称	方法	目的及要求
直拍横打拉弧圈球	反手位定点反面反拉上旋球（多球） 反拉对方下旋球拉起来的弧圈球 主练方择机反面横打反拉，辅练方连续攻球	反拉弧圈是在贴球基础上更高一级的技术 反拉中要力争防御中的主动转攻 反拉对方下旋球拉起来的旋转不是很强的弧圈球 对方轻拉到反手位时，抓住时机反拉 变直线后对方拉一般旋转高吊弧圈球到反手位时反拉
综合性训练	反面抢拉下旋球后侧身正手连续进攻 侧身正手抢攻后扑正手回反手反面横打拉 正手位抢拉下旋球后对方防守到反手位的横打反面拉 推挡变直线后对方拉直线时的反面快撕或反拉 扑正手回反手反面拉后的不定点正手全台抢拉	综合性训练目的是当单个技术达到了一定水平以后，使反面横打技术和其他技术的运用有机地结合在一起，融为一体，用于实战

小结

本章阐述了直拍反胶快攻打法的全新模式和特点，对相同类型的球拍、技术打法作了比较，提出了技术的发展理念，在训练内容、方法、手段上做了详细的介绍，从而指导教练员的训练工作。

■ 思考题

1. 论述两面反胶（马琳、王皓）选手的技术特征和绝招。
2. 反面横打技术训练的主要内容是什么？试列举技术的两个练习方法。

参考文献

[1] 国家体育总局《乒乓长盛考》研究课题组．乒乓长盛的训练学探索［M］．北京：北京体育大学出版社，2002.
[2] 国家体育总局．中国青少年乒乓球训练教学大纲［M］．北京：北京体育大学出版社，2015.
[3] 张晓蓬．中国乒乓球队战术训练水平定量诊断方法及实践效用［D］．北京：北京体育大学，2004.
[4] 唐建军．乒乓球运动教程［M］．北京：北京体育大学出版社，2006.

第十七章
左手握拍运动员的训练

教学目的

1. 了解左手的特性。
2. 了解左手训练的基本内容。
3. 掌握左手训练的内容、方法和手段。

教学安排

总时数 8 学时。其中讲授 4 学时，讨论、实践、作业 4 学时。

左手握拍，也称“左利手”，俗称“左撇子”。乒乓球运动中左手握拍的运动员运动成绩非常突出，涌现出蔡振华、王楠、陈静、王涛、刘南奎、波尔、盖亭等多名奥运会、世界锦标赛、世界杯冠军。左撇子打球技战术风格鲜明，打法凶狠结合、快狠结合，成为世界乒坛的一股技术潮流。总结、探索、研究左手握拍运动员的特点、成功的经验和训练方法，有利于提高乒乓球运动的整体水平。

第一节　左手握拍的科学机制

一、左手握拍运动员的运动生理学机制

人体的解剖和生理现象告诉我们，大脑的左右半球是通过神经系统的传导而相对交叉控制人体的，左半球控制右半身，右半球支配左半身。左半脑具有语言、概念、分析、计算和连续性的能力。从右侧神经系统向左手直接运转要比左侧神经系统向右手运功过程更为迅速，但也易造成技能掌握准确性较差的不足。

左手握拍的乒乓球运动员在运动时，从外界给予刺激到做出动作反应，由于右半脑在观测和形象思维功能上占优势，能省去把感知信息通过两个半脑的结合部——并胝体的过程，而由右半脑直接控制，因而反应相对较快；但是，在对技术原理、要领

的理解和掌握上，左手相对显得差些。右半脑对信息处理的整体性和执行功能是左手执拍最重要的生理学机制。

二、左手握拍运动员的运动学机制

乒乓球运动属对抗性项目，要求速度快、战术变化多，在这一开放性技能的多回合攻防转换对抗中，运动员根据自我、同伴、对手等复杂的场上情况来不断决定自己的技术、战术行动，并在瞬间对对手实施致命一击。乒乓球运动球速很快，迫使一定要瞬时做出预料，在快速对抗中打击对方空当要靠瞬间的图式化选择性决策进行。

右半脑的图式化、整体化的信息处理能力显示了对较为复杂情况进行简捷、直接决策的优点，如果依赖左半脑的分析功能一步一步地进行逻辑分析再进行决策，显然是来不及的。

因此绝对速度优势（大脑通过中枢神经传递信息到身体左侧比右侧快）及空间知觉优势是左手握拍的运动学机制。

第二节　左手握拍运动员的技术风格和训练方法

一、左手握拍运动员的技术风格

（一）速度快

由于专长于感知空间和直觉功能的右半脑直接指挥左手，使左手握拍的运动员更易发挥视觉、空间感知功能，经常使用左手打球，使视、空间感知功能明显提高。随着技术手段的变异，掌握经常变化的击球点，要有良好的视、空间感知技能。

由于出手速度快，缩短了击球间隙，增加了击球的爆发力，从而提高了击球节奏，王涛等优秀左手握拍的运动员都表现出击球快速的共同特点。

（二）打法凶

当今乒坛各类技术朝着凶狠快速主动的方向发展，快攻结合弧圈打法已成为凶狠型流派。在技战术运用上，左撇子顶尖运动员大都掌握一手好的发球与发球抢攻的技术。近台“爆冲”注意第二、四板球的进攻能力，使三板球的抢攻延伸到第四板的争夺，并且使用率高、落点刁钻。

由于遗传和训练协同作用的结果，使右半脑情绪、想象、直觉功能提高，促使左撇子比赛时情绪易兴奋、激动。左撇子受到比赛环境和对手的刺激，情绪兴奋引起冲动强烈，易进入比赛状态，敢打敢拼，因此球路凶狠。

（三）落点刁

右手与左手由于执拍手在身体两侧，方向相反，使两者在用同一动作击球时，尽管动作发力大小相同，但球产生旋转和反弹方向却相反，落点容易判断错误。

正手位的斜线拉球稍带侧旋（拐），侧身位的正手抢拉拍面稍外撇，致使左手握拍者击球的角度大，落点刁钻。由于左手执拍者较少，不能给右手执拍者提供充足的适应机会。

有利于双打：左手在双打中技战术占优势，以左右手选手配对双打，由于站位合理，移动迅速，让位方便，使左右手都能充分发挥正手攻球的威力，扩大了战术的进攻性作用。双打的“八”字形移动，即两人击球后均向自己反手侧移动，有利于发挥各自攻球的威力（图 17–1）。

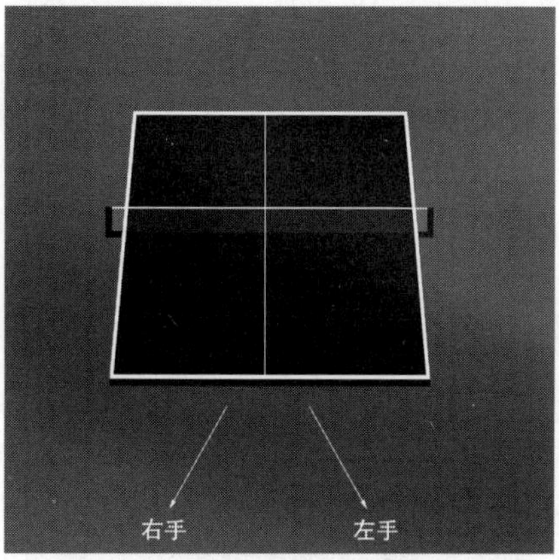

图 17–1

二、训练操作方法

（一）侧身斜线—正手位斜线对正手带直线—反手推直线

主练方：在跑动中连续拉两条斜线，力量可由中等逐渐增大，力求多拉和拉准落点。

辅练方：还击要按落点要求去完成，也可采取 1 人或 2 人陪练的方法，如图 17–2 所示。

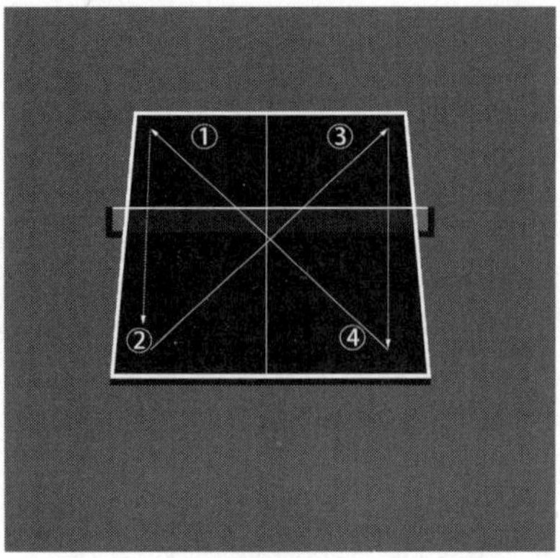

图 17-2

（二）二斜对二直

主练方：推（拨）斜线，正手位拉（攻）斜线。要求推（拨）斜线时角度可逐渐变大，最好是着台后的击球线路延长线从边线出界，推（拨）、拉（攻）出大角度。

辅练方：运用两条直线进行陪练，要注意正手位的大角度击球，因而跑动的范围会加大。

双方都要注意还原，还击球速度由慢到快，角度由小到大循序渐进，从数量中求质量，如图 17-3 所示。

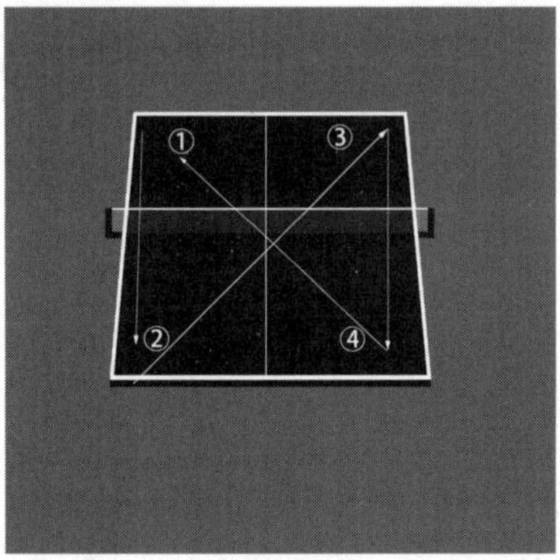

图 17-3

（三）全台正、反手连续进攻

主练方：全台跑动中连续运用正手拉弧圈球及反手拉打。第一次用反手技术是过渡性的，第二次运用反手技术要具有杀伤力。两次正手拉弧圈球都要有力量、节奏的变化。

辅练方：练习正手位转反手位的衔接技术，如图 17-4 所示。

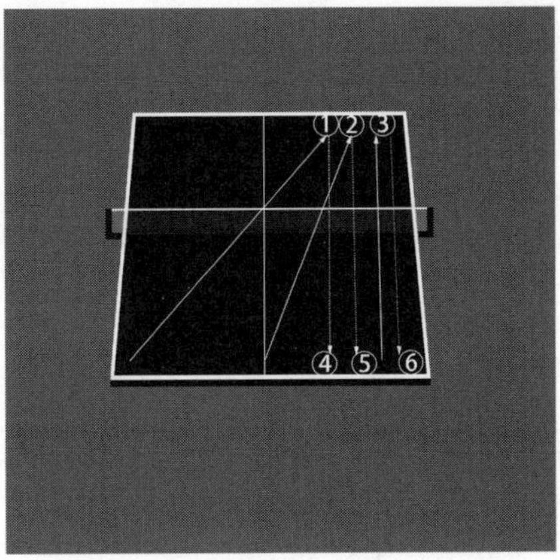

图 17-4

(四) 发右、中近网球，进行台内的挑打、挑拉或拉冲对方反手位

主练方：发旋转球至对方右、中近网球，然后挑打近网球或冲拉半出台球至对方左手位并连续攻。

辅练方：回接近网球时，尽量不出台或采取轻挑短球，如图 17-5、图 17-6 所示。

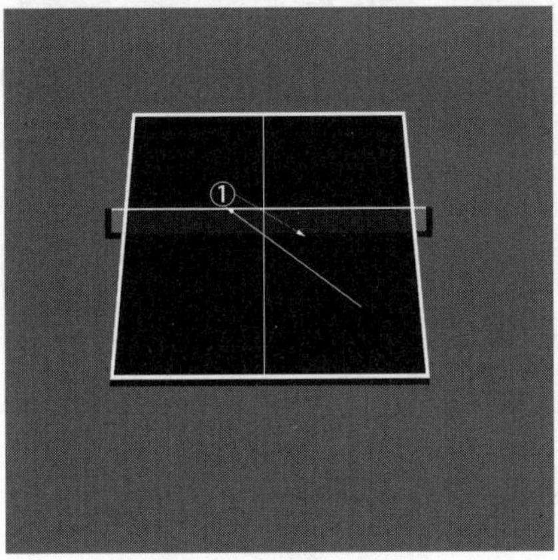

图 17-5

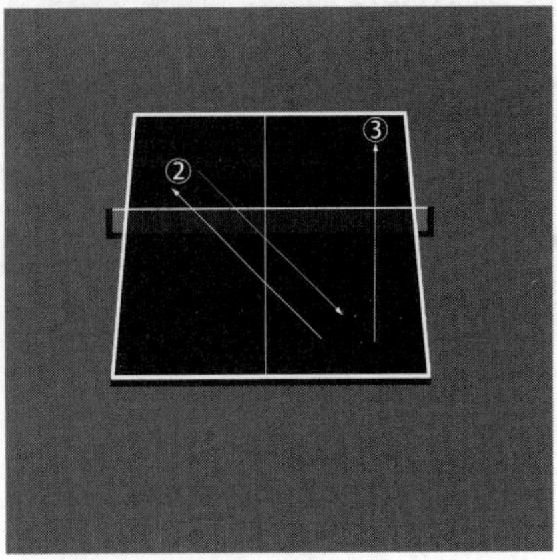

图 17-6

(五) 发近网出台旋转球，接加力推直线，全台正手冲拉弧圈球

主练方：发对方近网出台旋转球，让对方用拉球还击斜线球，然后发力推直线调动对方，接正手全台冲拉对方全台。

辅练方：必须用中等力量抢拉斜线至对方反手，被压反手位后，用任意反手技术进行对抗，形成相持，如图 17-7 所示。

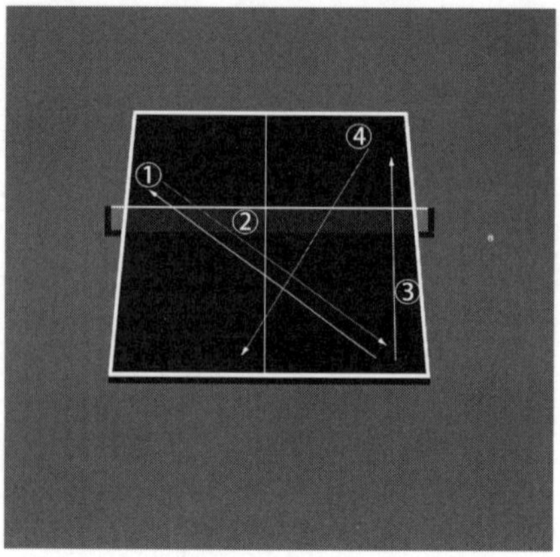

图 17–7

（六）发全台短球，侧身抢冲

主练方：若对方在其右半台接发球，则侧身抢冲直线；若对方在其左半台接发球，则侧身冲斜线大角度球。

辅练方：接发球可用搓长或拉球至对方右半台，如图 17–8、图 17–9 所示。

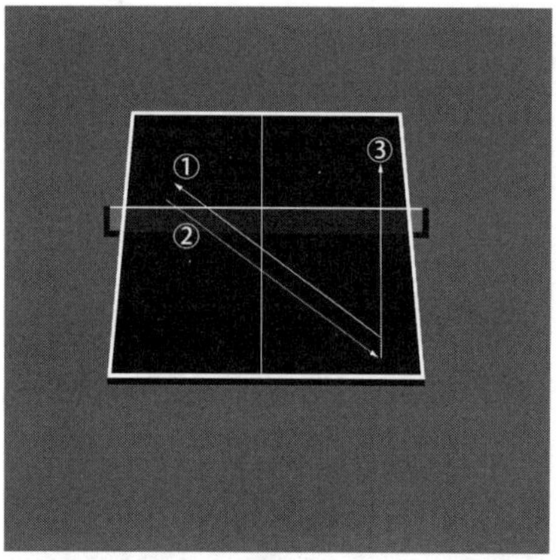

图 17–8

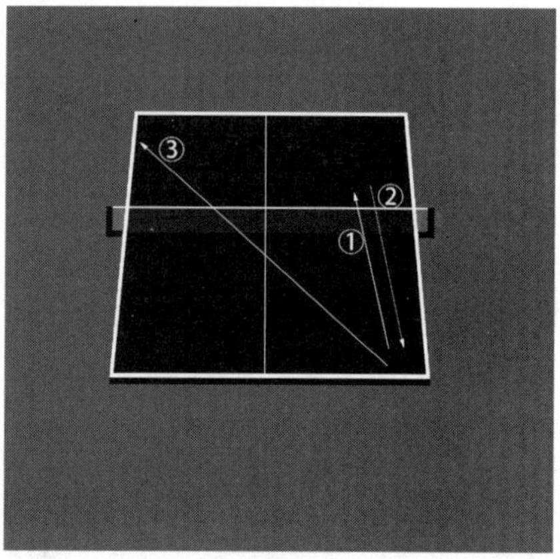

图 17–9

（七）发全台旋转球，接正手位冲拉弧圈球

主练方：发全台旋转球，接正手位，正手冲拉上、下旋来球，回球必须有质量。

辅练方：接发球可用快搓长球或拉球至对方左方（右方），如图 17–10 所示。

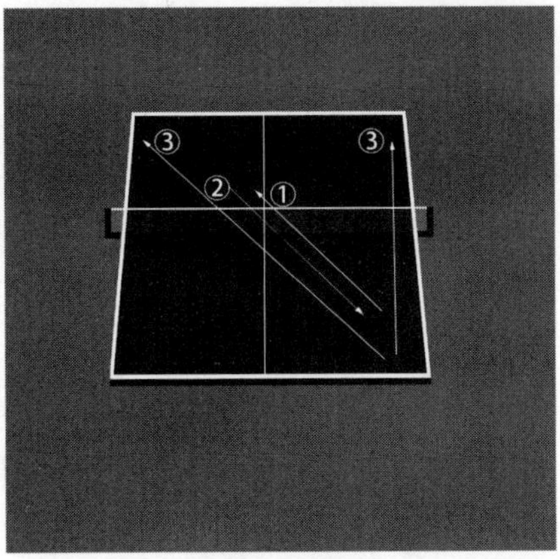

图 17-10

（八）发直线球至对方左半台接反手拉斜线大角度球，全台正手冲拉对方左半台

主练方：侧身发直线或用反手发直线球，接右半台用反手拉（撕）或直拍反面拉斜线大角度球，随后用正手冲拉对方左半台。

辅练方：可用拉、搓接发球至对方右半台，接跑动中封堵右方大角度球，并回防左方拉球，如图 17-11 所示。

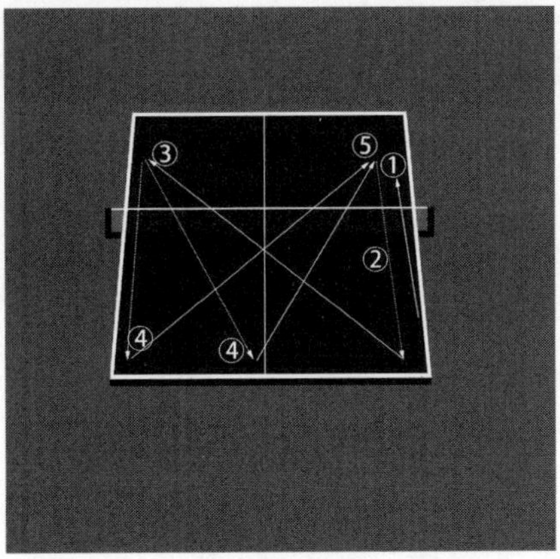

图 17-11

小结

本章阐述了左手运动员的运动生理学及运动学机制，并从左手运动员的技术风格特点及训练的基本内容引入，全面介绍了针对左手运动员的训练方法及训练手段。

■ 思考题

1. 左手握拍运动员的击球技术有哪四个特点？
2. 列举五套左手握拍运动员常用的基本战术。

参考文献

[1] 全国体育院校教材委员会. 运动训练学 [M]. 北京：人民体育出版社，2010.
[2] 全国体育院校教材委员会. 运动解剖学 [M]. 北京：人民体育出版社，2000.
[3] 全国体育院校教材委员会. 运动生物力学 [M]. 北京：人民体育出版社，2010.
[4] 佘竞妍. 乒乓球技术体系的分类及效用研究 [D]. 上海：上海体育学院，2010.
[5] 林岭. 现代运动训练新理念、新方法 [D]. 北京：北京体育大学出版社，2012（6）：160-167.

第十八章
削球打法的训练

教学目的

1. 了解削球打法发展的历史。
2. 了解削球打法所必须突破的几个难题。
3. 了解削球打法的训练内容、方法、手段及创新思路。

教学安排

总时数 10 学时。其中讲授 5 学时，讨论、实践、作业 5 学时。

在我国乒乓球的发展历史中，削球打法是一支奇葩，在世界乒坛享有“秘密武器”之称，形成了横拍削中反攻、直拍削中反攻、横拍削攻结合、直拍推挡、削攻结合等诸多打法。这些打法的代表人物在世界乒坛获得过 38 人次的冠军，为中国乒乓球队多次在世界大赛中夺冠立下汗马功劳。削球打法的历史进程如表 18-1 所示。

表 18-1　削球打法的历史进程

时间（年代）		状况	代表人物
20 世纪	20—50	削球打法占据着乒坛的主导地位	众多欧洲削球选手
	50—60	以削球为主的打法和逼角反攻的打法	西多、别尔切克
	70	削球的转与不转，包括两面不同性能倒板技术	梁戈亮、陆元盛、黄亮等
	80	转与不转结合抢攻、拉冲、反攻打法	陈新华
	90	功削结合	丁松
21 世纪初		功削结合	朱世赫

第一节　削球打法概述

一、削球打法的困境

（一）技术因素

由于弧圈球技术的快速发展和不断完善，凸显出削球运动员削高质量连续冲拉的弧圈球的能力不强。削球的旋转和速度的综合质量难以抵消弧圈球的质量，使削球打法面临巨大的挑战。

（二）技战术意识因素

有的削球手以攻为主，以削为辅；有的攻削脱节；有的缺乏节奏、旋转、弧线、落点等的变化，对什么球该攻、什么球该削缺乏必要的研究，发展削球打法的技战术思路尚待明确。

（三）器材因素

为了便于削中反攻（拉），正手使用的海绵硬度偏硬，在反拉时有力量、有速度，但在削球时又不易“吃住球”，给顶重板和搞旋转变化带来了困难。

（四）认识因素

运动员和教练员认为削球打法难度大，成才周期长，不愿多花时间和精力，从而使削球打法逐渐退化和萎缩。

二、扶持与提倡削球打法

（一）物以稀为贵

如果一种打法在世界上偏少，而且具有相等的水平和能力，这种打法就能占优势。一个球队如果缺乏削攻型打法，其队员也就会怕削球。尽可能地培养削攻型人才，对攻球、削球等各种打法都有促进提高的作用，互补性强。

（二）百花齐放的方针政策

削球作为百花齐放当中一支重要的打法流派，为中国乒乓球队在多次重大国际比赛中出奇制胜提供了物质基础。像我们熟悉的张燮林、梁戈亮、陆元盛、黄亮、陈新华、丁松等都曾在世界大赛上为中国队夺冠立下功劳。因此，我们还要继续培养高水平的削球选手，继续走百花齐放的道路。

（三）加强研究和创新，削球打法依然有生命力

在我国，削球打法是近 10 年中发展最慢、研究最少、创新最少的一个打法。将 20 年前的童玲与国家队现役好的女削球手相比，她们在打法、技战术和意识上没有太大的区别，可能只是技术质量上有所提高。对削球打法进行更进一步地探讨，可以发现，从国家队到地方队，女选手的进攻质量还未达到男选手水平，因而女选手的削球还有发展的空间，还能起到重要的作用。

第二节　削球打法难点与解决对策

一、削攻打法的难点

（一）坚持打法的技术风格——转、稳、低、变、攻

转：以加转为基础，用转与不转的结合变化牵制、扰乱对方，从而争取主动，是积极的得分手段之一。

稳：提高削接弧圈球的稳健性，特别是削对方连续冲拉的高质量弧圈球，减少削球中的无谓失误，是对削攻型选手的最基本要求。

低：尽量降低削球的弧线，减少常被对方冲杀而造成的被动或失分。

变：不但有旋转的变化，而且要有落点、节奏等的变化，用极其相似的动作削出强烈的下旋和近似不转的球，这是中国几代削球手立足于世界乒坛的基本战术，应很好地继承和发扬。

攻：提高主动进攻和攻削结合能力，是主要得分手段。

（二）掌握好攻和削的关系

现代削球打法在削攻比例上发生了很大的变化，发抢的威力、连续进攻的能力与进攻型打法已无太大区别。攻球不再是扰乱对方，而是真正变成了得分手段，比较成功的有丁松、朱世赫。目前，特别是男子削球选手攻球比例训练太多，削球的基本功下降，形成比赛中守不住的局面。削球打法要加强攻势，这是肯定的，但也要掌握好攻与削的关系，不能一味地模仿而不结合自己的特点。

女子运动员应加大攻的比例，站位靠前一点，旋转搞凶一点，有机会要发抢对方

低质量的来球，注意节奏和旋转。应注意在比赛中要合理有机地使用攻削技术，避免要攻就一味地攻，要削就一削到底的两个极端现象。教练员可根据运动员自身的条件、技术风格和掌握节奏的技能，采取不同的训练比例。

（三）过好弧圈关

提高削球的稳健性，降低削弧圈球的弧线，变化削球的旋转性能，提高主动进攻和攻、削结合能力，运用好反拉技术。

（四）掌握好“凶”与“稳”的关系

稳是基础，凶是关键。凶不是泛指攻球，而是指控制严密、旋转变化大、能充分调动遏止对方的多项技术，也就是增大对方还击难度的高质量球。

“凶练”与“稳练”的关系。“凶练”就是控制严、进攻狠、威胁大、要置对手于死地。“稳练”就是有意识地送球到对方可施展杀伤力的区域或落点，增加回合，同时也可自觉提高自己还击的难度。“凶练”和“稳练”要在训练中根据自己掌握技能的状况而进行。

（五）主要技术与一般技术的关系

掌握众多的技能可增大战术运用的空间和减少无谓的失误。

安排训练时，坚持主要技术要多练、精练。一般技术经常带着练，不能有明显缺点。

二、解决问题的几点对策

（一）提高削球的稳健性

1. 判断要准确

根据对方挥拍用力的大小、球在拍上摩擦时间的长短、球飞行弧线的速度和第一弧线高度、着台点、球反弹的方向、速度和第二弧线的高度对来球进行综合分析与思考。

2. 击球时间要因球而异

下降期：削强上旋弧圈球。下降前期：可以搞旋转变化。高点期：可以逼角。击球挥拍速度因球而异，来球旋转越强，挥拍动作的幅度越要大一些。

（二）降低削弧圈球的弧线

1. 加快挥拍击球的瞬时速度

要克服弧圈球强烈的上旋力，通“拍击球”而不是“球撞拍”。防止“偏折现象”。要偏折方向的大小，同球与球拍接触时的相对速度有关。相对速度慢，偏折方向大；相对速度小，偏折方向小。

2. 选择合适的击球时机

击球点要适当提前，击球位置要稍高，拍形后仰角度减小，向下多用力。

（三）变化削球的旋转性能与落点

1. 砍击式削球削出侧上、下旋球

①正手。将由后往前削击的挥拍运动方向，变换成由后向前右下削击。根据来球适当调整握拍方法，将拍柄朝下，球拍稍直立，击球点稍高。击球中下偏右的部位，类似于“砍击”。

②反手。削球原理、方法与正手相同。由后向前下方削击，触球的中下偏左，拍形稍直立。

2. 抖动式削球变化上、下旋球

向下削出下旋球时，触球中下部，削出后将球拍顺势往上提拉，像拉弧圈动作一样挥拍产生下旋。削出上旋球，向下削击时不击球，向上提拉时触球中上部，以产生上旋。

3. 长胶倒板削球

长胶倒板削球主要是通过反胶和长胶的削球回球性质变化来打乱对方的回球节奏，反胶能够削出下旋强度更大的回球，而长胶相对来说则相对削球没那么转。

4. 削下旋与兜上旋

该变化主要是针对上旋来球，通过削击来球的中下部使回球变为下旋，而通过“兜”球的中上部使回球仍然为上旋球，从而通过回球的截然不同旋转为本方制造主动，甚至直接得分。

5. 削强烈下旋球

通过旋转强度的变化来破坏对方的击球判断感觉，在使用时，通过充分地吃住来

球，急速地摩擦来球的中下部，制造强烈的下旋，从而提高对方对回球旋转强度的判断难度，进而为本方制造机会，或者直接得分。

（四）接好弧圈球

1. 判断

要从对方挥拍用力的大小、球在拍上摩擦时间的长短和来球的快慢来区分球的方向、落点和旋转强度。

2. 掌握击球时间

削强弧圈球时，在下降期接球较好。接一般旋转和不太旋转的来球，可以在下降期或高点期。

3. 动作幅度

根据来球旋转，使拍形及用力大小等有调节余地。削球时应以控制拍形为主，碰撞来球，不要发力。削前冲弧圈时，近台动作要小，远台削时用力要大些，多往前送。

4. 重心与步法

视来球角度大小及长短，分别运用并步或反交叉步。身体重心和步法交换要迅速、到位并做轻微的调整，以利于下一板削球的发力。

（五）运用好反拉技术

对质量较高的来球，可在下降中期用“蹭拉”，要点是选好落点调动对方。对稍有质量的来球，可在下降前期时前迎反拉，这样具有较大的威胁性。对弧线较高、球速不快的来球，要快速上步，在高点期反冲，这样具有较大的杀伤力。

（六）提高攻、削结合能力

加强前三板进攻能力；加强削中主动进攻及连续进攻上手能力；加强左半台进攻能力；加强多种击球技术的交替作用；加强顶重板能力。

第三节　削球打法的训练方法

削球技术的训练方法如表 18-2 所示。

表 18-2　削球技术的训练方法

名称	方法	目的、要求
提高削球的稳健性	左 1/2 台稳削 右 1/2 台稳削 正手削斜、中、直三点 反手削斜、中、直三点 全台稳接稳削	目的： 提高稳削各种来球的能力 要求： 在练习中应以削得稳、低为主，旋转变化放第二位 一个球要能削上数十板，不能怕枯燥，削完每一板球要迅速还原 从左侧到右侧削球时，身体重心和步法的变换一定要迅速 要避免采用一种步法、一种手法和一个击球时间去处理各种不同来球
中路削球	主练方正、反手的让位用贴身削球至对方全台	目的： 提高削中路近身球的能力，以利于掌握由被动争取转为主动的技战术 要求： 辅助方可以用跑动中单面拉，也可以用正、反手两面拉，紧逼主练方中路追身及偏左、偏右的贴身位置，配合突然拉大角度球 主练方要灵活地左右让位，相应用正、反手削球，回球控制落点意识要强，遇突然大角度来球，要全力以赴地去削球，即使无法及时跑到位，也要有移动中的应答动作
变化削球的旋转能力	左、右两角削加转或不转到对方左右半台，拉加转弧圈或前冲弧圈 全台转与不转结合削对方全台	目的： 以削加转球对加转、弧圈，为削球搞转与不转打下基础 削转与不转结合控制落点，提高削球的旋转能力。作为战术训练，不断以转与不转球扰乱对方，为反攻创造有利时机 要求 1： 正、反手削球的摆速和步伐移动要快而准确，以利于加大削球的旋转，有一板强下旋球 削转与不转外形动作，要和削加转球尽量相似，削出不转球落点要长，弧线要低 要求 2： 削转与不转手法力求相似，并尽量压低弧线

续表

名称	方法	目的、要求
变化削球的旋转能力	左、右两角削加转或不转到对方左右半台，拉加转弧圈或前冲弧圈 全台转与不转结合削对方全台	应有命中率的要求，防止一味地追求旋转变化，造成许多不应有的失误 这一内容既是结合性技术，又是战术练习。因此，除旋转变化要灵活运用外，还应有控制落点意识，否则旋转变化虽大，却抓不住对方的弱点位置，就难有反攻或得分机会
提高削球的落点控制能力	反手削对方左、右各两次转左、右各一次 正手削对方左、右各两次转左、右各一次	目的： 加强反手削球对落点的控制能力 加强正手削球对落点的控制能力 要求 1： 每个单元 3 次往返为一组 每节时数内必须完成 3~5 组 要求 2： 每个单元 3 次往返为一组 每节时数内必须完成 3~5 组
接好弧圈球	左、右 1/2 台稳削弧圈球 全台稳削弧圈球	目的： 提高稳削各种弧圈球的技术 要求： 判断好来球的方向、落点和旋转强度 掌握好击球时间 动作幅度可稍大 重心步法到位
接突击球和强烈旋转弧圈球（顶重板）	从有规律地一拉一扣（或前冲弧圈球），逐渐过渡到无规律地拉、突结合 主练方全台削对方左 1/2 台或右 1/2 台的拉球、攻球	目的： 提高接大力扣杀和前冲弧圈球的顶重板能力 提高被动防御及后发制人的能力 要求： 有意识地让对方在比较主动的情况下充分发挥大力扣杀和抢拉前冲弧圈球的威力，主练者在顽强防御中有意识地连续加转或削不转球 顶重板时，削球动作不要太大，根据自己站位的远近确定拍形是下压还是前送，增强对来球的手上调节功夫 回球的弧线尽量压低，有落点控制意识，不让对方连续进攻 要求连续顶住 3 板以上
运用好发拉技术与提高攻削结合能力	全台正、反手削中结合攻（拉）对方 1/2 台 反手削—正手反拉—正手削—侧身反拉 多球练习： 正手削—侧身反拉—正手位连续拉—正手削	目的： 提高削中反攻的能力 熟练掌握从反手转正手在侧身位的削攻的衔接技术 摆脱对方拉反手的一种应变技战术 要求 1： 结合实战要求，在各种技术训练中，抓住一切有利时机练习反攻

续表

名称	方法	目的、要求
运用好发拉技术与提高攻削结合能力	正、反手连续削（不定点）—伺机在侧身为或正手位反拉—连续拉 长拉短吊中运用近台的拱、刮、拉技术转进攻 反手削中改变旋转和节奏转攻	一定要在削球的基础上结合练习反攻技术 不能只寄予中远台，而要加强中近台的攻拉。在反拉时要注意落点变化 反拉前的一板削球落点与反拉落点有明显差异 要求 2： 每单元重复 3 次为一组 每节时数必须完成 3~5 组 注意削、攻转换的动作、重心和步法的协调 要求 3： 在稳削斜线时突然改变削侧旋直线或用反手兜、拉一板直线调动对方 打出调动对方球时，必须要有在侧身或正手位进攻技术
削球接短球反攻（拉）	长短球练习。一人供给有规律和无规律的拉球至定点或不定点，主练方在削球中迅速上前接球时，用正手或反手攻不同的落点	目的： 熟练由中远台扑向近台接短球后的反攻技术 要求： 供球以无规律为主，长与短的差距要大，短球要放得短而低 前后步法，斜进斜退移动要到位 当主练方上近台反攻时，球一出手，就迅速供给长球加快长、短节奏
搓球结合削球中反攻（拉）	全台对全台	目的： 提高搓中、削中防御反击的攻、防转换能力，破坏对方搓攻、拉攻（冲）的战术组合运用 要求： 必须掌握快搓、慢搓、加转搓。倒拍搓转与不转 防止削中转搓常用快搓倾向，特别是短球后的后退击球、失去重心，搓一板挨冲 削中转搓台内球可用摆短，上步搓要快，重心要稳定 作为战术训练，当被调动到近台时，搓球要有控制弧线的落点意识，才易争取主动 对方从搓转拉时，要根据来球方向，迅速向后移动去削球
全台削、攻、拉、挡、拱全面练习	全台对全台，主练方主动削转与不转，抓住机会上近台反攻，或挡后变拱再攻，或在中台反拉弧圈球。陪练方可任意变化拉球的落点和旋转	目的： 将新掌握的各种技术结合，不断倒拍，削攻结合，丰富战术内容，加强战术变化 要求： 一次训练课或一阶段的安排，应根据情况在综合练习中侧重练习 1~2 种技术

续表

名称	方法	目的、要求
全台削、攻、拉、挡、拱全面练习	主练方先用挡球变化落点找机会进攻，对方变搓时可用拱球后在攻；如对方加力拉攻时，可退台用削球控制落点后再变挡攻，如此反复练习	练各种结合技术时，要注意选择好运用时机，不单纯追求回合多，更要有实效和实战性

小结

本章分析了削攻型打法的技术风格、各项技术的功能和动作要领、具体的练习内容和方法，加深教练员对这一打法及其训练的深刻了解，有助于其指导教学训练工作。

■ 思考题

1. 削攻型打法要解决哪几大难题？
2. 你认为削球手怎样才能削好弧圈球，过好弧圈关？
3. 提高削攻结合能力，从哪几方面入手？

参考文献

[1] 刘钦龙．运动训练创新理论研究［D］．北京：北京体育大学，2007.
[2] 陈家鸣．乒乓球比赛战术的博弈分析［D］．北京：北京体育大学，2008.
[3] 韩炜．赛前训练的研究进展［J］．山东体育科技，2006（2）：5-8.
[4] 林丽珍，田麦久．乒乓球非常规技术动作研究［J］．北京体育大学学报，2011（9）：130-133.
[5] 汤信明．运动员的气质类型与管理艺术［J］．武汉体育学院学报，1991（1）：47-49.

第十九章
双打训练

教学目的

1. 了解双打在乒乓球比赛中的地位。
2. 了解双打与单打的共性与个性。
3. 掌握双打的训练方法与手段。

教学安排

总时数 8 学时，其中讲授 4 学时，讨论、实践、作业 4 学时。

在乒乓球比赛中，双打项目占有比较重要的位置，在世界锦标赛 7 个项目中占有 3 项，在奥林匹克运动会的团体项目中也包含了双打。双打发展的趋势如下，①趋向于凶狠、回合少、结束战斗快，表现在前四板结束战斗的比例提高；②技术难度加大，表现在短球控制的能力提高，例如，从普遍发短球转而讲究落点，用搓短、摆短控制，用挑、撇、抢攻、抢拉两大角等。接发球抢攻的能力大幅提高；③战术要求高，根据以往数据分析，要想取得双打比赛的胜利，发抢段得分率应该达到 60%～65%，使用率达到 25%；接发段得分率达到 55%，使用率达到 35%；相持段得分率达到 45%～50%，使用率达到 40%。

第一节　双打训练概述

一、双打的特征

（一）双打以单打的竞技水平为基础

双打技术建立在单打技术的基础上，单打水平高，一般双打的水平也会比较高。例如，在很多大赛中经常出现两个来自不同协会的运动员临时搭配组合，偶尔也能获得很好的成绩，甚至夺得冠军，说明双打运动员自身的竞技水平还是很重要的。因此，要强调提高单个运动员的自身实力。

（二）两人协同作战

虽然在双打比赛中两名运动员各自的实力很重要，但要想成为世界顶尖的双打配对就必须看配对选手之间的配合默契程度。由于这种默契要靠长期的一起训练、磨合才能逐渐成为一种潜意识的东西，因此要培养出一对好的双打选手需经过很长一段时间的磨炼，而并不是在赛前简单地合练一两次、临阵磨枪就能成功的。

双打配对应该相对长期固定，目前韩国和朝鲜在女子项目上都以双打作为突破口，原因就在于此。在双打训练和比赛中一定要坚持贯彻积极主动、先发制人的主导思想，注重提高主动进攻的能力和意识。

（三）运动员之间要互相沟通

比赛中充满变化，打法的变化，进攻与防守的变化，发球与接发球的变化，凶与稳的变化，旋转、速度、落点的变化，无论哪一方面都要有驾驭变化的能力。教练员应鼓励运动员之间相互沟通。

（四）轮流击球要让位

乒乓球的双打区别于羽毛球、网球的双打，它需要双方运动员轮流交替击球。一对选手之间每人击球后都必须让位。如何让位、如何为同伴创造最佳的击球位置非常关键。

二、双打配对的选择

双打配对的选择是双打项目取得好成绩的重要前提，要非常重视。一般双打配对须注意以下八个问题。

（一）运动员持拍手的选择：首选一左一右配对

目前世界上的最佳双打组合均为一左一右的搭配。例如，世界冠军王励勤和闫森、王涛和吕林、王楠和李菊等。我们通常认为这是首选的配对。

现在世界上的主流打法都是积极主动上手，而且多用正手进攻，这种配对从站位到跑动都更有利于运用正手技术。

①在跑位的区域和交替跑位上更有利于相互弥补空当。

②从技战术运用的情况看，特别是在“前三板”主动上手和相持中发挥正手进攻能力上都有明显的优势。

③这种搭配可以避免两个右手选手（或左手）被对方逼住反手位侧不开身，以及正手位大角度形成反手位空当的局面。

第 36 至第 48 届世界锦标赛中有 15 次是由左、右手搭配的选手获得冠军。自乒乓球项目进入奥运会以来，中国有 7 对选手夺得双打项目的冠军，其中 4 对选手是左、右手选手配对的。由此可见，左、右手的搭配应该是双打的最佳选择。

在无法找到合适的左右配对时，也可以考虑同侧执拍手的配对，但一定要考虑两名选手的打法类型、技术风格，以及性格、友谊等方面的因素。这种搭配也有成功的例子，例如男子选手中的孔令辉和刘国梁、女子选手中的邓亚萍和乔红等。

（二）运动员打法类型的选择：同侧执拍手的配对

打法凶狠和稳健的配对。如果两名运动员的打法都偏于凶狠，无谓失误就会过多；如果两名选手都偏于稳健，则缺乏进攻的杀伤力。

①一般这样的配对可以是以弧圈为主和以快攻为主的搭配。

②可以是两面弧圈球和两面性能不同球拍的搭配。

（三）习惯打球区域的配对：中远台与近台

这种配对中最好是一名选手习惯运用中远台技术，另一名选手则习惯近台。

①他们的活动区域较大，在进攻和防御及攻防转换中有很大的横向和纵向的跑位空间。

②若两名运动员的站位都习惯于偏近或偏远，那么他们在跑动中击球时会因极易相互牵制而影响击球质量，甚至相撞。

这种类型的配对如世界冠军孔令辉和刘国梁等。

（四）两名选手均以守球为主，但都具有进攻能力的配对

一名运动员善于近削变化落点，一名善于远削变化旋转，这样的配对能在削球时给对方不同的落点旋转，调动其位置移动，容易制造出机会球从而突击反攻。

（五）在各种打法类型配对中要尽量避免以下两种搭配

①进攻型打法和近削型打法的配对。

②远攻型打法和远削型打法的配对。

这两种配对由于不能连续进攻，也不能连续防守，相互协调换位也很别扭，因此应该尽量避免。

（六）尽早确立双打打法风格

在配对确定后，应该尽早确立他们的打法风格，明确哪一名是主攻，哪一名是副攻。双打配合不能各自为战，要有一名占主导地位，起到发动进攻和得分的主要作用，

另外一名要想办法为同伴的进攻和得分创造条件，根据同伴的需要来决定自己处理球的方式。

个案1: 在第25届奥运会前的训练中，根据王涛、吕林的技术特点，确立了一凶一稳的技术风格。一方面抓住王涛反手弹压和正手快带而发动进攻的主要得分手段，另一方面抓好吕林以控制球、中台稳健的对拉作为过渡球为王涛的进攻创造机会的训练。

个案2: 针对我国的主要对手韩国队运动员对旋转变化不适应的弱点，确定了王楠、李菊这对双打以节奏变化为主的技术风格。在训练中主要抓住王楠的旋转和稳健，李菊的快速和凶狠，起到了很好的效果。她们获得了第27届奥运会和第45届世界锦标赛女子双打冠军。

个案3: 王励勤和闫森在奥运会、世锦赛和职业大奖赛中三夺冠军，他们的配对打法风格也有其独到之处。这两名选手均是进攻型选手，打法凶狠。考虑到他俩的凶狠会造成配合不当时的无谓失误过多，加之万一打不开局面极易引起慌乱，会表现出战术紊乱、技术失常等，因此“因势利导”，指定由闫森先启动，通过其发球和接发球两个环节给对方施加压力，然后由王励勤运用其杀伤力强、相持能力强的特长，组成了多方位的进攻网。

（七）运动员之间的关系

由于双打选手之间必须有良好的沟通和交流，因此两名选手必然要有较好的友谊关系，在感情上是好朋友，并且教练员在平时应该有意识地培养两人的交流能力和相互之间的信任、鼓励。

（八）运动员神经类型的选择

神经类型可以作为选择双打配对的参考条件，因为两种不同神经类型的运动员相搭配可以互相弥补在场上由于情绪问题带来的不足。他们可以是安静型和兴奋型搭配，但这只是辅助依据，要在其他要点满足的情况下加以选择。

三、双打技术分类

由于双打比赛的发球是在指定的区域内进行，因而在一定程度上限制了发球的多变性和威胁性。为了制约对方接发球的主动抢先进攻，主要以发近网短球为主。因此，双打的前三板及第四、五板的技术是比赛的核心，相持球则是围绕着攻防转换及中远台对拉进行的。即双打技术大致分为两大块，一是前三板技术及第四、五板技术，二是相持球技术。

（一）前三板及第四、五板技术

①发球。

②接发球。摆短、挑打台内短球、快搓劈长、抢拉出台球、晃接等。

③发抢。近网短球的挑打、全台底线下旋球的抢攻、对方挑短球后的抢冲、对方抢拉球后的反拉、反控制球等。

（二）相持球技术

①中远台的对拉，包括主动性的对拉和力求摆脱被动局面的对拉等。

②近台的快速封堵。

③近台反拉上旋球。

④大范围跑动中的防御和转攻技术。

⑤冲拉下旋球。

四、双打常用战术

根据现今欧洲和亚洲双打强手大多采用的战术套路，以及双打技术和发展趋势，列举制胜战术套路如下。

（一）发球抢攻战术

发半台 1/4~1/3 近网短、转球，落点是：右手接发球者的近中线区；左手接发球者的右边近边线区（图 19-1）。

偶尔可发右侧上旋奔球至底线以做配合，落点是：右手接发球者的近中线点；左手接球者的边线点（图 19-2）。

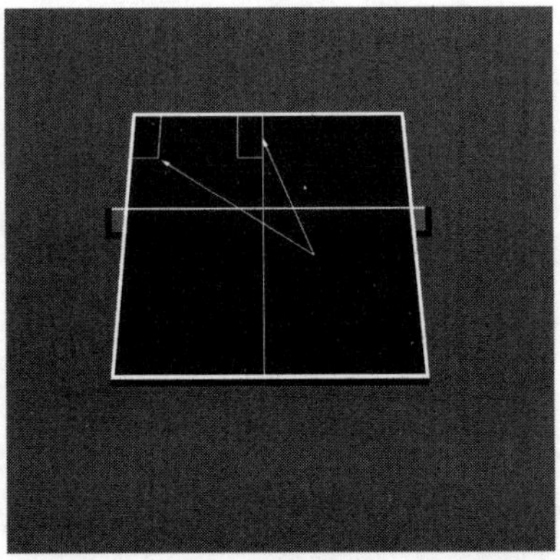

图 19-1

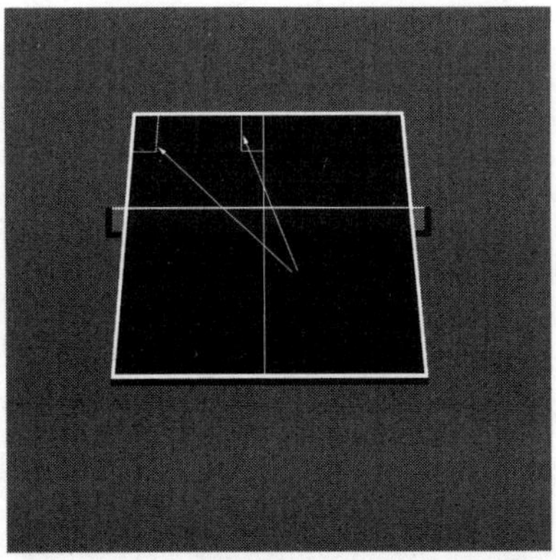

图 19-2

（二）接发球战术

假设对方发我右方近网球，回球时：

若对方是两个右手横拍，则可回至对方左、右两个大角远台点，或回至接球者中路追身处（图 19-3）。

若对方是横拍一左一右，如是左手者接球，则可攻对方左方大角度远点；如是右手者接球，则可攻对方中路追身点，也可摆短控制（图 19-4）。

若对方是一直一横且一左一右时，则攻击点应该侧重在直拍的反手位大角度或横拍的弱点处。

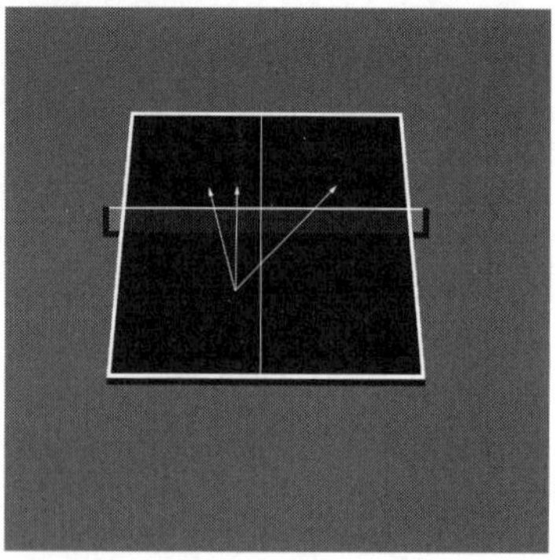

图 19-3

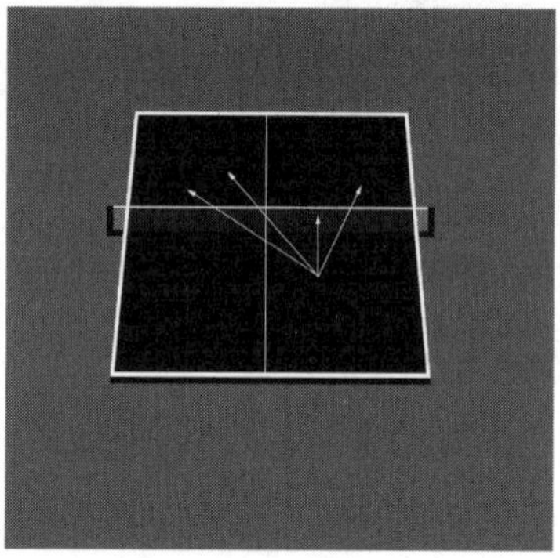

图 19-4

（三）相持战术

应对两个右手横拍的战术：连压接球者的远点大角，结合突击追身近点，如图 19-5所示。

应对两个横拍，或一直一横且一左一右时的战术：如左手握拍者稍弱，则攻击其远点大角及弱点（图 19-6）。

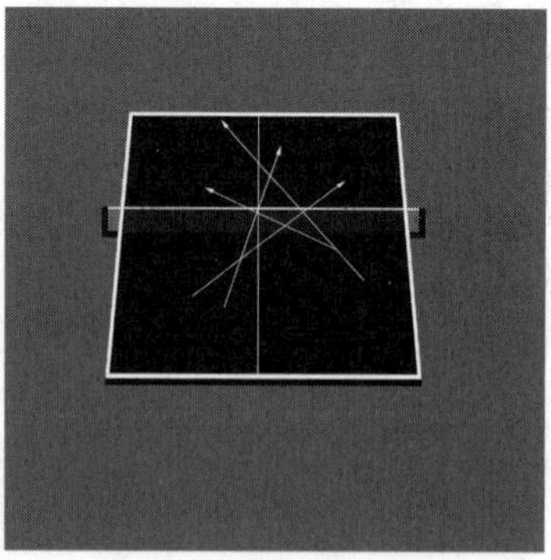

图 19-5

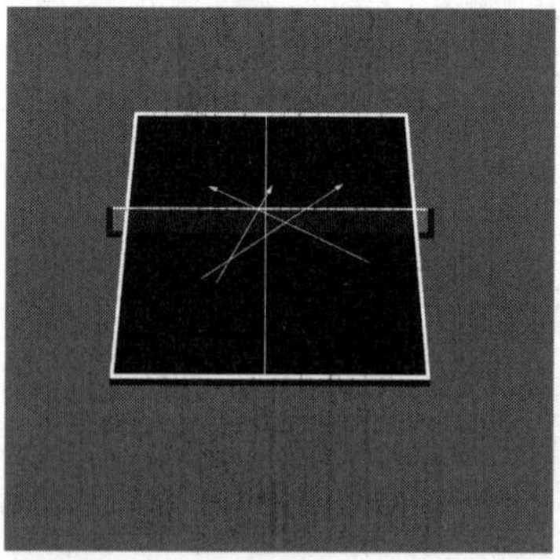

图 19-6

第二节 双打训练方法

一、双打训练通则与操作

双打训练通则与操作如表 19-1、表 19-2 所示。

表 19-1 训练通则

情况	训练通则
一般情况	在双打训练中，应该主抓前四板球（即发球、接发球、发球抢攻和接发球后抢攻或控制）。轮换击球跑位技术的训练
全台正手上手	能用正手进攻的球决不用反手。要尽量用正手进攻，给对方造成极大的压力。用正手进攻以后有足够的时间还原，就可以最大限度地发挥正手的杀伤力
抢拉半出台球	双打的发球基本上以短球为主，刚出台的球要有意识地拉同伴接发球摆得很短，对方的回摆经常会出台。因此抢拉半出台球的意识和能力就显得尤其重要，这是取胜的关键
两条直线	在双打比赛中，双方都处在不停地运动和调节中，两条斜线运用很多，在这种情况下只要不失时机地主动运用两条直线，就能打乱对方的节奏和跑位，从而在相持中占据有利地位，这是在国际大赛中取得成功的一条重要经验
攻防转换	双打比赛不可能始终处于进攻的地位，防守也很重要，防不住就谈不上转攻，但防守不是目的，而是为了下一板的转攻。只要防守落点好、弧线低、旋转强，使对方的进攻发不出力，同伴就有转攻的机会

表 19-2 训练操作

名称	方法	要求
发球和发球抢攻	发右方半台的近网短球，对方回摆较高球后的挑打，接同伴的连续进攻 发右方半台的近网短球，对方回摆短球的晃打，为同伴的连续进攻创造条件 发右方半台的近网短球，抢拉全台下旋长球 发右方半台的半出台球，全台反拉上旋球	双打发球只限于右半台，发球抢攻的难度比单打要大，所以双打抢攻可以稳一些，一般拉接长球，挑、撇短球，得分率不要求高于单打，通常以 60%~65% 为好 国内外优秀选手双打发球落点绝大多数在近网，中路近网更多一些，适当配合有速度的中路长球 这种突出“中路”的特点和单打不同（单打比赛发球多在两边），主要是为了限制对方回大角度球，为同伴抢攻创造机会 双打发球落点并非越短越好，因为发短球后，对方回短球也容易，使同伴上手困难，所以发短球时，最好似短非短（第二跳不出台），给对方的判断和回击增加难度 发球的要求是弧线低，旋转差别大 双打和单打不同，发球和抢攻由两人完成，所以要求配合默契，发球者应该多为抢攻者考虑。如 A 队员习惯发转与不转球后抢攻，而 B 队员擅长发侧旋球，双打比

续表

名称	方法	要求
		赛时，B 队员就应弃长从短，适当发转与不转球，以便同伴上手抢攻
接发球和第四板	接发球摆短至对方的中线附近，同伴对对方来球进行抢攻 第四板上步挑打对方摆短过来的近网短球 第四板全台抢拉对方劈长过来的下旋球 第四板全台反拉对方挑打过来的上旋球 接发球快速劈长同伴对对方抢拉来球的封堵或反拉 接发球挑打近网短球，接全台的连续进攻 接发球抢拉半出台球（抢拉对方偷发的长球），接全台连续进攻 接发球摆短，对方回摆后接快速劈长对方空当 挑打短球 连续摆短进行反控制 进行晃接为同伴创造机会	双打接发球区域在右半台，接发球难度比单打小，其得分率要求相应高，一般要求接发球和第四板得分率在 50%以上（单打在 50%即为优） 接发球： 要求运动员不但要有控制球的能力，而且要有一定的进攻能力 不但要有劈长、摆短、撇直线等控制球的能力，还要有挑、拨近网短球的能力 如果对方站位稍后，则抢攻上旋球较好。接发球时就应该适当用摆和搓 第四板大多是接对方的发球强攻，又是连接前三板和相持段的关键一环 处理好坏直接关系到相持段主动与否 第四板还击原则是： 尽量主动上手抢攻，非机会球不发力，对方抢上手时以稍加力推、带为上策 控制落点，以不让对方从容进攻为中策 接过网，以不失球为下策
步法	一左一右搭配的运动员左右移动 两名右手握拍配对的运动员多用转圈式走位 近台快攻与中台两面攻或两面拉打法配对的运动动员，近台者左右移动，两面攻或拉者前后移动	双打比单打的走位要大得多，需要不停地走位击球，还要以不阻挡同伴的走位与回击为前提 双打的走位配合显得十分重要，只有步法提高了才能有主动性和相持球的实力 双打的走位没有一定的规律，要根据对方回球情况和配合习惯来进行 以上 3 种步法都应该全面掌握，比赛中根据来球变化而选用不同的步法

（一）接发球

1. 接发球摆短指对方的中线附近，同伴对对方来球进行抢攻

（1）上步挑打近网短球（图 19-7）

① ②

图 19-7

（2）抢拉全台底线下旋球（图 19-8）

① ②

图 19-8

（3）反拉对方挑打的球（图 19-9）

① ②

图 19-9

2. 接发球挑打近网短球，接全台的连续进攻（图 19-10）

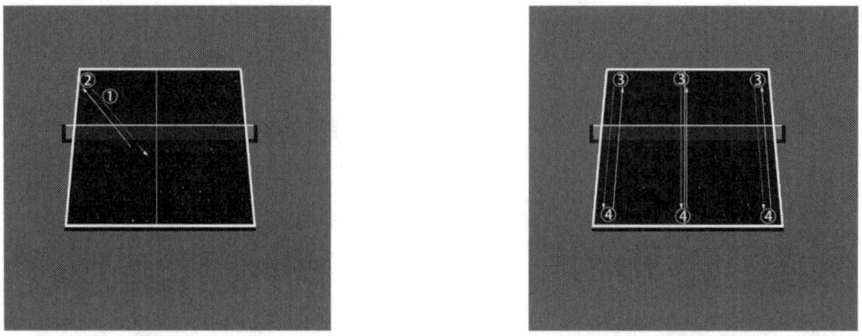

① ②

图 19-10

3. 接发球摆短，对方回摆后

（1）挑打短球（图 19-11）

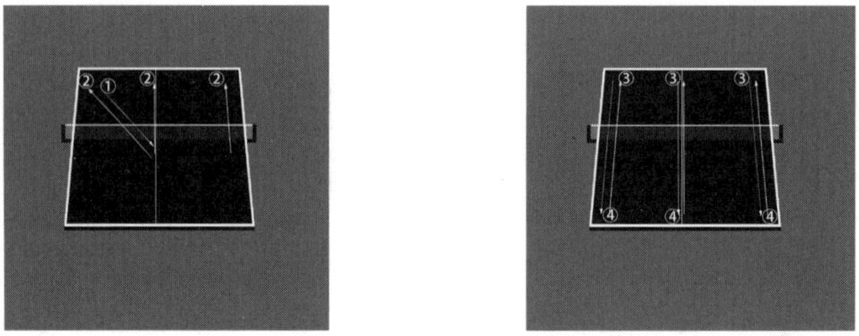

① ②

图 19-11

（2）快速搓长对方空当（图 19-12）

① ②

图 19-12

(3) 继续摆短进行反控制(图 19-13)

① ②

图 19-13

(4) 进行晃接为同伴创造进攻机会(图 19-14)

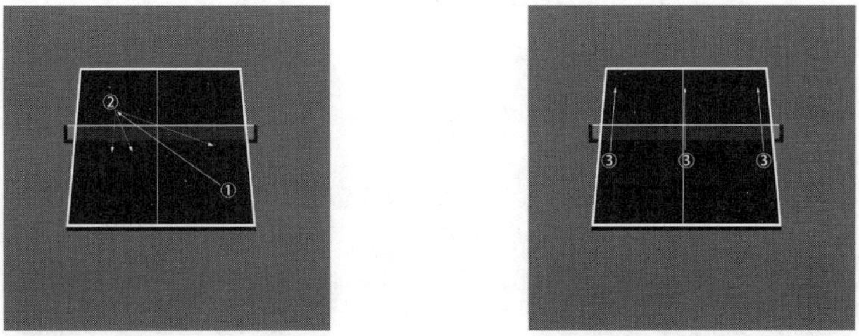

① ②

图 19-14

(二) 发球

1. 发右方半台的近网短球,对方回摆较高的挑打,接同伴的连续进攻(图 19-15)

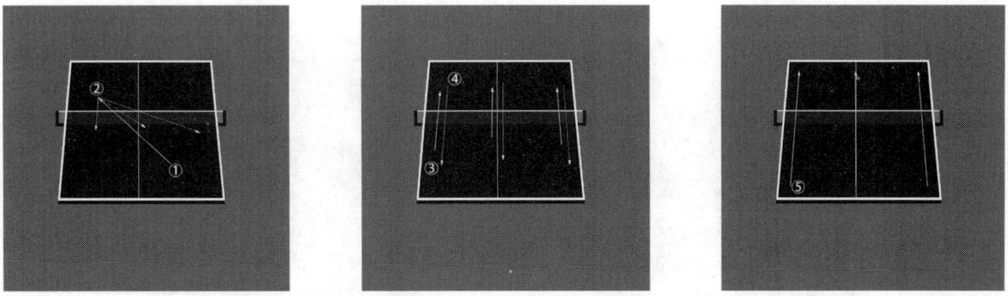

① ② ③

图 19-15

2. 发右方半台的近网短球，对方回摆弧线低而短球的晃打，为同伴的连续进攻创造条件（图 19-16）

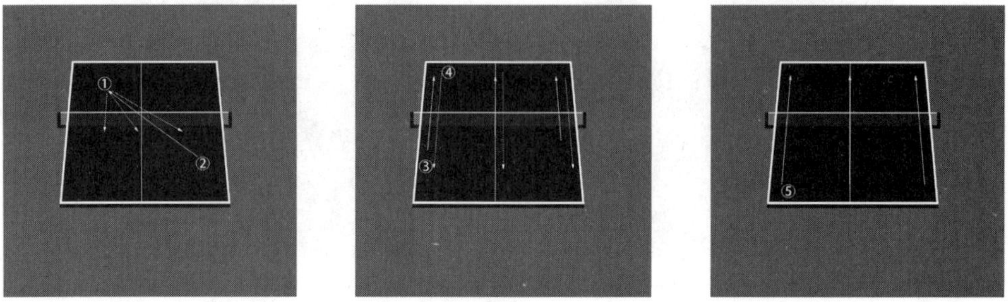

① ② ③

图 19-16

3. 发右方半台的近网短球，抢拉全台下旋长球（图 19-17）

① ②

图 19-17

4. 发右方半台的半出台球，全台反拉上旋球（图 19-18）

① ②

图 19-18

5. 偷发长球后的冲拉弧圈球（图 19-19）

①　　　　②

图 19-19

（三）两名右手削球配对的技战术训练

1. 逼角连续削对方一点，迫使对手挤在一处，然后伺机进攻对方空当（图 19-20）

①　　　　②

图 19-20

2. 运用交叉削球到对方空当，使对手不停地移位击球，造成还击球质量下降，伺机连续攻其空当或连续攻其一点（图 19-21）

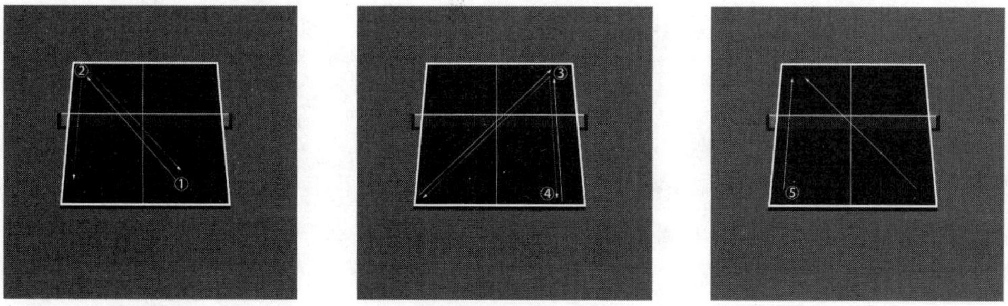

①　　　　②　　　　③

图 19-21

3. 用接发球的突然性拉抢，长胶的刮、拱进行接发球的抢攻（图 19–22）

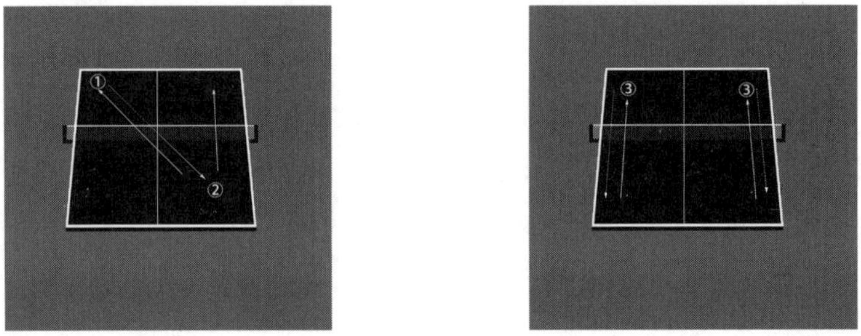

① ②

图 19–22

4. 发台内的旋转球进行抢攻至对方空当（图 19–23）

① ②

图 19–23

小结

双打是乒乓球运动竞赛中的一个重要项目，本章重点讲授了双打的特征和配对选择，双打的技战术训练方法和手段，加强对双打的专门训练及两人之间的默契配合。

■ 思考题

1. 执拍手一左一右配对为何是理想首选？
2. 举例说明为什么双打配对确定后，要尽早确立双打的打法风格？
3. 为什么双打训练要着重抓前四板和跑位这两方面技术？

参考文献

[1] 国家体育总局．中国青少年乒乓球训练教学大纲［M］. 北京：北京体育大学出版社，2015.

[2] 国家体育总局《乒乓长盛考》研究课题组．乒乓长盛的训练学探索 [M]．北京：北京体育大学出版社，2002.
[3] 全国体育院校教材委员会．运动生理学 [M]．北京：人民体育出版社，2002.
[4] 全国体育院校教材委员会．运动训练学 [M]．北京：人民体育出版社，2010.
[5] 林丽珍，田麦久．乒乓球非常规技术动作研究 [J]．北京体育大学学报，2011（9）：130-133.

第二十章
多球训练

教学目的

1. 了解多球训练的局限性。
2. 掌握不同类型的多球训练手段。
3. 掌握针对不同能力的多球训练方法。

教学安排

总时数4学时。其中讲授2学时，讨论、实践、作业2学时。

本章主要讲述多球训练的局限性，以及不同类型的多球训练手段，要求运动员根据自身的能力合理安排合适自己的多球训练方法。

第一节　多球训练的形式和局限性

一、多球训练的形式

（一）多球的供球方式

多球练习中首先要供球，供球质量对练习效果具有关键性作用。常采用直接供球、落台后供球及混合供球3种方式（表20–1）。

表20–1　多球训练的供球方式与方法

供球方式	方法
直接供球	供球者拿球后直接把球打到练习者的球台上
落台后供球	供球者拿球后先把球抛在本方球台上，再把弹起后的球直接打到练习者的球台上
混合供球	直接供球与落台后供球相结合，如落台供送下旋球然后直接供送上旋球的组合

（二）多球练习的组织形式

多球练习的组织形式有单人多球、两人多球、三人多球、多球单练，以及以提高体能为主的练习等多种方式。教练员和练习者按照训练目的、训练水平的不同而选择适宜方式组织实施（表 20-2）。

表 20-2　多球练习的组织形式

<table>
<tr><th>形式</th><th>组合特点</th><th>注意事项</th></tr>
<tr><td>单人多球训练</td><td>练习发球：
自抛自打；练习者拿球在本方球台弹起后做正手攻的练习
这种练习形式，适合于练习发球和初学者建立正确的技术动作的动力定型</td><td rowspan="5">随着训练水平的不断提高，增加供球的难度
加强速度、旋转、力量和落点的变化
由易到难、由浅入深，循序渐进，提高击球技术的质量（通过量化指标将意志品质和技术的要求结合起来）
不断观察练习者的动作
有时是技术问题，有时是肌肉、体能疲劳而引起的手法走样；步法忙乱时，应适当降低供球难度或暂停供球来消除错误动作，避免形成错误的动力定型
要注意掌握好运动负荷
多球训练的密度和强度大、难度高，如果负荷掌握得不好容易造成局部负担过重，以至于过度疲劳
一般多采用定时、定量（规定供球次数或命中次数）的方法进行练习
随着训练水平的不断提高，逐步加大运动负荷
在多球训练之后，安排一定时间进行常规的单球训练，以弥补多球训练的不足</td></tr>
<tr><td>两人多球练习</td><td>一对一：
一人供球，一人练习。这是多球训练最基本的和运用最多的一种形式
两人同时进行练习。一人练发球，一人练接发球</td></tr>
<tr><td>三人多球训练</td><td>一对二：
一人供球，两人练习。一人供球。两人移动中每人击球一次的练习。
一人供球，一人练习拉弧圈球，一人练习削弧圈球或回击弧圈球等
二对一：
两人供球，一人练习。两人交替发不同旋转的球，一人练习接发球或接发球抢攻（拉）。
两人分别从左、右两侧供不同旋转、力量和落点的球，一人进行练习</td></tr>
<tr><td>多球单练</td><td>多球单练是一种很好的多球训练形式，可以提高练习的密度、强度
强化多球练习的结合技术；个人的特长技术、战术的分解训练</td></tr>
<tr><td>提高体能的多球训练</td><td>多球训练对提高专项素质有很好的作用。它可以使练习者扩大跑动范围，加快跑动速度，加大击球力量，加快判断和起动的灵敏性，提高专项耐力</td></tr>
</table>

二、多球训练的局限性

多球训练也有它的局限性，例如：

①只能以近似于单球训练和比赛来球的方式供球，而且所供球的速度、力量、弧线等与单球训练和比赛来球有所不同，明显缺乏实战对抗。

②供球位置和供球线路相对固定，练习者的活动范围比较狭小。

③练习者没有自己击球后的反馈来球，所供的球与球之间没有内在的联系，球的变化小。

④球性变化、对方战术意图的变化、球感的变化、比赛心理定势及心理变化与单球及实战的变化有一定的差距。

⑤由于规律性太强，固定模式的供球使练习者连续击球时对下一板球形成的条件反射（对下一板球的准备）与单球训练有所不同。单球练习时双方击球都受对方上一板来球性质的制约，从而决定了还击下一板球的性质、节奏、战术走向等。多球练习容易淡化对来球性质的判断，不能更好地应变，意识单一。

⑥多球训练时，因不用捡球，练习者有时出手随便，注意力不够集中。

第二节　中级阶段多球训练的操作

一、训练目的

中级阶段多球训练主要改进和优化各单项技术及有规律结合技术质量，提高三段中各阶段结合技术的衔接转换能力，针对不同速度、旋转、节奏和落点等性质来球的回击能力、步法的跑动和调整能力，达到全面掌握各项技术，形成完整的技术体系，满足该打法技战术体系的一般要求，并基本形成适合个人的技术风格。

二、训练方式

采用教练员直接发球和多球单练相结合的方式。前期以教练员直接发球为主，变化供球的性质，提高运动员单项技术质量和组合技术无规律的连续衔接能力。后期逐步加入多球单练，加强各项技术在对抗中的运用能力。

三、具体训练操作

（一）多球训练

多球训练的组合特点及注意事项如表 20-3 所示。

表 20-3　多球训练的组合特点及注意事项

内容	组合特点	注意事项
以提高左、右摆速和步法移动能力为主	定点、定次为主结合不定点、不定次（如左右半台一边一次，可反手 n 次，正手 n 次）： 以 100 球为一组，每次进行 2~3 组	供球性质可根据需要而定 提高供球速率 扩大左、右移动的范围和挥摆的速度
提高单个战术质量为主的练习	以掌握单个战术为主的练习： 150 个球左右为一组，每次进行 3 组 加大训练强度为主的练习： 以 100 个球为 1 组，每次进行 2~3 组	进行拉、扣结合，拉、冲结合，削、攻结合，搓、拉结合等 这些练习包括同线、异线及不定次的全面练习
以步法为主	1/2~2/3 台的左右或前后移动中正手攻或拉 走动中扣杀机会球或半机会球 反手推（搓、攻、拉）结合侧身攻（拉） 反手推（搓、攻、拉）、侧身攻（拉）、扑正手结合反手攻 反手推（攻、拉）结合正手攻（拉） 回击长、短球，包括同线短（左、中、右）和异线长短 回击近网短球后结合侧身拉，回击正手大角度球后，反手回击反手位球；侧身攻（拉）回击反手位球后扑正手位球 双人移动中攻、拉、冲、杀、削的练习： 以 100 球为 1 组，每组进行 2 次	连续攻、两面拉及削球打法的人回击近网球后，连续回击中路球
以适应某种球拍性能或技术和以提高某些技术为主	进行适应长胶或防弧圈胶皮性能的练习： 一人供球，一人用长胶或防弧圈胶皮削、推、拱，另一人主练回击能力 多球练习： 发球或发球抢攻（拉） 接发球抢攻（拉） 低球突击	把定点、定性、定次的练习和不定点、不定次的练习结合起来

续表

内容	组合特点	注意事项
	打台内球 以 100~200 球为 1 组，每次练习 2~3 组 以命中 50 球为 1 组，每次练习 2~3 组	
以提高判断能力为主	连续供 3~4 个上旋球，突然供一个下旋球或不转球 连续供 3~4 个下旋球，突然供一个上旋球或不转球 连续供不同旋转性质与变化旋转强度的球	要求能很好地回击突然变化的球或某种旋转性质的球 以命中 50 球为 1 组，每次练习 2~3 组 根据个人的具体情况确定命中率和组数

（二）多球单练

多球单练的组合内容及练习要求如表 20-4 所示。

表 20-4　多球单练的组合内容及练习要求

组合内容	练习要求
推侧、推侧扑、拉冲、搓拉 正反手两面拉、发抢、削中反攻等练习	常用定点、定次的组合练习来完成 练习目的不同，方法要求也有所不同
提高手感（命中率）为主的组合练习	练习以稳为主，体会手上感觉，尽量减少失误 如对手拉中扣杀，连续拉扣两次即完成一个组合 指标：开始时每练习 10 分钟要求完成 10 个组合，随着水平的提高，每 10 分钟逐渐增加完成组合的次数
提高步法为主的组合练习	练习以稳为主，击球力量可以适当小一些 来球的角度逐渐加大，以扩大跑动范围 要求加快移动的速度及全身的协调用力 正手单面拉，拉 10 板计 1 个组合，10 分钟拉 10 个组合 开始 1/2 台，逐渐扩大到 2/3 台或 3/4 台，完成同样的组合
提高凶狠性为主的组合练习	加大击球的力量 加快击球的速度 提高击球的杀伤力，要求全身协调发力 推侧扑 每个球打完两个完整的过程为 1 个组合 第一个过程以稳为主 第二个过程以凶为主

小结

本章阐述了多球训练的局限性、不同类型的多球训练方法及针对不同专项能力的多球训练手段。教练员应理解和掌握针对不同素质的发展要求选择针对性的多球训练方法，并根据运动员技术水平的差异，制订适宜的训练方法和手段，并视练习效果适当提高或降低练习难度。

■ 思考题

1. 多球训练的局限性有哪些？

2. 多球训练的供球操作应注意哪些方面（供球动作的手法要求、供球动作的节奏、喂球动作的实战性等）？

参考文献

[1] 刘建和，胡小明．运动竞赛学［M］．成都：四川教育出版社，1990.
[2] 刘建和，武川洪．乒乓球教学与训练［M］．北京：人民体育出版社，2008.
[3] 唐建军．乒乓球运动教程［M］．北京：北京体育大学出版社，2006.
[4] 虞荣安，孙莉．新编乒乓球教程［M］．西安：西北工业大学出版社，2011.
[5] 张晓蓬．中国乒乓球队战术训练水平定量诊断方法及实践效用［D］．北京：北京体育大学，2004.

第二十一章
战术制订与训练

教学目的

1. 了解乒乓球制订战术的基本原则。
2. 了解战术方案的制订内容及步骤。
3. 掌握战术制订的训练方法及质量监控。

教学安排

总时数 10 学时。其中讲授 6 学时，讨论、实践、作业 4 学时。

合理的战术运用是赢得比赛的关键。本章主要阐述制订乒乓球战术的基本原则，乒乓球战术的主要内容和乒乓球战术的训练方法。

第一节　乒乓球战术概述

一、战术的定义

战术是指在比赛中为取胜或达到预期目的而采取的谋略和行动。从狭义上讲，战术主要是指在比赛中根据对手的打法类型及技战术特点，而采用的各种技术原则与方法；从广义上讲，战术是指体能、技术、心理和智能在比赛中有针对性地综合运用。

在战术制订中，切忌单调，心中有数才能有效应付场上瞬息万变的情况。战术一般分为常规战术、随机应变战术、落后时的拼搏战术、心理战术等。

二、战术的构成

（一）战术理念

战术理念是指教练员和运动员在实践体验和理性总结基础上形成的，关于竞技战术的本质、规律、价值实现的根本看法。

（二）战术指导思想

战术指导思想是在战术理念的指导下，根据项目比赛规律而提出的战术发展、战术训练和战术运用的指导性认识，是战术运用者战术理念的体现。

（三）战术知识

战术知识是指战术的发展过程与发展趋势、战术原则、战术内容、战术形式和战术方法的运用，以及比赛中技术的合理运用等内容。

（四）战术意识

运动员在比赛中为达到特定战术目的而决定战术行为的思维活动，是运动员在比赛中按照一定战术目的运用技术和战术的思维决策活动。

（五）战术形式

战术形式是运动项目战术中具有稳定形态和结构的行动方式。

（六）战术行为

运动员为完成预定战术目的和方案而采取的行为方式和动作组合。是运动员战术意识的具体体现，是以技术为基础，以战术形式和方法为手段，以运动员自身的战术知识、比赛经验为依据的竞技表现。

三、乒乓球战术制订的原则

战术原则是指为达到预期的比赛效果而选择行为方式和动作组合所依据的准则。它是比赛客观规律的反映和高度概括，也是战术方案制订的基本方向和思路，是教练员和运动员明确战术选择和运用的指导思想。

（一）知己知彼的原则

知己知彼，是指对自己和对手的优劣均能透彻了解，出自《孙子·谋攻》，原为“知己知彼者，百战不殆”。“知己知彼”是战术制订的最基本原则，也是战术制订的基础。

这一原则要求教练员和科研人员对己方和对方的比赛特征进行观察分析，总结双方的参赛情况特点，其中包括球拍的性能（直、横板类型，胶皮类型等）、基本打法

(弧圈球、快攻结合弧圈、弧圈结合快攻、削球、削攻等)、技术体系和战术体系掌握的数量和质量、特长技术、心理稳定性、体能状况，以及实践应用的特征等。同时，要求运动员每次比赛后都要进行详细的总结，为下一次双方相遇奠定基础。只有在对比赛双方的特征有了充分了解之后，才能制订出有针对性的、切实可行的战术方案，从而达到完成比赛任务的基础条件。实践证明，在知己知彼的情况下，大多数比赛能够顺利完成制订的任务；在知己不知彼或知彼不知己的情况下，仅有一半的可能性能完成比赛制订的任务；在既不知己又不知彼的情况下，很难完成比赛制订的任务。

（二）以己长克彼短的原则

以己长克彼短，是指用自己比较擅长的方式攻击对方比较薄弱的地方，源自“田忌赛马”的典故。“以己之长，克彼之短”是战术制订的指导性原则，为具体战术的制订指明方向。

每名运动员都有自己独特的打法类型和技战术风格，同时也都存在着较为擅长和不足的地方，如有的运动员发球较好，有的运动员擅长快攻，有的善于搓中突击，有的拉弧圈球有正反手优劣之分等。在制订战术的过程中，以“知己知彼”为基础，充分分析自己和对手的“长处”和“短处”，在保证自己的特长技战术有效发挥的同时，尽量限制对手特长技战术的使用，抓住对方的薄弱环节，以己之长，制彼之短，掌握比赛的主动权，争取胜利。例如，对于不会摆短的对手，以发近网侧下旋球为主，辅以近网侧上旋球，这样，可以在使对方出现回球下网的同时促使对方回球冒高，给自己创造更多的抢攻机会，以此为突破，狠抓对方的短处，迫使其心理产生变化，进而掌握主动，扩大比赛的优势。

（三）立足于攻的原则

立足于攻，是指在制订战术时，要体现出积极主动、敢于上手、敢于进攻的精神；是针对现代乒乓球发展趋势所提出的，“立足于攻”是战术制订的方案性原则，也是体现运动员精、气、神的重要方式。

攻与守是运动竞赛中的基本矛盾，也是训练中需要解决的重要问题。乒乓球比赛与行军打仗内在的规律相似，没有进攻是掌握不了比赛主动权的，比赛中仅有招架之功，而无还手之力，就很难取得胜利。在比分领先时绝不松懈，相持时绝不手软，落后时绝不气馁。在战术选择上以进攻为主，可以使在优势局能进一步扩大优势；实力相当时掌握主动，争取胜利；劣势时，打乱对手的节奏，获得更多的机会。现代乒乓球主流的打法类型中快攻结合弧圈球打法、弧圈结合快攻打法及近台快攻打法在比赛中的进攻效益是有目共睹的，也是经过长期实践检验的，而防守型打法——削球打法为适应竞赛环境的变化也融入了进攻的因素，进而脱变为削攻打法。因此，进攻不仅是掌握比赛主动权的不二选择，也是双方相持不下时打开局面的重要选择。

（四）奇正配合的原则

奇正配合，是指在制订战术时，以常规战术和常规安排为主，辅以非常规战术和非常规安排，出自《孙子·势》，原文为“凡战者，以正合，以奇胜”。“奇正配合”是战术制订的核心原则，也是比赛中打乱对手节奏的重要方法。在比赛战术制订过程中，以主要攻击方向为正，牵制方向为奇；老队员、老阵容为正，新队员、新阵容为奇；常用手段为正，特殊手段为奇。“正”主要表现为常规，强调自身使用较多，效果较好的方法和手段，以“以己之长，克彼之短，避实击虚”为核心；“奇”则主要表现为非常规，强调自身使用较少，但效果较突出的方法和手段，以“出其不意，攻其不备，兵不厌诈”为核心。例如，马龙在比赛中发抢以发近网中路的侧下旋而后抢攻为主，辅以发对方反手位长球而后进行抢冲，其常规发抢战术能够有效遏制对方的抢攻，非常规战术常常使对手很难预判，进而取得较好的使用效果。

第二节　战术方案的制订

比赛战术方案的制订是为完成比赛任务而选择、设计比赛战术决策的过程。准确把握“快、转、准、狠、变”的制胜规律，正确认识“节奏变化快、偶然性大”等比赛规律，充分了解和分析自己和对方的参赛特征，是制订合理有效战术方案的必备条件。在乒乓球比赛中主要是考虑发挥运动员个人的优势技战术，充分表现个人的技战术风格特征，同时，针对对方的技战术风格选择针对性的应对策略，抑制对方发挥。

一、战术方案的内容

（一）比赛任务

比赛任务是赛前预期所要达到的目标，或取得相应的比赛成绩，是战术方案制订的基本要求，同时也是战术方案制订的基本标准。比赛任务的确定是根据比赛的性质和目标决定的，比赛类别不同，往往比赛任务也不同，如竞技性比赛主要的比赛任务是创造理想的比赛成绩，训练性比赛主要的比赛任务则是培养和发展运动员专项所需要的某种能力或综合能力，阶段性比赛更多的是锻炼队伍，做大赛准备。例如，乒乓球项目中奥运会、世界杯、世锦赛的比赛任务往往就是获得比赛的胜利，各地的巡回赛、公开赛则有选择地进行锻炼队伍，或者为大赛调整竞技状态。

（二）情报分析

对参赛各方的情报分析是战术方案制订的依据。及时收集准确的情报，分析本方运动员或全队在比赛中的战术优势和不足，掌握对手的长处和弱点，是影响战略决策和战术决策的重要内容，也是有针对性确定战术运用的原则和方法。情报分析的内容包括：双方的竞技能力情况及比赛风格、教练员的指挥能力及指挥风格、传统打法及近期是否有创新、攻防特点和比赛中常用的节奏、主力队员与替补队员的具体情况、近期的比赛成绩及致成原因等。例如，第 38 届世锦赛前，瑞典男队主教练贝尔纳曾表示“如果中国队发挥得不够好，而瑞典队又发挥得特别好的话，瑞典队可能拿冠军”，时任国乒主教练的许绍发根据此情报，并结合其他信息，正确地认识到瑞典队在本土面对世界冠军中国队只是寄希望中国队发挥不好，而不是“拼”，当时中国队大胆决策——“拼”瑞典，最终以 5:0 大获全胜，并蝉联世界冠军。

（三）战术方法

战术方法是指在战术制订原则的指导下所确定的具体战术方案中的战术方法内容和实施手段，是战术方案的核心内容，也是赛前训练的重要内容，具有可演练、可操作性。例如，在本方发球较好，对方在接发球时对旋转的判断能力一般的情况下，这时可选择的战术方法包括：发侧上、下旋球结合落点变化进行抢攻，发转与不转结合落点变化进行抢攻，发奔球与侧上、下旋球相结合进行抢攻。该战术方法的确定充分遵循了战术方案制订的原则，首先知己知彼——本方发球好，对方接发球一般；其次以己之长克彼之短——以发球优势作为战术的发起点；再次立足于攻——通过发球创造进攻机会，抢占先机；最后“奇正配合”——利用不同的旋转和落点变化，放大对方的接发球弱点，进而扩大优势。

（四）演练方法

赛前战术演练是根据战术方案的要求制订的阶段和课时训练计划内容，是进行战术方案训练与实施过程的操作性文件。赛前战术方法的演练与日常的战术训练相比较，更加注重训练的针对性，练习更加符合比赛的需要，能够有效提高运动员的战术思想认识，同时在战术行为上做好充足的准备。例如，针对中国乒乓球队国外主要对手瓦尔德内尔的训练，其总体技战术特点是：发球质量高，接发球变化多，相持中有较强的节奏变化能力，但反手位相对较弱。由此，中国队制订出相应的战术方案，即“发球半出台，要用正手接，模糊是侧上，侧下挑直线，侧下晃反手，正手短，反手长，多主动，不搏杀，形成相持是目的”等口诀，赛前挑选国内球员，模拟瓦尔德内尔的打法进行陪练，以此提高战术方案训练的真实性、针对性和实效性，这就是战术方案训练的典型手段。

（五）预备方案

预备方案是针对比赛中很少出现而一旦出现又可能影响比赛目标完成的战术方案，

主要是对战术方案实施过程中对可能出现的问题的预测和应对措施，是在战术方案实施过程中出现问题进行调整的预备方案。

二、战术方案的制订步骤

（一）确定比赛任务，明确战术目标

比赛任务与战术目标均是应该达到或希望达到的比赛结果，是战术决策的出发点和归属。根据所要参加比赛的类别、级别确定合理的比赛任务，如运动会（奥运会、亚运会、全运会等）、单项比赛（世界杯、世锦赛、公开赛等）、对抗赛（欧亚对抗赛、中日对抗赛等）、友谊赛、邀请赛、表演赛、选拔赛等，是保证运动员或运动队取得相应参赛成绩的重要保证。在确定比赛任务时，要尽量具体、细化、量化，以便起到更好的指导效果和对后期执行情况进行分析和对比。

比赛任务是战术方案制订的最顶层指导思想，战术目标则相对更注重于战术行为的指导。战术目标具有渐进性、不唯一性和紧迫性等特征。战术目标的渐进性是指根据时间的延续，战术目标是有所提高或不同侧重的；战术目标的不唯一性是指一次比赛中有多个战术目标，或是检验自身战术，或是发挥自身特长，抑或是获取胜利；战术目标的紧迫性是指在战术实现上具有一定的难度，战术目标略高于自身的战术能力。

（二）收集实时情报，准确分析比较

在确定比赛任务和明确战术目标之后，教练员团队就应该进行战术条件的分析，而相关的情报资料是战术条件分析的基础，情报是否准确、及时、全面，将直接影响战术方案制订的有效性。在收集情报的时候，要尽可能多地收集到主要对手近期的训练和比赛资料，包括相关的录像和分析报告等，并建立相应的资料库，以此作为战术方案制订的基础。

在获取相应情报资料之后，通过科研人员的统计分析或者教练员的经验，清晰化再现对手的比赛特征，如常用什么技战术，特长技战术是什么，短板是什么，比赛中的体能状况、心理状态等，再结合本方的战术能力，进行相应的比较，如双方的发球、接发球、抢攻的落点规律等，并以此为战术方案的制订依据。

（三）把握战术原则，拟定战术方案

战术原则是比赛客观规律的反映和高度概括，也是战术方案制订的基本方向和思路。不断总结比赛的规律，认真分析战术原则，深入了解战术原则的意义，灵活运用战术原则是制订有效战术方案的核心。在知己知彼的基础上，立足于攻，通过以己之长克彼之短将自身的特长充分发挥，再进行合理的常规与非常规配合，做到出其不意，

扰乱对方的节奏，进而取得更加高效的战术目的。

战术实施方案是指为保证比赛目标顺利实现的具体操作方案。在进行具体实施方案制订时，一定要做到细致分析、精心设计，做到“优先”选择，即同样能够达到同一目的的方案，一定选最简单、有效的方案，对于存在着多个“优先”级方案时，一定要对每一种方案进行可能性和可行性论证。最后，对于比赛中不常出现、但对比赛任务完成有重要作用的情况应充分考虑，并制订出相应的配套预案。

（四）战术方案演练，及时反馈调整

在具体的战术实施方案制订后，为加强运动员的战术体验和战术的实效性检验，在比赛前的训练中对相应的战术方案进行训练。在此过程中，尽量确保战术演练环境的“真实”，如针对某对手的战术演练，需要做到模拟出对手的技战术特征、对手的思维方式、对手的动作形态，甚至模拟出当时的比赛环境等，以此提高战术方案演练的实效性和运动员“触感”。

战术实施方案在制订的初期很难是完美的，为确保在比赛中达到相应的效果，在战术实施方案制订后还需要经过不断的验证、修改、再验证、再修改过程，发现问题，则应迅速地调整，如在进行多球战术训练的过程中，发现问题可随时叫停，并指出问题，提出调整建议。

第三节　战术的训练方法及要求

战术训练是根据项目运动员的战术能力发展规律，利用合理的方法对战术方案进行具体的演练，是提高运动员战术能力的重要保障，也是确保运动员在比赛中灵活运用相应战术的必备条件。

一、战术训练的方法

（一）分解训练法

分解训练法是指把一个完整的战术组合过程划分为若干个相对独立的部分，然后分别进行练习的方法。例如，将发球抢攻战术分解为发球和抢攻两部分，抢攻又可分为抢上旋和抢下旋两种，发球部分通过个人进行练习，加强对旋转的理解和落点的稳定性，抢攻部分则可通过多球的训练提高练习的密度。发球抢攻的分解练习可以有效提高组成该战术的单一技术质量，进而为完整战术质量的提高奠定基础。分解训练法是通过减少战术环节数量，降低训练难度，而提高完整战术的组成环节或单一技术的训练质量，适用于新战术或较复杂战术的学习，是一种由简到繁的战术掌握方法。

（二）完整训练法

完整训练法是指完整地进行战术组合练习的方法。例如，在进行发球抢攻战术训练时，发对方反手位台内的下旋或侧下旋，然后由对方回搓至本方反手位，最后完成反手位的下旋球抢拉。该发球抢攻战术是发球抢攻战术体系中的一种，属于一个完整的战术，练习难度相对较小，通过完整训练法，能很好地衔接发球和抢攻两部分，并有效提高战术的连贯性和战术体验的真实性。完整训练法适用于练习难度较小、不易分解的战术方法，或者是运动员已经具有一定的战术经验和战术能力，此时采用完整训练法可有效缩短战术掌握时间，提高战术掌握的熟练度。

（三）程序训练法

程序训练法是指按照项目的战术逻辑规律和人的认知法则，将战术方法按照由易到难、由简到繁的逻辑顺序进行分类，并建立一个相对稳定的程序，并按照程序进行学习和练习的方法。例如，发球抢攻战术的练习形式可分为四种：抢定点、定旋转的球，抢不定点、定旋转的球，抢定点、不定旋转的球，抢不定点、不定旋转。四种发球抢攻战术的练习形式呈现出由易到难、由简到繁的特征，在练习的时候应从简单和容易的开始，待形成较为稳定的神经记忆和肌肉记忆之后，再进行下一个较为困难和复杂的练习，形成技能学习的正迁移效应，提高复杂战术的学习效率。程序训练法不仅符合人对事物的认知规律——由简到繁，而且比较容易形成更加稳固的神经-肌肉记忆，促进运动员对复杂战术的掌握。

（四）模拟训练法

模拟训练法是指通过对比赛主要对手或比赛环境的模拟，达到战术应用环境的“仿真”训练效果，是一种针对性极强的战术训练方法。主要对手的模拟包括技战术风格、身体形态、性格等，比赛环境的模拟包括比赛场地、比赛氛围、比分情况等。例如，中国乒乓球队在参加世界大赛前通过国内的选手对国外主要对手的技战术风格特征进行模拟陪练，使本方参赛队员获得一种接近真实环境的“体感”，进而提高心理适应性，这就是典型的模拟训练法。无论是比赛对手的技战术风格模拟，还是比赛环境和条件的模拟，都需要在获取准确信息的基础上，对模拟对象的条件进行充分分析，对训练过程进行精心的设计，从而在“仿真”环境中有针对性地提高参赛选手的相应战术能力。

（五）变换训练法

变换训练法是指通过运动负荷、练习内容、练习形式、练习环境等训练条件的变化，提高运动员的适应性、积极性、趣味性及应变能力的方法。例如，在相持变线战术的多球训练中，在保证运动员稳定的动力定型基础上，通过供球频率、供球速度、供球旋转、供球角度的变化，提高运动员在相持过程中对不同球性来球的适应性，使运动员在不同节奏的相持过程中能够有效完成变线，达到预期的训练效果。变换训练法是在遵循比赛过程的复杂性、技战术应用环境的多变性、中枢神经系统的灵活性等一般特性的基础上提出的，能够使机体产生相应的适应性变化，在提高相应战术质量的同时，提高战术运用的灵活性。

（六）实战训练法

实战训练法是指在真实的比赛环境中进行战术实践，使运动员的战术能力得到提高的方法。将运动员置身于真实的比赛环境中，使其对战术的理解更为直接，体会更加深刻。这里的比赛包括练习赛、交流赛、热身赛、阶段性比赛等，其比赛目的多指向于战术训练，提高运动员在实战环境中的战术体验，从而达到相应的训练效果，提高战术能力。例如，各省市队之间，可组织交流比赛，要求运动员严格执行战术方案，借助真实的比赛环境有目的地进行相关战术的训练，一方面训练战术，另一方面检验日常战术训练效果。

二、战术训练的要求

（一）以比赛需要为目的，完成战术训练

中国乒乓球一贯强调“练为战，不为看”，战术训练作为训练的一部分，应该与比赛的实际情况形成高度的匹配关系，着重提高运动员的战术思维能力、感知能力及实践能力。战术训练应根据实际比赛的需要制订出目标明确、步骤清晰的战术方案，并严格按照战术方案的操作流程和要求进行训练，训练过程充分发挥运动员战术思维能力的主观能动性，以此提高运动员的战术训练效率，促进其战术能力的发展。例如，竞技能力较低的乒乓球运动员在参加比赛的过程中更多的是要求其战术运用的成功率，保证战术组成内部间的成功衔接，即保证上台，不主动失误，那么在战术训练中应更加强调的是战术使用的稳定性；而高水平的比赛则更多的是要求战术的质量，对战术效果（旋转、速度、落点、组合变化等）要求较高，那么在进行战术训练时更多的是在确保上台的基础上，追求更高的战术质量。由此可见，战术目的的合理性对战术训练效果具有决定性意义。

（二）以制胜规律为前提，把握战术关系

乒乓球项目的制胜规律为“快、转、狠、准、变”，不同打法类型的制胜规律侧重有所不同。深刻把握不同打法类型的制胜规律，不仅有助于正确理解战术目的、合理

制订战术方案，而且在战术方案的演练和实践运用中能够有效调控，最终达到战术训练的预期效果。例如，在“快攻结合弧圈球打法”的战术训练中，应以“快”为核心，缩短战术的完成时间，其次把握住第二个要素“转”，增加旋转类型和旋转程度的变化，最后协同考虑“狠、准、变”三个要素，形成“快为核心，转为重点，狠、准、变为协同”的快攻结合弧圈球打法的战术特征。对不同打法类型的制胜规律和制胜规律之间的相互关系的深刻认识和充分把握，是保证战术训练遵循项目规律的必要条件，同时也体现出了战术训练的基本要求。

（三）以学习总结为过程，提高战术创新

战术训练是一个不断学习和总结的过程，在乒乓球一线工作中可以获取大量的知识和经验。在对优秀的战术知识和经验继承的过程中，进行战术技巧迁移，积极主动探索新的战术，不断进行“总结—创新—实践”过程，使战术概念化、系统化。例如，在高水平的比赛中偶尔出现带侧旋的变线，得分率极高，由此衍生出相持过程中的侧拐变线（一般相持变线都是直线和斜线，侧向偏转较少），在相持变线战术训练的过程中，不断探索制造侧向偏转回球的技术，最终形成以“撇”为要点的技术，并融入变线战术中，通过效果评价机制和反馈调节机制，不断检验和实践，最终使运动员具备稳定的前沿战术能力。因此，在战术学习的基础上，积极发现问题，主动解决问题，不断地进行实践验证，是战术创新的灵魂，也是熟练掌握战术和运用战术的基础。

（四）以意识培养为中心，提高战术思维

战术意识是战术训练的中心环节，是比赛信息分析与战术决策的纽带，是为达到战术目的而决定战术行为的思维活动。具体表现在对比赛信息判断的准确性、战术目的的合理性、战术行为的有效性及战术运用的灵活性等。例如，某运动员（双方均为右手）的反手较弱，正手较强，在相持过程中，该运动员侧身和反手变直线使用均较少，最终失利，究其原因是其战术目的的合理性和战术行为的有效性较差，战术意识不到位。战术意识的培养是战术训练的重点工作，其外在表现形式（战术行为）具有鲜明的个性特征，同时，战术意识具有良好的可塑性和层次性，在进行战术能力培养的过程中，一定要促进其对战术目的、战术行为等进行深入理解，提高其自主思维能力，从而培养出较好的战术意识。

（五）以其他要素为纽带，全面协同发展

战术训练并非独立的，切实加强战术训练与体能能力、技术能力、心理能力、智力能力的联系，融合体、技、心、智四个竞技能力要素，进行一体化训练，不仅能有效提高战术能力，而且对竞技能力的综合发展具有促进作用。例如，在进行战术训练时采用多球训练，提高练习的密度，在达到提高战术训练质量的同时，增强相应技术

使用的稳定性，以及强化其体能素质；或者进行关键比分的练习赛，如在9:9的情况下，执行相应的战术方案，提高战术执行的心理稳定性；抑或通过高水平比赛录像的观察，学习优秀选手的战术方案，预判其战术意图，以此提高战术能力和智力能力。因此，融合其他竞技能力要素进行战术训练，不仅可以巩固战术使用的条件基础，增加战术选择的数量，提高战术训练的质量，而且对其他高度相关的竞技能力要素具有重要的协同发展效果，最终促进其整体竞技能力的有效提高。

第四节　战术训练的质量监控

训练监控是指在运动训练过程中，结合运动生理学、运动训练学、运动生物力学等学科的理论和方法，监测训练情况，帮助教练员不断调整训练计划，从而最大限度地提高训练效果和运动能力。

战术训练监控是指在战术训练的过程中进行的相关训练监控，是战术评价的重要内容。其主要目的是通过训练监控检验战术的训练效果，了解运动员阶段性的战术水平，同时对战术训练做出必要的调整，从而保证战术训练向预期的方向发展，达到预期的战术训练目标。

一、战术训练监控的过程

（一）起始战术水平的评价

主要是在运动员进行相关战术方案训练前，对已经具备的战术能力进行评价，为战术训练方案的制订提供依据。例如，通过战术水平的初始诊断，运动员接抢战术的初始成功率为42%，根据运动员的实际情况，规定半年内，接抢战术的训练目标为52%。起始战术水平的评价是保证战术训练取得预期效果的基础。

（二）阶段性战术水平评价

主要是对运动员经过一个周期或者某种具体方法训练后，对其战术水平进行监控，诊断出战术水平变化的幅度，评价战术训练过程是否按照预期的方向发展，并通过诊断结果，对战术训练方案做出相应的调整。阶段性战术水平评价是训练过程调控的主要依据，是达到预期战术训练目标的重要保障。

（三）结果战术水平评价

主要是在经过规定的训练时间后，对战术水平进行检验，了解运动员是否达到了预期战术训练目标，例如半年内，接抢战术的成功率是否达到了52%。结果战术水平的评价不仅是对定期训练过程的结果性评价，也是后续的战术训练方案和训练计划的制订依据。

二、战术训练监控的操作方法

（一）上台时间率

上台时间是指一个训练计划中，在台上练球的净时间，即只包含打球时间，不包含捡球、擦汗等非打球时间。上台时间率是台上练球的净时间与计划内容总时间的比值，它是反应运动员训练效率的一个重要参数，能直观地知道运动员训练的时间比例，是时间利用率的重要评价指标，适用于乒乓球所有的战术训练监控，如上旋球战术训练（推侧扑、相持等）、下旋结合上旋球战术训练（发球抢攻训练、接发球抢攻训练等）。其计算公式为：

$$\text{上台时间率} = \frac{\text{台上练球的净时间}}{\text{计划内容的总时间}} \times 100\%$$

（二）平均板数

平均板数是指一个训练计划内容中，所有回合的板数与总球数的比例。所有回合板数是指运动员甲在训练中一个人击球的板数总和，总球数是指训练中运动员甲一共打了多少个球。平均板数是反映运动员训练效率的一个重要参数，能够直观地呈现出运动员的训练密度。该方法多适用于上旋球的战术训练，如不定点摆速训练、推侧扑训练、跑位训练、抢攻后的衔接训练等。其计算公式为：

$$\text{平均板数} = \frac{\text{计划练习总板数}}{\text{计划内容总球数}}$$

（三）失误率

失误率是指一个训练计划内容中，失误的总球数与计划内容的总球数的比例。失误率是反映运动员训练有效率的重要指标，不仅能够得出训练计划内容的总体有效率，而且能够得出时间连续上的失误规律，如因训练注意力不集中，训练积极性不高，训练过程就较易出现连续失误，或者因为体能的下降，导致在训练计划的末段，出现大量的连续失误等。该方法适用于所有战术训练监控，能有效监控训练的有效性。其计算公式为：

$$\text{失误率} = \frac{\text{计划练习总失误数}}{\text{总球数}} \times 100\%$$

（四）单板质量

进行单板质量的战术训练监控可从多个角度进行，如速度、落点等，具体使用针对性较强，可根据需要设计。

针对“速度”的单板质量监控，可以通过总板数和上台时间进行延伸演算，如在进行正手连续跑位的战术训练中，统计出其完成训练计划内容的总板数和上台时间，并通过公式计算出训练中的球速，该“球速”概念并不是一个真实的准确值，只是一个近似值，起到辅助的评价作用。其计算公式为：

$$\text{球速}=\frac{\text{计划练习总板数}-1}{\text{台上练球的总时间}}$$

针对“落点”的训练质量监控，则强调落点的稳定性和实效性，将乒乓球台单侧划分为9个区域（图21-1），统计其训练过程中的落点特征与比赛的落点特征是否一致，在比赛中具有较好效果的落点是否在训练中得到进一步的强化，以此提高战术训练的针对性，加强战术训练的落点意识。

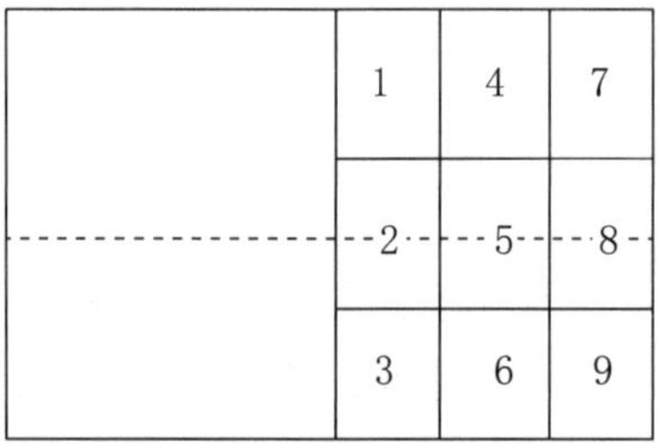

图21-1　乒乓球台单侧分区

小结

本章主要阐述了战术制订的原则，战术方案制订的内容及制订步骤，介绍了战术训练的训练方法及要求，以及战术训练的质量监控的过程及操作方法。

■ 思考题

1. 制订乒乓球战术的原则是什么？
2. 乒乓球战术训练的方法有哪些？
3. 乒乓球战术训练的质量监控的操作方法是什么？

参考文献

[1] 陈家鸣．乒乓球比赛战术的博弈分析［D］．北京：北京体育大学，2008.

[2] 陈德林．乒乓球战术训练的落点监控与效果评定［J］．广州体育学院学报，2006（5）：56-57,69.
[3] 马克坚．战术原则与意识培养［J］．中国体育科技，1981，28：19-30.
[4] 须晓东．现代乒乓球运动竞技制胜因素探讨［J］．体育世界，2006（8）：4-6.

第二十二章
比赛能力的培养

教学目的

1. 了解乒乓球比赛的分类。
2. 了解乒乓球比赛临场指导的原则。
3. 掌握赛前备战的策略。

教学安排

总时数 8 学时。其中讲授 6 学时，讨论、实践、作业 2 学时。

乒乓球的训练最终目的就是比赛，比赛中竞技能力的高低是决定比赛胜负的关键因素。本章主要介绍了乒乓球比赛的分类，乒乓球比赛临场指挥的原则，以及赛前备战的具体策略。

第一节　乒乓球比赛的分类

竞技乒乓球的一切训练活动都是围绕提高运动员的竞技能力而展开的，最终都力求在比赛中完成特定的任务或创造优异的运动成绩。针对不同类型的比赛进行相关任务制订对提高运动员综合竞技能力和展现运动员竞技水平具有重要的指导性意义。竞技乒乓球项目中按照不同的划分依据，不同的比赛呈现出不同的类型。深入把握不同比赛的类型对成功参加比赛和完成比赛任务具有重要作用。

一、按主要参赛目的进行分类

（一）竞技性比赛

该类比赛以创造理想的运动成绩，实现训练目标为目的，是年度训练计划中最重要的部分，一般以 2~4 次/年为宜。在进行比赛安排时，应尽量使该类比赛相对集中，以便运动员能够在较好的竞技状态下连续参加比赛，不断创造理想的运动成绩。例如，国家男子乒乓球二队 2016 年的年度参赛计划中，重要比赛（朝鲜公开赛、太仓公开赛、香港公开赛）集中在 7、8、9 三个月，比赛安排在年度训练计划中较为集中。

（二）训练性比赛

该类比赛以培养和发展运动员专项所需要的某种能力或综合能力为目的，适用于比赛准备期的后期及比赛期前期。通常通过重要程度相对较低的比赛作为实战训练的手段，以真实的比赛作为运动员某种竞技能力训练的环境，以提高训练的强度，优化、强化相关竞技能力或综合竞技能力。例如，奥运会前通过各种公开赛，调整竞技状态，整合各项能力，巩固综合竞技能力，以便在奥运会中有较好的竞技状态。训练性比赛的次数和强度，随着训练阶段的推移有所增加，然后到大赛前逐渐减少。

（三）检查性比赛

该类比赛以检查运动员专项体能素质的储备情况、技术掌握的稳定性、战术配合的熟练度、阵容安排的适宜度等竞技能力的发展水平为目的，适用于重大比赛前。如 2016 年 7 月，中国女子乒乓球队通过“奥运阵容”与“男陪练阵容”和“二队阵容”分别举行的对抗赛，其中与“男陪练阵容”的比赛以单打形式进行，与“二队阵容”的比赛以团体形式进行，这不仅很好地检查了奥运参赛选手的竞技能力，而且还对竞技状态的激活起到重要作用。

（四）适应性比赛

该类比赛以适应重要比赛的场地、气候、对手、观众及裁判等因素为目的，适用于重大比赛前，可以有效提高运动员的参赛适应能力。例如，上文中提到的国乒女队“奥运阵容”与“男陪练阵容”的比赛，对“男陪练阵容”的要求就是模拟国外主要对手的技战术风格，以便提高“奥运阵容”对主要对手的适应性。适应性比赛的安排时间应与主要比赛时间相隔较近，这样可以有效地促进适应效应最大化。

二、按竞赛的组织形式分类

（一）运动会

运动会是多个项目在同一时期内进行比赛的形式，该类比赛参赛项目较多、时间间隔较长、工作较为复杂，一般为一年或几年举办一次，如奥运会、亚运会、全运会、省运会等。

（二）单项比赛

单项比赛是指仅进行一个项目的比赛组织形式，竞争的激烈程度较高，能有效促进单项竞技水平的提高，对运动员和观众的吸引力较强。如世界乒乓球锦标赛、乒乓球世界杯等锦标赛、杯赛等。

（三）对抗赛

对抗赛是由两个及以上单位联合组织比赛的形式，竞争的激烈程度不高，主要是进行竞技水平检验、相互切磋学习。如乒乓球“中日韩”对抗赛、欧亚明星乒乓球对抗赛等。

（四）友谊赛

友谊赛是指为增进相互间的友谊，加强彼此间的团结，而相互拟定的，以交流学习的非正式比赛形式呈现，竞争的激烈程度较低。例如，20 世纪 70 年代的中国与美国之间的“乒乓球外交”，就是以友谊赛的形式进行的。

（五）表演赛

表演赛是为展现项目的娱乐性而进行组织宣传形式的比赛。例如，2015 年举行的由郭跃华为代表的乒乓球世界冠军表演赛，很好地达到了乒乓球项目推广的效果，是中国乒乓球第三次创业的重要形式。

（六）选拔赛

选拔赛是指通过比赛形式选拔优秀运动员参加重要比赛的比赛组织形式，竞技水平相对较高，竞争激烈程度也较高。例如，国乒男队为第 53 届世乒赛挑选参赛选手时的“直通苏州”选拔赛，以及 2016 年 4 月举行的里约奥运会乒乓球亚洲区预选赛。

（七）等级赛或联赛

按照竞技水平的不同等级划分，以竞技水平表现为目的而定期举行的比赛，竞技水平的高低与等级相关，但竞争激烈程度均较高。如中国乒乓球超级联赛、中国乒乓球甲 A 联赛、中国乒乓球甲 B 联赛等。

第二节　赛前备战的策略

赛前备战是指在重大比赛前进行针对性安排的准备工作，备战的质量将直接影响运动员最终的比赛成绩，因此做好备战工作是大赛前的重中之重，也是运动员能够充分发挥自身竞技水平的重要保证。下面从全局把握、竞技状态调整、赛前预演三个方面对备战工作进行讲解。

一、通晓全局，合理规划

（一）对基本环境的了解

比赛的基本环境主要是指场地周围或场地中的物理情况，包括比赛地点、气候环境、场地周围的交通情况、场地条件（场馆大小、光线情况等）、场地布置、观众群体等情况，对参赛的基本环境了解能够促进运动员对竞赛的宏观环境有一个大致的了解，防止运动员出现对参赛环境的不适应，而导致发挥失常。

（二）对竞赛规程的了解

竞赛规程是由竞赛组委会或筹备组，根据竞赛计划而制定的具体实施赛会的政策与规定。包括竞赛的名称、目的、任务、时间、地点、竞赛组别、参加方法、竞赛办法、竞赛规则、录取名次与奖励、报名和报到、裁判员与仲裁委员会等。对竞赛规程的了解是保证运动员（队）顺利参加比赛的基础条件。

（三）对自身状态的诊断

自身状态的诊断是指通过生理学方法、训练学方法、心理学方法对自身的竞技能力水平进行量化或质化评价。例如，机体的各器官系统机能是否达到参赛需求，技战术使用的准确性、熟练度、协调性等是否能应付场上的复杂情况，参赛动机、自信心等是否达到较高的水平。自身状态诊断是参赛目标制订的基础，也是比赛战术方案制订的重要依据。

（四）对主要对手的了解

对主要对手的了解主要是指对参赛的主要竞争对手最近的竞技状态的了解，包括对方的技战术风格特征、参赛目标、体能储备、参赛心理等，围绕主要对手近期的竞技能力情况进行情报收集，是制订自身比赛技战术方案对策的重要指导，也是“知己知彼”原则的重要内容。

（五）制订合理的参赛目标

参赛目标是指根据参赛的条件情况决定所要达到的境地或结果，大赛一般以名次为参赛目标，如取得单打冠军、单打前四名等，具有可量化的特征。参赛目标的合理与否是衡量备战工作的重要指标，参赛目标过高，使运动员（队）难以企及，将打消其积极性，不利于竞技能力的充分发挥；参赛目标过低，虽然能够轻易达到，但由于运动员（队）的竞技能力表现效能较低，因此不利于运动员（队）的发展和成长。

二、以我为主，紧抓调控

（一）技术训练方面

赛前备战对于技术方面，应以强调技术使用的稳定性和成功率为主，尽量避免新技术的学习和已达到动力定型技术的改进，因为技术数量的增加和技术动作结构的改变，在较短时间内会对原有的动力定型形成影响，从而影响运动员技术“库”的有效“输出”，最终影响比赛结果。

（二）战术训练方面

赛前备战对于战术方面，应加强特长战术和针对性战术的训练。特长战术主要是指得分效率较高的战术，针对性战术则主要是指限制对手特长战术和“放大”对手弱势战术的针对性战术。这一时期应减少常规战术的训练，采用实战训练法巩固特长战术和提高针对性战术质量。

（三）体能训练方面

赛前备战对于体能方面，应以保持已经获得的体能水平为目的，减少一般体能的训练，增加专项体能的训练，应明确体能训练服从技术、战术训练的需要。

（四）心理训练方面

赛前备战对于心理方面，应以促进运动员进入较好的参赛准备状态为宜，提高运动员对自身竞技水平的认识，增强运动员的参赛动机，坚定运动员完成比赛任务的信念等。例如，比赛动机是促使运动员参加比赛的内部动力，对于“赛前淡漠”状态的调整，应加强运动员的参赛自信，使运动员能够充分认识比赛的重要性，提高其完成比赛的动机，使动机水平处于适宜状态。

（五）负荷安排方面

赛前备战对于负荷方面，应强调负荷强度和负荷节奏与实际比赛情况相吻合。赛前应采用大强度和中等负荷量的训练负荷，使运动员机体受到强化应激性训练刺激，形成与比赛相匹配的机体平衡状态。这一时期可通过模拟训练法、比赛训练法等训练方法进行强度和负荷量的刺激，负荷节奏的把握则具有较强的个性特征，如有的适合连续大强度刺激，有的适合间断性“冲击”负荷刺激，有的则适合“零”负荷刺激，所以一定要贯彻区别对待原则。大负荷刺激后做好运动员的综合性恢复工作，训练突出负荷和恢复的节奏性和跳跃性，敢于上强度，敢于调整。

第三节 模拟训练的类型

模拟训练是指在获得准确情报信息的基础上，通过与主要对手特征相似的陪练人员或相似比赛环境条件的训练，使运动员对主要对手或比赛环境提前适应，获得特殊适应能力的过程。模拟训练的基本结构包括被模拟系统、同态系统、主练系统三个因素，其核心就是设置一个与被模拟系统具有较高相似度的同态系统，进而达到主练系统的适应性训练。模拟训练的一般步骤是：首先，确定被模拟对象，确定被模拟系统的边界；其次，设置同态系统，进行相似性分析；最后，将主练系统置于同态系统中，完成针对性训练。模拟训练的类型分为静态模拟和动态模拟，下面就不同种类的模拟训练类型进行讲解。

一、静态模拟

静态模拟是指被模拟系统是一个相对静止的系统，系统因素包括比赛的地理位置、气候环境、场馆大小、馆内灯光、对手的身体形态、对手的动作结构等。静态因素在比赛中相对固定，可变性较小，有较高的确定性，进行静态模拟使运动员对比赛环境的广泛性具有很好的适应效果。例如，第26届世界乒乓球锦标赛，中国乒乓球队通过对日本选手星野、木村的身体形态模拟进行训练，很好地达到了预期的模拟训练效果。

二、动态模拟

动态模拟是指被模拟系统是一个处于动态变化的系统，系统因素在真实的比赛中是以随机形式出现的，其中包括主要对手的技战术风格、主要对手的作风习惯、观众的情绪反应等。动态系统因素自身的可变性较大，出现的随机性较强，对动态系统的模拟难度较大，且模拟出来的同态系统相似度不如静态系统模拟效果好。例如，中国乒乓球队在进行模拟训练时，不仅要求陪练表现出与主要对手相似的战术风格特征，而且还要求场下的队员制造“噪音”，有时甚至利用录音播放的方式制造“噪音”，以此促进运动员形成较好的比赛心理稳定性。

第四节　临场指导的特征及原则

乒乓球比赛具有速度较快、节奏较多等特征，比赛结果主要由自身的竞技水平发挥、对手的竞技水平发挥、比赛结果的评定行为三部分决定。临场指导是教练员在比赛中的主要活动之一，通过一系列的控制与决策行为，在有效利用竞赛规则的基础上，促进本方运动员的竞技水平发挥，并抑制对方的竞技水平发挥，其指导质量的高低对比赛结果具有重要影响。因此，临场指导能力是衡量教练员水平高低的重要内容，教练员的临场指导活动具有较明显的个人特征。

临场指导原则是指在比赛过程中，教练员进行引导运动员思想和行动的规范性准则。充分把握临场指导原则是保证临场指导活动有效的基础，在对临场指导活动总结的基础上，对临场指导原则进行概括，其中宏观把握原则、概率决策原则、及时调控原则、简洁易懂原则等很好地构成了临场指导原则的内容，对临场控制与决策活动能够很好地起到规范性指导作用。

一、临场指导的特征

（一）整体性

整体性是指在整个指导过程中，通过教练员团队共同合作，对双方的竞技能力水平进行匹配性评估，从而制订出相应的参赛策略和战术方案，同时把握住“战争、战役、战局”之间的从属关系，在整体合作的基础上，进行整体思考、整体决策。

（二）互动性

互动性是指在比赛指导过程中，教练员与运动员需要形成有效的、精确的双向信息流，即保证教练员的观察信息与运动员的体验信息相汇合，形成合理的决策指令，并通过有效传递，由运动员执行，达到相应的控制和调整效果。

（三）及时性

及时性是指在比赛指导时，教练员应准确阅读场上情况，把握局势变化，一旦出现影响比赛结果的情况时，及时调整应对方案，传达决策指令，从而控制场上情况。例如，在大比分领先的情况下，对手开始搏杀，导致本方连续失分，运动员出现“想赢怕输”的心理，这时就应及时叫暂停，控制比赛节奏。

（四）简洁性

简洁性是指在比赛指导过程中，教练员需要在较短的局间间隔时间或暂停时间内用较为简短的语言进行决策信息传达，抓住关键问题，切忌长篇大论、处处考虑，以保证运动员能够快速获取重点内容和有效执行，达到“立竿见影”的效果。例如，“多与对方对反手，对方如果侧身，就变直线”，语言简短、明确。

（五）可操作性

可操作性是指教练员的决策信息要易于操作、便于执行、简单明了，不可过于强调细节，也不可过于模糊，应考虑用运动员最擅长的行动方式去解决问题。例如，在比赛中多进行战术指导，少进行技术细节指导。例如，“多上手，敢于上手”，而不是指导用什么手段上手，怎么上手。

（六）风险性

风险性是指在比赛过程中，双方处在一个制约与反制约的博弈过程，任何决策指导不可能做到百分百有效，那么就需要教练员敢于承担决策“失效”的风险。例如，在淘汰赛或决赛的关键，教练员必须清醒地认识和把握场上的局势情况，敢于决策，敢于“背水一战”。

二、临场指导的原则

（一）宏观把握原则

宏观把握是指教练员围绕竞赛规制（如单打的几局几胜制或团体的几场几胜制）关系进行比赛临场指导，着眼于全局，保持大局观，认清全局与局部的关系，个体与整体的关系，冷静、准确地判断局势变化，敏锐地观察影响大局变化的因素，由此进行针对性的指导，使比赛局势处于合理的控制范围内。

例如，团体比赛从宏观上把握“战争与战役”的关系，做好排兵布阵，充分考虑对方的阵容，以及可能的排兵布阵办法，预判对方的出场顺序，进而做到合理的“针锋相对”，有时候“弃车保帅”也是未尝不可的。又或者单打比赛中从整体上把握“场、局、分”之间的关系，比赛很难将局分打为11:0，那么就要允许失分，关键是把握住“什么情况可以失分，要把握住哪些得分”等，而不要太过纠结于1分、1局的得失，控制住影响整场比赛胜负的关键因素，才是临场指导的准则。

（二）概率决策原则

乒乓球竞赛双方在比赛过程中处于制约与反制约的动态博弈状态下，具有高度的不确定性，比赛中出现的竞技能力表现事件（如技术使用、战术行为、体能支持等）往往表现出随机性特征。教练员的临场指导活动，往往是通过这种事件出现的概率大小来进行判断决策的，决策的根据是一种可能性，因为对手不可能完全处于这种决策的控制下。因此，临场指导是在对过去局势的总结和对现时局势的分析基础上，进行未来局势发展的预测，具有明显的概率性特征。

例如，在比赛过程中对手发球后利用正手抢攻长球的使用率和得分率均较高，这时为限制对方的战术，制订出针对性战术方案，提高接发球抢攻环节第二板的摆短使用，结果对手第三板抢攻和控制的质量下降，为本方的第四板抢攻创造了有利条件，达到预期的指导效果。这一决策过程，就是基于对方的特长战术概率情况，制订出的限制策略，即主动减少对方的特长战术使用，从而达到临场指导向有利于己方的方向发展。但是这一决策存在着风险，因为概率本身就是一种风险，因此整个临场指导过程就是一个“风险决策”过程。

（三）及时调控原则

乒乓球比赛节奏快、变化快，稍一疏忽就会导致局势的失控，而且运动员容易出现“当局者迷”的现象，教练员如何在极短的时间内对一些关乎胜负的因素做出决策判断，并顺利传达指令，是关乎整个比赛走势的关键。在关键局的关键分时利用暂停，或者在局间休息的时候做出准确的决策判断，对于及时调控场上局势是必要的。但在场上局势瞬息万变的现实条件下，暂停（每场一次）和局间的休息时间是受时间长度和指导次数限制的，还不足以真正地做到“及时”调控，所以赛前的充分准备显得尤为重要。

（四）简洁易懂原则

简洁易懂是指在对决策信息进行表述和传递的过程中，要求简明扼要，一语中的，运动员能够正面理解，而不是长篇大论、处处周全，应该抓住主要问题，进行简单明了的指导，使运动员能够马上理解和执行。过于繁杂的信息传递和“高深莫测”的语言往往使运动员抓不住重点或理解不透，不仅达不到临场指导的效果，反而容易适得其反。另外，在语言信息传递时，保持指令与协商相结合、表扬与批评相结合也是必要的。

例如，在比赛中强调多用正手，而不是细致地说明为什么要用正手，中路球用不用正手，反手位的球用不用正手等；或者强调落点变化，而不是具体说明为什么要进行落点变化，落点怎么变化这些具体的问题上。大部分时候，场上局势变化的紧迫性不允许教练员有多余的时间进行细致的讲解，也不允许运动员有深入的考虑，而只能做一些定性的、模糊的决策判断。

小结

本章主要阐述了乒乓球比赛的分类，赛前备战的策略，介绍了乒乓球临场指导的特征和指导原则。

■ 思考题

1. 赛前备战策略有哪些？
2. 临场指导的原则是什么？

参考文献

[1] 熊焰．教练员临场指导的策略与方法［J］．中国体育教练员，2015（4）：10-13.
[2] 熊焰．教练员临场指导能力及其培养［J］．中国体育教练员，2015（3）：8-11.
[3] 吴飞．关于国家乒乓球男队赛前训练的实践研究［J］．山东体育学院学报，2015（2）：95-100.
[4] 刘钦龙．运动训练创新理论研究［D］．北京：北京体育大学，2007.
[5] 张晓蓬．中国乒乓球队战术训练水平定量诊断方法及实践效用［D］．北京：北京体育大学，2004.

第二十三章

训练计划的制订与实施

教学目标

1. 了解训练计划制订与竞技能力发展关系的理论知识。
2. 了解并熟悉制订各周期训练计划的撰写方法。
3. 提高制订中级训练计划的规范性和实施能力及调控方法。

教学安排

总时数 12 学时。其中讲授 8 学时，讨论、实践、作业 4 学时。

训练计划是整个运动队和每个运动员为完成预期训练目标，对未来训练过程预先做出理论设计的纲领性文件，是训练工作的一个重要环节。训练计划制订得是否科学、调控是否合理，与训练的效果及目标的完成有着密切的关系。训练计划包括多年、年度、阶段、周、课及个人训练计划。本章主要介绍不同周期乒乓球运动训练计划类型的制订方法和制订乒乓球运动训练计划的注意事项。

第一节　训练计划的制订

一、制订训练计划与运动员阶段性发展的关系

一个乒乓球运动员从启蒙到成才一般要经过 12 年左右的训练过程，在这个过程中，可分为：打基础阶段（少儿）4 年、提高阶段（青少年）4 年、最佳竞技和保持竞技阶段（成年）4 年。

随着乒乓球运动的发展，对训练的稳定性、连续性和系统性的要求越来越高，因此，每个阶段训练计划的制订对运动员阶段性的发展具有重要的意义和深远的影响。根据我国现行的比赛制度，不同年龄的运动员训练目标、任务、内容、方法手段、负荷有所不同。

二、多年训练计划的制订

多年训练计划是长期训练计划的一种，其特点为远景式的、原则性的、概括式的框架性结构。属于具有全局意义的战略规划，计划内容的安排、框架的设计，不求翔实，但求稳定。

根据时间跨度的长短，可分为全程性和区间性多年训练计划。

（一）全程性多年训练计划

全程性多年训练计划是指对运动员从初级学习开始，到运动竞技水平的高峰，直至停止训练活动整个训练过程的设计与规划。

在制订全程性多年训练计划时，必须抓住两个关键点：一个是全程性多年训练过程的阶段划分和运动员各个阶段起始的最佳年龄。根据这两点结合本专项的特点及最优秀运动员进入各训练阶段的最佳年龄，确定各阶段的训练目标和任务。

全程性多年训练计划虽然在运动员不同的阶段由不同的教练员实施，但是，对整个训练系统来说，其整体规划是非常重要的。

（二）区间性多年训练计划

区间性多年训练计划是对两年以上的一个特定时期训练过程的设计，是由当前教练员进行制订和实施的。

区间性多年训练计划是与全程性多年训练计划的具体阶段相吻合，常常是围绕一些重大比赛而制订的。

多年训练计划的内容包括：每个年度的训练目标、任务、措施、比赛安排等。

三、年度训练计划的制订

年度训练是多年训练的基本单位，它是各种计划中最重要的计划，它起着承上启下的作用。年度计划包括运动队整体及运动员个体进行现状分析、确定训练目标及主要任务、周期划分及每个周期训练任务和考核及比赛安排。

（一）运动队整体及运动员个体现状分析

对上一年度的训练、比赛和日常管理、思想教育情况进行概括性的总结，重点谈论存在的问题。主要问题和次要问题要分清。

（二）运动队训练目标及主要任务

根据上一年度的情况，确定本年度的训练目标及主要任务。

①日常管理、思想教育：包括日常管理的制度建立、已有制度执行，以及日常管理中注意事项等；针对思想教育要拔高高度、磨砺队员的意志品质，塑造完整人格等。

②训练：根据队伍的整体情况，制订并提出在技、战、体、心、智各方面要达到的新高度和新要求。

③比赛：根据年度比赛任务，确定各个参赛项目和类别所要取得的成绩。

（三）周期的划分

年度训练计划周期的划分有两种情况：

第一，把完成某项技术教学与训练划分为一个小周期，以完成结合技术教学与训练划分为一个中周期，把年末进行的身体素质、所学技术全面考核划分为一个大周期。此种年度计划适用于没有比赛任务的初级训练阶段运动队和运动员。

第二，把全年最重要的比赛划分为一个大周期，把全年若干个次要的比赛划分为若干个小周期。通过小周期的检验，找出训练中存在的问题和解决的方案，为实现全年的训练目标服务。此种年度计划适用于具有一定水平的运动队和运动员，因为他们比赛较多，大多以比赛为训练周期。

（四）全年考核及比赛安排

①明确本年度每次技术考核的内容、时间，标准。

②明确本年度每次比赛的名称、时间，地点。

③思想考核：每时每刻。

（五）恢复措施

恢复的时间安排：

①每次训练后，都有安排几分钟的恢复性训练，消除运动员的疲劳。

②每周训练课后，都要有一个恢复日。

③每个阶段、周期训练结束后，都要安排一个恢复周。

④全年训练结束后，都要安排一个恢复月。

恢复的手段要多种多样，使运动员有新鲜感，加快疲劳的消除。

（六）考核及比赛信息反馈

①思想教育：要纳入全年日常管理、训练和比赛的每时每刻，不能放松。发现问题，及时反馈，及时解决。

②训练和比赛后，都要进行小结和总结，找出问题的解决办法。

四、阶段训练计划的制订

阶段训练时间通常为1~4个月；有两种类型，一种是作为完整的全年训练过程中的一个有机组成部分，另一种是中短期的临时集训（4个月左右）。

（一）阶段训练计划的构成及负荷特点

一个阶段的训练过程，可看作是若干个月或周的训练过程组合。在训练过程中，当为完成某一个特定的训练任务而制订连续几个月或几周的专门阶段训练计划时，每个阶段计划都由一组有独立任务的月或周计划所构成：

①没有比赛任务的技术教学与训练周期，均可划分为学习、巩固、考核三个阶段（表23-1）；

②有比赛任务的周期，可分为准备、比赛和休整三个阶段（表23-2）。

表23-1　教学训练周期各阶段教法安排

阶段	学习阶段	巩固阶段	考核阶段
教法特点	以启发、诱导式语言讲解，形象示范为主	以重复、变换练习法为主	以竞赛、测验的方法为主

表23-2　比赛周期各阶段负荷安排

阶段	准备阶段		竞赛阶段	休整阶段
	一般准备阶段	专门准备阶段		
负荷特点	以增加负荷量为主： （1）运动量与强度均增加，但以增量为主 （2）周训练负荷安排变化较大	以增加负荷强度为主： （1）量减少，强度增加 （2）周训练负荷安排根据即将参加的比赛情况而变化	以增加负荷强度为主：量与强度趋于相对稳定，但强度大，量相对减少，明显体现出“跳跃型”的变化	总负荷明显下降： （1）总负荷明显下降，安排比较灵活 （2）强度较小。运动量略有增加

（二）赛前中短期集训计划的制订

制订计划时要对不同类型的运动员采取区别对待的原则，遵循负荷安排的循序渐进原则，制订好短期训练方案，一切从运动员的实际出发，因人、因地、因时、因具体情况（状态、素质、意识）等安排技战术和身体训练，抓好绝招、个人特长技术的训练。

（三）个人训练计划的制订

1. 针对不同类型的运动员

为贯彻区别对待原则，一次课中应安排一定时间的个人训练计划。如特长训练或补缺的训练，该计划一般安排为个人计划。

2. 运动员根据自己的需要

为贯彻从实际出发的原则，应有一定的时间自己安排训练。

3. 个人计划需注意的问题

①必须结合全队的训练计划，以统一训练计划为前提。
②要做到有的放矢。
③具有较强的针对性和连续性。
④一定要突出个人的技术风格。

五、制订训练计划的若干问题

（一）应注意的问题

①密切关注前沿技术的发展变化。
②提高创新意识。
③训练手段要推陈出新。
④训练计划整体要协调。
⑤训练特点要简单明了。
⑥时刻了解规则的变化。
⑦计划简明实用，相对稳定。

（二）解决办法

1. 主动创新，领导技术新潮流

（1）以教练员班子为主，运动员及科研人员等参与制订计划

为了保证训练计划的科学性和实用性，首先由教练员提出计划的总体设想，再得到运动员的认同和支持，使其更符合实际，更有利于计划的实施和目标的实现。同时，科研人员参与训练计划的制订，是现代化训练的方向，是训练科学化的保障。

（2）加强特色和创新意识

在制订训练计划的指导思想及具体安排上，要不断把握前沿技术的发展方向，结合发展趋势，不断创新。始终站在乒乓球运动发展的前列。

2. 因变而变，洞察规则新动向

（1）计划制订与实际情况要统一

制订训练计划时，必须考虑到所提出的方案与规则变动、器材更新、运动员和训练条件等情况的可能性相一致，保证有相当大的弹性空间和机动范围，因变而变。

（2）相对稳定，局部变更

由于训练计划是一个未来进行训练过程的理论设计，而乒乓球运动发展趋势的又一突出特征就是修改规则，规则的修改必然会引起技术革命，技术革命必然产生新战术、身体素质、心理等一系列连锁反应，因此，训练计划的局部变更就不足为怪。我们在制订训练计划时，只要把握住其整体框架和局部调控的辩证统一就能保证训练计划的科学性、机动性和相对稳定性。

3. 居安思危，不断推出新举措

（1）依据计划特点，确定计划方法

计划制订的简繁程度取决于计划种类的特点：计划时间跨度越长，制订得越概括；时间跨度越短，制订得越精细，而精细计划的制订又依据时间情况的变化。

（2）依据总体规划，保证各类计划的整体连贯性

协调好各类计划之间的关系，多年、周、课的训练过程都是连续发生和持续不断的，运动员在每一特定时刻的状态都是其前一时刻状态的延续，又是下一时刻状态的开始，每一个连续的运动训练过程又都可以分为若干个阶段，每个阶段的训练任务、内容、方法、手段及负荷都有自己的特点，这些特点使他们明显地区别于其他阶段而得以独立存在，这就是训练计划的连续性、阶段性及相对独立性。

协调并处理好训练目标、任务、内容、方法、手段、负荷、心理、比赛、恢复等的关系，保证训练计划的落实。

制订计划要体现简明性、定量性、实用性。计划中各项内容的制订务求简单明了、实用定量，以便检查、分析和评定。

（三）训练计划的反馈

不断地对已经实施过的训练计划进行分析、评定、总结。找出其优缺点，为下一步修改训练计划、制订新计划做准备。

（四）训练计划的修改与更新

在制订新的训练计划时，首先要参照旧的训练计划，从中总结检验、教训，取其精华，去其不足，再根据乒乓球运动发展趋势的需要，不断增添新内容和新方法。

（五）训练计划的储存

无论是新计划还是旧计划，存档是非常重要的，以利以后参考、对照、借鉴之用。

第二节　训练计划的实施方案与控制

一、训练计划制订方案

（一）多年训练计划

1. 全程性多年训练计划（表 23-3）

表 23-3　全程性多年训练计划各阶段的划分及起始年龄

<table>
<tr><th rowspan="2">阶段划分</th><th rowspan="2">主要任务</th><th colspan="3">适宜起始年龄/岁</th><th rowspan="2">训练重点及顺序</th><th rowspan="2">负荷特点</th></tr>
<tr><th>男</th><th>女</th><th>说明</th></tr>
<tr><td>基础训练阶段</td><td>培养基础竞技能力</td><td>6</td><td>6</td><td>业余体校</td><td>（1）协调能力，基本运动能力
（2）多项基本技术
（3）一般心理素质
（4）基本运动素质</td><td>循序渐进留有余地</td></tr>
<tr><td>全面提高阶段</td><td>全面提高竞技能力</td><td>11</td><td>11</td><td>专业队</td><td rowspan="2">（1）专项技战术
（2）专项运动素质
（3）专项心理品质
（4）专项训练理论知识</td><td>逐年增加接近极限</td></tr>
<tr><td>最佳竞技状态阶段</td><td>创造优异成绩</td><td>19</td><td>17</td><td>可获世界冠军前 3 名</td><td>在高水平区间起伏</td></tr>
</table>

续表

阶段划分	主要任务	适宜起始年龄/岁			训练重点及顺序	负荷特点
		男	女	说明		
竞技保持阶段	保持竞技水平	依个人具体情况			（1）保持心理的稳定 （2）专项技战术 （3）专项运动素质 （4）专项训练理论知识	保持强度 明显减量

2. 阶段性多年训练计划

以基础训练阶段为例（表 23-4）。

表 23-4　基础训练阶段多年训练计划

总目标			（1）身体素质、技术水平、心理品质 （2）比赛及输送				
状态			起始状态	目标状态			
时间			（　）年	第一年	第二年	第三年	第四年
竞技能力指标	技术						
	战术						
	素质	速度					
		力量					
		耐力					
	心 理						
负荷指标	总时数						
	技训/身训						
	量/强度						
	强度、量						
比赛安排 考核安排				比赛名称、时间、地点 考核内容、时间、标准			
恢复措施							
反馈考核措施							

（二）年度训练计划

1. 以技术考核为周期的年度训练计划（表23-5）

表 23-5 年度训练计划

<table>
<tr><td colspan="3">现状分析
年度目标</td><td colspan="5">全队及运动员上一年度的情况简介及本年度的目标
（1）身体素质情况及目标
（2）技战术情况及目标
（3）心理训练、自身修养情况及目标</td></tr>
<tr><td colspan="3">年度</td><td colspan="4">上半年</td><td>下半年</td></tr>
<tr><td colspan="3">周期</td><td colspan="3">第一周期</td><td>第二周期</td><td>第三、四周期</td></tr>
<tr><td colspan="3">阶段</td><td>学习</td><td>巩固</td><td>考核</td><td></td><td>同上半年</td></tr>
<tr><td rowspan="6">竞技能力指标</td><td>技战术</td><td>单个技术
结合技术</td><td rowspan="6">目标
任务
内容
及
方法</td><td rowspan="6">目标
任务
内容
及
方法</td><td rowspan="6">目的
内容
方法
标准
时间</td><td colspan="2" rowspan="6">同第一周期</td></tr>
<tr><td rowspan="3">素质</td><td>速度</td></tr>
<tr><td>力量</td></tr>
<tr><td>耐力</td></tr>
<tr><td rowspan="2">心理</td><td>球德教育</td></tr>
<tr><td>意志品质</td></tr>
<tr><td rowspan="3">负荷指标</td><td colspan="2">总时数</td><td></td><td></td><td></td><td></td><td></td></tr>
<tr><td colspan="2">技训/身训</td><td></td><td></td><td></td><td></td><td></td></tr>
<tr><td colspan="2">量/强度</td><td></td><td></td><td></td><td></td><td></td></tr>
<tr><td colspan="3">考核安排</td><td></td><td></td><td></td><td></td><td></td></tr>
<tr><td colspan="3">恢复措施</td><td></td><td></td><td></td><td></td><td></td></tr>
<tr><td colspan="3">反馈信息</td><td></td><td></td><td></td><td colspan="2"></td></tr>
</table>

2. 以比赛为周期的年度训练计划（表23-6）

表23-6　年度训练计划

<table>
<tr><td colspan="3">现状分析
年度目标</td><td colspan="5">运动员上一年度的情况简介及本年度的目标
(1) 身体素质情况及目标
(2) 技战术情况及比赛目标
(3) 心理训练、自身修养情况及目标</td></tr>
<tr><td colspan="3">年度</td><td colspan="4">上半年</td><td>上半年</td></tr>
<tr><td colspan="3">周期</td><td colspan="3">第一周期</td><td>第二周期</td><td>第三、四周期</td></tr>
<tr><td colspan="3">阶段</td><td>准备</td><td>竞赛</td><td>调整</td><td>竞赛</td><td>调整</td></tr>
<tr><td rowspan="7">竞技能力指标</td><td rowspan="2">技战术</td><td>前三板
相持技术</td><td rowspan="7">训练任务：
训练内容：
训练方法：
训练要求：</td><td></td><td></td><td colspan="2"></td></tr>
<tr><td>单个战术
综合战术</td><td></td><td></td><td colspan="2"></td></tr>
<tr><td rowspan="3">素质</td><td>速度</td><td></td><td></td><td colspan="2"></td></tr>
<tr><td>力量</td><td></td><td></td><td colspan="2"></td></tr>
<tr><td>耐力</td><td></td><td></td><td colspan="2"></td></tr>
<tr><td rowspan="2">心理</td><td>球德教育</td><td></td><td></td><td colspan="2"></td></tr>
<tr><td>意志品质</td><td></td><td></td><td colspan="2"></td></tr>
<tr><td rowspan="4">负荷指标</td><td colspan="2">总时数</td><td></td><td></td><td></td><td></td><td></td></tr>
<tr><td colspan="2">技训/身训</td><td></td><td></td><td></td><td></td><td></td></tr>
<tr><td colspan="2">量/强度</td><td></td><td></td><td></td><td></td><td></td></tr>
<tr><td colspan="2">强度、量</td><td></td><td></td><td></td><td></td><td></td></tr>
<tr><td colspan="3">比赛安排
考核安排</td><td colspan="5">比赛名称、时间、地点
考核内容、时间、标准</td></tr>
<tr><td colspan="3">恢复措施</td><td></td><td></td><td></td><td></td><td></td></tr>
<tr><td colspan="3">反馈考核措施</td><td></td><td></td><td></td><td></td><td></td></tr>
</table>

（三）阶段训练计划

1. 年度训练计划周期中的阶段训练计划（表 23-7）

表 23-7 年度训练计划周期中的阶段训练计划表

<table>
<tr><td colspan="3">现状分析
周期目标</td><td colspan="12">运动员上一周期的情况简介及本周期的目标
（1）身体素质情况及目标
（2）技战术情况及比赛目标
（3）心理训练、自身修养情况及目标</td></tr>
<tr><td colspan="3">周期</td><td colspan="12">第一周期</td></tr>
<tr><td colspan="3">周次</td><td>1</td><td>2</td><td>3</td><td>4</td><td>5</td><td>6</td><td>7</td><td>8</td><td>9</td><td>10</td><td>11</td><td>12</td></tr>
<tr><td colspan="3">阶段</td><td colspan="6">准备</td><td colspan="4">竞赛</td><td colspan="2">调整</td></tr>
<tr><td rowspan="7">竞技能力指标</td><td rowspan="2">技战术</td><td>前三板
相持技术</td><td colspan="6" rowspan="5">训练任务：
训练内容：
训练方法：
训练要求：</td><td colspan="4" rowspan="5"></td><td colspan="2" rowspan="5"></td></tr>
<tr><td>单个战术
综合战术</td></tr>
<tr><td rowspan="3">素质</td><td>速度</td></tr>
<tr><td>力量</td></tr>
<tr><td>耐力</td></tr>
<tr><td rowspan="2">心理</td><td>球德教育</td><td colspan="6"></td><td colspan="4"></td><td colspan="2"></td></tr>
<tr><td>意志品质</td><td colspan="6"></td><td colspan="4"></td><td colspan="2"></td></tr>
<tr><td rowspan="4">负负指标</td><td colspan="2">总时数</td><td colspan="6"></td><td colspan="4"></td><td colspan="2"></td></tr>
<tr><td colspan="2">技训/身训</td><td colspan="6"></td><td colspan="4"></td><td colspan="2"></td></tr>
<tr><td colspan="2">量/强度</td><td colspan="6"></td><td colspan="4"></td><td colspan="2"></td></tr>
<tr><td colspan="2">强度、量</td><td colspan="6"></td><td colspan="4"></td><td colspan="2"></td></tr>
<tr><td colspan="3">比赛安排</td><td colspan="6"></td><td colspan="4">名称：
时间：
地点：</td><td colspan="2"></td></tr>
<tr><td colspan="3">恢复措施</td><td colspan="6"></td><td colspan="4"></td><td colspan="2"></td></tr>
<tr><td colspan="3">反馈考核措施</td><td colspan="6"></td><td colspan="4"></td><td colspan="2"></td></tr>
</table>

2. 赛前中短期集训的阶段计划（表 23-8）

表 23-8 赛前中短期集训的阶段计划

<table>
<tr><td colspan="3">现状分析
周期目标</td><td colspan="12">对全队及运动员上一年度本次比赛的情况总结及本周期比赛的目标
（1）技战术情况及比赛目标
（2）解决上一年度本次比赛存在的问题</td></tr>
<tr><td colspan="3">周期</td><td colspan="12">赛前中短期</td></tr>
<tr><td colspan="3">周次</td><td>1</td><td>2</td><td>3</td><td>4</td><td>5</td><td>6</td><td>7</td><td>8</td><td>9</td><td>10</td><td>11</td><td>12</td></tr>
<tr><td colspan="3">阶段</td><td colspan="6">准备</td><td colspan="4">竞赛</td><td colspan="2">调整</td></tr>
<tr><td rowspan="7">竞技能力指标</td><td rowspan="2">技战术</td><td>前三板
相持技术</td><td colspan="6" rowspan="7">训练任务：
训练内容：
训练方法：
训练要求：</td><td colspan="4" rowspan="7"></td><td colspan="2" rowspan="7"></td></tr>
<tr><td>单个战术
综合战术</td></tr>
<tr><td rowspan="3">素质</td><td>速度</td></tr>
<tr><td>力量</td></tr>
<tr><td>耐力</td></tr>
<tr><td rowspan="2">心理</td><td>球德教育</td></tr>
<tr><td>意志品质</td></tr>
<tr><td rowspan="4">负荷指标</td><td colspan="2">总时数</td><td colspan="6"></td><td colspan="4"></td><td colspan="2"></td></tr>
<tr><td colspan="2">技训/身训</td><td colspan="6"></td><td colspan="4"></td><td colspan="2"></td></tr>
<tr><td colspan="2">量/强度</td><td colspan="6"></td><td colspan="4"></td><td colspan="2"></td></tr>
<tr><td colspan="2">强度、量</td><td colspan="6"></td><td colspan="4"></td><td colspan="2"></td></tr>
<tr><td colspan="3">比赛安排</td><td colspan="6"></td><td colspan="4">名称：
时间：
地点：</td><td colspan="2"></td></tr>
<tr><td colspan="3">恢复措施</td><td colspan="6"></td><td colspan="4"></td><td colspan="2"></td></tr>
<tr><td colspan="3">反馈考核措施</td><td colspan="6"></td><td colspan="4"></td><td colspan="2"></td></tr>
</table>

（四）周/课训练计划的制订

1. 周训练计划安排

周训练计划的制订，是以课训练计划为基础的周训练安排，在日常的周训练中，一般根据训练负荷和运动员机能适应节奏，结合运动员文化和业务学习的要求，对周训练整体的安排，如表 23-9 所示。

表 23-9　周训练计划安排

星期	周一	周二	周三	周四	周五	周六	周日
上午	技术（单球）体能	技术（单球）体能	比赛及体能	文化/业务学习	技术（单球）体能	比赛	文化/业务学习
下午	技术（多单结合）	技术（多单结合）	技术（多单结合）	技术（单球）体能	技术（多单结合）	体能	调整
晚上	训练日记	文化/业务学习	文化作业	训练日记	文化/业务学习	文化作业	队会

2. 备战期课训练计划

在课训练计划的安排上，根据训练目标及任务的不同要求，应有不同的课训练计划的制订和执行，如根据备战期，所制订的课训练计划如表 23-10、表 23-11 所示。

表 23-10　上午训练内容与要求（2 小时 20 分钟）

内容	时间	要求与目的
1. 准备活动	10 分钟	
2. 热身	10 分钟	
3. 步法	15 分钟×2	要求：三点走位，正手位 2/3 台跑位，全台一边一个，三选一 目的：提高步法移动和运用能力，加强步法连续性和合理性
4. 接发球（参赛队员全练）	10 分钟×2	要求：周一、三、五拧拉和挑打为主，注意拧、挑后的衔接配合 第二个 10 分钟以个性练习为主 周二、四摆短配合搓长，注意摆短的严密性，搓长后要进行积极性防守 第二个 10 分钟以接长球为主，配合全台 目的：加强拧拉、挑打后衔接的一体性，提高积极防守的能力，加强前三板实力
5. 发抢（参赛队员全练）	15 分钟×2	要求：周一、三、五抢下旋长球，陪练方配合摆短，主练方加强拉冲长球质量 第二个 15 分钟以个性化练习为主 周二、四抢上旋，陪练方拧拉、挑打为主，主练方要有用正手抢攻的意识 第二个 15 分钟，以发长球和半出台球为主，进行抢攻 目的：加强长球抢拉抢冲能力，提高正手抢上旋运用效果，提高整体实力
6. 比赛一局	30 分钟	要求：全力投入，加强对抗 目的：提高实战能力，通过比赛发现问题
7. 体能训练	10 分钟	

表 23-11　下午训练内容及要求（3 小时 15 分钟）

内容	时间	要求与目的
一、准备部分		
1. 准备活动	30 分钟	
2. 对攻	5 分钟	参赛队员为二拉一
二、基本部分		
1. 防守（稳防）	10 分钟	要求：陪练方从下旋拉起，主练方全台防守，加强防守时线路的牵扯和变化 目的：提高全台防守能力，保持防守的稳定性和连续性
2. 对拉	20 分钟	要求：从下旋球拉起，反拉后形成全台对拉，体现线路变化和对抗性 目的：加强拉球线路的主动变化能力和多板对抗，加强步法全台跑动能力
3. 防守（凶防）	10 分钟	要求：陪练方从下旋拉起，主练方主动防守，防中带攻，加强凶悍性和进攻性 目的：提高主动防守能力，加强防转攻和防中带攻能力的提高
4. 相持	20 分钟	要求：主练方拧拉、挑打后形成反手相持，主动侧身为主结合变正手和中路，形成全台对全台，注意前后步法到位和中近台技术合理衔接 目的：提高相持中中近台衔接及侧身进攻威胁性
5. 休息	5 分钟	
6. 发球	15 分钟	要求：突出规范，强调弧线和落点的质量 目的：提高落点的精确性和发球的威胁性
7. 多球	50 分钟	根据队员需要自主安排
8. 补课	20 分钟	
三、结束部分		
1. 拉伸放松	10 分钟	

二、训练过程的控制

在训练过程中，教练员是训练过程的主要控制者，运动员是训练过程的主要受控者。训练计划是控制者为了达到训练目的，对受控制者的训练活动实施控制的控制程序。预先制订的训练计划不可能完全符合运动训练的实际情况，作为训练过程控制程序的训练计划必须具有灵活性和可变性。

在受控者状态发生离差后，必须适时地对预定的控制程序进行适宜的变更，以期获得良好的控制效应。由于训练过程的控制是一个随机的控制过程，故教练员在对运动训练计划随机控制的过程中变更训练计划是非常重要的。

图 23-1 是控制训练过程的基本模式，供参考。

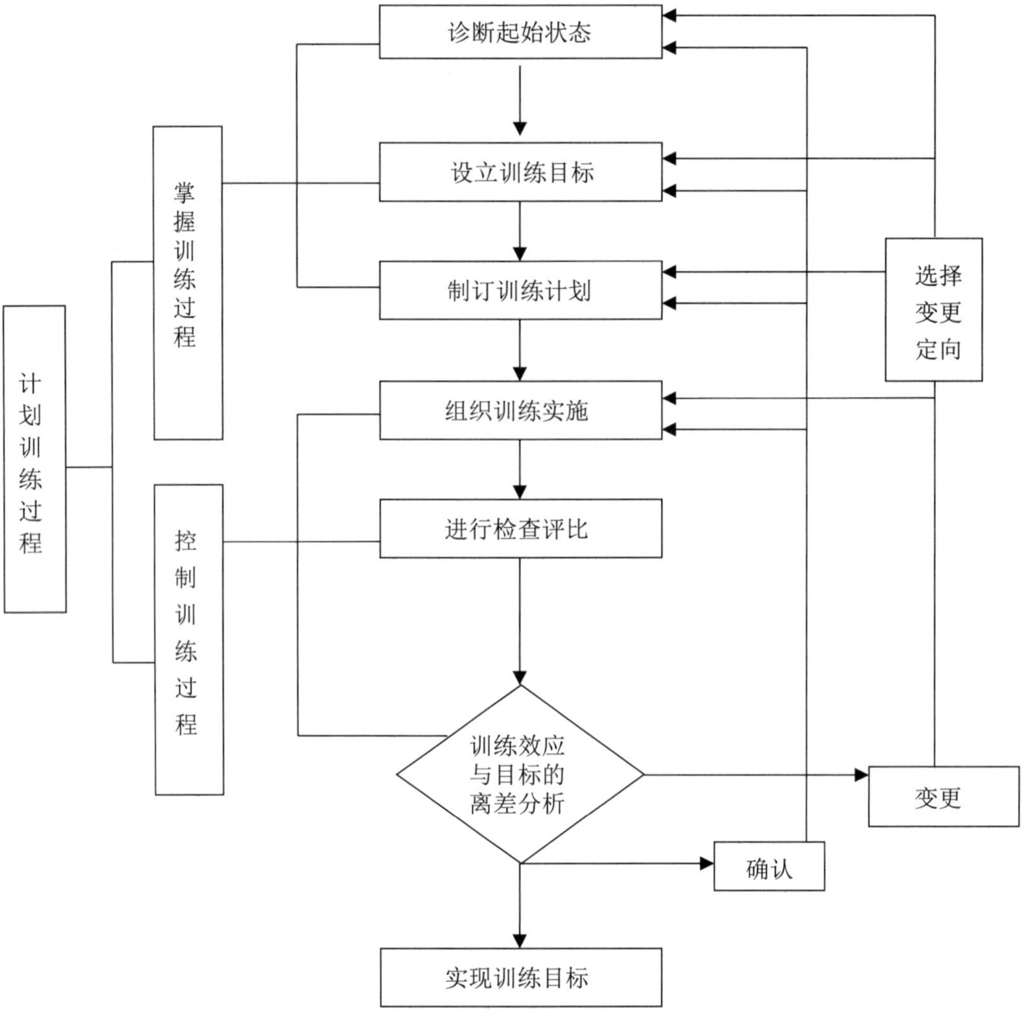

图 23-1　控制训练过程的基本模式

另外，预先制订的计划往往不一定符合千变万化的训练实际情况，所以，训练计划在实施过程中的适宜变更是教练员控制训练过程的有效方法。

训练计划的适宜变更是减少训练状态过分偏离最佳训练途径、避免过大变更的关键技术，是教练员控制训练过程的重要手段。

教练员变更训练计划多是期望通过变更有效地实现原定训练目标，为此教练员常用的变更方法是“降低运动负荷”和“改变训练内容、任务”。

（一）调整训练计划的因素

1. 竞赛规则、规程的变化

在比赛规则有变化时，要根据比赛规则的变化，改进技术动作，以保证技术的合法性。

2. 比赛时间和地点的变更

在比赛时间和地点变更时，要及时调整进入竞赛期的时间，以保证在比赛期间获得最佳竞技状态。

3. 运动员技术的创新

在运动员技术创新和适应新技术时期，要加大新技术的训练比例，尽快掌握和适应新技术，为提高整体技术水平打下良好的基础。

4. 运动员情绪的波动

在运动员的情绪产生波动时，要及时调整训练的难度，重新建立训练的信心，以保证未来训练计划的顺利进行。

5. 运动员的疾病、创伤

在运动员生病、受伤后，要加强训练内容的调整，在保证身体健康的情况下进行一些力所能及的技术训练，如进行发球、定点的防守、辅助技术练习等。

6. 大自然的变化

在突然出现恶劣天气、环境的情况下，应将室外的训练改至室内进行，以保证运动员的身体健康。

（二）训练计划变更的内容、方法和手段

①变更课训练计划，大多是期望有效地实现原定训练目标，教练员常用的方法是“降低运动负荷”“改变训练内容和任务”。

②变更阶段训练计划，大多是通过延长或缩短阶段训练的时间，使运动员提高技战术水平或保持竞技状态，实现原定训练目标。

③变更周期训练计划，通过对个别运动员训练目标、方法和手段的变更，使运动员掌握新技战术或建立新的竞技状态，实现新的训练目标。

小结

本章就训练计划的制订、实施方案和控制做了介绍，使教练员能够更好地制订训练计划。

■ 思考题

1. 制订乒乓球训练计划的目的是什么?
2. 制订乒乓球训练计划的主要依据有哪些?
3. 训练计划的类型与基本内容有哪些?
4. 简述课训练计划的结构并设计编写一个课训练计划。

参考文献

[1] 曹犇，王国昆．论乒乓球运动中的控制与反控制［J］．西安体育学院学报，2009（4）：481-486,500.
[2] 吴飞．关于国家乒乓球男队赛前训练的实践研究［J］．山东体育学院学报，2015（2）：95-100.
[3] 林岭．现代运动训练新理念、新方法［D］．北京：北京体育大学出版社，2012（6）：160-167.
[4] 刘钦龙．运动训练创新理论研究［D］．北京：北京体育大学，2007.
[5] 唐建军．乒乓球运动教程［M］．北京：北京体育大学出版社，2006.

高级部分

第二十四章
前沿技术的学习与训练

教学目的

1. 了解正反手类前沿技术的技术特点和动作标准。
2. 了解正反手类前沿技术的动作关键及易犯错误。
3. 掌握正反手前沿技术的训练方法及要求。

教学安排

总时数 8 学时。其中讲授 4 学时，讨论、实践、作业 4 学时。

本章就目前比较前沿的技术进行了介绍，包括正反手类技术的特点、动作标准、动作关键及易犯错误。

第一节　正手类

一、正手晃搓

（一）技术特点

通过假动作，如身体的晃动和触球瞬间的拍形变化，迷惑对手，影响对手的回球节奏。

（二）动作标准

①站位：判断来球，通过跨步或并步移动，找好击球位置；
②引拍：拍面略向后引，手腕外展，融入挑打或摆劈的准备动作；
③挥拍击球：在来球的上升后期摩擦击球，触球瞬间手腕突然改变拍面方向，击球的中下部外侧，使球改变原来预想的线路；
④还原：击球后，保持身体重心稳定，快速还原。

（三）动作关键

①击球前的动作具备较高的迷惑性；
②在触球瞬间改变动作的方向；
③动作要小，而且要快。

（四）易犯错误

①移动不到位；
②手腕不灵活，触球时前臂动作僵硬；
③引拍动作过大，没有突然性。

二、正手快点

（一）技术特点

具有站位近、动作小、突然性强、线路变化多等特点，是台内球的处理手段之一。

（二）动作标准

①站位：判断来球，迅速移动，找好击球位置；
②引拍：引拍动作幅度较小，身体略向右转，腰腹部收紧，来球为下旋球时，拍形垂直或稍后仰；来球为上旋球时，拍形稍前倾；
③挥拍击球：下旋球的快点主要是通过手腕发力，在来球的下降前期触球的中部或中下部，多摩擦，向前上方挥动；上旋球的快点则是在来球的高点期触球的中上部，通过手腕发力，多向前撞击来球；
④还原：击球后迅速还原。

（三）动作关键

①动作要小，手腕发力充分；
②判断来球的旋转，打、摩合理；
③控制动作的方向，制造必要的弧线。

（四）易犯错误

①手腕不灵活，动作僵硬；
②来球判断不清，弧线制造不充分。

三、正手快拉

（一）技术特点

具有速度较快、动作较小、线路灵活等特点，是对付削球打法的重要技术。

（二）动作标准

①站位：判断来球，左脚稍前，找好击球位置；
②引拍：向右侧转腰、沉肩、引拍，重心置于右脚上，拍形稍前倾；
③挥拍击球：蹬地、转腰，身体重心由右向左转移，通过前臂和手腕的发力，在来球的高点期或下降前期触球的中部或中上部，在身体的右前方触球，向左前方发力挥动球拍；
④还原：击球后迅速还原。

（三）动作关键

①上下肢协调发力，腰腹紧收；
②触球时，加速收前臂和手腕。

（四）易犯错误

①身体重心没有充分的转移；
②击球点靠前或靠后；
③收前臂和手腕不充分。

四、正手滑板球

（一）技术特点

具有动作小，线路可变性强等特点，是直板快攻型选手的技术之一。

（二）动作标准

①站位：判断来球，右脚略前，找好击球位置；
②引拍：引拍至身体右前方，置于台内，拍形稍前倾，手腕外展，拍面朝向右前方；
③挥拍击球：在来球的上升后期或高点期，通过手腕的外展动作，前臂快速向左侧挥动，摩擦球的中部，使球向右侧前方斜拐；

④还原：击球后迅速还原。

（三）动作关键

①手腕充分外展；
②向左侧挥动球拍，摩擦来球的中部。

（四）易犯错误

①手腕外展不充分；
②横向摩擦不够。

五、正手撇搓

（一）技术特点

可以搓出侧旋球，线路和弧线可变，是一项比较高级的搓球技术。

（二）动作标准

①站位：判断来球，迅速移动，找好击球位置；
②引拍：前臂外旋，并略向后引拍，手腕外伸，使球拍略向后仰；
③挥拍击球：在来球的高点期或下降前期，通过前臂和手腕向左摩擦球的左侧中下部，保证足够的挥拍空间，以防吃转；
④还原：击球后迅速还原。

（三）动作关键

①手腕的外伸，保证球拍外撇；
②摩擦球的左侧中下部，向左发力。

（四）易犯错误

①手臂僵硬，前臂与手腕不够灵活；
②找不准击球时机，摩擦不够充分。

六、正手撇拉

（一）技术特点

技术动作与正手拉下旋弧圈球基本类似，但能够拉出侧旋球，是一项针对下旋球的正手位弧圈球技术。

（二）动作标准

①站位：判断来球，迅速移动，找准击球位置；

②引拍：重心向右脚转移，右肩下沉，并向右后下方引拍，手腕后伸，并外展，拍面稍前倾，拍头适当向右上方翘起，如果下旋较强，可适当将拍面立起来些；

③挥拍击球：蹬地，转腰，身体重心由右向左蹬转，右髋向前顶出，同时腰腹紧收，带动上肢迅速收前臂，在来球的上升后期或高点期击球的左侧中上部，向左前上方发力，来球下旋较重时，可适当向上一点，下旋一般时，多向左摩擦一点；

④还原：击球后迅速还原。

（三）动作关键

①重心转移充分，肘关节打开；

②上下肢协调，动作方向一致；

③击球部位准确，视旋转情况调整动作的发力方向。

（四）易犯错误

①还原时肘关节没有充分打开，仅依靠拉上臂向后还原；

②拍面过于前倾，横向摩擦不够，不能有效制造侧旋；

③上下肢动作脱节，腰腹部太“散”。

七、正手侧兜

（一）技术特点

动作较大，弧线较低，能够拉出强烈的侧旋球，是弧圈球技术的一种。

（二）动作标准

①站位：判断来球，迅速移动，找准击球位置；

②引拍：右脚在前，腰向右转动，重心转移至右脚，球拍引至身体的右侧后方，拍头稍稍下垂；

③挥拍击球：蹬地、转腰，身体重心由右向左蹬转，右髋向前顶出，上臂带动前臂快速挥动，在来球的高点期或下降前期击球的右侧中部或下部，球拍向左前方向划出一个横向的半弧形；

④还原：击球后迅速还原。

（三）动作关键

①重心转移充分，保证充分向侧后方引拍；
②球拍稍内扣，击球时，划出侧“兜”弧线。

（四）易犯错误

①挥拍击球时，无兜球动作，摩擦时间短；
②手腕放松不够，击球时，不能很好地加速；
③击球点离身体过远，发不出力。

第二节　反手类

一、反手弹打

（一）技术特点

出手速度快，具备很强的突然性和进攻性，能有效快速处理反手的机会球。

（二）动作标准

①站位：判断来球，迅速移动，找好击球位置；

②引拍：肘关节前顶，前臂后引至胸腹前，屈肘、屈腕，略含胸，球拍略向外撇，拇指压住球拍；

③挥拍击球：在腰、髋的协调下，球拍迅速向前方挥动，在来球的高点期，以肘关节为轴，身体重心由左向右转动，身体前压，通过前臂和手腕弹击的力量击球的中部；

④还原：击球后迅速还原。

（三）动作关键

①引拍位置比较高；
②肘关节必须前顶，球拍要略微外撇；
③要用弹击的方式发力。

（四）易犯错误

①找不准击球点，被来球顶住；

②肘部不固定，发力的爆发性不充分。

二、反手快点

（一）技术特点

具有站位近、动作小、突然性强、线路变化多等特点，是处理台内球的手段之一。

（二）动作标准

①站位：判断来球，左脚插入台内，身体靠近球台，找好击球位置；

②引拍：引拍动作幅度较小，置于台内，来球为下旋球时，拍形稍后仰，手腕稍下垂；来球为上旋球时，拍形稍前倾；

③挥拍击球：反手快点下旋球，通过前臂和手腕在下降前期触球的中下部，向前上方发力；来球为上旋球时，同样通过前臂和手腕发力，在高点期触球的中上部，多向前发力；

④还原：击球后迅速还原。

（三）动作关键

①前臂和手腕协调发力；

②判断来球的旋转，控制打、摩的程度。

（四）易犯错误

①动作僵硬，前臂、手腕发力不协调；

②发力方向和打、摩比例与旋转不匹配。

三、反手快拉

（一）技术特点

具有动作小，速度较快。线路变化灵活等特征，是应对下旋来球的重要技术之一。

（二）动作标准

①站位：判断来球，采用单步或跨步移动，找好击球位置；

②引拍：引拍幅度稍小，拍形稍前倾，前臂和手腕自然放松，肘部略微前顶；

③挥拍击球：在来球的高点期或下降前期通过前臂和手腕的发力，摩擦其中上部，下旋越强烈摩擦越多，发力方向越向上，反之，则撞击多一点，多向前发力；

④还原：击球后迅速还原。

（三）动作关键

①移动到位，预留足够的击球空间；
②动作稳定，触球时发力集中；
③判断来球的旋转，调节出手的角度和打、摩比例。

（四）易犯错误

①动作过大或过小；
②前臂发力不充分，手腕太松。

四、反手减力防弧圈

（一）技术特点

动作幅度小，回球相对较慢，可破坏对手的击球节奏。

（二）动作标准

①站位：判断来球，迅速移动，找好击球位置；
②引拍：身体重心在两脚之间，球拍稍内收，肘部略外顶，拍面前倾；
③挥拍击球：在来球的高点期或下降前期顺着来球的方向，手腕固定，使球拍被动击球（即球去撞球拍，而不是球拍主动撞球），在触球时注意摩擦，手臂与手腕稍向后收，主要是用身体重心去控制来球，进行卸力，当来球上旋较强时，身体重心应略微提起；
④还原：击球后迅速还原。

（三）动作关键

①重心在两腿之间，用身体重心控制来球；
②手腕固定，球拍向后“躲”着回球。

（四）易犯错误

①向前迎球回击；
②没有充分卸力，“躲”得不够。

五、反手撇搓

（一）技术特点

可以搓出侧旋球，线路和落点变化较多，是一项比较高级的搓球技术。

（二）动作标准

①站位：判断来球，迅速移动，找准击球位置；

②引拍：前臂内旋，球拍稍后仰，肘部外顶，向后引拍，引拍动作较小；

③挥拍击球：身体迎前，通过前臂和手腕发力，在来球的高点期或下降前期触球右侧中下部，并向右摩擦球，手腕前顶，屈手腕，使球拍更好地贴住球，以增大向右的摩擦时间，增加球的侧旋强度；

④还原：击球后迅速还原。

（三）动作关键

①摩擦球的右侧中下部，并向右侧摩擦；

②前臂和手腕保持适当放松，触球时不要过于僵硬。

（四）易犯错误

①上步位置不到位，找不准击球部位；

②前臂和手腕过于放松或僵硬。

六、反手撇拉

（一）技术特点

技术动作与反手拉下旋弧圈球基本类似，但能够拉出侧旋球，是一项针对下旋球的反手位弧圈球技术。

（二）动作标准

①站位：判断来球，迅速移动，找准击球位置；

②引拍：重心向左脚转移，右肩下沉，腹部充分内收，并向左后下方引拍，手腕前屈，并外展，拍面稍前倾，拍头向左上方翘起，如果下旋较强，可适当将拍面立起来些；

③挥拍击球：蹬地，转腰，身体重心由左向右蹬转，左髋向前顶出，同时腰腹紧

收，在来球的上升后期或高点期击球的右侧中上部，向右前上方摩擦发力，来球下旋较重时，可适当向上一点，下旋一般时，多向右摩擦一点，充分制造左拐弧线；

④还原：击球后迅速还原。

（三）动作关键

①重心转移充分，前臂快速展开；

②上下肢协调，动作方向一致；

③击球部位准确，视旋转情况调整动作的发力方向。

（四）易犯错误

①还原时前臂内收不够，动作过小；

②拍面过于前倾，侧向摩擦不够；

③上下肢动作脱节，腰腹部太“散”。

七、反手撇撕

（一）技术特点

具有动作较小、迷惑性强、发力集中、摩擦充分等特点，能够制造出强烈的侧向旋转回球，是反手回击上旋球的高级技术之一。

（二）动作标准

①站位：判断来球，迅速移动，找好击球位置；

②引拍：右脚稍前，身体重心略微下沉，含胸收腹，上体向逆时针方向旋转，将身体重心压至左脚，右肩下沉，上臂内收，前臂与手腕外旋，手背绷住，球拍引拍靠近躯干，位置高于肘部，食指发力，顶住球拍，使球拍拍头指向左前上方；

③挥拍击球：左脚蹬地，向顺时针方向旋转，将左侧髋部向右前方顶，腰腹部顺势旋转，将下肢的旋转速度向上传递，在上旋来球的上升后期至下降前期之间，挥拍触球的右上侧，以肘为支点，保持上臂内收位置，将前臂加速内旋，同时将手腕外展，充分释放前臂和手腕，触球瞬间，拇指发力，向前快速挥拍摩擦球的右上侧位置；

④还原：击球后迅速还原。

（三）动作关键

①引拍时含胸充分，前臂旋外，保证动作连贯和紧凑；

②上下肢协调，动作方向一致；

③身体重心不宜上下波动过大，来球靠近身体左前方。

（四）易犯错误

①引拍时过度向身体外侧，导致动作过大；
②击球时，上下肢脱节，发力方向不一致。

八、侧切技术

（一）技术特点

具有点切式、爆发式发力特点，能够将上旋变为强烈的下旋，是上旋变下旋的高级技术之一。

（二）动作标准

①站位：判断来球，迅速移动，找好击球位置；
②引拍：含胸收腹，身体向前，右上臂和肘关节靠近身体右侧，手臂自然弯曲，前臂上提并外旋，引拍至身前，使拍面稍前倾；
③挥拍击球：来球从台面弹起后，前臂和手腕向左前下方挥拍迎球，在来球的上升前期，以稍前倾的拍形切击球的中上部，球拍击球瞬间，前臂和手腕向左前下方发力；
④还原：击球后迅速还原。

（三）动作关键

①引拍时，前臂上提动作紧凑；
②触球前，一定要爆发式发力进行点切。

（四）易犯错误

①等球，没有在上升期击球，回球易冒高；
②没有充分向左下方发力。

小结

本章阐述了乒乓球正反手类前沿技术的技术特点、动作标准、动作关键、易犯错误等，有助于教练员更好地掌握前沿技术，丰富教练员的训练计划。

■ 思考题

1. 正反手类前沿技术有哪些?
2. 反手撇撕的动作关键是什么?

参考文献

[1] 成波锦. 乒乓球非常规技术实战应用分析 [J]. 体育研究与教育, 2013 (6): 87-91.
[2] 施旺红, 王小英, 任建军, 等. 视动刺激生理心理反应的实验研究 [J]. 心理学报, 1995, 1: 98-103.
[3] 陈德林. 乒乓球战术训练的落点监控与效果评定 [J]. 广州体育学院学报, 2006 (5): 56-57, 69.
[4] 马克坚. 战术原则与意识培养 [J]. 中国体育科技, 1981 (28): 19-30.
[5] 汤信明. 运动员的气质类型与管理艺术 [J]. 武汉体育学院学报, 1991 (1): 47-49.
[6] 曹犇, 王国昆. 论乒乓球运动中的控制与反控制 [J]. 西安体育学院学报, 2009 (4): 481-486, 500.

第二十五章
多球训练

教学目的

1. 理解多球训练过程中的几个关系。
2. 掌握高级阶段多球训练的方法与手段。

教学安排

总时数 4 学时。其中讲授 2 学时，讨论、实践、作业 2 学时。

本章主要介绍了多球训练过程中需要处理的技术巩固与技术改进、单一技术与结合技术、快与慢、单球与多球之间的问题，并要求教练员掌握高级阶段多球训练的手段与方法。

第一节　多球训练的几个关系处理问题

多球训练的作用和效果是经过实践检验的，但其中的多种关系，还需要教练员认真研究，在实践中充分处理好这几个关系是发挥多球训练效果的重要条件。

一、处理好技术巩固与技术改进的关系

在技术巩固的过程中，通常的负荷相对较高，要求在短时间内增大击球的频率，以提高运动员的练习次数，从而达到动力定型。在技术改进的过程中，多球训练的负荷相对较小，要求运动员不断体会改进动作的要点，有意识地进行新的动力定型结构重建，供球的频率相对较低，甚至供一球需停一次进行纠正。

二、处理好单一技术练习和结合技术练习的关系

单一技术的练习往往要求技术动作结构的稳定性，通过高频率的练习，强化动力

定型，而结合技术的练习则更多的是强调技术之间的连贯性和质量。前者需要教练员注重供球节奏与动作完成节奏相匹配，而后者则更加强调球与球之间的连贯性。

三、处理好供多球的快与慢的关系

多球训练应按照循序渐进的原则，从易到难。要控制供球的速度，对初学者的供球应该先从慢开始，以便他们领会动作要领，改进技术动作。这种慢是为了今后的快，随着技术水平的不断提高，应逐步加快供球的速度，但不能无限制地快。衡量供球快与慢的标准就是看在供球加速后，各级水平的运动员能否完整地完成规范的技术动作。

四、处理好多球训练与单球训练的关系

多球训练与单球训练的时间安排应是 1∶2。多球训练不能代替单球训练，原因是“单球练习时双方击球都受对方上一板来球性质的制约，从而决定了还击下一板球的性质、节奏、战术走向等。多球练习容易淡化对来球性质的判断，不能更好地应变，意识单一”。

第二节　高级阶段多球训练的操作

一、训练目的

高级阶段多球训练主要从实战的角度出发完善各项技术细节，将技术与战术的训练相结合，精练个人打法特长的技战术组合，并弥补相对薄弱的技战术环节，形成各技战术环节之间的配套和流畅衔接，从而形成具有个人打法特点的技战术体系。

二、训练方式

采取多球单练为主、教练员直接发球为辅的训练方式。教练员直接发球以优化技术动作细节、提高结合技术衔接过程中步法跑动能力和连续进攻能力、提高专项身体素质为主。多球单练则针对不同技战术环节进行专门训练，模拟三段中各阶段技战术组合，先进行单一组合精练，再进行综合性训练，使训练的强度和难度接近甚至超过比赛。

三、具体训练操作

（一）多球训练（表 25-1）

表 25-1　多球训练

内容	组合特点	注意事项
优化技术细节，提高结合技术衔接质量	对各单项技术和组合技术衔接中的个别问题进行有针对性的改进。例如，调整反手冲下旋球的击擦比例；接发球台内拧起来后衔接全台上旋的转换方式和站位	所选择的练习方法目的性强，能根据不同运动员的问题予以有针对性的解决，强调训练的个性化。供球过程中能从比赛的需要出发，变化供球的速度、旋转、节奏等各个要素，解决运动员在各技战术环节中需要改进和完善的问题
提高专项身体素质的多球训练	将球台面拼成“品”字形，在台前移动击球	加大供球角度，以扩大练习者跑动的范围，要求跑动中尽量到位 加快供球的节奏、球速，以提高练习者跑动的速度 练习者跟上供球节奏 起动—移动—还原的速度尽可能加快 每个动作都做完整 降低供球的难度（节奏慢一点，弧线高一点），以提高练习者协调合理地发力击球 练习中，可先原地发力（比例可以高一点），再练跑动中的发力 要求全身协调用力，不要发死力 利用供球的突然性，以提高练习者判断和突然起动的灵敏性 练习中以不定点、不定次的内容为主 要求击球前保持良好的准备起动姿势 增加供球的数量或延长供球的每组时间，以提高练习者的耐力水平及顽强的意志品质 以技术练习为主的，可安排 80 个球为 1 组；3 分钟为 1 组的，可安排 5 分钟 1 组 要考虑方法间的内在联系，训练安排要根据达到的目的而有所侧重

（二）多球单练（表 25-2）

表 25-2　多球单练

形式	组合内容	练习要求
个人特长技术结合	1. 发球抢位——抢上旋球的组合练习 发底线长球（上旋为主），抢反拉上旋球（对方以拉、拨到左半台），然后侧身 2/3 台连续冲 反手反拉直线（对方以拉、拨到左右底线），正手反拉斜线，然后正手 2/3 台连续冲 发近网短球（上旋为主），正手反拉直线（对方挑接到右半台） 发近网短球（对方挑接到左半台），侧身拉直线然后正手对拉 2. 发球抢攻——上下旋结合的组合练习 发对方反手长短球（对方拉撇结合回接左半台），侧身位抢拉上下旋球 发对方反手长短球（对方回摆左半台短球，拉左半台长球），侧身位抢拉上旋球并处理好短球（挑接、回摆） 3. 示例一：接发球 接短球回摆球后侧身 2/3 台抢攻（对方挑拨左半台） 接短球挑接斜线后正手反拉直线（对方反拉右半台） 接左半台底线球，冲直线（不转），右 2/3 台连续拉冲 拉吊斜线后（下旋）左 2/3 台连续拉冲 4. 示例二：发球侧身位抢冲直线（特长练习） 发球—侧身位抢冲直线，2 个回合为 1 个组合 发球—侧身位抢冲直线，连续冲，3 个回合为 1 个组合	根据个人的技术特点及比赛中有效的得分技术（特长技术）反复精炼 每个人从发球、接发球开始，都应有自己的成套技术组合。新规则实施后，由于发球质量的下降（发球站位的变动）、抢攻难度的增加，发球抢攻由原来的对付下旋球为主变成对付上旋球为主，很多运动员发球一轮的套路需要作调整 接发球由于发球质量的下降、难度降低，接发球由原来被动的摆短为主变成主动的进攻性的挑接撇长抢位为主 接发球抢攻（位）不像原来是高难度的技术，接发球一轮比发球一轮更容易得分 有必要调整实施“发球套路和接发球一体化”，实际都是几个组合技术的结合，个人根据自己的特点建立成套技术并分解成几个组合技术，逐个提高质量 发球的落点、对方的回击方法可以变化
补短技术的组合练习	示例：正手接短球（拉接）后反手出现被动局面 接发球—对方拉左半台—反手拉，2 个回合为 1 个组合 接短球—反手压—全台相持，4～5 个回合为 1 个组合	比赛中发现的某些技术问题逐个进行补短练习 提高步法的移动速度和摆速
战术分解技术的组合	示例：双打 主练方运动员 A：以接短球搓控制为主，配合撇长和挑接斜线，为 B 创造全台抢攻（拉）的机会 主练方运动员 B：全台抢攻（拉）和处理好对方拉接的球	战术训练可先做分解技术练习，然后再做组合练习

续表

形式	组合内容	练习要求
战术分解技术的组合	供球方运动员 C：发转与不转中右短球 供球方运动员 D：短球回摆配合搓撇两条底线，出台球抢位 练习 2 个回合为 1 个组合 A 以搓短为主配合撇长，B 全台积极抢位（对付下旋球为主） A 挑接和撇长结合，B 以回接对方过来的上旋球为主 A 摆短撇长挑接结合，B 以全台抢位为主及处理不好不能拉的球	训练前要让运动员了解练习目的、组合的内容、练习的方法及要求 要求运动员带着实战意识，做到“死线活练”

小结

本章阐述了多球训练过程中的几个重要关系，从一些核心问题上理解多球训练的关键，从而提高教练员对多球训练的认识和多球训练的供球水平。教练员应根据运动员技术水平的差异，制订适宜的训练方法和手段，并视练习效果适当提高或降低练习难度。

■ 思考题

1. 多球训练过程中的重要关系有哪些？

2. 高级阶段的多球训练操作应注意哪些方面（供球动作的手法要求、供球动作的节奏、喂球动作的实战性等）？

参考文献

[1] 吴焕群．中国乒乓训练原理研究 [J]．北京体育大学学报，2004（2）：145-154.
[2] 林岭．现代运动训练新理念、新方法 [D]．北京：北京体育大学出版社，2012（6）：160-167.
[3] 佘竞妍．乒乓球技术体系的分类及效用研究 [D]．上海：上海体育学院，2010.
[4] 虞荣安，孙莉．新编乒乓球教程 [M]．西安：西北工业大学出版社，2011.
[5] 刘建和，胡小明．运动竞赛学 [M]．四川：四川教育出版社，1990.
[6] 唐建军．乒乓球运动教程 [M]．北京：北京体育大学出版社，2006.

第二十六章 女子技术男性化

教学目的

1. 了解女子技术男性化的战略意义。
2. 了解女子技术男性化的意识。

教学安排

总时数 6 学时。其中讲授 3 学时，讨论、实践、作业 3 学时。

女子技术男性化是女子技术打法的趋势所在。本章就女子技术男性化的理论方面进行了论述，并根据实际提出了女子技术男性化的具体训练方法。

第一节 女子技术男性化概述

女子技术男性化不仅是竞技训练理念，更是在女子项目发展的创新趋势上提供了新的方向。当今，世界乒乓球发展的一个鲜明特点就是技战术都朝着更加积极主动的方向发展，在女子技术向男性化方向发展过程中，其本质特征就是更加积极主动。因此，在训练意识上表现出速度越来越快、力量越来越大、旋转越来越强、技术质量越来越高的趋势，特别是采用 11 分赛制以来，好技术的凶狠程度更贴近男子。

对于女子技术男性化，要在技术创新、意识培养，以及训练方法手段等多方面男性化，在技术风格上积极主动、先发制人，在技术手段上突出正手凶狠、反手强势、全台跑动能力强的特点。因此，对女子技术男性化要提出量化要求，克服认为技术男性化高不可攀的畏难情绪。要抓住 3 项改革所衍生的技战术变化的契机，加速女子技术男性化的进程，继续保持在世界乒坛的领先地位。

女子技术男性化训练，必须从青少年抓起，抓好选材，只有在运动员体能、技能、心理和智力发展的敏感期为男性化打下牢固的基础，女子技术男性化才能真正实现。

第二节　女子技术男性化的训练方法

一、意志品质上，树立“我就是主将”的意识

女运动员在思想上容易滋生“娇骄”二气，表现在训练和比赛中对自己要求不严格，缺乏主动性，尤其是遇到困难时没有克服困难的信心，意志品质不够顽强。教练员选材时，在考虑体型、身体素质、技术条件的基础上，应特别注意挑选那些神经类型好、意志品质顽强的运动员，要加强意志品质培养和心理训练，使女运动员树立“我就是主将”的意识。

在女运动员的思想作风方面，前世界冠军邓亚萍堪称楷模。她对每一场比赛的胜负都看得很重，在赛场上总是表现得特别自信，她的拼杀精神和不服输的劲头往往从气势上就给对手造成很大的压力。这种必胜的信念来自她比别人更艰苦的训练和更多的付出。

二、竞争意识上，树立“挑战自我，挑战极限”的意识

与男运动员“好胜、喜欢比赛”的特点相反，女运动员是“能训练，不喜欢比赛”。对球技不断钻研、精益求精的热情不高，这在不同程度上影响了她们潜能的发挥，阻碍了竞技水平的提高。

与男运动员相比，女运动员在比赛中积极上手、主动进攻的意识显得薄弱，表现为：能主动上手的球迟迟不上手，能用正手进攻的球不用正手，能发力的不敢用“杀手锏”，缺乏战胜对手的意志和决心。

运动员只有多参加比赛，通过多次失败、成功的磨炼，才能丰富比赛经验，提高实战能力，因此，教练员可以通过安排各种各样的对内比赛来培养女运动员挑战自我、挑战极限的竞争意识，如升降赛、队内定期大循环赛、进行动态式分组训练等，不断提供新的刺激。

三、在技术风格上，树立“赶超男子技术”的意识

技术风格既是以实力为基础，又是实力的集中体现。不同类型的打法体现了不同的技术风格，如快攻打法强调“快”，弧圈球打法强调“凶”“狠”，削球打法强调“攻”“稳”“变”等。运动员的技术风格通过比赛和训练体现出来，由于个人特点的不同，同一打法在体现同类技术风格时存在对技战术运用的差异，从而形成了个人独特的技

术风格。

在比赛中，技术的发挥、战术的运用及场上的作风等都反应运动员是否打出风格、打出水平的重要标志。对运动员比赛水平的评价除了看胜负之外，还要看其是否打出了风格、打出了水平。因此，每个运动员都应该根据自身竞技能力（形态、机能、素质、技术、战术、心理和智力）的特点，建立和发展各自的技术风格。世界乒坛男选手的个人技术风格都很鲜明，例如：

瑞典名将瓦尔德内尔，其个人风格突出一个“变”字。体现在发球的旋转、落点的多变；接发球时，用拉、摆、撇、切和挑等多种方法来破坏对方的发球抢攻；反手进攻时拉时弹；正手进攻的快慢节奏和斜、直线的变化等。

比利时的塞弗、法国的盖亭、克罗地亚的普里莫拉茨，虽同属两面弧圈为主的打法类型，但技术风格却有所不同。盖亭、塞弗属于凶狠技术风格，有人形容他们的进攻到了“不讲理”的程度，别人认为难以发力或不能发力的球，他们多采用发力拉冲，在凶狠的前提下求准确。普里莫拉茨则是以稳健的两面加力拉落点和快慢节奏来控制对方，从而取得主动，其技术风格体现在“准”“变”两字上。

欧洲年轻一代的代表德国的波尔，将欧洲的“凶狠”与中国的“速度”结合起来，上手能力强，积极主动，稳中带凶，相持中节奏、线路的控制尤为突出，个人技术表现为风格“快”“凶”“稳健”。

在中国的运动员中，王涛的打法体现了“凶”“快”的技术风格，即以反手快速的弹击压倒对方，为正手侧身攻创造机会。刘国梁的技术风格突出的是“快”“变”，即积极主动，正手进攻一板快似一板，压得对手透不过气来 。马琳的技术风格为“快”“凶”，即积极上手、主动侧身意识强，常常出乎对手预料。

女子技术向“男性化”发展过程中，要先认清自己的技术风格。目前女子技术多半还停留在一个“稳”字上，表现为前三板意识不强、抢上手质量不高、接发球求稳。男子技术的快速、凶狠、先发制人、积极主动正是女运动员要学习和加强的。

四、以技术风格为主线安排基本技术和战术训练

必须以技术风格为主线，安排基本技术和战术训练，从发球、接发球到各种基本技术的配套、战术的运用都应该围绕突出技术风格来进行。在不断提高个人特长技术的同时，也要注意弥补薄弱环节，训练中应有计划地逐步加以解决，不断改进和完善其技术风格。

小结

女子技术男性化主要是指在训练、比赛，以及意识和得分手段上学习男子的风格，

在技术上积极主动，加强凶狠，提高速度，加强全台跑动能力。因此教练员在训练中，要把握好女子技术和男子技术的共性和特性，更好地指导训练。

■ 思考题

1. 女子技术男性化要树立哪三大意识？为什么？
2. 举例说明如何安排女子技术男性化的基本技战术训练？

参考文献

[1] 成波锦．乒乓球运动创新方法的系统研究［D］．北京：北京体育大学，2014.
[2] 佘竞妍．乒乓球技术体系的分类及效用研究［D］．上海：上海体育学院，2010.
[3] 马勇．乒乓球技术力学原理分析［J］．重庆工学院学报（自然科学版），2007（12）：178-180.
[4] 李林．乒乓球高水平男子运动员技战术特征分析——以王励勤、波尔、柳承敏为例［J］．成都体育学院学报，2008（12）：58-60.
[5] 张瑛秋．中国优秀青年乒乓球运动员战术特征分析［J］．中国体育科技，2006（1）：99-101.

第二十七章

发抢、接抢一体化与三段衔接的要点

教学目的

1. 了解如何建立发抢一体化和接抢一体化。
2. 了解衔接的要点与决定性作用。
3. 掌握发抢一体化和接抢一体化的训练。

教学安排

总时数 10 学时。其中讲授 5 学时，讨论、实践、作业 5 学时。

现代乒乓球竞技更加重视运动员战术的合理性、连贯性和衔接效率，在保持中国乒乓球“前三板”优势的同时，提出了战术纵深延续，将“前三板”扩展为“前六板”，即发抢轮的第一、三、五板和接抢轮的第二、四、六板，突出了发抢第一、三板和接抢第二、四板的战术应用合理性，以及第五、六板的衔接重要意义。

第一节　发抢一体化

发球抢攻是运动员利用发球的旋转、落点、速度等变化来为本方制造进攻机会的战术，通常可以达到先发制人的目的。合理运用发球抢攻能够有效控制对手，打乱、破坏对手的节奏，从而获取场上的主动权，其运用效果主要取决于发球的质量和第三板进攻的能力。

一、发球抢攻的方法

发球抢攻，注重发球是第一位的。发球是乒乓球各项技术中唯一不受对手的制约，能够体现自我个性、创造力和想象力的技术。发球，包括发球抢攻，都是以我为主的。因此，对于这样一项“先手”技术，我们要下更大的功夫钻研它。

（一）因人而异

根据自己的打法特点、技术能力，以及自己的弱点来选择发抢战术类型，充分发挥自己的打法、风格特点。例如，正手进攻能力很强、步法很好的运动员，就可以站在侧身位，用正手发球，这样自己取位、衔接比较容易，主动上手的可能性更大，无论步法的移动还是重心的调整，都更轻车熟路；反手能力强，或者相持能力强的运动员，可以站在中间位发球，发右侧旋转，这样正手、反手都更容易上手；上旋球好，相持能力较强的人，在发球抢攻的时候，可以发多侧上旋或不转球。

（二）以变为魂

直接抢攻只是发球抢攻的一种，积极地控制与反控制，同样属于发球抢攻的范畴。发球抢攻时，要有相应的配套技术，应掌握一套发球，有长有短，有左有右，潜藏着多种变化，干扰对方的判断难度。例如，发正手短，发球线路短，难度大，要注意保护自己的正手位，必须具备一定的衔接能力，但对方想挑打这个位置的球也不容易，因为在移动过程中击球难度比较大，而且容易露出空当。配套的精髓在于变化，它是乒乓球的灵魂。根据对方的打法，灵活变化发球和抢攻方式，这是制胜的一个重点。在训练发球抢攻时，就要有的放矢，有意识地结合实际来配套组合。

（三）心有蓝图

具备一定基础后，在训练中要对自己今后的技术发展有一张蓝图。把球台分成9个区域，或者6个区域，根据自己的打法和能力，确定哪个区域是实战中使用最多的，进而设计发球抢攻的套路。例如，两面上手能力强的人，正手、反手偏底线的几个区域，就是自己的特长，在练习时，加强发球抢攻的针对性，注重上手的突然性，上手的落点变化，加强衔接技术，同时讲究基本的训练方法，如多球练习是练套路，单球练习则是要消化这些套路。所谓能力，就是根据发球，把核心技术提炼出来。有了基础的感觉，再练习综合技术，然后再到实战中去检验，这样的练习才堪称扎实。

（四）意识先行

意识体现的是运动员对乒乓球的理解、认识和追求。首先要有主动意识，立体地去理解，能上手则上手，如果直接抢攻的难度很大，那就积极地控制与反控制，给对方施加压力，让对方也紧张。争取主动，第一板抢攻的上手质量非常重要，从更高层次来看，还应精练自己的特长，抢攻不能有死角。在深化主动意识的同时，要重视衔接，特别是衔接中的变化意识，要从旋转变化、落点变化上做文章，力争发球抢攻然后连续进攻，或挑打后连续进攻，环环相扣，衔接紧凑。在衔接中要抓住“快、准、狠、变、转”这些要素，缺一不可。

二、发球的作用与发球质量的提高

（一）发球的作用

1. 发球直接得分

衡量发球质量高低的重要标准之一就是看能否直接得分，让对方接发球直接失误。但在发球时切忌过于追求高质量的发球，甚至心存“侥幸”，应该随时准备好第三板的处理。

2. 制造进攻机会

纵观现代乒乓球比赛的总体风格，是积极主动、抢先上手的。乒乓球比赛竞技双方每一回合的第一板球都从发球开始，发球是发球抢攻的基础，发球方可以凭主观意识、愿望及其技术能力来决定如何利用发球制造机会争取抢攻。

3. 遏制对手抢攻

乒乓球竞赛过程中控制与反控制无所不在，对方在接发球时不会“坐以待毙”，寻找机会进行抢攻、争取主动是对方的重要目的。充分考虑对方的接发球手段及威胁性，进而通过发球遏制对方的特长接发球技术使用。

（二）发球质量的提高

1. 把握四大物理要素

在发球练习时要充分把握旋转、落点、弧线和速度四个要素，至少做到一个要素的突破，争取形成多要素的综合突破。旋转上，要掌握多种旋转类型，提高旋转的强度，注重转与不转、不同旋转的结合；落点上，提高近网小三角、底线大角的发球，保证发球落点无死角，并提高落点稳定性；弧线上，要注意弧线高度的控制，追求低、平的弧线是发球的重要要求；速度上，为缩短对手的反应时间，应提高其可控制的速度上限。提高某一单一要素的质量对提高发球质量具有重要意义，但加强多个要素的组合，更加符合当今的乒乓球竞赛需要。

2. 改善技术动作

提高发球质量在技术动作方面，要求提高发球动作的隐蔽性和多样性。发球动作的隐蔽性是指在符合“无遮挡发球”规则的基础上，缩短对方观察本方发球时挥拍击球的时间，从而提高发球的突然性。同时，提高发球手法的欺骗性，在触球前、后较短的时间内融合假动作，误导对方的判断。发球动作多样性是指运动员掌握发球方法的种类是其重要的判断标准，如侧身位发球、中路反手发球、下蹲发球、逆旋转发球等。优秀的乒乓球运动员通常掌握两种以上的发球方法，掌握多种发球方法可提高运动员的可选择性和多变性，对接发球方的适应性效度提出了更高的要求。

三、发球抢攻一体化的要点

实行11分制以后，前三板的争抢更为激烈，凶狠和搏杀性接发球的比例增大，同时无遮挡发球规则的实施及球体的更改降低了接发球的难度。为适应器材和规则的变革，提高发球抢攻的严谨性是保证发抢一体化的重要的途径，要求新的发抢套路应以尽量不破坏原有的发球抢攻体系为原则。

（一）发球要更加严谨，形成发球“绝招”

一名运动员不可能把每一种发球都练精、练通，但是必须要有一两套精品发球，使之适合自己的打法特点与个人技术风格特点，在旋转、落点、弧线、速度上加强四要素的合成效益，并与技术动作变化相结合，形成发球“绝招”。

（二）发球与抢攻配套，突出正手的使用

严谨、多变的发球是降低对方接发球质量的唯一方法，即使对方勉强上手，质量也会大打折扣。第一板抢攻时，一定要保证进攻质量，多用正手，形成压制，结合正手的连续攻、拉、冲，不给对手喘息与回旋的余地；在侧身位抢拉时加强其进攻的威胁性，切忌勉强侧身，要敢于侧身，敢于发力，增加对手回球和变线的难度。

（三）发球抢攻要以抢拉上旋为主

由于器材和规则的改变，使发球质量有所下降，对方接发球的拧拉、挑打等进攻手段技术使用增多，在发球上应加强多变的意识，以变化弥补发球旋转的减弱。因此，发球抢攻要以抢拉上旋球为主，还要抢冲底线长球和半出台球。抢攻的手段以侧身位抢冲为主，配合反面抢拉后侧身连续进攻为辅。掌握发转与不转的技巧，争取和原有的发球抢攻体系接轨。

（四）反面技术的主体化

反面技术的运用必须掌握在发球抢攻中抢拉对方拧、挑来的球，同时衔接技术必须跟上，起码具备和对方相持三、四板的能力，在其中寻找侧身进攻的机会。反面抢拉后与侧身进攻的衔接是重点。必须具备防守转攻的能力，包括推挡后的快撕和反拉、

相持中的快撕相持能力，反面主动反拉上旋和下旋弧圈球的能力，以及反面弹打弧圈球的能力等。

四、发抢一体化的实操训练

（一）定发球和接发球的练习

通过发球方的定点、定旋转的发球和接发球方固定接发球手段和落点的练习，降低训练难度，巩固发抢方的基本发抢战术套路，达到发抢方的发抢衔接配套、成型、熟练。例如，发中路近网的下旋球，要求接发球方劈长至发抢方的反手位，使主练方进行抢攻、拉、冲，并提出数量指标的要求。

（二）定发球和不定接发球的练习

通过发球方的定点、定旋转的发球和接发球方的特定回球手段的练习，提高发抢方的判断能力和单个战术质量，进一步符合实战需要，练活、练准、练狠。不断提高抢攻、抢拉、抢冲的命中率和落点的稳定性，加大抢攻力量，提高全面发抢的威力。例如，发抢方发近网侧下旋球，接发球方进行拧拉或劈长回球至发抢方的反手位，使主练方进行抢攻练习。

（三）不定发球和不定接发球的练习

通过发球方的不定落点发球及对方的不定接发球落点练习，提高发抢方的判断能力和实战效率，加强发抢方抢拉下旋的质量和威胁，增强抢上旋的积极性和杀伤力。例如，周一、三、五抢上旋，发抢方发短球为主结合长球，接发球方反手拧拉结合挑打，发抢方根据回球情况进行两面上手或正手抢攻、抢拉、抢冲；周二、四、六抢下旋，接发球方摆短为主，结合劈长，发抢方全台抢攻、抢拉、抢冲下旋。

（四）实战练习

通过发球抢攻计分或者实战比赛进行练习，检验发球和发球抢攻的比赛实效性，要求运动员敢于运用自己的特长发球及其抢攻衔接的技术。通过以赛代练、以赛促练的方式促进运动员发抢一体化的定型及其实战能力的提高。

第二节　接抢一体化

接发球后及与下一板的衔接要形成一体才算是一个完整的接发球技术。接发球技术相对其他比赛环节，更要判断、分析对手发球的意图以决定自己的回球方式，接球方对发球方在技术上没有任何限制的可能性。因此，不断提高接发球的能力，遏制与瓦解对方发抢的主动优势，在相对被动的状态下，通过控制转入主动进攻。提高接抢一体化，成为迅速提高比赛能力的关键。

一、接发球抢攻的方法

接发球抢攻是与发球抢攻相抗衡的一类战术，主要通过一些威胁性较强的接发球手段破坏对方的发球抢攻战术运用，转被动为主动。建立接发球抢攻意识，掌握多样化接抢手段对整个比赛走势的影响具有重要作用。

（一）提高接发球的判断

第二板接发球是接发球抢攻的起点，预测对方的发球抢攻意图，判断来球的旋转、速度、落点等球性是破坏对方发抢战术的基础。首先，在保证不吃对方发球的情况下，采用威胁性较大的手段进行抢攻，力争变被动为主动，寻求得分机会，在进攻机会不好时，通过破坏对方抢攻节奏的方法进行控制，为第四板抢攻创造机会，但切忌进行连续搓球，以免造成被动。例如，在对方发球近网冒高的情况下，应果断采用拧拉或挑打等进攻手段，力争直接得分；或者在对方发近网侧下旋球旋转较强时，应采用摆短或劈长等控制技术，破坏对方的抢攻节奏，为第四板抢攻寻求机会。因此，正确判断来球的特点，是合理选择回球手段和提高接抢能力的基础。

（二）选择合理的手段

接发球抢攻手段的选择是建立在正确的来球判断基础上的，其合理性直接影响接发球抢攻的效果。接发球的方法包括进攻和防守两种，如挑打、拧拉、摆短、劈长、晃撇、撇推等，是攻是防取决于对来球的判断，而手段的选择则更多是取决于场上的情况。在训练中应该加强运动员对各种发球的适应性，探索个体最有效的针对性接发球手段，并不断强化，提高其稳定性和威胁性。接发球抢攻的合理性也是运动水平的重要体现，往往高水平运动员的接发球抢攻手段更加合理、高效。

（三）突出节奏的变化

与发球抢攻相类似，“变化”是接抢的原则和灵魂，节奏的变化可以有效破坏对方的战术套路，如落点上的前、后、左、右调动，永远力求做到超出对方的判断，切忌处理手段单一，思维禁锢，一般接发球抢攻不宜过于凶悍，抢攻（冲）的力量越小，越要注意落点和线路的变化。例如，在对台内下旋球的处理时，做到摆短与劈长的技术动作相似，延长对方的反应判断时间，或者在来球的不同阶段进行回球处理，让对方始终处于“等”的状态；或者拧拉的线路上，要保证大角度斜线和直线都有，分散对方单一方向的进攻注意力。因此，在场上要寻求变化、敢于变化，通过灵活的接发球手段进行抢攻，扰乱对方的发抢节奏，把接抢打“活”，紧紧把握这一制胜的重点。

（四）加强衔接的配套

接发球抢攻的第二板和第四板均是受到对方控制的，现代乒乓球竞赛中第二板接发球后直接结束的球相对较少，因此加强接抢配套是保证接发球抢攻整体效益的重要保障。例如，在接发球劈长后，衔接第四板的反撕、反拉或反带；或者是拧拉正手位台内球后的第四板衔接。接发球抢攻的第二、四板衔接一定要理解好先后顺序，即第二板的质量是第四板衔接的保障，如果第二板质量较低，将形成第四板的完全被动，防守压力骤增，如果第二板质量较高的话，一方面容易导致对方直接失误，另一方面又可以为本方创造更好的进攻机会。因此，第四板的攻防状态，绝大多数是由接发球第二板引起的。

二、接发球的判断

正确判断是接好发球的首要环节。判断上不出现较大的偏差，才能谈得上更好地运用接发球技术，避免有浑身解数但由于判断不准而发挥不出水平的情况发生。

（一）对旋转的判断

乒乓球发球中常出现的旋转主要由左、右侧，上、下旋，转与不转，发球者利用各种发球方式，将这些旋转性质表现出来。可以从以下五个方面判断球的旋转性质。

1. 板形

一般情况下，发上旋球时，板形都比较竖，下旋球比较平、斜，发侧下旋和下旋球时，向中下部和底部摩擦球才可能比较转。

2. 动作轨迹

发上旋球和不转球时，球与球拍接触的一瞬间，手腕摆动的幅度一般不是很大，并时常与假动作相配合；在发侧下旋球和下旋球时，手腕摆动相对大一点，容易吃球，动作也比较固定，击球后常有一个停顿，加上假动作，也不会像发侧上旋和不转球那样连贯。

3. 弧线

上旋球和不转球的运行一般比较快，常有往前“窜拱”的感觉；发短球时容易出台，弧线低平；下旋球运行比较平稳，弧线略高，短球不宜出台。

4. 出手

发上旋球和不转球时，一般出手比较快、突然，动作模糊；发下旋球时的出手相对慢一些。

5. 分布

在接球时，不断琢磨发球者发出球的旋转性质的随机分布和习惯也十分重要，特别是在判断不清时，开局爱发什么样的球，关键球如何发，接发球者的猜测是必不可少的，如果想把每一个球都看得清清楚楚，就不太实际了。

（二）对速度和落点的判断

1. 对长球的判断

一般情况下，发球者把球发得很长，第一落点多在本方台面的端线附近；球的运行速度，侧上旋和不转球明显要快于侧下旋和下旋球；侧上、下旋斜线长球的第二弧线有侧拐，如果是直线长球，要特别注意平推过来，或者是略带外拐的球，因为这种球除了有很快的速度外，路线比较直，增加了来球的角度。

2. 对短球的判断

发球者把球发短，第一落点一般距球网较近，侧上旋短球的第二弧线往前“拱”，顶在板上。来球可能是“小三角”的位置，球是从靠近球网的边线出台，手要对准球。

3. 对半出台球的判断

对半出台球的判断是接发球判断中难度比较大的一项技术，容易造成接发球的犹豫，使思路混乱。在判断这种球时，视其旋转性质而定，侧上旋和不转球比侧下旋和下旋球容易出台。根据发球者的特点，研究发球者在发半出台球时，哪种容易出台，哪种不容易出台，正手容易出台还是反手容易出台等。以提高接半出台球手段的针对性；对长短球判断不是很清楚时，有意识地“等”几个长球，出手要果断，给发球者造成心理压力。

三、接抢一体化的要点

接发球既受控于对手的发球，又要反控对手的第一板抢攻来争取自己的主动或相持。接发球的难度是要判断分析对手的发球意图及其旋转、落点、速度因素来决定自己的回击方法，接好发球，就可以在比赛中变被动为相持，变相持为主动。纵观比赛，凡是接发球控制能力较强者，场上技战术的发挥都较为正常和稳定，反之，则起伏较大。欧洲选手更是把接发球定在破坏对方发球抢攻的目标上。双打比赛中的接发球，也可称为“第二发球”，且主动性、威胁性均大于第一发球。

（一）接发球多样化，突出效率

现代乒乓球的接发球手段较多，不同回球手段的效果有所不同，如挑打、拧拉可以将下旋球、侧下旋球变为上旋球或侧旋球，晃撇、撇推可以通过假动作，变换落点和线路。接发球手段太过单一，极易被对方适应，进而被反控制，造成被动，多样化的接发球是保证自身战术设计多样化的基础，在准确判断来球的基础上，合理的使用多种手段进行回接，并不断变换落点和节奏，在比赛中往往会起到“东边不亮西边亮”的效果，进而争取主动得分，或者为第四板进攻创造条件。

（二）立足于进攻，掌握主动权

无遮挡发球、小球变大球、新材料球的使用等器材和规则的改变，促使接发球方更容易看清对方的发球动作，从而判断出来球的旋转和落点等，因此接发球抢攻的难度相对下降，积极的抢先上手的概率超过发球抢攻（注：这里的“抢攻”不仅指采用拧、挑、拉等常规进攻手段，同时也指撇、推、劈等能够破坏对方节奏，从而获取主动的手段），在第二板形成有效控制的基础上，立足于“进攻”，以攻为攻、以攻为守，并准备第四板的继续“进攻”，形成连续的“攻击波”，通过进攻掌握场上的主动权。

（三）二、四板衔接，移动是保障

在接发球轮的第二板和第四板面对来球的性质中，第二板受制于对方的发球，本方通过第二板反控制之后，第四板的来球已带有本方的第二板“效果”，衔接过程中，往往需要较大的空间位置移动。例如，第二板对正手近网短球拧、挑至对方的反手位，这时对方回球至本方的反手位概率较大，需要本方拧、挑后，迅速移动至反手位，进行第四板的衔接，拧、挑指对方的正手位，那么对方回球至本方的正手位概率较大，需要本方迅速让出正手位的位置，在这两种情况下，均需要本方进行斜线移动（包括前后位置和左右位置）。因此，合理有效的移动，是保证第二、四板衔接有效性的重要保障。

（四）攻防合理、攻防平衡

攻防合理强调的是处理球手段的选择，攻防选择不是单方面的由自己决定的，而是根据对方的发球或回球情况进行判断决定的。步步设陷，引诱对方进入自己的战术套路，是攻防选择的目的；攻防平衡则强调第四板与第二板的合理呼应，有效衔接，尽量避免第四板的“被动挨打”局面，当第二板不能完全破解对方发球威胁的情况下，尽可能做到第四板的防御过渡，继续对抗。攻防合理与攻防平衡是接发球抢攻一体化的最高要求，也是接发球轮掌握主动，力争得分的保障。

四、接抢一体化的实操训练（实例）

具体练习方法参考前一节“接抢一体化实操训练”，此处通过实例讲解。

（一）接反手位短球后抢攻

接球后抢攻是比赛中的第四板技术，这是攻防转换的关键环节。接球后抢攻是接发球时没能抢先上手，接发球抢攻采用的是短球控制技术，当对方也没能发球后抢攻的时候，本方进行的第四板技术，此时是由防转换为攻的最佳时机。

（二）接正手位短球后抢攻

在接发球时理论上应采用拧拉或挑打等进攻手段回击，但如果机会不好，可以用摆短或搓短来进行控制，以使对方不好上手，如果对方回球攻击力不强，则是本方接发球后抢攻的好机会。

（三）接正手位长球后抢攻

接正手位长球，可以用拉、冲、攻、打来抢攻，在不好发力时，可以用中等力量的拉攻抢先上手，争取第四板时发力抢攻。

第三节　衔接球的决定性

一、衔接与转换

对于衔接的概念，就是一板球与下一板球之间的关系，它可能是同性球的连接，也可能是不同球的连接。衔接包含的范围比较大，节奏有衔接，力量也有衔接，头一板本方发力打得很重，第二板对方回球很快，如果本方仍然倾尽全力去打，球的组合可能就不太合理，不如用一板中等力量，只要出手集中，回球的效果也很好，衔接也很成功，或者头一板重，再用轻力量拉一板加转的球，也叫衔接。

转换的概念其实与衔接有相通之处，只不过衔接更宏观，而转换是指两项不同技术的连续运用，其范畴存在一定局限性。但从内容而言，转换的难度要高于衔接，比如大家说得最多的是攻防转换，从字面上看是先攻后防，但人们更多追求的其实是先防后攻，这两者都不简单，甚至先攻后防更具挑战性，因为已经“发动”了以后由进攻转成防守，两者的意识有别——进攻发力多，防守借力多；进攻时人的重心靠前，而防守时重心靠后；进攻时引拍的幅度相对较大，防守时幅度较小；进攻时容易出手集中，防守时容易“抬”“架”……这其中都涉及转换的问题。

二、速度为主

衔接（转换）概念的提出，与世界乒乓球技战术日趋凶狠、快速的发展趋势有关。其中，速度依然是核心，力量也是通过一定的速度来体现，因此，只要谈到衔接（转换），就会强调对速度的追求。

衔接（转换）集中体现在前几板球，也就是三、五板和四、六板（或二、四、六板）的关系中，一来其使用频率最高，二来变化比较多。待进入中近台相持后，或许连续两三板球的速度、力量就不会有太明显的差异了，只是不同打法的攻防转换手段有所区别。“先发动、先下手、抢时空”，其实无非就是用于衔接。先发动，就是先发力，或者先变线，或者先控制；先下手，就是我方要有主动的意识；通过先下手、先发动来抢时空，可上手也可不上手的时候我上，可发力也可不发力的球我发力，可变线也可不变线的球我变线，而且击球节奏始终要比对方稍快一步。

三、轻重得当

对于力量不足、以速度变化为主的选手，衔接可能更显重要。像金泽洙、佩尔森的绝对力量很大，把他们形容为大炮——迫击炮或者榴弹炮，进攻时“咣咣”一两炮就得分了，而我们自己是机枪——轻机枪或者重机枪，利用自身的爆发力，不给对方喘息机会，对方一两板就得手，我方连续三四板照样能得分，压得对方没有还手之力。当然，“机枪”的力量不能低于必要的限度，这样遇到机会时才能得分。

提倡中等力量和借力中发力，提倡在上升晚期击球，在这个点上，来球的旋转没有完全出来，又同最高点一样是发力的良好时机，而且速度快、隐蔽性强。只要做到力量合理，出手要集中，这样既保证了突然性又可以充分体现爆发力。加快衔接的速度，增加衔接的爆发力，要求接完发球之后进入相持时，或搓球之后台内挑打时，每次的第一板球都要注重突然性，击球时间比最高点稍早。在最高点击球，对力量比较大的人而言效果还可以，主动进攻中（机会球除外）及快速相持中、控制与反控制中，最佳击球时间都是比最高点稍早，即上升晚期。

四、转换板型

横板：有的人顾反手不顾正手，站位也是右脚前一点，反手发力不错，但正手回球时不调节板型，一来容易造成“身后击球”，二来很可能勾着手腕去打球。相反，有些选手，比如原来南方的队伍重正手，他们正手击球的板型有些外撇，比较容易发力，但到了现代，由于弧圈球被广泛运用，板型外撇太多就“包”不住球，不易控制弧线，而且若是反手击球时不交换板型，手背、手腕的力量就用不上，反手会显得“站不住”。

直板：正手攻球时应拇指用力，反手推挡应食指用力。如果正手击球仍然食指用力，就容易抬肘；反手击球仍是拇指用力，则手腕调节用力的方向时，只能向上、向侧，不能向下。

无论直板、横板，手指、手腕应在正反手转换的每个球中发挥作用，比如横板由正手回反手容易些，食指往下压一点就回来了，而直板的手指动作稍微小一点儿。手指、手腕辅助转换这门功夫要勤练，因其幅度小，产生的抗力也小，有利于加快速度，而且不一定要上台练，随时随地都能练。

五、重心交换

当来球速度特别快时，只要能保证重心的交换，即使来不及回出高质量的球，也能保证相对理想的击球效果，如果重心不交换，正手可能就会变成“大炒勺”。其实，如果交换得好，就可以少交换，比如，以正手抢攻为主的选手，发完球后转为正手进攻时交换得好，就可以继续正手板型打下去而不必反复交换。

交换肯定比不交换难，打上升点晚期肯定比打最高点和下降点早期难，但不能因为难，觉得麻烦就不去做，好的东西肯定是更难的，否则就没有公平可言了。在符合自身打法需要的前提下，要力求规范，从小追求最好的东西，难是肯定的，但如果从理论上推敲，你认为它是先进的、是可行的、是你的能力可以承受的，你就去做，一旦你做了，你就会走在别人的前面。

六、三角姿势

从台内球转入相持，很多人马上退下去，手拉后一副张牙舞爪的样子要去跟对方打相持，其实，往往因为对方来球速度比较快、前冲力比较强，造成来球把我方“顶”在后面，形成“身后击球”，十分被动。所以，训练中有一个建议：手在台面上、手在身体前面、手在肘前面，这样击球位置和击球距离是比较舒服的。

对于这种快速来回中的衔接（转换），也可以用“截击”的概念来解释。把人与来球组成一个三角，这是比较正确的方式，人的身体应是三角的中心，由中心向左右的前上方挥拍，这样我方就在“截击”，需要照顾的范围小，又能保证身前击球，无论发力、借力都容易。如果变成球是三角的中心，以球为起点向两旁延伸，打成一个反三角，左右两边无限制扩展以后，回球难度就大了。

七、手段全面，突出特长

衔接手段还是要精练。比如弧圈球相持或者防守中的转攻，当我方站位近台时，如果来球的弧线比较高、旋转比较强、节奏比较慢，用反撕处理就比较难，不妨用一板反手弹打——这个球是瓦尔德内尔发明的，后来马文革、孔令辉用得比较多，如果弧线比较低、旋转比较正常，可能用一板快带、快拉（术语叫反撕）来转攻效果更好。

反手在相持、攻防转换中仅有反撕或弹打都是不够的，对旋转很强、弧线很低的还可能采用平挡，因球制宜。当然，三、四种手段不能平均分配，还是要形成自己的特长：如果反撕能力强，反撕的比重要大一点，如果这球可挡可撕，你可以反撕，可敲可摩擦时则采用摩擦多些，反之亦然，撞击能力强的人，撞击比例就多一点。

小结

本章主要讲述了如何建立发球抢攻一体化和接抢一体化，对如何发球抢攻和接发球抢攻，提高发球与接发球质量进行了分析，阐述了发抢一体化与接抢一体化的实操训练，并分析了衔接球的要点及决定性作用，为教练员更好地制订训练计划提供依据。

■ 思考题

1. 如何进行发球抢攻？
2. 如何建立发球抢攻一体化和接球抢攻一体化？
3. 衔接球的要点是什么？

参考文献

[1] 程琳．乒乓球发球抢攻战术一体化的研究［J］．内江科技，2012（7）：169-170.

[2] 钱彩平．发球抢攻在乒乓球比赛中的控制作用［J］．体育科技，2013（2）：50-52.

[3] 吴敬平．发球抢攻新体系与接发球“一体化”——关于11分制和新发球规则的思考［J］．乒乓世界，2002（2）：32-33.

[4] 曹犇，王国昆．论乒乓球运动中的控制与反控制［J］．西安体育学院学报，2009（4）：481-486,500.

[5] 林岭．现代运动训练新理念、新方法［D］．北京：北京体育大学出版社，2012（6）：160-167.

第二十八章
技战术运用的诊断与调节

教学目的

1. 通过对比赛中技战术运用特征及运用效果的诊断，提高教练员对运动员的训练设计质量。

2. 通过数据化的技战术特征了解，促进教练员对现代训练的科学化认识。

教学安排

总时数 8 学时。其中讲授 4 学时，讨论、实践、作业 4 学时。

技战术的诊断有利于运动员和教练员对技战术使用情况及问题得到及时的了解，本章就技战术诊断的特征及如何诊断做相关介绍，以期促进教练员对训练的科学化认识。

第一节　比赛中技战术运用的特征

乒乓球项目中技战术的运用特征是运动员在比赛中集中表现的一些技战术习惯，包括其对自身的优势技战术的使用和劣势技战术的表现。通过比赛的观察通常可以很直观地觉察到运动员的比赛技战术使用习惯，但只能很笼统地知道一个大概，不能够准确地得出该运动员的特点。由此，数据统计显得尤为重要，数据的直观性、准确性能够很好地说明运动员的技战术运用特征，包括其技术使用特征、落点变化特征、线路变化特征等，一般采用多种方法进行相应的针对性数据收集。下面主要对焦志敏 1988 年的多场比赛进行技战术运用特征的讲解（表 28-1）。

表 28-1　焦志敏奥运前两次比赛技战术统计

时间	比赛名称	胜负场次	发球抢攻段		接发球抢攻段		相持段	
			得分率（%）	使用率（%）	得分率（%）	使用率（%）	得分率（%）	使用率（%）
1988. 08. 10—11	丹东夏训内部	6 胜 1 负	67	29	46	24	51	48
1988. 08. 19—20	丹东奥运热身	4 胜 3 负	65	27	44	28	49	45
模式值			60~70	25~30	30~50	15~25	45~55	50 左右

得分率=段得分/（段得分+段失分）×100%；

使用率=（段得分+段失分）/（全局得分+全局失分）×100%

通过对焦志敏奥运前两次不同类型的 14 场比赛数据统计发现，焦志敏的三段数据均较为稳定，特征明显，比赛三段的使用率和得分率均处于其自身的正常模式值范围内。发抢使用率较低，但得分能力较强，得分率较高；接抢的使用率相对较高，但得分率较为一般；相持的使用率和得分率均较高。由此可见，焦志敏的发球抢攻具有较强的威胁性，在比赛中应进一步提高发球的质量，为自身创造更多的抢攻机会；接发球抢攻则相对较差一些，需要得到进一步的完善和加强；优秀的相持能力是其在 14 场比赛中取得 10 场胜利的重要原因，因此，应多打相持、敢打相持，从而占据比赛的主动。

第二节　比赛中技战术效果的诊断

技战术特征的总结是运动员竞技能力结构数据化的重要内容，对其比赛中技战术的使用效果仍需要进行进一步的诊断，即判断其技战术使用的好坏，从而进行比赛的总结分析。比赛中的技战术效果诊断同样包括技术使用、落点使用、线路使用等效果诊断，深入了解运动员的技战术使用情况，是对运动员进行针对性训练和技战术能力提高的重要手段。下面主要对焦志敏的多场比赛三段使用效果进行实例讲解（表 28-2、表 28-3）。

表 28-2　焦志敏乒乓球比赛三段效果评估表

战术区间段	得分率（%）			使用率（%）
	优秀	良好	及格	
发球抢攻段	68	62	56	25~35
接发球抢攻段	55	48	42	15~25
相持段	51	44	37	45~55

表 28-3　焦志敏奥运前两次比赛技战术统计表

时间	比赛名称	胜负场次	发球抢攻段		接发球抢攻段		相持段	
			得分率（%）	使用率（%）	得分率（%）	使用率（%）	得分率（%）	使用率（%）
1988.08.10—11	丹东夏训内部	6 胜 1 负	67	29	46	24	51	48
评价			良好		及格		优秀	
1988.08.19—20	丹东奥运热身	4 胜 3 负	65	27	44	28	49	45
评价			良好		及格		良好	

通过焦志敏的比赛三段评估效果可以看出，在夏训内部比赛中焦志敏的相持段的得分率评价为优秀，但到了丹东奥运热身赛时，其相持段的得分率评价为良好，而从整体的战绩上看，在仅相持段的得分效率下降的情况下，由 6 胜 1 负下降到了 4 胜 3 负，由此可见，焦志敏的相持得分效率是影响其比赛胜负的关键因素。

第三节　针对性训练与实践应用的再调节

运动员的技战术运用效果诊断得出后，会得到相应的分类数据，透过数据我们可以看到哪些技战术使用的效果较好，需要进一步保持和巩固，哪些技战术使用的效果较差，需要得到改进和加强。因此，在制订训练计划时应根据运动员的准确技战术特征进行针对性的训练，下面就某运动员的相持技战术特征，进行相应的针对性训练建议讲解（表 28-4、表 28-5）。

表 28-4　相持段得失分统计表

相持段	得分	失分	小计	得分率（%）
第五板	8	8	16	50.0
主动相持	2	1	3	66.7
一般相持	14	18	32	43.8
被动相持	2	15	17	11.8
小计	26	42	68	38.2

表 28-5　相持段不同位置得失分统计表

位置	得分	失分	小计	得分率（%）
正手	7	12	19	36.8

续表

位置	得分	失分	小计	得分率（%）
反手	11	27	38	28.9
侧身	8	2	10	80.0
中路	0	1	1	0.0
小计	26	42	68	38.2

通过表中数据可以看出，该运动员的一般相持得分率较低，被动相持的比例较大，说明其在相持过程中的对抗能力较为一般，且较容易进入被动相持状态；通过不同位置的得失分数据可以看出，其反手的使用率极高，但得分率却仅为28.9%，同时正手的得分率也较低，值得注意的是其侧身的得分能力极强，表28-5中显示，侧身的得分率高达80%，但使用率却较低。

由此可见，该运动员的反手相持能力严重制约了其相持段的得分能力，是其相持中主要的短板，尽管其侧身的得分能力突出，但使用率极低的表现说明，该运动员并没有果断的侧身意识。因此，应积极提高该运动员的反手相持能力，加强其反手的相持对抗能力，做到反手敢相持、能相持、能得分。同时，在进入反手相持之后，要培养运动员的侧身意识，多发挥自身的侧身优势，但前提还得是反手要对得住，不然在侧身时容易被对手抓住正手的空当。

小结

本章主要针对运动员的技战术特征、效果诊断进行分析，为运动员的针对性训练提供科学依据，对提高教练员执教的科学化水平具有重要意义。

思考题

1. 运动员的技战术特征是否是一成不变的？为什么？

2. 技战术的运用效果诊断是用统一的标准进行判断，还是结合运动员的个人特征进行判断？

3. 如何有效利用技战术诊断的数据进行训练方案的针对性设计？

参考文献

[1] 张辉，虞丽娟，刘雅玲，等．中国乒乓球队奥运攻关研究报告——国外主要对手技战术特征分析[J]．体育科研，2008（6）：6-9.

[2] 陈德林．乒乓球战术训练的落点监控与效果评定［J］．广州体育学院学报，2006（5）：56-57，69.

[3] 成波锦．新型无缝塑料乒乓球的特征及对技战术发展影响的初步研究［J］．中国体育科技，2014（5）：68-72.

[4] 李林．乒乓球高水平男子运动员技战术特征分析——以王励勤、波尔、柳承敏为例［J］．成都体育学院学报，2008（12）：58-60.

[5] 林岭．现代运动训练新理念、新方法［M］．北京：北京体育大学出版社，2012（6）：160-167.

第二十九章
备战比赛与临场指挥

教学目的

1. 了解乒乓球年度比赛的次数与类别。
2. 了解教练员临场指挥能力的构成及关系处理。
3. 掌握对主要对手的竞技能力情报收集的方法及内容。
4. 掌握赛前训练方法和内容以及调节运动员竞技状态的方法。

教学安排

总时数 8 学时。其中讲授 4 学时，讨论、实践、作业 4 学时。

本章就乒乓球年度比赛的级别及次数、教练员临场指挥的方法、赛前对手的竞技能力的收集，以及运动员赛前训练方法进行了介绍，为教练员和运动员更好的备战比赛提供指导。

第一节　年度比赛次数、类别的确定

运动训练的“年度”训练周期不是严格按照日历上的年度计量的，而是只要在时间特征上符合 12 个月左右的连续安排就可以叫作一个年度训练周期。年度训练计划中最重要的内容就是参加比赛，由此实现竞技能力培养向比赛成绩转化的目标。同时，预定的性质、时间等比赛安排对运动员的训练内容、训练负荷、训练方法等训练活动具有重要的指导意义。

一、比赛次数的确定

（一）不同训练阶段比赛任务的差异

根据表 29-1，运动员不同职业生涯阶段面临的比赛任务具有较大的差异性，从比赛次数上来看，逐渐由无到有，由少到多；从比赛的间隔来看，逐渐由分散到集中；从比赛的性质来看，逐渐由低级到高级，由小型比赛到重大赛事；从比赛要求来看，由注重能力培养到争取比赛胜利。

表 29-1　不同阶段比赛次数安排

阶段	主要任务	比赛次数	比赛性质	比赛要求
业余基础阶段	启蒙、兴趣培养，一般训练	几乎没有	队内比赛	无
专业基础阶段	基本功训练，初级专项化	较少，较分散	青少年比赛（八大杯等）	培养比赛能力，检验训练效果
生涯初期阶段	巩固技战术，提高专项能力	较少，相对集中	市运会、省运会等	培养比赛能力，争取取胜
生涯中期阶段	优化竞技能力，突出个人风格	较多，相对集中	全运会、亚运会、奥运会等	创造优异成绩
生涯后期阶段	保持专项竞技水平，维持心理稳定	较少，相对集中	全运会、亚运会、奥运会等	创造优异成绩

在乒乓球项目发展的过程中，为提高运动员的竞赛水平，增加运动员展示竞技水平的平台，催生出了满足不同竞技水平运动员的不同等级、不同性质的比赛，如开拓杯、向阳杯等八大杯赛，南、北方赛区比赛，全国青少年乒乓球锦标赛等针对乒乓球项目的单项赛事。同时，乒乓球项目的竞技水平和观众的观赏水平不断增高，有效地促进了竞技乒乓球的发展和项目竞技水平的提高。由此可见，运动员不同生涯阶段的比赛任务差异与乒乓球项目的竞赛规律和运动员竞技能力发展规律是相互一致、相互统一的。

（二）比赛次数确定的意义

竞技比赛需要运动员注意力高度集中，竞技状态充分激活，对生理和心理上的刺激极大，参加过多的比赛会导致运动员得不到必要的恢复，出现疲劳堆积，对比赛任务的完成大打折扣，甚至出现伤病。参加过少的比赛又会使基础训练阶段的运动员得不到充分的历练，或者高水平阶段的运动员难以充分表现自身的竞技水平，造成不必要的竞技水平“浪费”。因此，比赛次数过多或过少都不利于运动员的发展，应以培养运动员比赛能力或充分表现其竞技水平为基础，根据运动员的个人情况进行有选择的参赛，同时，保证运动员在重大比赛中处于最佳的竞技状态。相关研究对奥运冠军或项目排名世界第一的运动员（队）的年度参赛次数进行统计发现，个人隔网对抗项目（乒乓球属于该类项目）的年度参赛次数（由官方组织的各类正式比赛）为 26 次。例如，马龙在 2014 年参加比赛的情况如表 29-2 所示。

表 29-2　2014 年马龙参加的正式比赛情况一览表

比赛时间	比赛名称
2 月 18 日—2 月 23 日	卡塔尔乒乓球公开赛
3 月 20 日—3 月 22 日	乒乓球亚洲杯
3 月 26 日—3 月 29 日	德国公开赛
4 月 28 日—5 月 5 日	世界乒乓球团体锦标赛
6 月 4 日— 6 月 8 日	中国乒乓球公开赛
6 月 11 日—6 月 15 日	韩国乒乓球公开赛
9 月 19 日—10 月 4 日	仁川亚运会
10 月 17 日—10 月 19 日	乒乓球男子世界杯
11 月 2 日—11 月 9 日	全国乒乓球锦标赛

年度参赛安排的建议：第一，重要比赛一般为 1~2 次，其他比赛围绕重要比赛安排进行；第二，参赛强度和难度应尽可能逐渐递增，有效地形成最佳竞技状态，保证重要比赛的参赛质量；第三，过多的比赛会影响到训练和比赛之间的平衡与协调关系。

（三）比赛日确定的意义

竞技状态的形成具有阶段性发展特征，其发展过程具有明显的时相性特点。竞技状态形成过程遵循提高、保持、下降的规律，分别对应周期性训练的准备期、比赛期和恢复期，如表 29-3 所示。

表 29-3　竞技状态的阶段性发展与大周期划分

竞技状态发展过程	生物学基础	训练任务	训练时期
提高	适应性机制： 机体对外界刺激的适应性现象	提高竞技能力，促进竞技状态的发展和提高	准备时期
保持	动员性机制： 生理、心理能力被释放动员，各系统高度协调	发展稳定的竞技状态，参赛创造好成绩	比赛时期
下降	保护性机制： 机体自动停止积极性的应激反应	积极恢复，消除生理与心理疲劳	恢复时期

注：引自田麦久，2008。

通过对竞技状态形成规律的把握，以比赛日的确定为节点，采用“倒数时”充填式方法，可以有效形成周期性训练计划安排，从而有效促进运动员竞技状态的形成，完成赛前、赛中、赛后的生理、心理调节。其具体操作方法如图 29-1 所示。

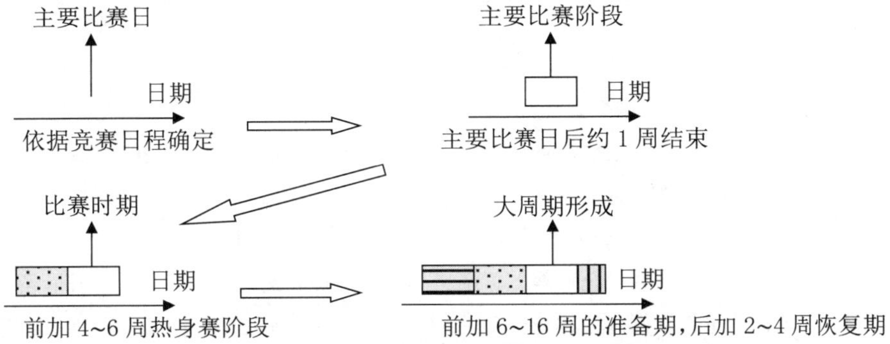

图 29-1　确定大周期日程的“倒数时”充填式工作程序

注：依田麦久，2000 改制。

二、比赛类别的确定

比赛类别的确定对参赛安排和参赛行为等具有重要的指导意义，根据参赛目的的不同，可以将比赛分为竞技性比赛、训练性比赛、检查性比赛和适应性比赛 4 种基本类型；根据竞赛组织形式的不同，又可将比赛分为运动会、单项比赛、对抗赛、友谊赛、表演赛、选拔赛、联赛 7 种基本类型。通过全年的比赛安排进行比赛类别的划分，进而根据自身的情况有选择地参加比赛是将自身竞技水平充分发挥的保障，切不可盲目参加比赛，什么比赛都想参加，最后成绩又不理想。例如，通过 2014 年乒乓球全年赛程一览表（表 29-4）可知，2014 年的各类公开赛、巡回赛、运动会等多达 35 次，哪些赛事是必须参加的，哪些赛事是争夺名次的，哪些是以训练、检查为目的的，都应该统一规划，以便进行相关的训练安排。

表 29-4　2014 年乒乓球全年赛程一览表

比赛日期	赛事名称	比赛日期	赛事名称
1 月 9 日—12 日	2013 年国际乒联巡回赛总决赛	6 月 18 日—22 日	日本公开赛
1 月 23 日—24 日	青年奥运会资格赛	6 月 23 日—26 日	尼日利亚公开赛
1 月 24 日—26 日	2013 年青年巡回赛总决赛	7 月 23 日—8 月 3 日	英联邦运动会
1 月 29 日—2 月 1 日	匈牙利公开赛	8 月 17 日—28 日	世界青年奥运会

续表

比赛日期	赛事名称	比赛日期	赛事名称
2 月 12 日—16 日	科威特公开赛	8 月 21 日—24 日	白俄罗斯公开赛
2 月 18 日—23 日	卡塔尔公开赛	8 月 27 日—31 日	捷克公开赛
3 月 18 日—22 日	亚洲杯	9 月 4 日—7 日	阿根廷公开赛
3 月 20 日—23 日	摩洛哥公开赛	9 月 10 日—13 日	比利时公开赛
3 月 26 日—29 日	德国公开赛	9 月 1 日—14 日	巴西公开赛
4 月 1 日—6 日	拉丁美洲锦标赛	9 月 19 日—10 月 4 日	第 17 届亚洲运动会
4 月 2 日—6 日	西班牙公开赛	10 月 10 日—12 日	乌克兰公开赛
4 月 10 日—13 日	智利公开赛	10 月 10 日—21 日	女子世界杯
4 月 16 日—19 日	卢森堡公开赛	10 月 24 日—26 日	男子世界杯
4 月 28 日—5 月 1 日	世界乒乓球团体锦标赛	10 月 29 日—11 月 2 日	俄罗斯公开赛
5 月 15 日—18 日	菲律宾公开赛	11 月 5 日—9 日	中国公开赛
5 月 21 日—24 日	萨格勒布公开赛	11 月 12 日—16 日	瑞典公开赛
5 月 21 日—25 日	澳大利亚公开赛	12 月 11 日—14 日	国际乒联巡回赛总决赛
6 月 11 日—15 日	韩国公开赛		

第二节　主要参赛对手的竞技能力与竞技状态情报

一、竞技能力与竞技状态

竞技能力是指运动员的参赛能力，是运动员参加比赛的主观条件或自身才能，由体能、技能、战术能力、知识能力及心理能力 5 个子能力构成，综合表现于专项竞技的过程之中（表 29-5）。竞技能力与竞技表现之间具有较显著的关系特征，同时，在乒乓球项目中，竞技能力结构中的各子能力的重要性程度具有一定的差异性，如表 29-6 所示。

表 29-5　竞技能力与竞技表现关系

竞技能力构成因素	主要竞技表现特征
体能	力量、速度、耐力、柔韧、协调、灵敏
技术能力	动作数量、动作质量、动作稳定性
战术能力	自身发挥、干扰对手、影响判定
心理能力	参赛情绪动员、比赛情绪控制、竞技意志保持

续表

竞技能力构成因素	主要竞技表现特征
知识能力	竞技知识的掌握与运用

表 29-6　乒乓球项目竞技能力各子能力作用的等级程度

体能形态	机能	运动素质	技术能力	战术能力	心理能力	知识能力
* *	* *	* * *	* * *	* * *	* *	* *

竞技状态是指运动员获取本人最佳成绩的最适宜状态，它主要取决于运动员的运动素质、技术水平、战术水平、心理状态及智能决策 5 个要素形成的一种高级平衡，神经系统调节能力达到较高的水平。

二、主要对手的竞技能力情报收集的手段与方法

主要对手的情报收集是制订参赛策略的重要依据，乒乓球项目中对主要对手的情报收集主要集中在技战术特征上，情报资料的时效性和准确性关系到是否能顺利完成比赛任务，是备战工作的重中之重。无论是对主要对手的情报收集，还是对自身竞技能力诊断均可从竞技能力构成的 5 个子能力方面入手，从而形成较为全面的分析报告，完成有理有据的参赛备战工作。现代乒乓球项目中对主要对手的竞技能力分析主要有 4 种途径，具体方法如表 29-7 所示。

表 29-7　主要对手竞技能力情报收集方法

种类	方法	手段	内容	特点	成果
第一种	直接交手体验	比赛总结	对手的落点、旋转变化，正反手实力，相持特征等	体验深刻，主观性较强，定性总结较多	比赛总结档案
第二种	直接交手（录像）	赛后分析	技战术特征，线路、落点特征等	体验深刻，较为客观，定量总结，直观呈现	对手数据档案
第三种	与他人比赛（录像）	比赛特征分析	技战术特征、线路、落点特征等	存在一定的差异，但数据相对客观、量化，较为直观	对手数据档案
第四种	观看录像（特定视频剪辑）	特定的比赛特征抓取	针对性视频剪辑（如对方特长技战术）	直观，重现对手特征	对手数据档案

在对主要对手的竞技能力分析上，比赛视频是非常重要的资料，现代乒乓球早已不是以前靠感觉打球的时代，更重要的是通过数据分析，掌握对手的比赛特征，从而

进行针对性的战略、战术部署，完成备战。因此，获得比赛的视频资料成为情报来源的重要基础，其中最为简单的办法就是通过现场录像，或者网络下载，获取相关比赛视频。在比赛视频的使用上，一定要注意时间和对手，例如，青少年的技战术特征不稳定，变化较快，半年前和一年前的比赛视频价值不同，时间越近价值越大，说明视频资源价值具有时间的递减性特征；对手方面，如果主要对手的对手和自己不属于同类型打法，那么视频资源的价值就相对较小。例如，本方为横板弧圈结合快攻打法，主要对手为直板弧圈结合快攻打法，而比赛视频中主要对手的对手是削球选手，那么该视频的参考价值就相对较小。由此可见，比赛视频还具有属性的同质性特征。

三、主要对手竞技能力情报的内容

（一）技术特征

技术不但是战术的基础，也可以在一定程度上弥补其他子能力的不足。关于主要对手的技术特征包括：比赛中技术使用的数量、质量，不同技术使用的频率，技术的稳定性、有效性等。例如，某选手的台内球处理手段使用情况，拧（50%）、挑（10%）、摆（30%）、劈（10%）；有效情况，拧（70%）、挑（40%）、摆（60%）、劈（50%），由此可见，该选手的台内球处理技术比较全面，特长较为突出，“拧”技术的稳定性、实效性均较好。

（二）战术特征

战术是在比赛中为取胜或达到预期目的而采取的谋略和行动，在比赛中往往具有较为显著的个人特征，是个人技术数量和质量的外在体现，因此，战术的数量和质量也是情报收集的内容。乒乓球项目比赛中的战术特征主要有发抢战术特征、接抢战术特征、相持战术特征，另外战术的落点意识、线路意识等也是其重要内容。例如通过比赛统计，王皓的接发球抢攻使用率为35%，得分率为51%，表现较为优秀。王皓接发球主要以正手摆短为主，落点多为中路，摆短的速度较快，较为有效地控制了对方的攻势。在第四板的攻防转换中，如遇短球，则起板“挑”起，反手的横打得分率较高。

（三）运动素质特征

运动素质是技战术使用的物质基础，也是完成比赛的重要保障。乒乓球项目场地较小，需要短距离启动的速度及制动和转换方向的速度，同时，需要在极短的时间内回球，要求反应速度极快，动作幅度相对较小，并必须保证移动转换方向和重心起伏变换的灵活性。主要对手的运动素质特征主要包括速度、力量、耐力、灵敏、协调、柔韧六个方面，其中速度素质包括移动速度、动作速度、反应速度，力量素质主要是指专项力量，耐力素质则表现为比赛中的体能储备，其他素质相对考查较少。例如，某选手的运动素质特征表现为横向移动能力较强，但纵向移动能力较差；借力回球较多，主动发力不足；反应速度较快，退台较少等。

（四）心理特征

乒乓球项目的任何一个动作失误都有可能造成失分，且现代乒乓球运动节奏越来越快，场上局势瞬息万变，比赛中运动员一直处于制约与反制约的过程中，这就要求运动员具备稳定的心理控制能力，从而获得正确的时空知觉、反应判断和高度注意，确保技术使用和战术执行的稳定。当水平接近，争夺激烈时，心理因素对技战术水平的发挥影响更大。例如，2001 年的第 46 届世乒赛男团半决赛，中国队迎战韩国队，双方比赛异常激烈。决胜盘中刘国正迎战金泽洙，在以 16∶21 输掉第一局后，第二局又 16∶19 落后，在绝境中反击，最终 24∶22 扳平比分。在决胜局中刘国正又以 15∶19 落后，陷入绝境，但刘国正并没有放弃，一分一分地拼搏，最终挽救了 7 个赛点，以 25∶23 将中国队从悬崖边挽救回来。

（五）智能特征

乒乓球快速多变的项目特征，要求运动员能够敏锐地觉察战机，灵活应对。顺境时，不断扩大优势，强力压制对手；逆境时，敢于变化，寻找机会，主动解决问题。运动智能主要是通过对乒乓球专项理论知识的学习和训练、比赛经验总结，以及文化素质积累和智力开发来进行拓展的。平常所说的“打球聪明”就是智能特征的表现。

四、案例分析

第 24 届奥运会双打主要对手技战术分析——波兰男双选手格鲁巴/库哈儿斯基

（一）实力评估

两人均为右手横握球拍，第 39 届世乒赛男双半决赛中，以 1∶2 输给陈龙灿/韦晴光，名列第三。时隔 10 个月，在英国公开赛上，他们以 2∶0 胜陈龙灿/韦晴光，以 2∶1 胜江加良/许增才，获得男双冠军。

这对选手属于快转结合的凶狠型打法，台内技术细腻、成熟，发挥较为稳定。以格鲁巴为主，库哈儿斯基为辅。格鲁巴杀伤力强，得分多，反手比正手好；库哈儿斯基身材高大，手感好，进攻的路子宽。比赛中，格鲁巴站位稍前偏右；库哈儿斯基站位稍后偏左。跑动时格鲁巴以左右移动为主，封住中路；库哈儿斯基则左右移动结合前后移动，两人的配合很少出现漏洞。

（二）实力对比

陈龙灿/韦晴光与格鲁巴/库哈儿斯基的第一场比赛（1987年2月，第39届世乒赛男双，2∶1胜）中，发抢段、接抢段的得分率、使用率均低于对手；第二场比赛（1988年1月，英国公开赛，0∶2负）中，发抢段、接抢段的使用率虽略高于对手，但得分率却低于对手较多，如表29–8所示。

表29–8　陈龙灿/韦晴光与格鲁巴/库哈儿斯基两场比赛分段指标对比

场次	姓名	发抢段		接抢段		相持段	
		得分率（%）	使用率（%）	得分率（%）	使用率（%）	得分率（%）	使用率（%）
第一场	格/库	65	26	49	37	34	38
	陈/韦	62	25	46	27	52	47
第二场	格/库	71	31	41	35	54	34
	陈/韦	63	35	28	38	33	27

（三）战术分析

1. 发抢段

格/库均用反手发近网球，落点大致在“近网1/3台”，两场比赛格鲁巴发球直接得8分，库哈儿斯基直接得8分。除了发球直接得分外，他们的发球还能为第三板抢攻，第五板进入相持段抢先主动创造机会。两场比赛，格鲁巴发球抢攻得8分，库哈儿斯基得6分。抢攻手段比较多，正、反手均能拉、冲。发球抢攻的线路以拉、冲斜线为主，配合冲直线追身。

2. 接抢段

格鲁巴接发球均用反手拉、冲、撇来处理，一般都拉斜线或大角度球，比较凶；库哈儿斯基接发球的方法较多，正反手能拉、撇、摆。两场比赛格鲁巴接发球得3分，接发球抢攻得9分；库哈儿斯基接发球得2分，接发球抢攻得4分。两人的接发球抢攻意识均较强，分别得6分和4分，抢攻线路一般以拉冲两角为主，配合拉冲追身。

3. 相持段

两人在相持中主动进攻和转被攻为主动进攻的能力较强，尤其是在与陈/韦的第二场比赛，相持中反手主动攻得10分；转被攻为主动进攻得3分。常见战术是交叉攻两角、压一角冲另一空当、拉冲中路追身。

第三节　赛前训练与竞技状态调节

一、赛前训练

赛前训练是指运动员在参加重大比赛前，为创造优异成绩所做的专门性准备训练过程，可以是赛前直接准备阶段，也可以是赛前的中短期集训阶段。赛前训练的内容、方法和手段、负荷情况与常规训练均有所不同，着重强调为比赛服务，将对自己竞技能力影响最大、表现最集中的要素放在首要位置，集中强化专项能力，具有高度的指向性。赛前训练的流程如图 29-2 所示。

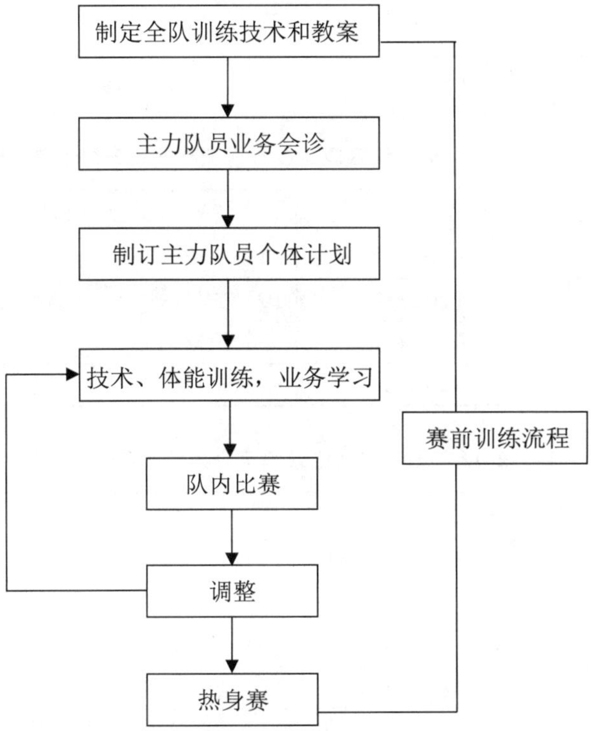

图 29-2　国家乒乓球男队赛前训练流程图

（一）训练的内容

乒乓球项目中技术和战术要素作为影响比赛胜负的关键因素，需要在高强度及十分困难、复杂的对抗环境下稳定的使用技术、实施战术，赛前训练的内容应以专项需要为主，突出个人特长技战术和针对性战术的强化，强调技术和战术使用的稳定性和成功率，增加实战训练的比例。同时，在体能训练中，加强提高与专项训练水平密切相关的素质训练，着重突出专项力量素质和专项速度素质的提高。例如，2012 年国家乒乓球男队备战伦敦奥运会的封闭赛前训练内容如表 29-9 至表 29-11 所示。

表 29-9　2012 年国乒男队伦敦奥运会赛前训练一日三练上午计划

A 计划——大路球（1 小时 30 分）		B 计划——小路球（1 小时 30 分）	
（1）对攻	10 分钟	（1）对攻	10 分钟
（2）开局一局比赛	10 分钟	（2）开局一局比赛	10 分钟
（3）正手步法	20 分钟	（3）正手步法	20 分钟
（4）摆速实力练习	10 分钟	（4）发抢上旋	10 分钟
（5）摆速抗压应变练习	10 分钟	（5）发抢下旋	10 分钟
（6）个人计划	20 分钟	（6）接发球进攻	10 分钟
（7）对拉	10 分钟	（7）接发球控制	10 分钟
		（8）对拉	10 分钟

注：A 计划中（3）~（6）和 B 计划中（3）~（7）为主力层全练，其他人各半的安排。

表 29-10　2012 年国乒男队伦敦奥运会赛前训练一日三练下午、晚上计划

下午（1 小时 10 分钟）		晚上（1 小时 40 分钟）	
（1）对攻	10 分钟	（1）对攻	5 分钟
（2）对拉、兜转攻计分	20 分钟	（2）二打一训练	30 分钟
（3）双打训练	20 分钟	（3）发球训练	15 分钟
（4）双打计分	20 分钟	（4）多球训练（含 15 分极限）	50 分钟

表 29-11　2012 年国乒男队伦敦奥运会赛前训练一日两练计划

上午（1 小时 50 分钟）		下午（2 小时 10 分钟）	
（1）对攻	10 分钟	（1）对攻	10 分钟
（2）开局一局比赛	10 分钟	（2）二打一	30 分钟
（3）正手步法	20 分钟	（3）发球训练	20 分钟
（4）发抢两套系统	20 分钟	（4）多球训练（含 15 分极限）	70 分钟
（5）接发球两套系统	20 分钟		
（6）相持两种练法	20 分钟		
（7）对拉	10 分钟		

注：上午计划中（3）~（6）和下午计划中（2）为主力层全练，其他人各半的安排。

通过对国乒的赛前训练内容的统计可以发现，国乒注重内容方法的实战价值，将开局的一局比赛、对拉训练和兜转攻训练纳入竞争系统，采用计分制，使训练中渗透比赛的气氛，加大赛练的结合度，提高运动员的心理稳定性；同时，训练内容相互渗透，在多球计划的极限练习中，结合体能，加强运动员的移动能力、协调能力，以及专项耐力。

（二）训练的方法和手段

赛前训练是为比赛服务的，在方法和手段的选择上，以完整训练法和比赛训练法为主。完整训练法可以很好地促进战术内部元素之间的连贯性提高，建立有效的神经兴奋—抑制连接；在训练手段上，以多球训练和多球单练为主，从而提高训练的强度和密度，保证回球的真实状态，形成有效的动力定型。比赛训练法能够帮助运动员激活竞技状态，提高训练的强度，完成“训练积累”向“比赛实践”的转换；在训练手段上，以模拟比赛训练、检验比赛训练为主，一方面提高训练的强度，检查技术和战术水平，检验赛前针对性训练的效果，另一方面进行赛前预演，丰富运动员的比赛经验，培养运动员的抗干扰能力，提高运动员的比赛适应能力。

例如，为提高运动员进入比赛状态的速度，安排运动员先坐 40 分钟以上的汽车，随后进入训练馆，马上开始比赛；为提高激烈比赛环境的适应性，在备战 2008 年奥运会时，国乒男队进入北大奥运场馆进行适应性训练，并反复播放 1988 年以来乒乓球项目进入奥运会后的所有决赛场面；再如，考虑到国外球台的摩擦系数较小，球较易出台的情况，国乒队专门在一张球台上打蜡，减小摩擦系数，以此练习发球，确保在比赛关键时刻的发球不出台；又如，在备战 2012 年奥运会时针对主要对手波尔、水谷隼、朱世赫等，赛前挑选国内选手，模仿主要对手的发球和技战术套路，以此提高训练的指向性和比赛适应性。

（三）训练的负荷

赛前训练根据不同的划分依据，可分为不同的阶段类型。按照竞技状态形成过程可划分为准备阶段、调整阶段和临赛阶段；按照负荷量和强度的关系可分为加量阶段、加强度阶段和连续比赛阶段。

1. 按竞技状态形成过程划分的赛前训练负荷特征（表 29-12）

表 29-12　赛前竞技状态形成的阶段负荷特点

阶段	时间	负荷量	特点	目的
准备阶段	3~4 周	50%~60%	负荷量逐渐减小，强度逐渐增大	使机体逐渐达到良好的竞技状态，促进机体的负荷适应
调整阶段	2~3 周	30%~40%	负荷量稳定，强度达到最大	给予机体强化应激训练刺激，打破机体原有的平衡状态
临赛阶段	1~2 周	20%~30%	负荷量和强度均减小	促进运动员全面恢复，促进超量恢复在比赛时出现

注：负荷量为赛前训练的负荷总量占到全年最高负荷量的比值。

2. 按负荷量和强度关系划分的赛前训练负荷特征

在加量阶段的负荷量呈现出阶梯形上升，而负荷强度的波动性不大，或略有起伏；在加强度阶段的负荷强度呈现出阶梯形上升，而负荷量随之相应的阶梯形下降；连续比赛阶段的负荷强度均较高，但负荷量相对较小，赛间训练日应降低负荷强度，但保持相应的负荷量（图 29-3 至图 29-5）。

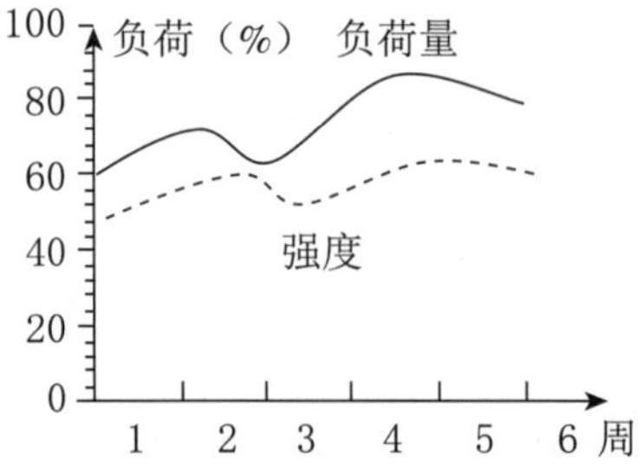

图 29-3　加量阶段负荷特征

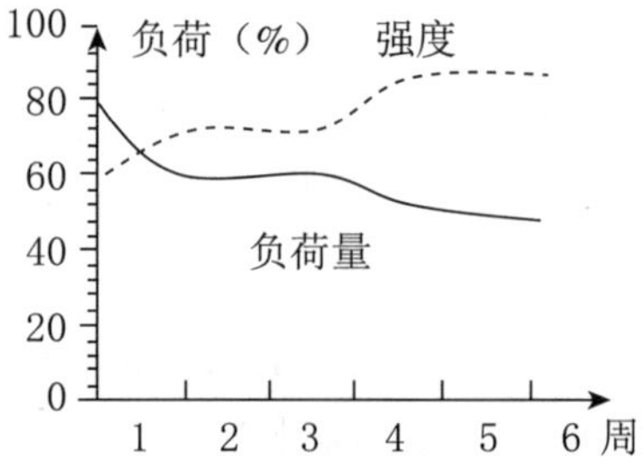

图 29-4　加强度阶段负荷特征

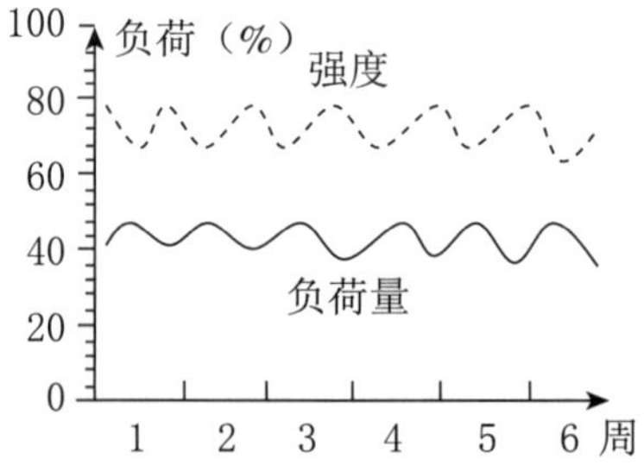

图 29-5　连续比赛阶段负荷特征

二、竞技状态调节

竞技状态是运动员在训练大周期范围内形成，在一定时间限度内保持和规律性变化的对运动成绩的最佳准备状态。它主要受到赛前训练安排、运动员心理状况、客观环境（气候、裁判行为等）、教练员的训练和临场指挥水平等要素的影响。保持最佳的竞技状态是取得优异运动成绩的必要条件。

（一）运动员竞技状态结构

运动员竞技状态是运动员通过赛前训练为比赛而做的全方位竞技准备，在比赛中所表现出的综合竞技能力状态，主要由体能状态、技术状态、战术状态、心理状态、智能状态 5 大要素构成（图 29-6）。其中体能状态直接影响着技术和战术的执行；智能状态则直接影响着技术和战术的决策；心理状态通过智能决定或调控技战术状态；而技术状态和战术状态则是综合竞技状态的集中体现。

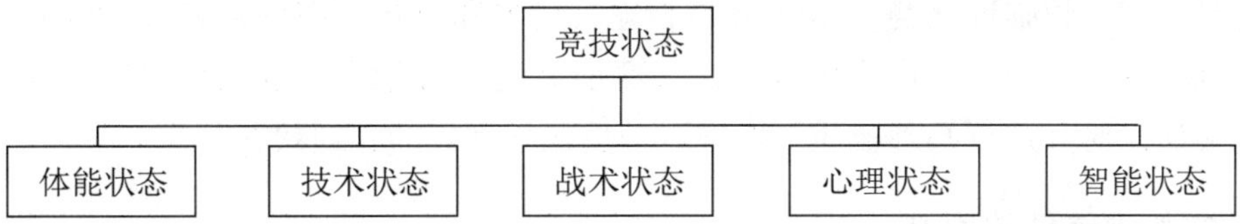

图 29-6 竞技状态的构成要素

(二)运动员竞技状态调控的原则

1. 大负荷、高强度刺激原则

大负荷、高强度有利于打破机体原有平衡，使运动员产生强化应激负荷刺激的机体适应，促进机体超量恢复，形成新的、更高水平的机体平衡态。这就要求教练员充分把握负荷刺激对机体的影响，敢于冲负荷，敢于调负荷，同时，赛前训练应强调负荷的节奏，要具有明显的跳跃性。例如，在赛前训练时，采用一天三练的安排，或者增加训练内容的竞技性（队内比赛），提高负荷的强度。

2. 负荷与恢复的平衡原则

大负荷、高强度的训练容易产生疲劳堆积，当负荷对机体形成连续的刺激超过运动员机体所承受的阈值时，运动员的机能状态将出现劣变反应，最终机能水平不升反降。负荷的适宜度可通过机体的疲劳度、技战术训练的效果、运动性伤病的出现和心理疾病或障碍等现象进行评价。乒乓球项目中出现疲劳堆积的常见现象有：周身性肌肉紧张、疲劳不堪、失眠不安、慢性体重下降、抵抗力下降、运动性损伤多发等。因此，保证运动员的机体适宜恢复是实施大负荷、高强度训练的重要保障。

3. 全方位综合调控原则

尽管乒乓球项目是属于技战术主导的隔网对抗类项目，但其体能和心理因素对比赛胜负的影响起到至关重要的作用。现代乒乓球竞赛节奏变化快、竞争激烈，需要运动员储备充足的体能并具备良好的心理适应能力，以此为合理的技战术实施提供物质基础。同时，赛前对运动员的营养补给、自我管理、比赛环境等多方面进行综合调控也是必要的。

4. 心理调控优先原则

在赛前竞技状态的调控中，体能、技术、战术、智能 4 个内容相对较为稳定，而心理状态的变化是时刻存在的，也是变幻无常的。促进运动员正确的自我分析，保持合理的自信，达到良好的比赛唤醒水平，形成有效的情绪控制机制等问题，是心理调控的重要内容。越临近比赛，运动员的心理、精神和思想状态的调控成为竞技状态调控的重点内容。例如，国家乒乓球队在大赛前会请心理学专家和前世界冠军对主力队员进行会诊，对其进行心理疏通，促进运动员建立良好的心理状态。

5. 实战训练调控原则

实战训练调控不仅指赛前的热身赛、对抗赛等实际比赛，而且还包括训练中融入的比赛性因素或比赛性、对抗性训练内容。例如，2012 年备战伦敦奥运会时，国乒男队在训练计划中加入开局的一局比赛，以提高运动员进入比赛状态的速度。同时在对拉和兜转攻训练中融入对抗性和比赛性，采用计分制，促进训练强度和比赛强度的结合。在临近比赛时，为突出训练与比赛的强度适应性，往往采用模拟训练法、比赛训练法等接近真实比赛情景的训练方法。

（三）赛前竞技状态调控模式

运动员赛前竞技状态调控模式如图 29-7 所示。

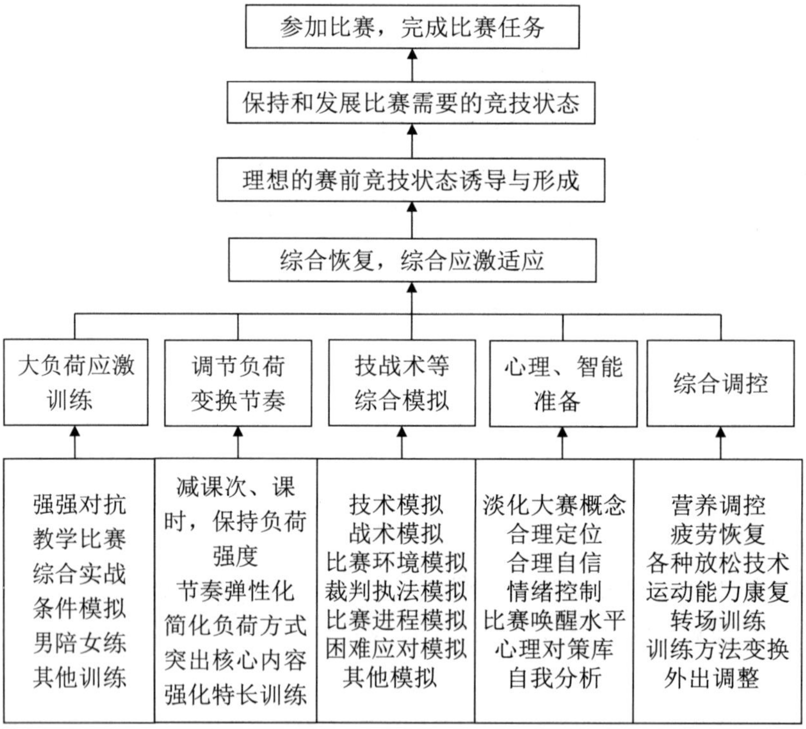

图 29-7　运动员赛前竞技状态调控模式

第四节　教练员的临场指挥艺术

教练员的临场指导活动是竞赛过程的重要组成部分，主要是教练员根据参赛要求进行针对性的参赛部署，同时，在比赛时对运动员的竞赛活动进行实时调控。保证运动员正常或超常发挥竞技水平，取得理想的比赛成绩是教练员临场指导的根本任务。因此，教练员临场指导决定着赛前比赛指导思想的贯彻、比赛策略的执行、战术的变化运用，以及运动员的动机激励和情绪调控，也是运动员正常或超水平完成比赛任务的重要保障。

一、教练员临场指导能力的构成

（一）抗压能力

随着现代乒乓球运动的发展，比赛的变化越来越大，竞争越来越激烈，比赛不仅对运动员，而且对教练员也产生了极大的负荷。乒乓球比赛的临场指导很大程度上属于一种风险决策，即概率决策。因此，排除外界干扰，忘我、无私地将潜在的压力消除，敢于决策，敢于承担，是教练员临场指导成功的必备条件。

（二）观察能力

比赛场上谁能第一时间掌握影响比赛胜负的相关信息，并作出决断，谁就取得了主动权。及时、准确、迅速地获取比赛场上的信息，并仔细甄别，去粗取精，综合分析判断，是教练员临场指导决策的基础，也是保证战术方案及时调整的重要条件。

（三）分析能力

在掌握准确的信息之后，需要教练员迅速做出判断和决策。如何根据本方的情况，制约对手的发挥，避实击虚，以己之长克彼之短，这就要求教练员在具备丰富的经验和知识的基础上，有较强的逻辑分析能力和敏锐的思维能力。因此，对场上局势的分析能力是衡量教练员能否胜任临场指挥工作的重要内容。

（四）决策能力

教练员临场指导时，必须具备迅速判断、迅速决策的能力。在乒乓球竞技比赛中，场上局势瞬息万变，如果教练员“前怕狼，后怕虎”，畏畏缩缩，必然贻误战机，或者使决策效果大幅下降。因此，在有利于本方比赛的基础上，敢于决策、敢于承担，进行针对性和可行性的决策是保证教练员临场指导成功的重要保证。

（五）沟通能力

沟通是教练员的决策传达与运动员执行之间的桥梁。乒乓球比赛中暂停次数为1次/场，时间为1分钟，局间休息时间为2分钟，时间极短，这就需要教练员根据运动员的个性特征，使用明确、简洁的语言进行决策信息传递。没有重点的指导会使运动员的逻辑思维增多，反而影响技战术的发挥。

（六）调整能力

乒乓球比赛的各种条件和环境错综复杂，自身及对手的技战术发挥情况是决定比赛胜负的关键。赛前备战对对方的竞技状态情况是很难全面、准确地把握的，赛前预案的准备和赛中的方案调整显得尤为重要。临场指挥时充分做好对全局的综合分析决策工作，做到处变不惊，保持头脑清醒，严格控制不良情绪。

二、临场指导应处理好的关系

（一）整体与局部的关系

乒乓球项目中单场决定胜负的比赛通常采用几局几胜制，团体比赛中则采用几场几胜制，教练员应该明白任何比赛对手都很难出现不得分、没有胜局，或团体中没有胜场的现象。因此，教练员在临场指挥中需要纵观全局，决不可因为一分、一局或团体中的某场失误而影响整个“战局”的指挥策略。同时，在年度比赛计划中，哪些比赛是重要比赛，哪些比赛是一般比赛，在重要比赛中的临场指导以取胜为目标，在一般比赛中则常以锻炼队伍为目标，切不可因为眼前的利益而改变整体的战略谋划和战术安排。因此，比赛指导时应抓住影响比赛任务完成的主要因素，忽略次要因素和干扰因素，局部则应以服务整体为目标。

（二）赛前安排与临场调整的关系

在赛前备战对主要对手的竞技状态分析中，一般是通过对主要对手过去的比赛情况进行分析和推断，具有一定的滞后性，所以针对主要对手的赛前安排与现实情况有一定的差距。因此，根据现实情况对针对性方案进行调整就是临场指导过程必须要面临的问题。赛前安排和临场调整之间保持协同，即如果场上情况与赛前分析相同，那么就应该坚决执行赛前安排，如果出现影响比赛任务完成的、非计划内的因素就应做出必要的调整，而不是一味地执行赛前安排，但这种调整促进战况也不可随意调整，保持两者的协同关系至关重要。

（三）自我发挥与克制对手的关系

乒乓球比赛双方的制约与反制约关系，导致场上局势的多变性，在临场指导过程中根据比赛任务把握自我发挥与克制对手之间的关系是决定比赛任务完成的重要条件。知己知彼原则是指导自我发挥与克制对手的依据，“知己”可以保证自己清楚自己的优势与劣势，得分与失分的特点等，这是自我发挥的基础条件；“知彼”则可以保证自己了解到对方的比赛特点，从而制订出克制对手的方案。因此，能做到自我充分发挥，而不能抑制对手，那么胜负各半；能做到抑制对手，而不能自我发挥，亦是胜负各半；能做到自我充分发挥，同时，较好地抑制对手，那么就胜多负少了。

（四）“特长”与“特短”的关系

“特长”与“特短”永远是一对相对的概念，即自身相对于对手，俗话说：“寸有所长，尺有所短”就是这个概念。有时候自己的某项技战术相对于一个对手是特长，而相对于另一个对手就变成了特短，自己的特短亦是如此。在临场指导过程中教练员如何进行“田忌赛马”式的安排就必须对双方的特长与特短进行综合分析，在决策时坚决贯彻“以己之长克彼之短”的原则，从而获得主动权。

小结

本章讲述了乒乓球年度比赛次数及类别的确定，分析了对主要参赛对手竞技能力及竞技状态情报收集的手段与方法，阐述了赛前训练的内容、训练方法和手段及赛前竞技状态的调整，并对教练员临场指挥能力进行了分析。

■ 思考题

1. 如何收集主要对手的竞技能力和竞技状态？
2. 赛前训练的内容有哪些？
3. 运动员竞技状态调控的原则是什么？

参考文献

[1] 汤信明．运动员的气质类型与管理艺术 [J]．武汉体育学院学报，1991（1）：47-49.
[2] 韩炜．赛前训练的研究进展 [J]．山东体育科技，2006（2）：5-8.
[3] 熊焰．教练员临场指导的策略与方法 [J]．中国体育教练员，2015（4）：10-13.
[4] 熊焰．教练员临场指导能力及其培养 [J]．中国体育教练员，2015（3）：8-11.
[5] 吴飞．关于国家乒乓球男队赛前训练的实践研究 [J]．山东体育学院学报，2015（2）：95-100.

第三十章

规则与器材的变革对乒乓球技战术发展的影响

教学目的

1. 了解11分赛制、无遮挡发球、无机胶水、塑料球使用带来的变化。
2. 初步掌握11分赛制新的训练内容和手段。
3. 掌握无遮挡发球及塑料球使用下的竞赛策略。

教学安排

总时数6学时。其中讲授4学时，讨论、实践、作业2学时。

规则的变化对乒乓球技战术的发展影响是巨大的。本章就乒乓球11分制、无遮挡发球、无机胶水、塑料球带来的影响进行了介绍，使教练员更好地根据规则的变化合理安排训练内容。

第一节 11分制对比赛的影响与对策

一、11分制带来的变化

（一）规则的变化

①由21分赛制改为11分赛制，每局减少10分。

②由5分轮换发球改为2分，双方每轮少发3个球。

③在决胜局中一方先得5分时，双方应交换位置。

④局与局之间在21分制时，有2分钟的休息时间，11分制变为不超过1分钟的休息时间。

（二）发球的变化

21分制每轮发5个球，可以根据对方的技术情况，进行组合变化，可以发5种不同的球；11 分制每人发 2 个球，只能有两种不同的发球。发球种类变化减少，得分发生变化，导致发球战术要做相应的调整。

（三）节奏的变化

每局只有 11 分，每局胜负很快见分晓，节奏加快。比赛局数增多，关键球出现的概率增大，比赛变得更加激烈，更加刺激。

（四）战术的变化

开局时，若比分落后拉开距离，由于每局只有 11 分，追赶的机会少、难度大，容易造成紧张的心理。在战术上必须有变化，根据场上情况，合理进行技术运用和组合，在开局时就应抓紧，使用最拿手的发球，使用绝杀。

二、11 分制比赛中的难点

（一）胜负偶然性加大

11 分赛制改革以前，在技术上的配套、技战术安排、攻防转换及一局中的叫阵、对峙、收关 3 大阶段的关键球处理上，运动员都要有一套行之有效的实战思路。11 分赛制改革以后，改 5 分为 2 分一转换，每局比赛的过程缩短，比分减少，发球与接发球的转换频率加快，发球与接发球的优势或缺陷都无法充分体现，技战术的变化也相应加快，运用和转换难度加大，运动员战胜对方的把握性减弱，比赛胜负的偶然性加大。

（二）心理干扰增多

11 分制对运动员的实战心理也会产生极大的影响，特别是在我们还没有很好地把握新规则的初期，运动员的习惯一时难改，用定向思维去应对，出现技战术运用不成功、比分拉不开，运动员极易产生急躁情绪；而年轻运动员在比赛中看见获胜希望时，容易产生搏杀心理，使动作变形。在一场比赛中，局数增多，而在一局比赛中，比分减少近一半，落后几个球，感到不易追赶，容易产生放弃这一局而去准备打下一局的心理，放松了斗志。11 分制比分少，擦网、擦边等运气球和裁判员的误判极易给运动员带来心理干扰。11 分赛制很容易体现每一个运动员的心理素质，心理素质好的运动员在比赛中表现稳定、沉着；心理素质差的运动员容易慌、乱、紧张。这种心理的反差，即使在技术水平占上风的情况下，也很可能败下阵来。

（三）进入状态慢易造成被动

11 分赛制缩短了每局的比赛时间和比分。由于比分减少，比赛很可能出现突发事件，因此每个运动员必须在比赛前和开局时以最快的速度进入比赛状态，高度集中，尽快投入。哪一方先进入状态，就很可能会先拿下前一两局的胜利。那些进入状态慢的选手，往往处在被动局面中。比赛中的前三板技术很重要，因为每局比分减少，每人发球减少到2分轮换，战术上的变化少了，那么一开始就要想好一两套对应的战术来打，前三板技术在比赛中作用更突出。若前三板技术突出，整局球在气势上就能压倒对方，形成主动。

三、适应11分赛制的途径

在适应新赛制的过程中，要清醒认识到新赛制总体上并没有改变技术发展的趋势和乒乓球运动的基本规律，更不会动摇以实力取胜之本。因此，切忌盲目追求变化而忽视了功底。对于新规则的出现，我们必须以实战为原则，在比赛、训练中发现规律性的东西，通过科学训练去化解、解决问题。针对上述出现的一些情况，在训练中重点解决以下七个方面的问题。

（一）处理好发球与接发球

新赛制对发球与接发球有了更高层次的要求，在一局比赛中不论是发球还是接发球，次数都会有所减少，发球的优势不明显，而接发球不好也容易被对方以搏杀的方式打死。发扬我们的传统优势，提高发球质量，把握实战中的两次发球机会，注重发球的精确度和变化。在接发球上要以提高运动员的自信心为出发点，搏杀性要加强，胆量要更大。利用发球、接发球记双分的形式来突出发球、接发球的重要性，促使运动员珍惜和把握极少的发球机会，鼓励运动员将接发球变成一种进攻的手段。无遮挡发球的实行，发球的质量、速度在规则的限制下有所下降，所以接发球要增强抓住时机，加强进攻的意识，大胆挑、撇，争取接发球取得主动。

（二）处理好搏杀与稳健的关系

“稳健是基石，搏杀是台阶”，在新规则下，在技战术的应用上胆量要更大一点，但也要注意，搏杀必须在稳健的基础上进行，在搏杀的同时提高技术的精确性和严密性。在训练中注意培养运动员的抢攻能力，特别是接发球抢攻和连续攻的能力。

在提高技术动作稳定性的同时，加强运动员的力量练习和步法训练，提高运动员连续跑位的能力和击球的爆发力。在加大攻击性的同时减少无谓失误，有意识地提高运动员把握机会球的能力，机会球把握得好，就有可能争取到主动权，反之，丢失一两个机会球就会导致一局比赛的失利。

11分球每一分都是关键，因此对技术要求更精确，技术的严密性比搏杀性更重要。开局一般以稳为主，发挥自己特长。要把握好机会球，如果有一两个机会球没有把握好，会直接影响全局。

（三）培养运动员快速进入状态的习惯

从每一堂训练课着手，要求运动员思想集中，进入角色快，并在准备活动上加入一些强度大的徒手练习，如步法、挥臂动作等。另外，在日常训练中，要培养运动员先进行队内比赛后再进行训练的良好习惯。可以将一堂训练课划分为几个小段落，以练习—调整—练习的方式，让运动员多次调整自己的竞技状态，使他们能在更短的时间内进入最佳状态。

先赛后练，练习 5 分钟就实行升降比赛，让运动员习惯一开局就要进入状态，一上场就要发挥特长技术，打完比赛后再进行基本功练习。

（四）调整实战心理

实行 11 分赛制，使运动员在比赛过程中的实战心理发生很大变化，许多运动员感到十分困惑，有些运动员甚至对自己的技战术特点丧失了信心。教练员应该利用技战术分析、比赛指导及心理咨询来调整运动员的心理状态，队内比赛用追分制，提高运动员战胜挫折的能力并培养其坚韧不拔的意志品质，让运动员在比赛中平静地对待场上的变化，加强运动员的心理稳定性，提高心理承受能力。

（五）转变只能用正手上手的观念

在以往的训练和比赛中，大部分运动员的指导思想是尽可能地使用正手上手抢攻，但在新赛制下就要练习正、反两面都能上手的能力，因此要加大对反手的训练。例如，将上午的反手练习时间从以前的 10 分钟改为 20 分钟，前 10 分钟定为半台稳拉 20 板×3 组，后 10 分钟为一边一次中等力量拉对方全台；下午的多球计划为中台上旋发力冲 50 板×3 组，弹、撕 50 板×3 组。在训练中首先要求队员做到不轻易丢一个球，不轻易放弃每一次机会，做到心中有数，然后再逐渐提高球的质量，使队员能熟练地掌握和运用这项技术，从而使反手技术成为自己的进攻手段和得分技术。

（六）制订训练计划

①从训练课开始第一项便进入实战训练。

②多节训练课调整状态要短、平、快。

（七）加强关键球的训练

关键球是指乒乓球比赛临近终局，尤其是在比分很接近的情况下临近终局的比赛，因为此时得失一分对比赛结果都有极大的影响。如 8:9 或 10 平以后的每一分球。要注意关键球的训练，要有一套行之有效的方法。

第二节　无遮挡发球对比赛的影响与对策

无遮挡发球是 2001 年通过国际乒联代表大会决议的规则修改，为适应无遮挡发球带来的变化，张晓蓬博士等通过无遮挡发球实验对发球性质的改变做出相关研究，找出了该规则修改对现有发球方式的影响和现有发球方式的改进探索。

一、无遮挡发球带来的变化

（一）对不同位置发球的影响

如表 30-1 所示，在不同位置上的发球，5 人进行反手发球，100%符合无遮挡发球规则，基本无影响；2 人进行正手发球，保持 50%的合法性，总体上还可以；11 人进行侧身发球，仅 1 人发球符合无遮挡发球规则，说明影响巨大。因此，为适应无遮挡发球规则，侧身发球需要进行动作改进，保证发球符合新规则，其次为正手；或者，进行侧身和正手发球的选手，学习反手发球技术，改变发球方式，同时增加发球变化。

表 30-1　不同位置发球效果比较

位置	人数	清楚	模糊	看不见
正手	2	1	1	0
反手	5	5	0	0
侧身	11	1	2	8

（二）对不同抛球高度发球的影响

由表 30-2 可知，进行高抛发球的 8 人，有 3 人符合规则，合格率为 37. 5%；进行低抛发球的 12 人，仅 2 人符合规则，合格率为 16. 7%。结果表明，新规则对高抛发球的影响程度小于低抛发球，但对两种抛球高度的发球影响都是巨大的。因此，两种抛球高度的发球都需要针对新规则要求进行动作调整，或者适当增加抛球高度，以便利于击球点的清晰化。

表 30-2　不同抛球高度发球效果比较

抛球高度	人数	清楚	模糊	看不见
高抛	8	3	4	1
低抛	12	2	2	8

（三）对不同旋转性质发球的影响

由表 30-3 可知，发侧旋球的 11 人中仅 1 人发球符合规则，合格率仅为 9.1%，而发下旋球的 7 人中有 2 人符合规则，合格率为 28.6%。结果表明，无遮挡发球规则对两种性质的发球都产生了较大的影响，相比之下，侧旋球的影响更大。对两种性质发球动作的比较发现，发下旋球时，身体前倾角度没有发侧旋时大，收腹幅度相对较小，抛球高度稍高，因此无遮挡发球的影响相对较小。

表 30-3　不同旋转性质发球的效果比较

旋转性质	人数	清楚	模糊	看不见
侧旋	11	1	2	8
下旋	7	2	3	2

（四）对不同站立高度发球的影响

由表 30-4 可知，对于下蹲发球和站立发球两种形式的发球，下蹲发球的合格率为 100%，基本无影响，而站立发球的合格率为 33.3%，影响程度较大。对两个发球动作的仔细对比发现，下蹲发球时，抛球的位置基本上处于身体和球台之间，便于对手看清楚；而站立发球抛球时，球多处于身体的侧方或后方，易被躯干遮挡。因此，为适应新规则的变化，适当推广和提倡下蹲发球是可行的。

表 30-4　不同站立高度发球的效果比较

站立高度	人数	清楚	模糊	看不见
站立	3	1（反手）	0	0
下蹲	2	2	0	0

二、无遮挡发球规则条件下的竞赛对策

（一）改进发球方法

改进不符合无遮挡发球规则的发球方法是适应新规则变化的必然要求，在改进发球方法的研究结果中指出，抛球手在击球点下方、抛球路线尽可能垂直、身体位置和球台端线夹角小于180°、身体不要过于前倾等方面的改进均可以有效促进发球合法化，因此在练习中可以从以上五个方面着手，使自身发球合乎无遮挡发球规则（表30-5）。

表30-5　发球不同改进方法的效果研究

改进方法		人数	清楚	模糊	看不见
抛球手位置	上方	11	1	2	8
	下方	11	7	3	1
抛球位置	肩部	7	2	3	2
	胸部	7	5	2	8
身体与球台夹角	180°	3	0	4	1
	90°	3	2	1	0
身体夹角	<100°	2	0	1	1
	>90°	2	1	1	8

（二）转变观念，提高发球的变化

新规则下，发球的隐蔽性和突然性减小，对方的接发球难度降低，因此要将以前“使对方直接吃发球或抢攻”转变为“抑制对方抢攻，进而自身创造机会”。在观念转变的基础上，强调发球的手段和落点变化，增加对方接发球判断的难度，或者达到延长对方反应时间，以此增加发球的效果。在提高发球变化上，可以从继承和挖掘下蹲发球和反手发球，追求发球手段的创新，增加长球的运用三个方面着手。

（三）提高两面上手，增强抢上旋的能力

通过2002年中国乒乓球男队封闭训练和2004年封闭集训的比赛统计，结果发现，有遮挡发球和无遮挡发球对发抢段产生了一定程度的影响，其结果如表30-6所示。

表 30-6 有遮挡和无遮挡发球抢攻效果比较

遮挡情况	人数	得分率（%）	使用率（%）
有遮挡	23	61	33
无遮挡	16	55.8	32.3

数据显示，两种规则下，发球抢攻的使用率基本保持不变，但得分率有所变化，无遮挡发球相比之下，下降了 5.2%，由此说明，无遮挡发球规则确实导致了发球抢攻的难度增大，为适应该变化，提出了增加两面上手的比重和提高抢攻上旋球能力的应对性策略。

1. 增加两面上手的比重

因发球质量的下降，对方进行抢攻的可能性增加，再依靠单面进行抢攻已经不符合新规则提出的新要求，因此，两面上手的提出符合竞技规律变化的客观要求。

2. 提高抢攻上旋球的能力

发球质量下降，促进对方接发球手段的多样化，在以搓摆下旋球为主的基础上，增加了挑打、挑撇、晃、拉等以抢攻形式出现的方法应用。在准确判断的基础上，对对方抢攻过来的上旋球进行抢攻是竞技乒乓球发展的客观要求。

（四）增强接发球抢攻的意识

通过 2002 年中国乒乓球男队封闭训练和 2004 年封闭集训的比赛统计，发现有遮挡发球和无遮挡发球对接抢段的影响程度最大，其结果如表 30-7 所示。

表 30-7 有遮挡和无遮挡接发球抢攻效果比较

遮挡情况	人数	得分率（%）	使用率（%）
有遮挡	23	45	32
无遮挡	16	52.8	34.1

数据显示，两种规则下，无遮挡发球的接发球抢攻使用率相比之下，提高了 1.9%，而得分率提高幅度较大，由 45%提高到 52.8%。由此可见，无遮挡发球为接发球抢攻创造了更多的进攻条件，可以此作为提高战术水平的训练突破口，在保证没有明显漏洞的情况下，增加台内球的抢攻使用；在组合上，强调接发球控制、防守、反攻的一体化训练，把第二板和第四板作为一个完整的组合来对待，在第四板上强调反拉、反带等带有较强进攻性的防反技术使用与第二板接发球的组合运用。

第三节　无机胶水对比赛的影响与对策

2008 年奥运会以后，国际乒联规定，乒乓球运动员参加比赛必须使用无机胶水，它的特点是无毒、无味，有利于运动员身心健康，更加符合奥林匹克精神。它必然会引起乒乓球力量、速度、旋转等要素的改变。

从宏观上来看，无机胶水对整个乒乓球运动发展产生了重大影响：

①无机胶水使乒乓球运动更具有观赏性。使用无机胶水后，球拍胶皮的性能减弱，球速和旋转也减弱，比赛的回合增多，从而使其观赏性加强。

②无机胶水使乒乓球运动更“健康”。无机胶水不含有有机化学成分，不会对运动员的身体造成伤害。

③无机胶水缩小了中国与其他各国乒乓球运动水平的差距。与“有机”时代相比，中国队与其他国家队之间的差距缩小，更有利于世界乒乓球运动的健康发展。

从微观上来看，无机胶水的使用也影响着乒乓球运动员的训练和技战术的使用。

1. 无机胶水对乒乓球运动员训练的影响

①训练中，使用无机胶水导致运动员下网失误率和触网回合率较高，因此，击球过程应该提高制造弧线和增加打出距离的能力。

②使用无机胶水，运动员的防守更容易下网。所以运动员在防守过程中不要借力过多，而应学会主动发力，提高主动摩擦球的能力。

③使用无机胶水，球拍的弹性降低，对运动员的力量素质、速度素质和身体协调能力等，都提出了更高的要求，所以加强运动员的体能训练就尤为重要。

2. 无机胶水对乒乓球运动员技战术的影响

如表 30-8 所示无机胶水的使用使运动员发抢段和接抢段的使用率下降，差异不显著；相持段使用率上升，差异显著。无机胶水的初步应用，球的质量明显有所下降，因此运动员相持能力的要求达到了前所未有的高度。

表 30-8　优秀运动员无机胶水使用前后三段技战术使用率统计数据的比较

无机胶水使用情况	发抢段使用率	接抢段使用率	相持段使用率
无机胶水使用前	36±5	34±5	26±9
无机胶水使用后	33±6	31±11	35±14
P	>0. 05	>0. 05	<0. 05

如表 30-9 所示，无机胶水的使用使得运动员发抢断得分率下降，差异不显著；接

抢断、相持段得分率上升，差异显著。

表 30-9 优秀运动员在使用无机胶水前后三段技战术得分率统计数据的比较

无机胶水使用情况	发抢断得分率	接抢断得分率	相持段得分率
无机胶水使用前	65±8	39±10	32±13
无机胶水使用后	62±11	47±12	44±14
P	>0.05	<0.05	<0.05

第四节 塑料球对比赛的影响与对策

一、塑料球改革带来的变化

（一）弹跳高度增高

通过成波锦博士对赛璐珞球和塑料球的弹跳高度实验研究，其结果如表 30-10 所示。

表 30-10 赛璐珞球与塑料球的弹跳高度实验

高度	球类型	平均值（毫米）	标准差	*T* 检验值
3050 毫米	塑料球	1640.84	35.116	-10.711
	赛璐珞球	1484.62	96.973	0.000
305 毫米	塑料球	257.08	1.549	-20.567
	赛璐珞球	250.1	1.832	0.000

研究显示，从 3050 毫米高度落下，赛璐珞球的平均反弹高度低于塑料球，且两者具有显著性差异；从 305 毫米高度落下，两者同样存在着显著性差异。由此可见，赛璐珞球的反弹高度明显低于塑料球的反弹高度。

（二）落点稳定性增高

通过成波锦博士对赛璐珞球和塑料球的落点稳定性实验研究，其结果如表 30-11 所示。

表 30-11 赛璐珞球和塑料球的落点稳定性实验

球类型	个数	长（厘米）	宽（厘米）	面积（平方厘米）
赛璐珞球	50	38	30	1140
塑料球	50	22	16	352

注：实验通过测试两种乒乓球从3050毫米高的落球孔自由落下，触及倾斜的钢板上又反弹到沙盘上的落点分布，判断两种乒乓球的落点稳定性。

研究显示，赛璐珞球的落点范围远远大于塑料球的落点范围，且赛璐珞球的落点范围为塑料球落点范围的3.2倍。由此可见，塑料球的落点和飞行弧线稳定性与准确性优于赛璐珞球。

（三）速度略微下降

通过成波锦博士对赛璐珞球和塑料球的平动速度实验研究，其结果如表30-12所示。

表 30-12 反手推挡速度比较

球类型	直径（毫米）	重量（克）	个数	平均值（米/秒）	标准差
塑料球	40~40.5	2.7	80	6.73	0.325
赛璐珞球	39.5~39.8	2.7	80	6.79	0.296

研究显示，赛璐珞球反手推挡后的平动速度为6.79米/秒，塑料球为6.73米/秒，平动速度下降0.9%，这是因为塑料球的规定大小为40+毫米，略微大于赛璐珞球40毫米，受到的空气阻力相对变大，因此，赛璐珞球的平动速度略微大于塑料球。

（四）旋转减弱

通过成波锦博士对赛璐珞球和塑料球的旋转速度实验研究，其结果如表30-13所示。

表 30-13 拉前冲弧圈球旋转比较

球类型	直径（毫米）	重量（克）	个数	平均值（转/秒）	标准值
塑料球	40~40.5	2.7	80	122.38	0.479
赛璐珞球	39.5~39.8	2.7	80	127.54	0.867

研究显示，赛璐珞球拉前冲弧圈球的平均旋转速度为127.54转/秒，而塑料球平均转速为122.38转/秒，旋转速度下降了4.1%，且通过检验，两者存在着显著性差异。由此说明，塑料球的旋转速度相比赛璐珞球下降了。

二、塑料球条件下的竞赛策略

（一）提高发球质量

塑料球的球体体积、反弹高度相比赛璐珞球均有所增加，要发出低、转、短的下旋球越来越难，发球容易出台，或者旋转较弱，易被对方抢先上手，造成被动局面。因此在发球方面的练习，应该更加注重落点和旋转的稳定性控制，提高发球质量是适应塑料球变革的重要举措。

（二）加强一、三板和二、四板之间的衔接

塑料球的飞行速度和旋转速度均下降，为接发球运动员的抢攻提供了更多的机会，接发球的拧拉、挑打将作为比赛的台内球处理的重要手段，而对于发球方的第三板抢攻难度增大，在比赛中，发球方第三板很有可能面对的是对方的直接抢攻。因此，前五板之间的衔接，将成为塑料球条件下需要重点提高的一个环节。

（三）对体能的要求增高

塑料球的变化，使相持段回合增多，在旋转和速度下降后，要达到与以前相同或相近的单板质量水平，需要运动员付出更大的能量，即提高击球力量（具体原因参考38 毫米球变 40 毫米球的变化），因此在塑料球比赛环境下，需要运动员有更强的体能储备。

小结

本章通过讲解 11 分赛制、无遮挡发球、无机胶水、塑料球的使用等变化，使教练员了解新规则的特点及由此带来的变化，摸索新规则下的规律，从而更好地指导训练和比赛。

■ 思考题

1. 11 分赛制规则带来哪些变化？
2. 11 分赛制新的训练内容和手段有哪些？
3. 无遮挡发球及塑料球的使用下竞赛策略有哪些？

参考文献

[1] 成波锦，杨欢．新型无缝塑料乒乓球的特征及对击球速度和旋转影响的实验研究［J］．北京体育

大学学报，2014（10）：141-145.

［2］吴敬平．发球抢攻新体系与接发球“一体化”——关于11分制和新发球规则的思考［J］．乒乓世界，2002（2）：32-33.

［3］成波锦．新型无缝塑料乒乓球的特征及对技战术发展影响的初步研究［J］．中国体育科技，2014（5）：68-72.

［4］刘钦龙．运动训练创新理论研究［D］．北京：北京体育大学，2007.

第三十一章
训练计划的制订与实施

教学目的

1. 了解制订该阶段训练计划与竞技能力发展关系的理论知识。
2. 了解并熟悉制订个性化训练计划的撰写方法。
3. 提高制订高级训练计划的规范性和实施能力及调控方法。

教学安排

总时数 16 学时。其中讲授 12 学时，讨论、实践、作业 4 学时。

训练计划是对未来训练过程组织实施的具体安排和基本依据，也是为实现训练目标而选择的途径方案。训练计划设计的科学性和合理性是运动训练科学化必备的基本条件之一，也是训练工作成败的决定性因素之一。在制订训练计划的过程中需要严格依据训练目标、起始状态、项目客观规律、现实条件等因素，从而保证运动员竞技状态的提升及综合竞技能力的提高、保持。本章主要介绍高水平阶段运动训练计划的原则、依据，以及计划制订的主要内容和特点，并以案例的形式介绍了该阶段常用的不同形式的训练计划方案。

第一节　训练计划制订的原则与依据

一、训练计划制订的原则

运动员进入到高水平及其保持阶段后，其训练计划的制订，既要遵循普遍性的原则，又要注意因其个性化的发展而出现的差异性，更主要的是在继续保持个人技战术风格的同时还要与项目发展、先进技术等紧密结合，因此在该阶段训练计划的制订中，要特别注意制胜规律与项目发展趋势相结合的原则。

乒乓球项目的制胜规律从 20 世纪 60 年代的“快、准、狠、变”逐渐发展到 20 世纪 70 年代的“快、狠、转、准、变”，其后在 20 世纪 80 年代又提出了“技术全面，特长突出，没有明显漏洞”等要求。随着项目竞技的发展，20 世纪 90 年代中国乒乓球通过实践总结，提出了“上旋球是今后发展的主要矛盾”的项目发展趋势。

现代乒乓球项目经过 11 分制、无遮挡发球、38 毫米球变 40 毫米球、塑料球使用等规则和器材的变革后，项目竞技也呈现出“五快、二大、一强”的特征，即比赛节奏快、发接球变化快、赛点出现快、攻防转换快和战术变化快；精力消耗大和比赛偶然性大；心理素质强。

同时，在技术层面，反拉、反撕、侧切、正手台内侧拧，以及反手卷防等新技术正逐渐被越来越多的优秀运动员使用，而这些新技术的出现，不仅在某种程度上代表着技战术新的发展方向，还应该在训练实践中多运用、多体会。因此，在训练计划制订过程中应充分把握遵循最前沿的制胜规律与项目发展趋势，并充分体现在训练计划内容当中，从而保证运动员的培养符合现在和未来竞技环境的需要，培养出高水平、高效益的竞技乒乓球人才。

二、训练计划制订的依据

（一）技战术风格特征

乒乓球项目技战术风格是运动员区别于其他运动员的技战术系统的、较为成熟和定型化了的、经常表现出来的特征，是运动员的灵魂，关乎其发展的方向和可能达到的竞技水平。在运动员的高水平阶段，其训练实践过程实际上就是运动员的技战术风格培养的过程，不断优化与强化其技战术风格体系是训练实践的重要任务。因此，在训练计划制订的过程中，一定要把握乒乓球项目的发展趋势，结合运动员的个性特征，全面提高其技战术水平，并突出技战术特长，力求形成符合竞技需要和项目发展的、较为鲜明的运动员技战术风格。

1. 技战术风格的完善

运动员的技战术风格具有阶段性稳定、阶段性优劣集中的特征，因此，技战术风格是处于一个动态的稳定状态下且需要不断完善的过程，其步骤如图 31-1 所示。

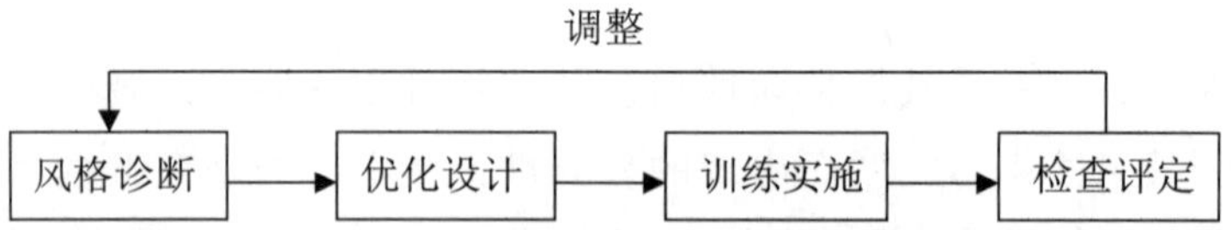

图 31-1　技战术风格体系完善步骤

①风格诊断：明确现有的技战术特点，确定优化和强化的内容，同时，为优化和

强化结果进行及时的检查评价，在制订训练计划中以特长技术训练、比赛训练等作为参考进行。

②优化设计：其一，在技战术特征诊断结果的基础上，分析出哪些技战术需要得到优化，哪些技战术需要得到强化；其二，设计出配套的训练方案，包括训练的内容、方法和手段等。

③训练实施：根据具体的训练方案，通过训练学手段，对运动员的技战术风格进行完善，从而形成新的、更加高效的技战术风格体系。

④检查评定：比赛实践是检验运动员技战术风格体系优化与强化结果的重要途径，在比赛中坚决贯彻新的技战术风格，检验其实际运用的效率，评价其效果。

因此，根据运动员技战术完善的不同阶段，结合个人提高和发展需求，将相应的技战术训练内容和检查评定安排到训练计划当中，对运动员技战术风格的打造和完善具有特别重要的作用。

2. 技战术数量与质量的关系

运动员技战术的提高发展，是训练计划制订和执行的核心要素，一般来讲，技战术的数量是个人技战术水平的基础因素，质量则是个人技战术水平的决定因素。增加个人掌握的技战术数量，提高技战术质量是日常训练的最高要求，但两者存在着协同与制约的关系（图 31-2），在日常技战术训练过程中，最大的限制条件是时间因素，即在一定的时间总量情况下，安排数量过多的技战术训练往往会造成技战术质量效果的下降，因此采用适宜数量的技战术训练，如上下旋、长短球等相结合的技战术练习，往往能达到较好的整体训练效果。

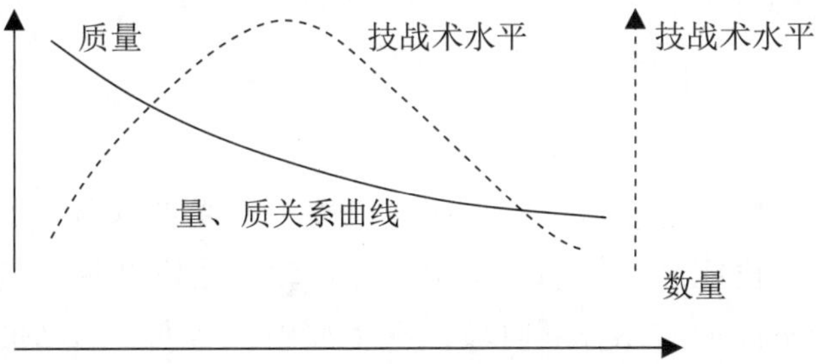

图 31-2　技战术数量、技战术质量、技战术水平的关系

在高水平运动员的训练计划中，有时候会出现在一段时间内对技战术练习数量制订过多的情况，往往会造成运动员掌握不牢、会而不精，比赛中也未能达到预期效果，因此要根据运动员的年龄特征、技战术基本能力及阶段性提高的要求，优化技战术训练的数量，找到某项技战术的立足点，苦练、精练，掌握后逐渐以点带线，优化迁移，灵活运用，才能更好地保证技战术训练的效果。

（二）年龄特征及身体状态

1. 年龄特征

在制订高水平运动员的训练计划中，其成绩目标指向性较强，年度任务、阶段性多年任务的目标往往指向全国锦标赛、世界杯、世锦赛及奥运会，优秀运动员希望在这些时间点的比赛中，能够达到竞技能力的最高水平，从而取得最好成绩甚至夺冠。乒乓球项目中运动员竞技能力发展与形成过程一般都遵循着项目发展规律，从优秀乒乓球运动员年龄与竞技能力水平关系的特征（表 31-1）中可以看出，在运动员进入专项训练阶段后，从首出成绩年龄的 17.2±1.49 岁到最佳竞技年龄的 21.2±2.35 岁，再到竞技高峰年龄及竞技保持年龄，基本经历了 3 个奥运周期，即 12 年的时间，因此，在对运动员长期训练计划的制订中，一定要根据运动员实际年龄特征，结合奥运周期人才更新的变化规律，在最佳竞技年龄到竞技高峰年龄的时间阶段，力争达到自己竞技综合实力的最高峰，从而进入奥运阵容的竞争团队，争取在国际乒坛的最高赛事中实现为国争光的伟大理想。

表 31-1　优秀乒乓球运动员年龄与竞技能力水平阶段

数值	启蒙与基础训练阶段			专项训练阶段		最佳竞技与保持阶段		
	启蒙训练年龄	早期专项年龄	基础训练年限	首出成绩年龄	专项训练年限	最佳竞技年龄	竞技高峰年龄	竞技保持年龄
平均值	6.3	12.0	5.7	17.2	5.3	21.2	26.2	5.0
标准差	1.19	1.38	1.61	1.49	1.98	2.35	2.81	1.86

改编自杨红亮、高嵩，2011。

2. 身体状态

训练计划的实施对象为运动员，其身体及机能是承受训练负荷的最终受体，而身体状态是运动员的生理机能和身体伤病情况，在运动员生涯初期伤病较少，各项身体素质和生理机能处于不同的敏感发展阶段，在生涯中、后期，运动员的生理机能发育成熟，但伤病逐渐积累。因此，在制订训练计划时，应充分考虑运动员整体的身体状况，抓住身体素质发展主线，在各个训练阶段都要注重提高基础体能和专项体能能力，积极做好伤病的预防，最大限度地延长运动员的竞技最佳状态和职业年限。

因此，对于该阶段高水平运动员的训练计划，要充分考虑其身体状态因素，在日常训练、赛前的准备期、赛中期和比赛后期，都要以身体状态为基础安排相应的技战术训练和体能训练，充分体现个性化训练要点，把握生理指标周期性变化，从而达到和保持综合能力的最佳状态。

（三）职业阶段发展要求

1. 运动员职业生涯阶段划分

运动员的职业生涯包含了不同的阶段，不同阶段的发展要求有所差异，呈现出不同的特征，符合事物发展的客观规律，其职业生涯的阶段划分如表 31–2 所示。

表 31–2 运动员职业生涯阶段划分

职业生涯阶段	年龄特征	所处位置特征	竞技水平特征
业余基础阶段	4~11 岁	非重点少体校、私人学习班或俱乐部	启蒙阶段、兴趣培养
专业基础阶段	10~13 岁	省市重点体校	专业训练初级阶段，水平较低
生涯初期阶段	12~16 岁	省市专业队	能力提高阶段，水平一般
生涯中期阶段	16~24 岁	省市专业队或国家队	最佳竞技阶段，水平较高
生涯后期阶段	24~27 岁	省市专业队或国家队	努力保持阶段，水平较高

2. 运动员不同职业生涯阶段发展要求

（1）业余基础阶段

培养运动员对乒乓球的兴趣和技术意识，使其养成良好的训练习惯，发展协调、灵敏、柔韧等一般运动素质，培养球感，学习乒乓球基本技术，强调动作的规范性和协调性。

（2）专业基础阶段

注重系统的基本技术训练，培养击球的节奏感，进一步提高动作的规范性和协调性，进行技术组合练习，培养乒乓球的战术意识，巩固一般身体素质。

（3）生涯初期阶段

注重专项化训练，提高专项竞技能力，增强技术的质量和战术意识，培养专项心理品质，突出强调特长技术的雕琢，进行个人技战术风格培养，积累一定的实战经验。

（4）生涯中期阶段

完善技战术风格，提高技战术的实践效率，加强伤病预防与体能恢复，强调心理稳定性与自我调控能力，提高连续比赛能力，学习相关理论，根据技战术发展趋势，进行创新实践。

（5）生涯后期阶段

合理分配技战术训练与体能训练比例，努力提高并保持综合竞技能力，增强心理稳定性，深入学习乒乓球训练的理论知识，有选择地参加比赛，注重赛后的恢复与调节。

因此，对于达到或接近职业生涯中期的运动员，在训练计划的制订中，要在基于年龄和身体素质发展特点的基础上，完善技战术风格，提高技战术的实践效率，加大个性化技术的强化提高，学习高难技术，保持训练总体负荷，突出先进技术的融合，加强个人风格技战术体系的形成，从而在综合实力上实现向最高目标和巅峰的冲击，而对于进入职业生涯后期的运动员，在延续适当的训练强度和总体负荷的基础上，合理分配技战术训练与体能训练比例，突出基础能力，尤其是体能方面的保持，加强个性化技战术体系的丰富和完善，从而尽量延长最佳竞技能力的持续年限。这些内容，应当根据队员技战术发展的特点，以适当的形式融入训练计划中。

第二节　训练计划制订的要求

一、优化竞技能力结构

处于高水平阶段运动员的训练实践，是以技战术为核心，以各项竞技实力模块化的培养促进整体实力提升为目的，因此在训练计划制订中要切实规划好各个竞技能力发展的统一协调。

1. 竞技能力结构概念

运动员竞技能力结构是由不同表现形式和不同作用的体能、技术能力、战术能力、心理能力和知识能力构成的，并综合表现于专项竞技的过程中。

2. 竞技能力结构模型理论

（1）木桶理论

木桶理论即将竞技能力的子能力比作木桶的各个木片，其最短的木片决定了木桶的盛水量。这一理论强调了各子能力要相互协调、全面发展。

（2）积木理论

积木理论即堆成大积木的不同颜色的小方块代表了不同的竞技能力，大积木则代表了运动员的综合竞技能力，指出了竞技能力的非衡乒乓球结构及其补偿效应，具有整体性与层次性等特征。

（3）双子模型

双子模型即由“木桶模型”和“积木模型”共同揭示竞技能力结构的特征，既强调竞技能力各因素的整体性和整合性，又强调各因素之间的互补性及其复合结构模型，清晰地解释了竞技能力构成要素之间的动态关系和补偿效益。

在乒乓球专项训练中，“技术全面，特长突出，无明显漏洞”一直是培养运动员专项技战术能力的指导思想。因此，在训练计划的制订中，既要考虑特短技术的改善，也要注重特长技术的加强，尤其是在高水平阶段，既要对衔接技术、接抢技术重视，在训练计划的安排上，也要适当有所偏重。

3. 竞技能力结构优化的具体内容

竞技能力结构优化的内容在大周期（如半年）的不同阶段具有不同的任务要求，具体任务如表 31-3 所示，同时对赛前的竞技能力结构优化要特别重视。

表 31-3　半年大周期各阶段竞技能力结构优化任务

准备期 （3 个月）	比赛期 （2~2.5 个月）	恢复期 （0.5~1 个月）
发展基础、一般能力，学习和改进基本技术、战术，逐步过渡到完整技术、战术配合，提高一般运动素质，增强意志品质	发展专项身体素质，熟练掌握完整技战术，发展稳定的竞技状态，创造好成绩	积极恢复，消除生理和心理疲劳。总结经验，制订新计划

摘自田麦久.《论运动训练过程》.1988。

赛前优化要求：

①综合竞技能力优于单个竞技子能力；

②进行已具备子能力最优化组合；

③结合运动员的个性特征；

④紧密围绕赛事日程安排组织训练；

⑤注重赛前心理能力的培养。

二、提高技战术水平与特点

高水平运动员的技战术水平发展，具有显著的个人风格特点，因此在技战术训练内容的选择方面要具有高度的针对性，只有做到有的放矢，才能有效提高运动员的整体技战术能力。为确保训练计划制订技战术训练内容安排的合理性，应首先进行技战术水平的诊断，其次进行有针对性的训练内容安排。

1. 运动员的技战术能力诊断

在符合项目制胜规律和发展趋势的原则下，进行阶段性运动员的技战术特征诊断，从而实时掌握队员的技战术水平情况，对训练计划内容进行针对性的安排，如表 31-4 所示，在对运动员甲（直板选手）分别与五名实力较为接近的选手（横板两面反胶）

的比赛结果进行分析时发现，其相持段的得分率为 34. 8%，表现为不及格，进一步对其相持过程中的具体情况进行分析。

表 31-4　运动员甲胜、负局相持具体统计分析

相持及战术		胜局			负局		
		使用率（%）	得分率（%）	贡献率（%）	贡献率（%）	得分率（%）	使用率（%）
第五板衔接	正手	4. 3	28. 6	1. 2	3. 7	56. 3	6. 5
	反手	3. 1	80. 0	2. 5	0. 4	14. 3	2. 9
相持	正手	8. 1	61. 5	5. 0	2. 0	25. 0	8. 2
	反手	4. 3	14. 3	0. 6	1. 6	22. 2	7. 3
	侧身	2. 5	50. 0	1. 2			0. 8

通过分析发现，运动员甲在反手第五板衔接中，胜局中得分率高达 80%，而负局则极低，为 14. 3%，下降多达 65. 7%。因此，亟需加强其第五板反手衔接能力的稳定性。在一般相持过程中，运动员甲在胜、负局表现为正手的使用率均较高，但胜局的正手得分率高于反手 36. 5%。由此可见，在一般相持中运动员甲的战术策略选择是正确的，即加强正手的使用，但其正手的稳定性有所不足。综上所述，在对运动员甲的训练计划制订过程中，应加强第五板反手的衔接过渡能力，同时，提高正手的相持稳定性。因此，在训练计划的制订中重点要提出量化板数要求。

2. 处理好全面与特长技战术之间的关系

技战术全面、没有明显的漏洞、特长技战术突出是运动员跻身高水平行列的重要条件。台内技术、中近台技术、中远台技术是乒乓球项目的全面技术群，运动员必须掌握其中某类技术的两种或以上，以保证其在实践应用中的多样性，再精练其中的某一种或几种技术作为符合其个性特征的特长技术，最终要求达到全台攻、防无明显死角，特长技战术使用效率较高的效果。

三、强化专项心理品质

在乒乓球项目竞赛过程中，心理稳定是充分发挥体能、技术、战术等能力的基础，尤其在高水平竞赛中，良好的心理品质往往是决定胜负的关键要素。研究表明，低水平竞赛过程中，心理因素对比赛结果的影响约为 20%，而高水平比赛中，心理因素的影响高达 80%。因此，心理能力的培养是运动员登上高水平竞赛舞台的基本条件。

1. 乒乓球项目的心理特征

11 分赛制下，乒乓球竞赛的节奏加快，开局的重要性增加，不稳定因素增多，关键球出现增多。在比赛过程中，要求运动员专注比赛，具备稳定的心理能力；在出现关键比分时，要求运动员能够具备较强的抗压能力，并合理决策判断。比赛节奏的加快（进入状态快、发接转换快、比分变化快、竞赛节奏快）增加了运动员的紧张。因此，11 分赛制对运动员心理调整和心理训练提出了更高的要求。

在训练计划的制订中，要突出体现对心理训练的侧重。乒乓球运动心理训练的内容主要是围绕高度集中的注意力、健康平衡的个性、高度的自信心、顽强拼搏的意志力 4 个方面展开的。优秀乒乓球运动员具备的心理特质包括：表现性、变通性、合作性、探究性、独立性和工作专注 6 个方面。因此在训练计划制订时，应充分考虑运动员（队）现已具备的心理品质，查漏补缺，并对其进行针对性的补充和完善。

2. 培养最佳心理竞技状态的对策

①参加训练前做好充分的准备工作，严防伤病，不断的总结与突破，形成良好的心理暗示。

②增强应变能力，首局要有策略和耐心；领先要注意扩大战果，落后要敢打敢拼；关键比分要斗智斗勇，合理实施战术；多想特长与优势，避免患得患失。

③把握赛前敏感期，赛前 1~2 天要严防内外干扰。

④将参赛角色定位在冲击对手上，并随比赛情况及时调整，克服侥幸心理。

⑤培养顽强的斗志，不想练的时候要去练，难受的时候要去顶，害怕的对手要去打。

四、加强体能促进作用

高水平阶段的运动员，一方面比赛强度日益加大，对体能要求越来越高，另一方面，在此阶段或多或少都会有伤病问题的出现。因此，在该阶段，运动员发展体能要做到：第一，增强体能综合能力，以应对训练比赛的大强度要求；第二，在完善体能综合实力的同时，针对伤病进行功能训练，争取早日康复。优秀的乒乓球运动员只有以全面、优秀的体能作为基础，才能在高水平行列中站稳，体能的欠缺注定导致整体竞技能力的缺陷。

随着乒乓球项目的一系列改革，38 毫米球变 40 毫米球、塑料球的使用等，进一步促进了比赛的主动进攻增多，回合增多，能量消耗增大，同时，乒乓球也是一项 ATP-CP 和有氧代谢混合供能的运动。因此，在训练计划中应有针对性地增加体能训练的比例，把握身体素质各方面的关系，即动作速度占主导，灵敏素质要求高，力量素质为保障，耐力素质为基础，柔韧素质为补充，协调能力来整合，同时结合自身的身体素质特点、专项肌群训练特点，从而达到全面提高体能的效果。

第三节　不同类型训练计划的制订

一、常规训练计划的制订

该阶段的常规训练计划，一般指在训练活动过程中经常执行的训练计划，通过相应的负荷内容、负荷手段刺激，形成新的机体适应，从而提高某项技术或运动员的整体竞技能力，促进其竞技状态的进一步发展与提高。

1. 训练任务

通过系统训练，逐一提高各类竞技能力，使运动员的体能、技术、战术等能力得到提高，促进竞技水平的进一步提升，逐步优化、强化个人的技战术风格和打法特点，获得较好的竞技状态，在常规训练计划中通常比较强调技术的改进、新技术的掌握及战术的优化应用，同时加强体能与技战术特点结合的综合能力，为创造优异的比赛成绩奠定基础。

2. 训练内容

训练内容的确定遵循项目的制胜规律和项目的发展趋势要求，同时，满足运动员现处的阶段、水平情况及打法类型要求，从而做到有的放矢，从全面发展到个体突破，从一般到专项，专项化程度由较高到高。根据运动员的打法类型，提出相应的要求，使运动员明确自身的发展方向，促进其训练积极性的提高。

3. 指标要求

通过起始状态的诊断结果，合理确定具体的指标内容，强调“有效提高”。例如在10分钟的推侧扑练习过程中，要求完成2×30板的练习，或者体能训练中800米跑不超过2分30秒，卧推不低于85千克等。在按照具体指标要求制订时，一定要根据运动员的具体情况进行，切忌指标过高或过低。

4. 比例要求

合理分配各项内容的比例是有效提高运动员竞技能力的保障。练多少的问题，是根据运动员所处的阶段决定的，根据实践经验，高水平运动员的训练内容比例一般是：技战术训练和体能训练的比例为7:3或3:1；基本技术训练和战术训练的比例为3:2或

11 :9；一般体能训练和专项体能训练的比例为 1:1 或 2:3。

5. 方法手段

为进一步优化与强化现有的技战术，解决其存在的问题，重新建立新的动力定型，一般采用分解训练法与完整训练法相结合的方法。通过分解训练法对技术环节和战术环节进行改进与完善，再通过完整训练法进行技术和战术的整合，从而促进技战术高效化。为提高练习的数量和强度，通常采用多球训练、多单训练等手段。

6. 训练计划案例（表 31-5、表 31-6）

表 31-5　上午训练内容及要求（2 小时 20 分钟）

内容	时间	要求与目的
1. 准备活动	20 分钟	
2. 热身	10 分钟	
3. 步法	10 分钟×2	要求：全台一边一个两点跑位为主，注意步法移动的合理性和连续性 目的：提高步法移动和运用能力，加强步法连续性，增强全台大角跑位能力
4. 接发球	15 分钟×2	要求：周一、三、五，主练方接球控制一板，陪练方回摆或劈长，主练方主动抢攻第四板；周二、四，陪练方拧拉挑打为主，主练方抢攻上旋 目的：加强摆短的控制能力，提高对方劈长后步法的移动能力，提高第四板进攻质量，提高接发球回摆后上手的整体实力
5. 跑位	10 分钟×2	要求：个性练习为主，结合三点或 3/4 台，陪练方适当在节奏和长短上有所变化 目的：提高步法移动和运用能力，加强正手位全台拉球的连续性和威胁性
6. 发抢	15 分钟×2	要求：周一、三、五抢上旋，陪练方反手拧拉结合正手挑打，主练方根据回球情况两面上手或正手抢拉；周二、四抢下旋，陪练方劈长为主，结合摆两边小三角 目的：增强和提高主练方抢上旋的积极性和威胁性，加强两边小三角短球处理能力，提高抢拉的质量和威胁
7. 对拉	10 分钟	要求：从下旋球拉起，反拉后形成全台对拉，体现全台跑动下的多板和对抗性 目的：加强反拉命中率和连续对拉能力

表 31-6　下午训练内容及要求（3 小时 30 分钟）

内容	时间	要求与目的
1. 准备活动	20 分钟	
2. 对攻	5 分钟	
3. 相持	10 分钟×2	要求：周一、三、五变线为主，反手相持后主动变线，形成全台对全台；周二、四以两面摆速相持为主 目的：加强变线能力的提高，减少无谓失误，注重变线后全台相持的稳定性和连续性，提高全台两面摆速的质量
4. 推侧扑	10 分钟×2	要求：拧拉形成反手相持后，主练方主动侧身正手进攻，结合扑正手拉冲，形成全台对全台 目的：提高正手的使用率和主动侧身进攻能力，加强正手线路的变化和威胁性，提高步法灵活性和大范围跑动能力
5. 个人计划	10 分钟×2	要求：根据自身特点和阶段提高计划，有针对性的安排 目的：提高特长，弥补特短，增强个人综合能力
6. 休息	10 分钟	
7. 发球	15 分钟	要求：练习两套以上发球，突出规范性要求，强调弧线和落点的质量 目的：提高一、二套发球技术，提高落点的精确性和发球的威胁性
8. 多球	60 分钟	自主安排，以个性练习为主，5 分钟交换
9. 补课	30 分钟	
10. 放松	10 分钟	

二、个性化训练计划的制订

个人针对性是运动训练的核心问题，运动员具有独特性，尤其是高水平运动员，其个性特征、技战术风格特征都呈现出鲜明的个人特点，指导难度较大。个性化训练是一个很有特色的训练方法，它是根据大赛主力队员的打法特征、身体素质及心理特点和波动周期制订的计划，计划的提出和实施融合了队员、教练和科研组三方面的意见。个性化训练计划设计能有效提高科学化训练水平，提高运动员训练的积极性，提高训练效益。

（一）个性化训练计划制订的要求

1. 打法指导，把握制胜

乒乓球运动员是具有打法类型区分的，把握打法类型的要点是运动员培养的重点，根据打法类型的制胜规律，来制订个性化训练计划的原则性内容，是计划有效性的保证。

2. 深度剖析，针对选择

运动员的技战术风格、体能水平及个性心理特征是个性化训练计划制订的基础，在此基础上，进行有针对性的内容安排，制订个人训练目标是达到预期训练效果的重要条件。

3. 多方参与，共同制订

在教练员、科研人员、运动员等多方参与的情况，全方面进行考虑，进行立体化方案制订，确保训练计划制订的科学性、可行性、有效性。

4. 指标细化，目标可行

在详细了解运动员的基本情况后，要将训练指标和目标细化，使运动员的训练动机处于较适宜水平。提高运动员训练的积极性，通过训练目标的完成来增强他们的自信心。

（二）个性化训练计划的示例

郗恩庭备战第 32 届世乒赛的个人训练计划（技战术）。

1. 参赛地点、时间

南斯拉夫萨拉热窝，1973 年 4 月 5 日至 15 日。

2. 参赛任务

争取参加决赛并卫冕，男双、混双进入前 3 名。

3. 多方会诊

针对主要对手及本人各方面情况。

4. 训练重点

提高发球、接发球能力；提高应对弧圈球的能力；加强应对两边攻的能力；应对横拍削球的能力。

5. 训练任务

1973 年 1 月 8 日至 2 月 2 日，强调主要基础的基本功训练。

6. 主要内容

①发球和发抢练习：加强发球旋转并结合落点的变化（20 分钟），抢攻要求形成

对不同打法类型的两边拉、快攻结合弧圈等，建立成套的发球和发球抢攻战术。

②接发球两套：以控制和抢攻为主，着重加强台内短球的抢攻和侧旋回接技术，约占每天个人计划时间的1/6。

③提高对付弧圈球的能力：加强前臂摆速和步法，提高连续拉弧圈的准确性，同时提高防反的能力，交叉练习，约占每天个人计划时间的1/4。

④加强左推右拉结合快攻的摆速和反应能力：增加左方推挡的轻、重变化，相持时推压左方的大角度；右方提高中等力量的快带、快攻和发力攻一般弧圈的命中率，约占每天个人计划时间的1/3。

⑤针对横拍削球：提高走动中连续拉、冲的命中率，减少失误，注意拉、冲、扣的合理运用，约占每天个人计划时间的2/3。

三、封闭集训期训练计划的制订

封闭集训是为完成人才选拔或赛前备战等特定目标，将运动员集中进行训练的训练实践活动，不同的集训类型具有不同的要求，训练计划的制订也具有一定的差异性。例如，国家乒乓球队为备战2016年世锦赛而进行的龙岗封闭集训，即是以后续世锦赛为主要备战目标，而国家乒乓球青年队为后备人才考察与选拔进行的全国大区集训，在训练计划的安排上更体现自身主体性。

（一）赛前备战封闭集训训练计划的制订（以2016年男乒国家队龙岗集训为例）

1. 形式与现状

世锦赛上，男乒国家队最为主要的对手是欧洲的德国队、葡萄牙队和亚洲的日本队、韩国队，主要对手训练系统，大赛经验丰富，打法积极领先，新秀在国际大赛中时有佳绩。

2. 保证措施

（1）思想过硬，继承传统

继承、弘扬中国乒乓球队的优良传统，顽强拼搏，在成绩面前，要永不自满、勇于攀登、超常付出、克服困难，摆正位置，轻装上阵。

（2）锐意创新，探索规律

提高备战水平和工作效率，站在新的高度打破经验主义，开拓训练思路。围绕立意创新、找准方向、结合实战、因人制宜、更新方法、寻找规律等方面进行创新和探索。

（3）“三严管理”，作风保障

自觉遵守“严格训练、严格管理、严肃纪律”的三严管理条例，为生活作风、比赛作风，完成训赛任务提供保障。

（4）团结一心，众志成城

集中集体智慧，统一目标思想，是中国乒乓球队保持长盛不衰的光荣传统，集训要求全队上下充分调动主观能动性，团结协作，为备战世锦赛、奥运会创造最佳团体环境。

（5）防伤防病，消除隐患

苏州世界锦标赛单项比赛至波兰公开赛，运动员在比赛、训练过程中，伤病问题频繁，因伤退赛现象屡现。因此集训期间应力争找出应对措施，保障备战里约奥运会工作顺利进行。

（6）体能训练，促进防护

塑料球使用之后，对运动员的体能提出了更高要求，体能训练不仅可以提升运动员在专项技术的击球质量，而且还可以有效提升运动员的综合技战术能力，保证技战术正常发挥，为获得最终胜利提供保障；同时良好的体能训练有利于防止运动员出现身体伤病。

3. 训练重点

（1）加强正手能力

提高步法跑动范围，扩大进攻区域，加强多板的连续进攻能力和大范围的跑动能力及体能的保障；加强正手的反拉，充分了解不同性能的乒乓球（不同品牌的性能不同）产生的弹跳变化，力求掌握在不同击球点的摩擦感受；加强对拉能力，高质量、稳定的对拉能力可以在主动进攻中保持优势，在纠结过程中寻求战机，在不利局面下扭转球势。在改打塑料球之后，面对弧线飘忽不定的情况，我们要特别加强对拉能力练习，尤其是要提高在大范围的步法跑动能力和对不稳定弧线下的击球点调节能力。

（2）提高前三板能力

旋转下降后，使单一化以拧拉的接发球手段在形成上旋球为主体的接发球体系中发生改变。深入研究新材质用球使用后的发球发展空间，进一步研究、探索塑料球使用后前三板技术的发展规律；丰富正手接发球的手段，提高摆短技术的精确性和台内搓球的稳定性。

（3）增强相持能力

加强相持球强强对抗的能力，扩大强势对抗中的强攻能力；加强在被动相持中的转换能力，巩固将被动中的强转攻理念，形成自然化、常态化的相持理念；提高多板相持球的基本功稳定性练习，加强相持基础，提高相持球中的自身底气；提高中远台相持中的对拉和防转攻能力及实力。

4. 时间及负荷安排

本次集训共计 41 天，累计完成 82 节训练、比赛，其中一天三练的大负荷 14 天，一天两练的中等负荷 17 天，一天一练的小负荷 6 天，负荷在时间的连续性上如图 31-3 所示，前期在经过适应性训练后，敢于增加负荷，由小负荷直接跳跃至大负荷，形成机体的连续深度刺激，并有节律地安排调整；集训中期则以相对恒定的中等负荷进行训练，在保证运动员足够训练强度的同时，促进机体恢复，迎接下一阶段的大负荷刺激；集训末期则采用跳跃性更加显著的变负荷训练，促进运动员的最佳竞技状态形成，使他们以最佳的竞技状态投入到世锦赛中。

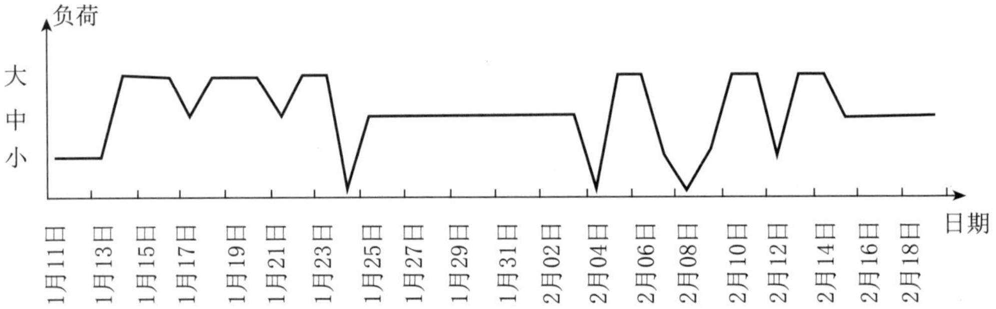

图 31-3　国乒男队龙岗集训负荷图

（二）人才考察与选拔封闭集训训练计划的制订（以 2014 年男乒国家青年队龙岗集训为例）

1. 形式与现状

（1）特殊打法数量较少，竞技水平较低

本次集训参训的省市队队员中尽管打法种类较为齐全，但特殊打法类型较少，如直板选手数量仅有 25. 4%，且竞技水平较低，按照名次排序能够参加交流比赛的队员均在第三组，颗粒胶打法队员和削球队员的数量和质量与直板类似，在特殊打法培养的数量和质量上是当前亟需解决的问题。

（2）体能较差且认识不足

在塑料球使用后，乒乓球项目对体能要求越来越高，但参训的省市队队员大多身材瘦小，整体上力量、协调、耐力等身体素质较差，个人对体能与现代乒乓球发展的重要性认识不足，思想上还是偏重于技战术的掌握，而忽视体能对乒乓球项目竞技能力提高的重要作用。

（3）对集训的思想认识不够

在集训过程中部分首次参加全国大区集训的省市队队员对集训的重要性认识不足，同时对参加集训机会不够珍惜，相比较而言，多次参加集训的省市队队员在思想认识上要好很多，他们服从集训管理，自我约束能力较强。

2. 保证措施

（1）加强爱国主义、集体主义教育

继承和发扬国家乒乓球队爱国主义的优良传统，促进青少年运动员成长成才，注重集体主义和团队意识的建立，加强责任感，让队员们时刻铭记集体的重要性，养成在任何时候都要以国家、集体利益为重，队员之间要加强正能量的沟通交流。

（2）严格队伍管理，狠抓队风队纪

严格要求，团结一致，严肃队纪，切实加强“练球先练人，球品如人品”的思想品格教育，端正态度，从新队伍的第一次集训就要主动打造自己。在生活、训练和文化学习等方面严格遵守纪律条例，不违反任何制度规定，全面提高集训期间队伍的精神面貌和管理水平。

（3）打造竞争氛围，提高竞争实力

竞争机制是中国乒乓球项目保持长盛不衰的法宝之一，在本次集训要特别加强竞争意识的培养，提高在高强度竞技环境下技战术水平的稳定发挥，切实通过竞争选优选强。

（4）技术训练

严格按照训练计划进行练习；在训练中制订量化标准，提高上台率，加强球性和摩擦能力，确保弧线的稳定性；在发抢和接发球技战术训练中要注意提高得分率，提高自我要求，尽量和比赛时的心态结合，同时要注意落点意识；加强体能训练、身体协调性训练及步法的训练；在训练中要注重基础性能力的练习。

（5）训练比赛方面

共安排 34 节训练和 3 个阶段的比赛，在提高集训参训队员的竞技能力的同时，完成参训队员的考查及进队选拔。

3. 训练重点

上午主要是跑位、发抢、相持、接抢等内容的训练，下午则主要是跑位、相持、发抢、接抢和多球等内容的训练。在上旋球训练中不仅要求参训队员积极主动的跑位，而且对其训练质量和训练数量提出了要求，如在跑位计划中需要完成 3 组 30 板/组和 3 组 20 板/组的要求，发抢和接抢则安排主练方积极主动的上手进攻，加强步法的合理性，同时提高台内拧拉的质量和正手进攻的威胁性，陪练方则在摆劈的基础上，适当应用拧、挑技术。

4. 比赛安排

由不同阶段目标的分组循环赛组成，第一阶段比赛为排位赛，主要通过分组循环比赛进行初步人才竞技能力考查，为下一阶段的比赛和训练分组提供参考依据；第二阶段比赛为分组赛，主要通过分组循环赛进行优秀后备人才进一步选拔和考查，作为下一阶段比赛和训练分组依据；第三阶段比赛为排名赛，主要通过分组循环赛进行参训队员竞技能力排名，为下一阶段的比赛依据；第四阶段比赛为交流赛，主要通过分组循环赛进行国家队与省市队排名靠前者的交流，完成后备人才选拔和考查的终极目标。

5. 时间及负荷安排

本次集训共计 40 天，需要完成 34 节训练和 20 节比赛，训练以中等偏上的负荷为主辅以大强度训练，以此提高参训队员的基本能力，和机体耐受性；比赛则以大强度为主，选拔出能够适应未来比赛负荷节奏的运动员，同时通过比赛达到以赛代练、以赛促练的效果。整体上，负荷安排节奏性较强，张弛有度（图 31-4）。

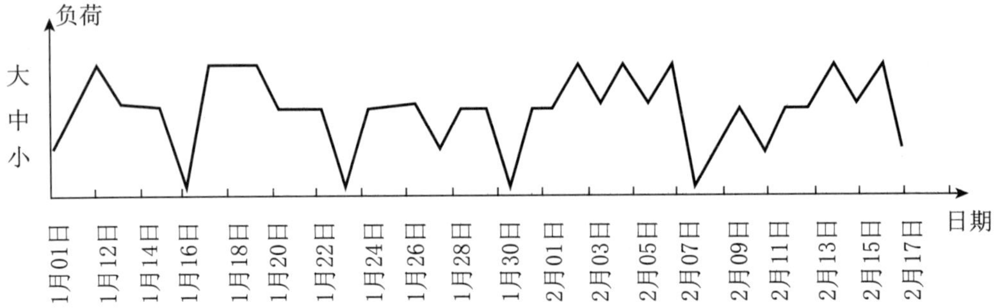

图 31-4　国乒青年队黄石全国大区集训负荷图

（三）训练计划案例

国乒男队备战 2016 年里约奥运会训练计划（表 31-7 至表 31-9）。

表 31-7　上午训练内容及要求（1 小时 30 分）

内容	时间	要　求
活动热身	10 分钟	以热身熟练为主，可在中远台发力对拉，也可进行一些反手的球路练习
正手走位	15 分钟	加大跑动范围，在确保完成板数的基础上，提高正手连续进攻能力，击球摩擦感觉，对不合位球的调节能力

续表

内容	时间	要　求
搓球	15 分钟	通过反复实践，体会搓球的技巧、方法、感觉，增强对不同旋转的触球部位、用力感觉，提高出搓球摆短，搓长，控制落点的能力
相持	10 分钟	相持球是乒乓球以上旋球对抗时代的重要技术环节，也是进攻型打法的立足之本。我们要通过练习，加强相持球强强对抗的技术质量与相持板数，以提高相持实力厚度。突出在主动相持的压迫性、中性相持的稳定性与被动相持的抵抗能力。训练中要有意识提升对不同质量相持的攻防转换能力
发球抢攻	15 分钟	丰富发球攻抢的套路变化。进一步加强发球能力，要求发球的精确性强，落点变化多，增强发球上手的多样化能力
休息	5 分钟	严格遵守管理条例，及时补充能量和水分，安静休息
对拉比赛	10 分钟	①三局两胜赛制，5:5 开始，决胜局十平开始 ②主力队员 5:7 落后开始。反手相持时从 6:6 开始 ③主力队员以正式比赛的场地进行，其他队员加油，压注，以提高比赛的实战性 ④反手反拉得两分
反手半台相持比赛	10 分钟	

表 31-8　下午技术训练内容（1 小时 10 分）

内容	时间	要　求
对攻	10 分钟	精力集中，状态投入，进入状态迅速
二打一练习	20 分钟	针对主力队员的个性技术特点，充分利用两人进攻优势。主要提高相持阶段的强强对抗能力，和强势对抗中攻防转换能力
双打练习	40 分钟	①突出备战奥运的紧迫意识，以提高双打的单项技术；增强单打前三板技术的基本能力 ②个体与整体的训练方法相结合；技术训练与计分比赛相结合

表 31-9　晚上训练的内容及要求（1 小时 50 分）

内容	时间	要　求
活动	10 分钟	要求同上
发、接球	30 分钟	①进一步提高在塑料球使用后，对发、接球的钻研与理解。以提高发球的质量与种类 ②继续探索拧拉接发球技术的发展空间。力争找到解决目前拧拉下旋球质量下降，威胁下降的方法 ③丰富以正手接发球的体系。提高摆短的精确性和稳定性。进一步掌握台内正手拉的接发球手段

续表

内容	时间	要　求
多球训练	70 分钟	①多球训练是我队制胜的训练方法之一，我们要坚持高于实战、强于实战、难于训练的训练原则，突出训练的目的性，加大难度和对抗性，以保证训练的质量 ②极限训练是提高专项技能与体能的训练方法。在多球训练的最后 20 分钟，将进行 2 分钟×3 组的极限训练，内容以大范围的步法跑动为主

国乒青年队 2016 黄石大区集训训练计划（表 31-10 至表 31-12）

表 31-10　上午训练内容及要求（3 小时）

内容	时间	要求与目的
一、准备部分		
准备活动	20 分钟	
对攻（拉）	10 分钟	
二、基本部分		
跑位	15 分钟×2	要求：周一、三、五一边一个，周二、四、六 3/4 台，一组在规定时间内完成 30 板×3，二组完成 20 板×3，完成后可进行拉球的个性练习 目的：提高步法移动和运用能力，加强步法合理性和正手连续拉能力
发抢	10 分钟×2	要求：周一、三、五抢上旋，主练方发短球为主结合长球，陪练方反手拧拉结合正手挑打，主练方根据回球情况两面上手或正手抢冲抢拉；周二、四、六抢下旋，陪练方摆短为主结合搓长，主练方全台抢拉抢冲下旋 目的：提高和加强主练方抢拉下旋的质量和威胁，增强抢上旋的积极性和杀伤力
相持	15 分钟×2	要求：站位近台或中近台，周一、三、五一边两板，周二、四、六一边一板，一组在规定时间内完成 30 板×3，二组完成 20 板×3，完成后可进行不定点摆速练习 目的：提高正反手相持能力和节奏感，提高步法移动和两面攻的综合实力
接发球	10 分钟×2	要求：周一、三、五以摆短控制为主，结合搓长，周二、四、六拧拉结合挑打 目的：提高摆短质量及劈长后攻防的稳定性，加强拧拉挑打综合能力
对拉	10 分钟	要求：发下旋球拉起后反拉后形成全台对拉，能力较低队员直接从上旋球开始对拉 目的：加强正手中远台对拉能力，提高反拉命中率及全台步法跑动能力

续表

内容	时间	要求与目的
体能训练	30 分钟	
三、结束部分		
拉伸放松	10 分钟	

表 31-11　下午训练内容及要求（3 小时 35 分钟）

内容	时间	要求与目的
一、准备部分		
准备活动	20 分钟	
对攻	5 分钟	
二、基本部分		
推侧扑	10 分钟×2	要求：主练方反手拉起后形成相持，侧身攻后扑正手，往复进行，在规定时间内完成 10 套×3 组 目的：提高反手和侧身攻及扑正手的能力，提高脚下步法灵活性和大范围跑动能力
相持	10 分钟×2	要求：主练方拧拉挑打后形成反手相持，主动侧身为主结合变正手和中路，形成全台对全台，注意前后步法到位和中近台技术合理衔接 目的：提高相持中中近台衔接及侧身进攻威胁性
大组： 接发球	10 分钟×2	要求：主练方以拧拉和挑打为主，结合摆短劈长，注意拧、挑的主动性和积极性，摆短时要控制到位，劈长后要进行积极性防守或反拉 目的：加强拧拉挑打的主动性，以及积极防守和反拉能力，加强前三板实力
小组： 走位		要求：三点走位，正手位 2/3 台跑位，全台一边一个，三选一（不要和上午重复），进行最大板数练习 目的：加强步法移动和运用能力，提高正手连续拉和心肺功能
休息	10 分钟	
发球	15 分钟	要求：注重发球标准和规范，强调特点突出 目的：提高落点的精确性和发球的威胁性
多球	60 分钟	要求：5 分钟交换，周一、三、五极限。 1. 技术练习：1）正手全台冲拉下旋　2）正反手短球及半出台球　3）反手冲拉下旋球　4）衔接　5）步法　6）反拉 2. 极限练习：正手两点走位、推侧扑、全台正手反拉，每组 1 分半
补课	30 分钟	

续表

内容	时间	要求与目的
三、结束部分		
拉伸放松	15 分钟	

表 31-12　晚上训练内容及要求（2 小时 20 分钟）

内容	时间	要求与目的
一、准备部分		
准备活动	10 分钟	
对攻	10 分钟	
二、基本部分		
发球	20 分钟	要求：注重发球标准和规范，强调特点突出 目的：提高落点的精确性和发球的威胁性
多球	60 分钟	要求：5 分钟交换，周一、三、五极限 1. 技术练习：1）正手全台冲拉下旋　2）正反手短球及半出台球　3）反手冲拉下旋球　4）衔接　5）步法　6）反拉 2. 极限练习：正手两点走位、推侧扑、全台正手反拉，每组 1 分半
补课	30 分钟	
三、结束部分		
拉伸放松	10 分钟	

小结

运动训练计划的制订要准确把握其原则，并以运动员技战术风格特征、年龄和身体状态，以及职业发展阶段特点等为依据，制订目标明确、特点突出，并符合个性化训练要求的不同形式的训练计划，从而实现针对运动员不同阶段的训练目标。

■ 思考题

1. 高水平阶段制订乒乓球训练计划的原则和依据？
2. 该阶段制订乒乓球训练计划的主要内容和特点有哪些？
3. 个性化训练计划的特点是什么？设计编写一个个性化训练计划。

参考文献

[1] 田麦久，刘大庆．运动训练学［M］．北京：人民体育出版社，2012.

[2] 国家体育总局《乒乓长盛考》研究课题组．乒乓长盛的训练学探索 [M]. 北京：北京体育大学出版社，2002.

[3] 国家体育总局．中国青少年乒乓球训练教学大纲 [M]. 北京：北京体育大学出版社，2015.

[4] 成波锦，杨欢．新型无缝塑料乒乓球的特征及对击球速度和旋转影响的实验研究 [J]. 北京体育大学学报，2014 (5)：68-72.